HISTOIRE COMPLÈTE

DE

L'EMPIRE DE LA CHINE

ÉTENDUE ET LIMITES DE L'EMPIRE ENTIER.

Cette immense région, y compris tous les États tributaires, tels que le Tibet propre et le Boutan, le petit Tibet et la petite Boukharie ou Turkestan oriental, l'Oïgourie, la Kalmoukie ou Mongolie occidentale, la Dzoungarie (grande tribu kalmouke), la Mongolie, avec son grand Chamo ou désert de Kobi et ses oasis, le Tangout ou le pays des Eleuths de Khoukhou-noor (les Kalmouks orientaux), la presqu'île de Corée, la grande île Ségallien ou Tchoka et celle de Formose (*Taï-Ouan*) et le *Hay-nan*, qu'on devrait appeler *Hai-lam* (contrée occidentale), a pour limites, au nord la Sibérie, à l'ouest la grande horde des Kirghis, la grande Boukharie indépendante; au sud les Etats de *Randjit-singh* et l'Hindoustan, l'empire Birman, le royaume de *Layn-sayn-khan* (que nous appelons *Laos*), et l'empire An-nam, la mer de Chine, la mer du Japon. — Tout l'empire chinois uni a 1,400 lieues françaises de longueur, en comptant depuis Kachgar à l'ouest, jusqu'au cap Lesseps à l'est, et 760 lieues en largeur, depuis la pointe la plus septentrionale des monts Daba au nord, jusqu'à *Djinghiz-khan*, ville maritime de la province de Kougangtoung au sud. Ses côtes maritimes ont une étendue de plus de 1,000 lieues. — La surface géométrique de tout l'empire peut être estimée, par approximation, à 674,000 lieues carrées, à peu près le dixième de la terre habitable. Il est par conséquent plus grand que l'empire d'Alexandre, plus grand que l'Europe entière. Il n'a été surpassé en étendue que par les empires du Mongol *Djinghiz-Khan* et du Tatar *Timour-Lenk* (Tamerlan) et par le gigantesque empire russe, qui lui est bien inférieur en richesse, en industrie et en population, mais qui semble déjà le menacer, ainsi que le reste du monde. — Quant à la Chine propre, que les Chinois appellent *Tchon-kou* (centre de la terre), elle s'étend du 21° au 41° latitude nord, et du 95° au 120° longitude est. — Elle n'est circonscrite que par des limites irrégulières. Au nord, elle est séparée des Mongols par la célèbre grande muraille de 456 lieues de longueur ; à l'ouest, elle a le *Tibet* et quelques frontières politiques qui retiennent difficilement les Eleuths de Khoukhou-noor (on les nomme ainsi parce qu'ils habitent près du lac Khoukhou noor [lac bleu]), les Sifans et les Kalmouks ; au midi, l'Océan ; à l'est, l'Océan et la Barrière des Pieux qui la sépare de la Corée. Sa figure géographique est presque semblable à un cercle. — La Chine propre offre une étendue de 195,209 lieues carrées et près de 1,400,960,800 arpents.

CHINE PROPRE. — ORIGINE DE CE NOM.

Le nom de Chine vient de *Thsin :* il fut donné à l'empire de Kitaï (le Kataï) ou des *Kitans*, tribu *mongole-toungouse*, qui gouvernait alors ce pays ; plus tard elle reçut des Mandchous celui de Nikan-korou. Nous remarquerons que Cosmas-Indicopleustes nomme la Chine *Tzinitza*. Cosmas voyageait dans l'Inde au VIe siècle de l'ère chrétienne, sous la dynastie des Thsin, qui commença de régner 256 ans avant J.-C. Ce nom a prévalu depuis que les Portugais l'ont transmis à l'Europe, après l'avoir reçu de leurs pilotes malais, qui connaissaient la Chine trois siècles avant l'ère chrétienne. En effet, à cette époque, *Thsin-che-houang-ti*, leur premier monarque suprême, soumit le midi de l'empire, le Toun-king (ce mot signifie en chinois la cour du midi ; les naturels l'appellent *An-nam*) et la Cochinchine (les Portugais ont donné le nom de Cochinchine à cette partie de l'empire *An-nam*, d'après les Japonais, qui l'appellent *Cotchin-djina*, le pays à l'ouest de la Chine. Les naturels le nomment *Ki-nam*). Les Malais, n'ayant pas le *ths* aspiré, le remplacent par le *ch*, en ajoutant la terminaison *a*; au lieu de *Thsin* ils prononcent *China*, nous avons changé l'*a* en *e* muet, suivant notre coutume. Les anciens Hindous convertirent *Thsin* également en *China;* parce que l'alphabet *devanagari* et ses dérivés n'ont pas la consonne aspirée *ths*. Plus tard, on voit ce pays nommé *Maha-china* dans les livres en langue sanscrite, *Maha-chin* par les Persans et *Sin* par les Arabes, qui n'ont pas la lettre *ch*. Les Mandchous nomment les Chinois *Tsing-sin*, hommes de *Tsing*, ou sujets de la dynastie *Tsing*. Ils désignent quelquefois la Chine sous le nom d'*Abkaï-sejezghi, qui est sous le ciel,* ou, par amplification, *le monde,* ainsi que le faisaient les Romains pour leur empire. Les Chinois donnent encore à leur pays le nom de *Choung-yang*, que le docte M. Klaproth nomme *le vaste plateau du milieu*. Il me semble que ces mots signifient le véritable centre d'un lieu, et que dans ce sens on doit traduire par le *centre de la terre*, de même qu'on doit entendre par les mots Chung-kouo, qu'ils appliquent aussi à leur empire, *la nation du milieu* (dans le sens physique, et non moral)

DIVISION TOPOGRAPHIQUE.

La Chine proprement dite peut se diviser en trois régions physiques, bien différentes : 1° le pays alpin, 2° le pays bas, et 3° la région méridionale, qui participe de ces deux natures de climats.

1° PAYS ALPIN.

A l'est du haut plateau de la Mongolie, et de la région élevée que les Chinois nomment *Si-fan* (région indienne de l'ouest), s'étend un vaste pays de montagnes, comprenant les provinces du *Chen-si* (frontière occidentale), du *Chan-si* (occident montagneux), du *Sse-tchouan* (des quatre fleuves), et du *Yun-nan* (du midi nuageux), que le Hoang-ho et le Kiang traversent avec rapidité dans leur cours moyen, et dont le niveau s'abaisse d'autant plus, qu'il part d'un point plus élevé. Les monts de la province Yun-nan se prolongent jusqu'à l'Océan, sous la forme d'une haute terrasse, qui sépare le Tun-kin de la Chine, et qui n'a qu'un seul passage, fermé par une muraille épaisse à deux portes, dont l'une est gardée du côté de la Chine par des Chinois, et l'autre du côté du Tunkin par des Tunkinois. C'est cette région alpine que l'on verra la première occupée par les Chinois civilisateurs à l'origine de leur histoire.

2° PAYS BAS.

Cette région comprend le cours inférieur des deux grands fleuves Hoang-ho et Kiang. C'est la Mésopotamie chinoise; bassin très-fertile, mais sujet aux inondations des grands courants qui descendent de la haute région alpine. Elle comprend une partie de la province de *Pé-tchi-li* au nord, une partie du *Chan-si*, le *Chan-toung*, le *Ho-nan* et le *Kiang-nan*; une partie du *Tche-kiang* et du *Hou-kouang*. La partie septentrionale, plus froide, est beaucoup moins fertile; elle confine par un niveau d'une pente presque insensible à la mer Jaune et au golfe de *Pé-tchi-li*, grands bassins très-peu profonds, que le limon charrié par le grand fleuve Jaune a exhaussés insensiblement, et exhausse encore dans la partie plus méridionale; cette région a des côtes dangereuses par ses bas-fonds, qui croissent rapidement et qui lui donnent l'aspect d'une nature tout à la fois océanique et continentale.

3° RÉGION MÉRIDIONALE.

Cette région participe en quelque sorte de la nature des deux précédentes. Elle comprend la partie méridionale des provinces *Hou-kouang* et *Tche-kiang*, le *Kiang-si*, le *Fou-kien*, le *Kouang-Toung*, le *Kouang-si*, le *Kouëi-Tchcou*. Dans l'origine elle ne faisait pas partie de l'empire chinois. Renfermant de hautes montagnes et de profondes vallées, elle était habitée par une population indépendante, moins blanche que celle du nord, et que *Thsin-chi-hoang-ti*, 200 ans avant notre ère, ne soumit qu'avec des armées immenses, dont la moitié périrent. C'est sur certaines côtes de cette région, dans le *Kouang-toung* et le *Fou-kien*, que se fait le seul commerce de l'Europe avec la Chine; c'est là que l'on recueille le thé, dont on fait maintenant une si grande consommation en Europe. La nature, dit un ancien auteur en parlant de cette région, n'a pas voulu qu'il y eût de pays plat et de campagnes. Cependant les montagnes descendent au midi, du côté de la mer, où elles forment un versant assez uni, et qui renferme quelques plaines. Il sera nécessaire de ne pas perdre de vue cette division physique de la Chine, pour avoir une intelligence un peu précise de son histoire, car les dimensions verticales d'un État, comme l'a si bien démontré un célèbre géographe allemand, ne sont pas moins importantes à connaître que ses dimensions horizontales. Les géographes chinois portent au nombre de cinq mille deux cent soixante et dix les montagnes célèbres de leur empire: il y en a quatre cent soixante-sept qui produisent du cuivre, et trois mille six cent neuf qui produisent du fer. Ainsi les deux tiers du grand empire chinois proprement dit sont hérissés de hautes montagnes, dont un grand nombre de pics et de sommets sont couverts de neiges perpétuelles. Nous donnons en note une liste de ces montagnes, extraite de la *Grande Géographie impériale chinoise*, et empruntée au *Magasin asiatique* de M. Klaproth (1). On

(1) *Liste des principales montagnes couvertes de neiges perpétuelles en Chine.*

I. Province de Yun-nan.

1. *Siuë-chan* (montagne de neige) dans le département de *Young-tchang-fou*; a deux cimes, 25° 20' latit. — 96° 2' longit. orientale.
2. *Than-hi-chan*, 23° 50' — 98° 2'.
3. *O-lun-chan*, 25° 20' — 97° 44'.
   C'est la plus méridionale de toutes les montagnes de neige de la Chine.
4. *Thian-thsang-chan*, 25° 45' — 97° 55'.
   Cette montagne a plusieurs hautes cimes.
5. *Siuë-chan* (montagne de neige), ou *Yu-loung-chan*, 26° 33' — 97°.
   Cette montagne colossale est visible à une distance très-considérable; elle est couronnée par plusieurs glaciers élevés.
6. *Ma-theou-chan*, 25° 40' — 99° 44'.
   La cime de cette montagne est toujours couverte de neige, et ses branches s'étendent très-loin.
7. *Siuë-chan* (montagne de neige), 25° 58' — 100° 32'.
   C'est un amas de glaciers qui s'étend fort loin.

II. Province de Kouei-tcheou.

1. *Siuë-chan* (montagne de neige), 27° 14' — 102° 44'.
   La neige et la glace qui en couvrent la cime ne fondent que dans les étés excessivement chauds.

peut voir la forme de la plupart d'entre elles dans le *Santhsaï-thouhoeï*, *Tableaux des trois règnes* : le ciel, la terre et

2. *Le Yang-ling*, 26° 54' — 103° 17'.
Chaîne de monts qui restent presque toujours couverts de neige.
3. *Tao-hing-teng-chan*, 28° 4' — 106° 7'.
La neige ne l'abandonne que dans les étés les plus chauds.

III. PROVINCE DE HO-NAN.

1. *Yuë-foung-chan*, 26° 56' — 107° 12'.

IV. PROVINCE DE KOUANG-SI.

1. *Phing-y-chan*, 24° 53' — 106° 4'.

V. PROVINCE DE SSE-TCHOUAN.

La partie occidentale de cette province est remplie de montagnes, dont les cimes les plus élevées sont couvertes de neiges perpétuelles. Elles forment une chaîne d'une largeur considérable. Ses plus hauts glaciers sont les suivants :
1. *A-lou-chan*, ou *Siuë-chan* (montagne de neige), 28° 40' — 99° 48'.
2. *Ta-siuë-chan* (la grande montagne de neige), 30° 13' — 100° 4'.
3. *Pé-yan*, ou le précipice blanc. Région à climat très-froid, pays hérissé de glaciers et couvert de monceaux de neige, 30° 5' — 100° 12'.
4. *Sieou-kio-chan*, 30° 23' — 101° 24'.
Sa cime est très-élevée et toujours couverte de neige.
5. *Min-chan*, ou *Kieou-ting-chan* (montagne à neuf cimes très-hautes, 31° 34' — 101° 34'.
6. *Siuë-chan* (montagne de neige), à 80 lieues du fort *Soung-phang-thing*, immense glacier qui paraît être transparent comme du cristal, 32° 31' — 101° 34'.
7. *Siuë-chan* (id.), à 100 lieues du même fort, 32° 27' — 100° 44'.
8. *Siuë-chan* (id.), 32° 20' — 103° 32'.

Partie méridionale.

9. *Lou-na-chan*, 26° 33' — 100° 37'.
10. *Siuë-chan*, 27° 40' — 102° 49'.
11. *Pé-soui-chan*, 28° 26' — 106° 14'.

l'homme, encyclopédie chinoise qui se trouve à la bibliothèque royale de Paris (vol. 2, *Kiouan*, 7-20). Pour donner une idée

VI. Province de Houpe.

1. *Kian-kou-chan*, 31° 40' — 108° 7'.
2. *Yuan-thi-chan*, 30° 15' — 106° 44'.

VII. Province de Kan-sou.

1. *Thian-men-chan*, 35° 32' — 102° 12'.
2. *Ling-lo-chan*, 35° 5' — 100° 45'.
3. *Ou-thou-chan*, 35° 7' — 101° 45'.
4. *Cheou-yang-chan*, 34° 42' — 101° 57'.
5. *Tou-ping-ling*, 35° 25' — 101° 55'.
6. *Ma-hian-chan*, 35° 43' — 101° 30'.
7. *Siuë-chan*, 36° 43' — 102° 21'.
8. *Siuë-chan*, 36° 47' — 102° 29'.
9. *Thaï-pe-chan*, 32° 46' — 102° 43'.
10. *So-ling-chan*, 32° 59' — 102° 59'.

VIII. Province de Chen-si.

1. *Thaï-pe-chan*, 33° 55' — 105° 22'.
2. *Han-chan*, 32° 51' — 103° 42'.
3. *Ta-pa-ling*, 32° 42, — 103° 48'.
4. *Thsieou-chan*, 32° 12' — 107° 12'.

IX. Province de Chan-si.

1. *Ta-thsing-chan* (la grande montagne verte), 41° 50' — 107° 17'.
2. *Kho-tsin-chan*, 40° 7' — 111° 0'.
3. *Si-chan* (montagne occidentale), 39° 24' — 109° 55'.
4. *Hou-cheou-chan*, 39° 20' — 109° 34'.
5. *Siuë-chan*, 39° 0' — 109° 10'.
6. *Chin-lin-ling*, 37° 36' — 110° 24'.
7. *Thaï-pe-chan*, 39° 20' — 109° 59'.

X. Province de Tchi-li.

1. *Tao-thseu-chan*, 39° 52' — 112° 25'.
2. *Si-kao-chan*, haute montagne hérissée de glaciers, 41° 2' — 113° 55'.

plus détaillée de la constitution physique de la Chine, nous rapporterons ici ce qu'en a dit feu M. Rémusat dans ses *Nouveaux Mélanges asiatiques* (t. 1er, p. 8) :

« La Chine forme une portion considérable de cet immense versant situé à l'orient des montagnes du Tibet, et qui est contigu au sud et à l'est, avec les plages du grand Océan oriental. Les Chinois en placent le commencement du côté du nord-ouest, aux monts Tsoung-ling, au sud-ouest de Yerki-yang; mais il doit y avoir, à l'est de ce point, des hauteurs qui interceptent le passage des eaux, puisque les rivières qui en partent sont sans communications avec la mer, et vont former des lacs sans écoulement. La Chine proprement dite offre trois grands bassins, l'un au sud des monts Nan-ling, où toutes les rivières vont, au midi, se jeter dans la mer qui baigne le *Kouang-toung* et le Fou-kian; le second, au nord de cette chaîne, renferme le bassin du Kiang et du vaste système des rivières qui s'y rattachent; il est terminé au nord par les monts Pé-ling, qui le séparent de celui du Hoang-ho. Ce dernier enfin s'étend au nord jusqu'aux montagnes Yan, branche peu élevée des monts Yin, dans la Tartarie. Le prolongement de ces dernières, du côté du nord-est, sous le nom de Hing'-an, forme un quatrième bassin dont les eaux s'écoulent à la fois au sud et à l'est, dans la mer Jaune et dans la mer d'Okhotsk; il est séparé de la Corée par une chaîne qui vient se rattacher à celle des monts Yan, au nord de Pé-king.

» Les deux chaînes désignées par les Chinois sous les noms de Pé-ling et Nan-ling (chaîne septentrionale et chaîne méridionale) sont deux branches détachées de l'immense nœud des montagnes du Tibet. La première part de la partie septentrionale de cette grande chaîne de montagnes que les Chinois regardent comme étant la plus haute du monde, et qu'ils appellent *Kan-ti-sse*. La chaîne des Yun-ling, qui fait partie de ces dernières, court du nord au sud, et constitue une véritable bar-

3. *Louï-chan*, 41° 6′ — 113° 22′.
4. *Wou-ling-chan*, 40° 43′ — 115° 05′.

XI. Province de Fou-kien.

1. *Siuë-foung-chan*, 26° 55′ — 116° 45′.

Ce pic garde de la neige pendant une grande partie de l'année, et il y fait toujours froid.

rière naturelle entre la Chine et le Tibet. Au nord elle forme une bifurcation, en envoyant au nord-ouest une forte chaîne qui s'étend à l'ouest de la mer Bleue (*Koke-noor*), et dont les diverses ramifications déterminent toute la première partie du cours du Hoang-ho. Au nord-est elle donne naissance à la chaîne des montagnes du Chen-si, dont les hauteurs vont en s'abaissant successivement du sud au nord, dans cette contrée qu'habitent les Ordos, et qui est comme dessinée par la grande courbure du Hoang-ho. Les Pé-ling, qui s'en séparent à l'est, courent dans cette direction sans presque s'en écarter, marquant la distinction entre le bassin septentrional et le bassin moyen, côtoyés au nord par le Hoang-ho, et s'abaissant insensiblement jusqu'au rivage de la mer, où leurs dernières hauteurs viennent se terminer entre les embouchures du Hoang-ho et du Kiang. La chaîne des Nan-ling, naissant de l'extrémité méridionale des Yun-ling, et fort éloignée en cet endroit de l'origine des Pé-ling, s'en rapproche en courant à l'est, et en envoyant vers le nord-est plusieurs rameaux qui semblent accompagner les circonvolutions du Kiang, et le suivre jusqu'à son embouchure.

» Les monts Yan, au nord-ouest de Pé-king, séparés des Pé-ling par le bassin du Hoang-ho, paraissent tenir plutôt à la grande chaîne des monts Yin qui forme la limite entre la Chine, le pays des Mongols et le désert. Une chaîne de communication, qui les réunit au nord, produit, en s'avançant à l'est du golfe du Liao-toung, la chaîne connue autrefois sous le nom de Sian-pi; et son prolongement, qui se continue avec les montagnes de la Corée, donne naissance à cette *longue montagne blanche* (Golmin-chan-yan-alin) si célèbre dans l'histoire des Mandchous.

» On voit par cet aperçu que les principales chaînes de la Chine vont en s'abaissant d'après le mouvement général des bassins, vers l'est, le nord-est et le sud-est, et que trois lignes qui en marqueraient l'inclinaison, à partir de la mer Jaune, des embouchures du Hoang-ho et du Kiang, et de la baie de Canton, viendraient se réunir au faîte commun des montagnes du Tibet oriental, connu des Chinois sous le nom de Kouen-lun, et dont ils ont fait, dans leur géographie mythologique, le roi des montagnes, le point culminant de toute la terre, la montagne qui touche au pôle et qui soutient le ciel, et l'Olympe des divinités bouddhiques et Tao-sse. C'est aussi le point qui marqua la direction des grandes vallées. On va donc en s'élevant, à mesure que l'on se dirige vers ce point, et la rapidité de cette élévation augmente considérablement quand on s'en rapproche, dans les parties montagneuses des provinces de Yun-nan, de Sse-tchouan et du Chen-si ; le cours des eaux y est plus impétueux, et dans beaucoup d'endroits les passages sont interceptés par des escarpements à pic et par des vallées presque inaccessibles. »

LA GRANDE MURAILLE OU LE GRAND REMPART.

Avant la conquête de la Chine par les Tartares Mandchous, la frontière septentrionale de cet empire était limitée par la *grande muraille* qui s'étend depuis le golfe de Liao-toung ou mer Jaune jusqu'à l'extrémité occidentale de la province du Chen-si (ou de l'occident frontière), dans un espace de cinq à six cents lieues. Ce monument, le plus colossal comme le plus insensé peut-être qu'ait jamais conçu la pensée humaine, fut construit par THSIN-CHI-HOANG-TI.

Le premier empereur auguste de la dynastie Thsin, célèbre empereur chinois, le même qui commanda l'incendie des livres et qui régnait deux cent quatorze ans avant notre ère), pour défendre son empire contre les invasions multipliées des barbares Hioung-nou ou Tartares. Plusieurs millions d'hommes, dit-on, furent employés pendant dix ans à cette construction, et quatre cent mille y périrent. L'épaisseur de cette immense et prodigieuse muraille est telle, que six cavaliers peuvent la parcourir de front à son sommet. Elle est flanquée de tours dans toute sa longueur, placées chacune à la distance de deux traits de flèche, pour que l'ennemi pût être partout atteint. Sa construction est très-solide, surtout du côté oriental où elle commence par un massif élevé dans la mer; c'est là qu'il était défendu aux constructeurs, sous peine de la vie, de laisser la possibilité de faire pénétrer un clou entre les assises de chaque pierre. Elle est terrassée et garnie de briques dans toute la province de Tchi-li (fidèlement attachée), qu'elle suit au nord. Mais plus à l'ouest, dans les provinces de Chan-si et de Kiang-sou (pays riche et fertile sur le fleuve Kiang), elle est de terre seulement dans quelque partie de son étendue. Cependant cette muraille paraît avoir été bâtie presque partout avec tant de soin et d'habileté, que sans qu'on ait eu besoin de la réparer, elle se conserve entière depuis plus de deux mille ans. Dans les endroits où les passages sont plus faciles à forcer, on a eu soin de multiplier les ouvrages de fortifications, et d'élever deux ou trois

La grande muraille de la Chine.

remparts qui se défendent les uns les autres. Cette muraille, ou plutôt ce rempart de six cents lieues de longueur, a presque partout vingt ou vingt-cinq pieds d'élévation, même au-dessus de montagnes assez hautes par lesquelles on l'a fait passer, et qui sont fréquentes le long de cette frontière de la Mongolie. L'une de ces montagnes que franchit la grande muraille a cinq mille deux cent vingt-cinq pieds d'élévation. Les matériaux qui ont servi à la construction de cette fortification démesurée seraient plus que suffisants, dit M. Barrow, pour bâtir un mur qui ferait deux fois le tour du globe, et qui aurait six pieds de hauteur et deux pieds d'épaisseur. Elle est percée d'espace en espace de portes qui sont gardées par des soldats ou défendues par des tours et des bastions. On dit que du temps des empereurs des dynasties chinoises, avant que les Mongols, appelés dans l'intérieur de la Chine, se fussent emparés de l'empire, cette muraille était gardée par un million de soldats; mais à présent que la plus grande partie de la Tartarie et la Chine ne font plus qu'un vaste empire, et qu'il n'a plus à craindre des invasions barbares, le gouvernement chinois se contente d'entretenir de bonnes garnisons dans les passages les plus ouverts et les mieux fortifiés.

Une pensée politique, autre que celle de préserver les provinces septentrionales de l'empire chinois contre les irruptions des Tartares, présida à la construction de cet ouvrage aussi gigantesque qu'inutile maintenant, mais qui du moins est un témoignage formidable de ce que peuvent la volonté et le génie de l'homme. Celui qui eut cette conception ne fut pas un homme ordinaire, malgré les accusations des historiens chinois. Avant son règne, sous la dynastie des *T'cheou*, l'empire était divisé en un grand nombre de petits royaumes et de petites principautés féodales, qui ne dépendaient guère que nominativement du souverain de tout l'empire. THSIN-CHI-HOANG-TI, ou le *premier* empereur *auguste* de la dynastie *Thsin*, après avoir soumis tous les rois et les princes vassaux de l'empire qui s'étaient rendus indépendants, et restitué à la nation chinoise sa grande et puissante unité; après avoir vaincu les tribus nomades du Nord et du Midi, avec des armées de plusieurs millions d'hommes, ne voulut pas les laisser se dégrader dans l'oisiveté, ou troubler l'empire; il en fit renfermer cinq cent mille dans des forteresses, où ils étaient occupés à des travaux utiles, et il employa le reste, avec le tiers de la forte population mâle (quatre ou cinq millions d'hommes), à construire cette grande muraille que les Chinois nomment : *Ven-li-tchang-tching*, « la grande muraille de dix mille *li*, ou mille lieues », mais qui n'a guère que la moitié de cette étendue.

Nous reviendrons sur le règne de cet empereur en traçant l'esquisse des principaux événements.

FLEUVES ET LACS.

On doit placer au premier rang, parmi les fleuves de la Chine, le *Kiang* (ou le fleuve par excellence) et le *Hoang-ho* (ou le fleuve Jaune), que l'on peut comparer aux plus grands courants de l'Asie et de l'Amérique. Ils prennent tous deux leur source hors des frontières de l'empire, dans les montagnes du Tibet, qui rentrent dans le système des hautes et longues chaînes de l'*Himalaya* (ou séjour des neiges). Partis de deux points assez rapprochés, le *Kiang*, qui porte différents noms selon les pays qu'il parcourt et la forme qu'il possède, prend sa direction au midi pour contourner une grande chaîne de montagnes et se diriger ensuite vers l'est, tandis que le *Hoang-ho*, se dirigeant au nord, va faire une longue incursion dans la Mongolie, en passant par le désert de *Cha-mo* (désert de sables, nommé aussi *Cobi*) et le pays des Ortous, et revient traverser la grande muraille pour aller prendre son embouchure dans la mer orientale, non loin de celle du Kiang; de sorte que ces deux puissants fleuves jumeaux embrassent dans leurs cours une aire de pays immense. Deux fortes rivières qui prennent naissance dans la Tartarie, l'une nommée *Ya-loung*, l'autre *Kin-cha* (rivière à sable d'or), traversent le Tibet, du nord au sud, pour aller se réunir au *Kiang*, ou fleuve des fleuves. Celui-ci est ainsi nommé à juste titre, car, près d'une ville de la province de *Sse-tchouan*, à plus de trois cents lieues de distance de la mer, il a déjà une demi-lieue de largeur; il en a sept à son embouchure dans la mer Jaune, où il termine un cours de six cents lieues de longueur. Il est navigable pour des vaisseaux à voiles pendant plus de cent lieues à partir de la mer Orientale, dont le flux et reflux se font sentir à cette distance. Ce fleuve, dit le P. Martini, a bien deux lieues de large près de la ville de *Kieou-kiang*, à cent lieues de son embouchure. Les Chinois ont un proverbe qui dit: «La mer n'a point de bornes; le Kiang n'a point de fond (*hai wou ping; Kiang wou ti*).» En effet, il paraît qu'en quelques endroits ce fleuve est si profond, qu'ils n'ont pu mesurer sa profondeur, et que dans d'autres il aurait, selon eux, deux ou trois cents brasses d'eau. Le Hoang-ho, ou fleuve Jaune, ainsi nommé à cause de la couleur jaune de ses eaux dans les inondations, a un cours presque égal au précédent, quoique le volume de ses eaux soit moins considérable. Les Chinois placent sa source dans un lac situé sur le célèbre mont Kouen-lun, l'Olympe de la mythologie chinoise. Ce fleuve, dès la plus haute antiquité, a causé les plus grands ravages par ses débordements, et de tout temps on s'est efforcé de le contenir par des digues. C'est ainsi que dans le chapitre *Yao-tien* (instructions de l'empereur Yao) du Chou-king (livre canonique chinois), chapitre qui passe pour avoir été écrit du temps de l'empereur Yao, c'est-à-dire plus de deux mille trois cents ans avant notre ère, on lit : « O préposés des quatre montagnes, dit l'empereur, on souffre beaucoup de l'inondation des eaux qui débordent et se précipitent de toutes parts. Leurs flots immenses enveloppent les montagnes et couvrent les collines. S'élevant de plus en plus en lames formidables, ils menacent de submerger le ciel. Le peuple d'en bas s'adresse à nous en gémissant; y a-t-il quelqu'un qui puisse maîtriser et gouverner les eaux ? » Tous répondirent : « Assurément, il y a *Kouan*. L'empereur reprit : « Oh ! non, non ! Il s'oppose aux ordres » qu'on lui donne, il maltraite ses collègues. » — Les préposés des quatre montagnes répondirent : « Cela n'empêche » pas qu'on ne l'emploie afin de voir ce qu'il sait faire. — Eh » bien ! qu'il aille, dit l'empereur, mais qu'il soit sur ses gar- » des. » — Pendant neuf ans, Kouan travailla sans succès » (*Chou-king; Kiouan*, 1; f° 7).

Voilà ce que l'on a pris pour une description du déluge universel de Noé, et que M. Pauthier a traduit sur le texte chinois. Cependant il est bien évident qu'il n'y est question que d'une grande inondation, d'un grand débordement des fleuves qui viennent d'être décrits ci-dessus, et que les expressions chinoises, empreintes de quelques exagérations poétiques, ne peuvent désigner ce que l'on nomme le déluge, puisque le peuple, alarmé, appelle la puissance impériale à son secours pour imposer des digues aux courants et faire écouler les eaux. Ce furent les empereurs Chun et Yao qui parvinrent à ce grand résultat. Voici comment s'exprime encore la vieille chronique chinoise : « Chun divisa l'empire en douze provinces insulaires, plaça des signaux sur douze montagnes, et *creusa des canaux pour l'écoulement des eaux* » (*ibid.*, f° 16). Ce fut là l'origine de ces beaux et nombreux canaux qui sillonnent la Chine dans tous les sens, transportent d'une extrémité à l'autre de l'empire les produits variés de toutes les provinces, et fertilisent un sol dont la fécondité doit autant à l'industrie de ses habitants qu'aux bienfaits de la nature. Cette nécessité de contenir les immenses nappes d'eau que les grands fleuves de la Chine charrient depuis les vallées du Tibet, et que grossissent sans cesse une quantité prodigieuse d'affluents, dont quelques-uns seraient de grands fleuves en Europe, a fait créer, depuis l'origine de l'empire chinois, un ministère des travaux publics qui a soin de la navigation intérieure, et dont il sera parlé plus amplement à l'article GOUVERNEMENT CHINOIS.

On se bornera à remarquer ici que la Chine est la première nation du monde pour les grands travaux de canalisation, et que ces travaux datent de plus de deux mille trois cents ans avant notre ère.

On doit penser naturellement qu'un versant de quatre à cinq cents lieues de longueur, et qui s'appuie, comme le versant de la Chine, à des chaînes comme celles du Tibet, doit nécessairement recevoir une plus grande masse d'eaux que ces deux fleuves ne peuvent en faire écouler, surtout lorsque ce versant est lui-même entrecoupé par de nombreux groupes de hautes montagnes. Aussi il n'est guère de province chinoise qui ne renferme de ces grands réservoirs d'eaux sans écoulement nommés lacs. Les géographes en comptent cinq principaux. Ceux qui se forment en hiver par les torrents des montagnes ravagent les campagnes, et rendent, pour l'été, le terrain sablonneux et stérile. Ceux qui sont entretenus par des courants sont très-poissonneux; et comme leur eau est généralement salée, ils donnent un revenu considérable au gouvernement chinois par le sel qu'il en retire.

« Il y en a un entre autres, dit le P. le Comte (je crois que c'est dans le Chen-si), au milieu duquel il paraît une petite île, où l'on se contente, durant la grande chaleur, de jeter l'eau de tous côtés. Il s'y fait en peu de temps une croûte de sel fort blanc et de bonne odeur; ce que l'on continue dans l'été avec un tel succès, que ce sel suffirait pour toute la province, s'il était aussi salant que celui de la mer.

» Mais le plus célèbre de tous, ajoute-t-il, est celui de la province de Yun-nan (ou du midi nuageux). Les Chinois assurent que ce lac se forma tout d'un coup par un tremblement de terre, qui engloutit tout le pays avec ses habitants. De tous ceux qui s'y trouvèrent alors, il n'y eut qu'un seul enfant de sauvé, qu'on trouva au milieu du lac porté sur une pièce de bois. »

CLIMAT ET NATURE DU SOL.

Le climat de la Chine, ainsi que nous l'avons déjà observé, présente toutes les variations de la zone tempérée, et il participe aussi de celles de la zone torride et de la zone glaciale. Les provinces du nord ont des hivers semblables à ceux de la Sibérie, et celles du midi des étés semblables à ceux de la péninsule de l'Inde, quoique à Canton même le baromètre descende quelquefois jusqu'à plusieurs degrés au-dessous de zéro. Mais, dans cette dernière contrée, au rapport des Européens, les grands froids, comme les grandes chaleurs, ne durent guère, et la température y est délicieuse le reste de l'année. Il y a des rennes dans le nord et des éléphants dans le midi de l'empire. L'air est généralement très-sain, et on n'y voit pas régner ces maladies pestilentielles qui dévorent les populations dans beaucoup de contrées de l'Orient; ce qui est dû sans doute à la puissance de tout genre que l'industrie et l'activité humaines ont exercée sur cette immense surface de terrains les plus variés, et peut-être aussi à la conformation des montagnes et des bassins qui donne un libre cours aux vents généraux, surtout aux vents d'est et nord-est. Aussi les exemples de longévité ne sont pas rares en Chine. Des voyageurs arabes, qui visitèrent l'Inde et la Chine dans le IXe siècle de notre ère, et dont la relation a été traduite en français par l'abbé Renaudot, parlent ainsi du climat de ces deux pays : « Le climat de la Chine est plus sain que celui de l'Inde, et on y trouve moins de marécages; l'air y est aussi beaucoup meilleur, et à peine y peut-on trouver un borgne, ou un aveugle, ou quelques personnes affligées de semblables incommodités. Il y a plusieurs provinces de l'Inde qui jouissent de ce même avantage. Les rivières de ces deux pays sont fort grandes et surpassent nos plus grandes rivières.

» Il tombe beaucoup de pluie dans ces deux pays. Dans les Indes il y a quantité de pays déserts; mais la Chine est peuplée dans toute son étendue. »

Cependant M. le capitaine Laplace a vu récemment beaucoup de mendiants aveugles dans les rues de Canton; mais cette circonstance est peut-être due aux influences de cette localité; elle ne s'étend point à tout l'empire.

On connaît encore fort peu la constitution géologique de l'empire chinois. La science qui s'occupe de déterminer la nature et le caractère des éléments qui constituent notre globe terrestre est assez récente, et le petit nombre de voyageurs qui ont pu parcourir les provinces de la Chine n'ont guère dirigé de ce côté leurs observations. Cependant on doit croire qu'un empire qui forme à lui seul près d'un dixième du sol habitable de la terre renferme de nombreuses richesses géologiques et une grande variété de terrains. « La province de Péking et la côte du sud-est du côté de Formose, a écrit M. Rémusat, paraissent de formation secondaire. Le terrain primitif, qui vraisemblablement forme la base des montagnes situées à l'occident, s'étend dans le Chan-si, le Kiang-sou et le An-hoeï. Les provinces du nord contiennent d'immenses amas de houille et de sel gemme, et l'on trouve en différents endroits des ossements fossiles. On ne connaît aucun volcan actuellement en ignition dans la Chine; mais on est assuré que les terrains volcaniques y occupent un espace considérable. Il y a un grand nombre de solfatares dans la province de Chan-si, où les habitants mêmes les emploient à des usages économiques, et il est question, dans les annales, d'une montagne qui jetait des flammes dans le Yunnan. La Chine est sujette aux tremblements de terre, surtout dans les provinces septentrionales, et l'on a tenu très-exactement note des phénomènes de ce genre, ainsi que de tout ce qui concerne la météorologie et l'astronomie. »

Il paraît qu'à l'époque du voyage en Chine des deux Arabes que nous avons déjà cités, un volcan était encore en ignition dans ce pays. Voici ce qu'ils rapportent : « On dit aussi que près de *Zabage* (?) il y a une montagne appelée la *Montagne du feu*, de laquelle personne ne peut approcher, que le jour il en sort une épaisse fumée, et pendant la nuit elle jette des flammes. Il sort du pied de cette même montagne deux fontaines d'eau douce, l'une chaude et l'autre froide » (*Anciennes relations*, p. 16).

« La plupart des montagnes de la Chine, dit le P. Lecomte, ne sont pas pierreuses comme les nôtres ; la terre en est même légère, poreuse, facile à couper, et, ce qui est surprenant, si profonde en la plupart des provinces, qu'on y peut creuser trois et quatre cents pieds sans trouver le roc. Cette profondeur ne contribue pas peu à l'abondance, parce que les sels qui transpirent continuellement renouvellent le terroir et rendent le pays toujours fertile.

» Mais les montagnes de toutes les provinces ne sont pas de la même nature, surtout celles de Chen-si, de Ho-nan, de Quang-tong et de Fo-kien. Ces dernières, qu'on ne cultive guère, portent des arbres de toute espèce, grands, droits, propres pour les édifices, et surtout pour la construction des vaisseaux. L'empereur s'en sert pour ses bâtiments particuliers, et fait quelquefois venir de trois cents lieues, par eau et par terre, des colonnes d'une prodigieuse grosseur, qu'on emploie en son palais et dans les ouvrages publics.

» Il y a d'autres montagnes qui sont encore plus utiles au public par leurs mines de fer, d'étain, de cuivre, de mercure, d'or et d'argent. Pour ce qui est de l'or, les torrents en entraînent beaucoup dans la plaine. On le trouve dans la boue et parmi le sable... »

PUITS DE FEU (HO-TSING) ET PUITS SALANTS.

Il existe en Chine des *puits de feu (ho-tsing)* qui descendent à des profondeurs considérables. Ce phénomène, qu'Aristote dit avoir existé en Perse, dans des souterrains où les anciens souverains de ce pays faisaient cuire leurs aliments, est très-commun dans certaines provinces de la Chine, où on l'emploie à des usages économiques bien plus productifs. On est même étonné de tout le parti que les Chinois ont su tirer de ces immenses mines de feu souterrain, ou feu fossile, comme on pourrait l'appeler, et dont une étincelle révèle l'existence. On en trouve la mention dans les poésies du célèbre Tou-fou, poëte chinois, qui vivait sous les Thang, dans le milieu du VIIIe siècle de notre ère. Ce poëte, que M. Abel Rémusat appelait le Byron de la Chine, cite, dans une comparaison, la flamme bleue qui sort des *puits de feu*, et les commentateurs confirment l'existence de ces phénomènes, en les décrivant plus au long que le poëte, et en indiquant les provinces de l'empire où ils se trouvent. Le P. Semedo en a fait mention, il y a près de deux cents ans, dans son *Histoire universelle de la Chine*, p. 30, où il dit : « Comme nous avons des *puits d'eau* en Europe, ils en ont de feu à la Chine pour les services de la maison : pour ce qu'y ayant au-dessous des mines de soufre, qui déjà sont allumées, ils n'ont qu'à faire une petite ouverture, d'où il sort assez de chaleur pour faire cuire tout ce qu'ils veulent. Au lieu de bois, ils se servent communément d'une espèce de pierres, qui ne sont pas petites, comme en quelques-unes de nos provinces, mais d'une grandeur considérable. Les mines d'où l'on tire cette matière qui brûle si aisément (c'est notre charbon de terre ou houille) sont presque inépuisables. En quelques endroits, comme à Péking, ils savent si bien la préparer, que le feu ne s'éteint point ni le jour ni la nuit. » Le P. Trigault dit aussi : « Pour le feu, ce royaume fournit non-seulement du bois, des charbons, des roseaux et du chaume, mais il y a une sorte de bitume, tel que celui qui se tire aux Pays-Bas, principalement en l'évêché de Liége. Il est plus abondant et meilleur aux provinces du septentrion. On le tire des entrailles de la terre, lesquelles, estendues en grande longueur, en rendent l'usage perpétuel, et par la modération du prix le tesmoignent être si copieux, qu'il fournit de matière aux plus pauvres. » Ce phénomène géologique, qui s'observe aussi, mais avec de bien moins grandes proportions, dans plusieurs mines de houille en Europe, et dans des lieux où il se produit naturellement, comme en Italie, sur la pente septentrionale des Apennins, est confirmé par la lettre d'un récent témoin oculaire, insérée dans les *Annales de l'association de la propagation de la foi* (janvier 1829). M. Imbert parle ainsi des puits salants et des *puits de feu* que l'on voit à Ou-tong-kias, près de Kia-ting, département du même nom, dans la province de Sse-tchouan (des quatre fleuves), au pied des hautes montagnes appartenant aux chaînes du Tibet, à 112° 11' de longitude méridionale. Nous croyons ces détails trop intéressants pour ne pas les rapporter ici.

« Il y a, dit-il, quelque dizaine de mille de ces puits salants, dans un espace d'environ dix lieues de long sur quatre ou cinq lieues de large. Chaque particulier un peu riche se cherche quelque associé et creuse un ou plusieurs puits. C'est avec une dépense de sept à huit mille francs. Leur manière de creuser ces puits n'est pas la nôtre. Ce peuple vient à bout de ses desseins avec le temps et la patience, et avec bien moins de dépenses que nous. Il n'a pas l'art d'ouvrir les rochers par la mine, et tous les puits sont dans le rocher. Ces puits ont ordinairement de quinze à dix-huit cents pieds français de profondeur, et n'ont que cinq ou au plus six pouces de largeur; voici leur procédé : si la surface est de terre de trois ou quatre pieds de profondeur, on y plante un tube de bois creux, surmonté d'une pierre de taille qui a l'orifice désiré de cinq ou six pouces; ensuite on fait jouer dans ce tube un mouton ou tête d'acier, de trois cents ou quatre cents livres pesant. Cette tête d'acier est crénelée en couronne, un peu concave par-dessus et ronde par-dessous. Un homme fort, habillé à la légère, monte sur un échafaudage, et danse toute la matinée sur une bascule qui soulève cet éperon à deux pieds de haut, et le laisse tomber de son poids; on jette de temps en temps quelques seaux d'eau dans le trou pour pétrir les matières du rocher et les réduire en bouillie. L'éperon, ou tête d'acier, est suspendu par une bonne corde de rotin, petite comme le doigt, mais forte, comme nos cordes de boyau ; cette corde est fixée à la bascule ; on y attache un bois en triangle, et un autre homme est assis à côté de la corde. A mesure que la bascule s'élève, il prend le triangle, et lui fait faire un demi-tour, afin que l'éperon tombe dans un sens contraire. A midi il monte sur l'échafaudage pour relever son camarade jusqu'au soir. La nuit deux autres hommes les remplacent. Quand ils ont creusé trois pouces, on tire cet éperon avec toutes les matières dont il est surchargé (car je vous ai dit qu'il était concave par-dessus), par le moyen d'un grand cylindre qui sert à rouler la corde. De cette façon, ces petits puits ou tubes sont perpendiculaires, et polis comme une glace. Quelquefois tout n'est pas roche jusqu'à la fin ; mais il se rencontre des lits de terre, de charbon, etc. ; alors l'opération devient des plus difficiles, et quelquefois infructueuse ; car les matières n'offrant pas une résistance égale, il arrive que le puits perd sa perpendiculaire, mais ces cas sont rares. Quelquefois le gros anneau de fer qui suspend le mouton vient à casser ; alors il faut cinq ou six mois pour pouvoir, avec d'autres moutons, broyer le premier et le réduire en bouillie. Quand la roche est assez bonne, on avance jusqu'à deux pieds dans les vingt-quatre heures. On reste au moins trois ans pour creuser un puits. Pour tirer l'eau, on descend dans le puits un tube de bambou, long de vingt-quatre pieds, au fond duquel il y a une soupape ; lorsqu'il est arrivé au fond du puits, un homme fort s'assied sur la corde et donne des secousses ; chaque secousse fait ouvrir la soupape et monte l'eau. Le tube étant plein, un grand cylindre en forme de dévidoir, de cinquante pieds de circonférence, sur lequel roule la corde, est tourné par deux, trois ou quatre buffles ou bœufs, et le tube monte : cette corde est aussi de rotin. L'eau est très-saumâtre ; elle donne à l'évaporation un cinquième et plus, quelquefois un quart de sel. Ce sel est très-âcre ; il contient beaucoup de nitre.

» L'air qui sort de ces puits est très-inflammable. Si l'on présentait une torche à la bouche d'un puits quand le tube plein d'eau est près d'arriver, il s'enflammerait en une grande gerbe de feu de vingt à trente pieds de haut, et brûlerait la halle avec la rapidité et l'explosion de la foudre. Cela arrive quelquefois par l'imprudence ou la malice d'un ouvrier qui veut se suicider en compagnie. Il est de ces puits d'où l'on ne retire point de sel, mais seulement du feu ; on les appelle puits de feu. Je vais vous en faire la description. Un petit tube en bambou (ce feu ne le brûle pas) ferme l'embouchure des puits et conduit l'air inflammable où l'on veut; on l'allume avec une bougie, et il brûle continuellement. La flamme est bleuâtre, ayant trois ou quatre pouces de haut et un pouce de diamètre. Ici ce feu est trop petit pour cuire le sel. Les grands puits de feu sont à Tsé-lieou-tsing, à quarante lieues d'ici.

» Pour évaporer l'eau et cuire le sel, on se sert d'une espèce de grande cuvette en fonte, qui a cinq pieds de diamètre, sur quatre pouces seulement de profondeur (les Chinois ont éprouvé qu'en présentant une plus grande surface au feu, l'évaporation est plus prompte et épargne le charbon);..... elle a au moins un pouce d'épaisseur. Quelques autres marmites plus profondes l'environnent, contenant de l'eau qui bout au même feu et sert à alimenter la grande cuvette; de sorte que le sel, quand il est évaporé, remplit absolument la cuvette et en prend la forme. Le bloc de sel, de deux cents livres pesant et plus, est dur comme la pierre. On le casse en trois ou quatre morceaux pour être transporté pour le commerce. Le feu est si ardent, que la grande cuvette devient absolument rouge, et que l'eau jaillit à gros bouillons, au centre de la cuvette, à la hauteur de huit à dix pouces. Quand c'est du feu fossile des puits à feu, elle jaillit encore davantage, et les cuvettes sont calcinées en fort peu de temps, quoique celles qu'on expose à ces sortes de feu aient jusqu'à trois pouces d'épaisseur en fonte.

» Pour tant de puits, il faut du charbon en quantité; il y en a de différentes sortes dans le pays. Les lits de charbon sont d'une épaisseur qui varie depuis un pouce jusqu'à cinq. Le chemin souterrain qui conduit à l'intérieur de la mine est quelquefois si rapide, qu'on y met des échelles de bambou. Le charbon est en gros morceaux. La plupart de ces mines contiennent beaucoup de l'air inflammable dont je vous ai parlé, et on ne peut pas y allumer de lampes. Les mineurs vont à tâtons, s'éclairant avec un mélange de sciure de bois et de résine qui brûle sans flamme et ne s'éteint pas. En ouvrant les petits puits de sel, ils trouvent quelquefois, à plusieurs centaines de pieds de profondeur, des couches de charbon fort épaisses; mais ils n'osent pas ouvrir ces grandes mines, parce qu'ils ne savent pas se servir de la poudre pour cet usage, et qu'ils craignent d'y trouver de l'eau en quantité, ce qui rendrait leur travail inutile.

» Quand ils creusent les puits de sel, ayant atteint mille pieds de profondeur, ils trouvent ordinairement une huile bitumineuse qui brûle dans l'eau. On en recueille par jour jusqu'à quatre ou cinq jarres de cent livres chacune. Cette huile est très-puante : on s'en sert pour éclairer la halle où sont les puits et les chaudières de sel.

» Si je connaissais mieux la physique, je vous dirais ce que c'est que cet air inflammable et souterrain dont je vous ai parlé. Je ne puis croire que ce soit l'effet d'un volcan souterrain, parce qu'il a besoin d'être allumé ; et une fois allumé, il ne s'éteint plus que par le moyen d'une boule d'argile qu'on met à l'orifice du tube, ou à l'aide d'un vent violent et subit. Je crois plutôt que c'est un gaz ou esprit de bitume ; car ce feu est fort puant et donne une fumée noire et épaisse. Les Chinois, païens et chrétiens, croient que c'est le feu de l'enfer, et ils en ont grand'peur. De fait, il est beaucoup plus violent que le feu ordinaire.

» Ces mines de charbon et ces puits de sel occupent ici un peuple immense. Il y a des particuliers riches qui ont jusqu'à cent puits en propriété.

» Tsé-lieou-tsing, situé dans les montagnes au bord d'un petit fleuve, contient aussi des puits de sel creusés de la même manière qu'à Ou-tong-kiao... Dans une vallée se trouvent quatre puits qui donnent du feu en une quantité vraiment effroyable, et point d'eau. Ces puits, dans le principe, ont donné de l'eau salée ; l'eau ayant tari, on creusa, il y a une douzaine d'années, jusqu'à trois mille pieds et plus de profondeur pour trouver de l'eau en abondance ; ce fut en vain ; mais il sortit soudainement une énorme colonne d'air qui s'exhala en grosses particules noirâtres. Cela ne ressemble pas à la fumée, mais à la vapeur d'une fournaise ardente. Cet air s'échappe avec un bruissement et un ronflement affreux qu'on entend de fort loin....

» L'orifice du puits est surmonté d'une caisse de pierres de taille qui a six ou sept pieds de hauteur, de crainte que, par inadvertance ou par malice, quelqu'un ne mette le feu à l'embouchure du puits. Ce malheur est arrivé en août dernier. Dès que le feu fut à la surface du puits, il se fit une explosion affreuse et un assez fort tremblement de terre. La flamme, qui avait environ deux pieds de hauteur, voltigeait sur la superficie du terrain sans rien brûler. Quatre hommes se dévouèrent et portèrent une énorme pierre sur l'orifice du puits ; aussitôt elle vola en l'air ; trois hommes furent brûlés, le quatrième échappa au danger ; ni l'eau, ni la boue ne purent éteindre le feu. Enfin après quinze jours de travaux opiniâtres, on porta de l'eau en quantité sur la montagne voisine ; on y forma un lac, et on lâcha l'eau tout à coup; elle vint en quantité avec beaucoup d'air, et elle éteignit le feu. Ce fut une dépense d'environ trente mille francs, somme considérable en Chine.

» A un pied sous terre, sur les quatre faces du puits, sont entés quatre énormes tubes de bambou qui conduisent l'air sous les chaudières. Un seul puits fait cuire plus de trois cents chaudières. Chaque chaudière a un tube de bambou ou conducteur du feu, à la tête duquel est un tube de terre glaise, haut de six pouces, ayant au centre un trou d'un pouce de diamètre. Cette terre empêche le feu de brûler le bambou. D'autres bambous mis en dehors éclairent les rues et les grandes halles ou cuisines. On ne peut employer tout le feu. L'excédant est conduit hors de l'enceinte de la saline, et y forme trois cheminées ou énormes gerbes de feu, flottant et voltigeant à deux pieds de hauteur au-dessus de la cheminée. La surface du terrain de la cour est extrêmement chaude, et brûle sous les pieds. En janvier même, tous les ouvriers sont à demi nus, n'ayant qu'un petit caleçon pour se couvrir. Ce feu est extrêmement vif. Les chaudières de fonte ont jusqu'à quatre ou cinq pouces d'épaisseur; elles sont calcinées et coulent en peu de mois. Des porteurs d'eau salée, des aqueducs en tubes de bambou fournissent l'eau. Elle est reçue dans une énorme citerne, et un chapelet hydraulique, agité jour et nuit par quatre hommes, fait monter l'eau dans un réservoir supérieur, d'où elle est conduite dans les chaudières. L'eau, évaporée en vingt-quatre heures, forme un pâté de sel de six pouces d'épaisseur, pesant environ trois cents livres : il est dur comme de la pierre....

» J'oubliais de vous dire que ce feu ne produit presque pas de fumée, mais une vapeur très-forte de bitume que je sentis à deux lieues loin du pays. La flamme est rougeâtre, comme celle du charbon; elle n'est pas attachée et enracinée à l'orifice du tube, comme le serait celle d'une lampe; mais elle voltige environ à deux pouces au-dessus de cet orifice, et elle s'élève à près de deux pieds. Dans l'hiver, les pauvres, pour se chauffer, creusent en rond le sable à un pied de profondeur; une dizaine de malheureux s'assoient autour; avec une poignée de paille ils enflamment ce creux, et ils se chauffent de cette manière aussi longtemps que bon leur semble; ensuite ils comblent le trou avec du sable, et le feu est éteint. »

DIVISION GÉOGRAPHIQUE.

La division territoriale nouvelle de la Chine, telle qu'elle est indiquée dans la Géographie des Mandchous (cette immense géographie, intitulée *Tai-thsing-yi-thoung-tchi*, géographie historique et statistique de l'empire des *Tai-thsing* ou de la Chine, comprend plus de trois cents volumes chinois, qui sont à la bibliothèque royale de Paris), se compose de dix-neuf provinces (y compris une province tatare), dont plusieurs offrent une étendue et une population égales à celles des royaumes les plus puissants de l'Europe. Elles ont subi récemment quelques modifications. Nous empruntons, en les abrégeant, à l'*Encyclopédie nouvelle* et à des documents publiés par des Anglais résidant à Canton, les deux paragraphes suivants, ainsi que l'article qui traite de l'étendue et des productions des provinces de la Chine propre.

Chaque province, administrée par un *gouverneur général* ou par un lieutenant-gouverneur, est partagée en gouvernements (*fou*), ceux-ci en arrondissements (*tcheou*), et ces derniers en districts ou cantons (*hian*). En outre, il y a un certain nombre d'arrondissements et de cantons qui ne dépendent d'aucun département, mais qui relèvent immédiatement du gouvernement de la province.

La province tatare qu'on nomme Ching-king est le pays des Tatars ou Mandchous. *Ching-king*, en mandchou *Moukden*, est la capitale de la vaste contrée située au nord du golfe de Péking et du royaume de Corée, qui en est séparé par une chaîne de hautes montagnes. Cette ville est située à une distance de 147 lieues nord-est de Péking. L'étendue de la province de l'est à l'ouest est de 510 lieues, et du nord au sud de 300 et plus. Elle comprend le *Liao-toung* et l'ancien pays des Mandchous; elle est traversée par le grand fleuve *Sakhalian-oula* ou *Amour* et ses affluents. A l'est, elle s'étend jusqu'à la mer; au nord, jusqu'aux montagnes de Sibérie; à l'ouest, jusqu'aux steppes des *Khalkha* et des Mongols. Elle est divisée en cinq départements. Dans la grande géographie chinoise, précédemment citée, cette province tatare en forme trois, *Ching-king*, *Hing-king* et *Héloung-kiang*, réunies maintenant en une seule, qui a son gouvernement particulier, indépendamment de celui de Péking.

CHINE PROPRE.

1° **Province de Tchili.** — *Péking* (capitale du nord) est la résidence de la cour et la capitale de tout l'empire; *Pao-ting-fou* est la capitale de la province. Le Tchili a 122 lieues (1,228 *li*; on compte ordinairement 10 *li* pour une lieue ou 250 *li* pour un degré de longitude ou de latitude) d'étendue de l'est à l'ouest, et 162 du sud au nord. Il est borné à l'est par le golfe de Péking et le *Chan-toung*; au nord par la grande muraille, qui le sépare de la Mongolie; à l'ouest par le *Chan-si* et le *Honan*, et au sud par la même province et celle de *Chan-toung*.

Productions. Elles consistent en sel, coton, musc, noix, dattes, poires, pommes, pêches et plantes médicinales.

2° **Province de Kiang-sou.** Capitale, *Kiang-ning-fou* ou *Nean-king*, à 240 lieues sud-est de Péking. Cette province, avec la suivante, formait l'ancienne province de *Kiang-nan*, ayant une étendue de 163 lieues de l'est à l'ouest, et de 170 du sud au nord. Elle comprend onze départements.

3° **Province de Ngan-hoei.** Capitale, *Ngan-king-fou*, à 270 lieues de Péking. 15 départements.

Productions. La province de *Kiang-sou* produit de la soie de différentes espèces, du satin, du sel, du riz, du vin nommé pé-hoa. *A-hoeï* produit du chanvre, du thé, des plantes médicinales, du cuivre, du fer, de l'huile, du vernis, etc.

4° **Province de Kiang-si.** Capitale, *Nan-tchang-fou*, à 285 lieues au sud de Péking. Cette province a, de l'est à l'ouest, 97 lieues dans sa plus grande largeur, et du sud au nord 180 lieues. 14 départements.

Productions. Du papier, du thé, du chanvre, de la porcelaine, des lis blancs ou lotus, la fleur nommée *lian*, qui croît en quantité dans les marais; des plantes médicinales, du vin nommé *ma-kou*, du riz rouge, une grande variété de bambous, du coton, du charbon de terre.

Province de Tche-kiang. Capitale, *Hang-tcheou-fou*, à 330 lieues sud-est de Péking. Cette province a une étendue de 88 lieues de l'est à l'ouest, et de 128 du nord au sud. Elle est bornée à l'orient par la mer Orientale et a 12 départements.

Productions. Soie de toute espèce, coton, thé, plomb, fleurs de *lian*, prunes, sel, houille, or, fer, plantes médicinales, papier, chapeaux de feutre, etc.

6° **Province de Fou-kian.** Capitale, *Fou-tcheou-fou*, à 615 lieues sud-est de Péking. Cette province a 95 lieues de l'est à l'ouest dans sa plus grande étendue, et 98 lieues du nord au sud. Elle est bornée à l'est par la mer Orientale et le canal de Formose. 12 départements.

PRODUCTIONS. Thé, sel, fer, bambous, oranges, olives, cire blanche, soie, nids d'oiseaux pour le commerce, etc.

7° PROVINCE DE HOU-PE. Capitale, *Wou-tchang-fou*, à 315 lieues sud-ouest de Péking. Elle a 244 lieues de l'est à l'ouest dans sa plus grande étendue, et 68 du sud au nord. 11 départements.

PRODUCTIONS. Thé, coton, poissons, bambous, cyprès, fer, étain, marbre, etc.

8° PROVINCE DE HOU-NAN. Capitale, *Tchang-cha-fou*, à 455 lieues sud-ouest de Péking. La plus grande étendue de cette province, de l'est à l'ouest, est de 142 lieues, et 115 du nord au sud. 13 départements.

PRODUCTIONS. Fer, plomb, cinabre, mercure, bambous de différentes espèces, thé, poudre d'or, huile de la plante à thé, nankin de différentes espèces, etc.

9° PROVINCE DE HO-NAN. Capitale, *Khaï-foung-fou*, à 154 lieues sud-ouest de Péking. Elle a 112 lieues d'étendue, de l'est à l'ouest, et 129 du nord au sud. 13 départements.

PRODUCTIONS. Soies, pierres précieuses, plantes médicinales, fer, étain, coton, porcelaine, papier, etc.

10° PROVINCE DE CHAN-TOUNG. Capitale, *Tsi-nan-fou*, à 80 lieues sud de Péking. Elle a 164 lieues d'étendue de l'est à l'ouest, et 81 du nord au sud. A l'est, elle confine à la mer Jaune. 12 départements.

11° PROVINCE DE CHAN-SI. Capitale, *Thaï-wan-fou*, à 120 lieues sud-est de Péking. Sa plus grande étendue, de l'est à l'ouest, est de 88 lieues, et du sud au nord de 162. 19 départements.

12° PROVINCE DE CHEN-SI. Capitale, *Singan-fou*, à 265 lieues sud-ouest de Péking. Sa plus grande étendue est de 93 lieues de l'est à l'ouest, et de 242 du sud au nord. 12 départements.

13° PROVINCE DE KAN-SOU. Capitale, *Lan-tcheou-fou*, à 404 lieues de Péking. Sa plus grande étendue, de l'est à l'ouest, est de 212 lieues, et du sud au nord de 240. Elle comprend à présent les anciens pays de *Cha-tcheou*, de *Bourkoul* et l'*Ouroumtsi*, au nord de la petite Boukarie. 15 départements.

14° PROVINCE DE SSE-TCHOUAN. Capitale, *Tching-tou-fou*, à 570 lieues de Péking. Sa plus grande étendue, de l'est à l'ouest,

est de 500 lieues, et du sud au nord de 320. Elle confine à l'est et au nord avec le Tibet. 20 départements.

15° PROVINCE DE KOUANG-TOUNG. Capitale, *Kouang-toung-fou* ou *Canton,* à 757 lieues sud-ouest de Péking. Sa plus grande étendue, de l'est à l'ouest, est de 350 lieues, et du nord au sud de 180 lieues. Elle est bornée à l'est par le *Fo-kian* et la mer Méridionale, au sud elle a cette même mer et le royaume d'*An-nam* ou *Tonquin.* 13 départements.

16° PROVINCE DE KOUANG-SI. Capitale, *Kouéï-lin-fou,* à 746 lieues sud-ouest de Péking. Sa plus grande étendue, de l'est à l'ouest, est de 280 lieues, et du nord au sud de 115. Au sud, elle confine avec la province précédente et le royaume d'Annam. 13 départements.

17° PROVINCE D'YAN-NAN. Capitale, *Yan-nan-fou,* à 820 lieues sud-ouest de Péking. Sa plus grande étendue, de l'est à l'ouest, est de 251 lieues, et du nord au sud de 115. Au sud, elle confine avec les royaumes d'An-nam, de Laos et d'Ava. 21 départements.

18° PROVINCE DE KOUEI-TCHEOU. Capitale, *Kouéï-yang-fou,* à 764 lieues sud-ouest de Péking. Sa plus grande étendue, de l'est à l'ouest, est de 190 lieues, et du sud au nord de 77. 14 départements.

COLONIES.

Les tribus mongoles qui demeurent au nord ou au nord-est de la Chine, et les tribus de Khalkas mongoles situées au delà du désert de Kobi, sont gouvernées par leurs propres princes héréditaires. Le petit nombre d'officiers civils qui sont employés chez elles sont sous la juridiction du gouverneur de la province de Tchi-li.

Les provinces de *Dzoungarie* et du *Turkestan,* comprises sous le nom de *Sin-kiang* (nouveaux territoires), sont sous la direction du district d'*I-li.*

Les villes habitées par les Chinois sont la plupart comprises sous le gouvernement de la province de Kan-sou ; celles habitées par les natifs du pays, et celles qui ont des garnisons de troupes de huit bannières, sont sous la juridiction du commandant en chef de l'I-li et des conseillers de l'empereur. Les naturels sont aussi sous le gouvernement des princes héréditaires du pays et des beys.

District d'I-li. Principale ville, *I-li*, ou en chinois *Houeï youan-tching*. Latit. 43° 50'; longit. O. 34° 20' du méridien de Péking. Un commandant en chef et un résident.

Ville et district de Tarpahatai. Latit. 47°; longit. O. 30°. Un résident ou ministre assistant.

Ville et district de Kachgar. Latit. 39° 25'; longit. O. 42° 25'. Un assistant résident.

Ville et district de Habrachar. Latit. 41° 37'; longit. O. 29° 17'. Un résident ou assistant ministre.

Ville et district de Koutchai. Latit. 41° 37'; longit. O. 33° 52'. Un résident.

Ville et district d'Aksou. Latit. 41° 9'; longit. O. 37° 15'. Un résident.

Ville et district d'Ouchi. Latit. 41° 9'; longit. O. 38° 27'. Un résident.

Ville et district d'Yerkyang. Latit. 38° 19'; longit. O. 40° 10'. Un gouverneur de la frontière mahométane, un résident et un assistant résident.

Ville et district de Ho-ten (*Khotan*). Latit. 37°; longit. O. 35° 52'. Un résident.

Ville et district d'Ouroumisi. Latit. 43° 27'; longit. O. 27° 56'. Un lieutenant général.

Ville et district de Ha-mi. Latit. 42° 53'; longit. O. 22° 23'. Un ministre résident, un commandant en chef de la frontière russe, un ministre résident de la frontière.

Ville et district de Kopto. Latit. 48° 2'; longit. O. 27° 20'. Un ministre résident.

Ville et district de Si-ning, dans le pays voisin de *Khoukhou-noor*. Latit. 36° 39'; longit. O. 19° 42'. Un ministre résident.

Contrées du Si-thsang ou Tibet. Deux ministres résidents.

NOUVELLE DIVISION DE LA CHINE

avec sa population, d'après la statistique de la Chine par G. L. D. de Rienzi publiée dans la Revue des Deux-Mondes, *novembre 1831.*

PROVINCES DU NORD.

Habitants ou bouches, suivant l'expression chinoise.

Tchi-li ou Pé-tchi-li.	3,402,000
Chan-si.	1,920,142
Chen-si.	582,000
Chan-toung.	24,841,504
Han-sou.	840,000

PROVINCES DU CENTRE.

Kiang-sou.	28,855,198

(La province qui précède et celle qui suit formaient jadis la province du centre de Kiang-nan.)

Ngan-hoeï.	1,148,023
Ho-nan.	2,614,000
Kiang-si.	6,127,425
Sse-tchouan.	7,813,000
Tche-kiang.	18,975,000
Hou-han.	10,000,000

(La province qui précède et celle qui suit formaient l'ancien Hou-kouang.)

Hou-pe.	24,152,408
Fou-kian.	2,812,000

PROVINCES DU MIDI.

Koucï-tcheou.	2,018,100
Youn-nan.	5,209,000
Kouang-si.	5,081,000
Kouang-toung.	5,604,000
Total.	145,972,800

Il faut ajouter à ce nombre les habitants qui vivent sur l'eau (hommes, femmes et enfants). .	2,418,237
Infanterie régulière.	300,108
Infanterie irrégulière.	400,000
Cavalerie régulière.	227,000
Cavalerie irrégulière.	273,000
Artillerie (elle est détestable).	17,000
A la suite de l'armée régulière.	30,000
Officiers réguliers de toutes armes. . . .	6,892
Officiers de troupes irrégulières.	5,201
Marine.	32,430
Les neuf classes de mandarins et employés subalternes.	102,479
Total.	3,812,237
Total ci-dessus.	145,972,800
Grand total.	149,785,037

Outre cela, il faut compter encore près de 10,000,000 de Chinois expatriés à *Jeou-kieou*, à Formose, dans la Corée, au Japon, dans la province tatare, au Tibet, au Turkestan et en Arménie, à Saint-Maurice, à Sainte-Hélène et au cap de Bonne-Espérance, au Brésil et à la Guyane française; dans l'Hindoustan et dans le Bengale, dans les royaumes de Siam, d'An-nam et dans l'empire Birman; à Malacca et dans la péninsule de ce nom, à Poulo-pinang, à Singapora, Sumatra, Bintang, Banka, Lingin et Lingan; dans les îles de la Sonde et surtout de Java, à Célèbes et aux îles Moluques, dans l'archipel de Soulong, à Bornéo et aux Philippines, dans la Nouvelle-Guinée, à Vouaiguiou et jusque dans les îles de la mer du Sud. On en voit même quelques-uns dans quelques capitales d'Europe, telles que Pétersbourg, Londres, Lisbonne, Naples, Rome et Paris. On recherche les Chinois dans tout l'Orient, parce qu'ils sont les courtiers, les changeurs, et les meilleurs cultivateurs et ouvriers de ces vastes et nombreuses régions. — Quoique dispersés dans les cinq parties du monde, un bon nombre de ces émigrants retournent en Chine, après avoir fait fortune ailleurs, malgré les lois qui doivent punir les expatriés à leur rentrée sur le sol natal. Mais la plupart d'entre eux se sont formés en populations stables dans les divers pays déjà cités, et surtout dans l'Orient et dans la Malaisie, après s'y être mariés avec les filles des naturels.

Pour ne rien livrer au hasard, nous n'avons pas voulu donner la statistique des pays soumis à la Chine ; mais nous pouvons tracer un tableau passablement exact de leur population, d'après l'Almanach impérial, différents édits impériaux sur la Mandchourie, les Etats tributaires, etc., savoir :

Pour la Corée (anciennement Kao-li, aujourd'hui *Tchao-sien*.	8,463,000
Pour le Tibet et Boutan.	6,800,000
Pour la Mandchourie, la Mongolie, la petite Boukharie, le petit Tibet, la Dzoungarie ou Kalmoukie, la grande île Tchoka et les autres pays tributaires..	9,000,000
Total.	24,263,000
Ce qui, joint au total de la Chine propre, de	149,785,037
Donne à tout l'empire chinois un total général de.	174,048,037

En joignant les 10,000,000 de Chinois établis dans l'étranger, ou y trafiquant pendant une partie de leur vie, et dont aucun document chinois ou étranger n'a parlé, aux 149,785,037 qui forment la population de la Chine propre, plus la population entière des Etats qui lui sont soumis, on trouve un total général de 184,000,000 de Chinois, nombre inférieur seulement de 43,951,963 à la population entière de l'Europe, qui s'élève à 228,000,000, surpassant de 124,048,073 la population entière de tout l'empire russe, qui est de près de 60,000,000, et égalant presque le tiers de celle du globe entier, que nous estimons à 650,000,000 et quelques mille individus.

Nous n'avons pas adopté le recensement chinois de 1812, traduit avec exactitude par le P. Hyacinthe Bitchourine, Russe, et par les Anglais, parce qu'il nous a paru exagéré.

Voici le relevé de la population des villes que nous avons le plus d'intérêt à connaître.

                                                               Habitants ou bouches.
Péking, capitale de l'empire. 1,700,000
   (C'est l'ancien Kambalouk, que Marco Polo
   nous paraît avoir italianisé dans le nom
   de Gamulecco.)
Nan-king. 514,000
Hang-tcheou. 700,200
Ou-tchang. 580,000
King-tchin. 500,000
Fok-han. 320,000
Nang-tchang. 300,000
Sou-tcheou-fou. 214,017

Cette dernière ville, qui n'a pas encore été décrite avec exactitude, est située sur le grand canal Impérial, qui a un cours de 600 lieues, porte des ponts de la plus belle construction, et est souvent bordé de quais en pierre et de villages charmants. *Sou-tcheou* est le Paris de la Chine; cette ville est l'arbitre du bon goût, du beau langage, des modes et des théâtres. Là sont les femmes les plus jolies et les plus aimables; là se réunissent les meilleurs comédiens et les jongleurs les plus adroits; là les hommes les plus riches viennent se fixer pour y vivre en sybarites. Aussi le proverbe chinois dit : « Le paradis est dans les cieux, Sou-tcheou-fou est sur la terre. »

Ngao-men (Macao) compte 32,268 habitants, dont 20,000 Chinois (un certain nombre de ceux-ci vivent dans les *sanpans* ou bateaux sur la rade), 10,000 Portugais, Européens ou fils d'Européens et de Chinoises, et le reste Malais, Manillois, Cafres, Timoriens, Hindous, Parsis, etc.

Kouang-tcheou-fou (Canton), aujourd'hui la ville la plus riche et la plus commerçante de la Chine, est la seconde de l'empire, et possède près de 500,000 habitants. Ils sont contenus dans les villes chinoises et mandchoues, et dans la jolie ville d'*Ho-nan*, située sur le fleuve, où les négociants tiennent leurs femmes dans d'élégants harems. Canton a en outre 128 individus à qui il n'est pas permis d'habiter la terre, et qu'on oblige de vivre sur la rivière, répartis dans 43,021 sanpans.

Il est utile de savoir que le plus ancien dénombrement de l'empire, que feu M. de Rienzi a trouvé dans un manuscrit complet du *Moadjem-al-boldan* ou alphabet des contrées, espèce de dictionnaire géographique arabe en 12 gros volumes in-folio, de *Chéhab-Eddyn-Abou-Abdallah-Yakout* (cet estimable écrivain vivait, croyons-nous, au XIIe siècle de l'ère chrétienne.

Il est probable qu'il a eu connaissance de ce dénombrement par le voyages des Arabes qui visitèrent le *Kitaï* (la Chine) au IXe siècle, comme nous l'apprenons par le voyage qu'*Oua-Hâb* et *Abousaïd* firent par mer à Canton (vraisemblablement le *Canfou* du grand Marco Polo), et dans le *Sang-houng-pen-ki*, recueil manuscrit des traditions chinoises), que ce dénombrement, disons-nous, qui eut lieu au commencement de l'ère chrétienne, ne donne à la Chine que 60,000,000 d'habitants. Fait remarquable! Quand l'Europe possède aujourd'hui une population moindre que celle de l'Europe romaine, celle de la Chine (on compte généralement en Chine de 8 à 10 personnes par famille; 9 en est le nombre moyen) s'est accrue de près de deux tiers dans le même laps de temps.

On voit donc que les calculs du P. Lecomte, qui portait la population de Kouang-tcheou-fou (Canton) à 1,500,000 habitants, de Sonnerat, qui la réduisait à 75,000, et de Malte-Brun, qui la fixait à 250,000, et que ceux de l'estimable Almanach de Gotha, qui élèvent celle de Nan-king à 2,000,000, et celle de la Chine à 257,000,000, sont aussi erronés que les calculs de lord Macartney et du mandarin *Chou-ta-zing*, qui donnent 3,000,000 d'âmes à Péking, et 333,000,000 au céleste empire (*Thian-chou*), et le recensement de 1831, qui en donne 361,691,430.

Nous aurions pu présenter un aperçu des différents revenus, ainsi que de la population des 1,659 villes de la Chine, d'après la deuxième édition de l'ouvrage *Ouang-kouoï-ching;* mais on a de puissantes raisons de croire que cette partie de cet ouvrage est beaucoup moins exacte que celle qui traite des finances. Ainsi nous pensons que la somme entière des revenus de tout l'empire s'élève à près de 1,000,000,000 de francs, somme qui approche du budget ordinaire de la France; que ces revenus surpassent de beaucoup la dépense, et que les hommes en place, avides et d'ailleurs mal payés, en accaparent une bonne partie. Il y a encore loin de là aux 79,600,000 liang ou taëls de revenu annuel que M. Martucci donne à la Chine. Cette somme énorme équivaudrait à environ 5,000,000,000 de francs.

Le dernier dénombrement des chrétiens en Chine n'est pas sans intérêt pour nous. On y compte 64,327 chrétiens. Nous parlerons plus loin, et avec tous les détails nécessaires, de l'état de la religion chrétienne dans ce pays. Nous donnerons également, dans le cours de notre travail, d'autres indications géographiques qui ne sauraient trouver place dans un aperçu général.

MANDCHOURIE

ET ÉTATS ÉTRANGERS A LA CHINE PROPRE.

Outre l'administration des gouverneurs, dit le P. Hyacinthe Bitchourine, de qui nous allons extraire l'article suivant, il y a des chefs militaires qui administrent séparément les villes ou les forteresses qui leur sont confiées, ainsi que les habitants et les terres qui en dépendent.

La Mandchourie est une partie distincte de l'empire chinois; elle comprend trois gouvernements militaires, savoir : *Ching-thsing*, *Kirin* et *He-loug-tsiang*.

Ching-thsing est divisé en deux provinces, et chacune d'elles en trois départements, quatre arrondissements et huit districts. Le commandant en chef réside à *Feng-thian-fou*, l'un de ses adjoints à *Thsin-tcheou-fou*, et l'autre à *Sin-yu-tching*. Il faut encore ajouter onze places fortifiées, occupées par les garnisons.

Kirin comprend trois départements, dans lesquels on compte huit villes ou places fortifiées. Le commandant en chef réside à *Kirin-Khoton*, et ses quatre adjoints à *Ningoutou*, *Bedoune*, *Artchouk* et *San-sing*.

L'autorité locale présente chaque année à la chambre des finances un rapport sur le mouvement de la population des lieux qui sont subordonnés : ce rapport est exagéré et faux, comme les nouvelles de la Gazette de Péking.

Les peuples qui composent la population de la Chine sont, 1° les *Chinois*; 2° les *Mandchous*; 3° les *Mongols*; 4° les *Turcs*; 5° les *Fan*; 6° les *Thsiang*; 7° les *Miao*; 8° les *Yao*; 9° les *Li*; 10° les *Y*.

Les Chinois, comme aborigènes, forment la famille la plus nombreuse, et sont répandus dans tous les gouvernements. Les Mandchous sont très-peu nombreux ; comme race conquérante, ils ne fournissent que les garnisons des villes importantes.

Les Mongols, qui entrèrent en Chine avec les Mandchous, tiennent garnison à Péking et dans les gouvernements.

Les Tatars habitent les divers gouvernements et font partie de la population contribuable. Les *Tatars-Salarski* seuls se trouvent sous la surveillance de leurs anciens.

Fan est une dénomination générale qu'emploient les Chinois à l'égard des Tangoutes qui habitent les gouvernements de

Kan-sou, de *Sse-tchouan* et de *Youn-nan*. Les habitants de l'île de *Thaï-wan*, dépendante de la Chine, portent le même nom.

On comprend sous le nom de *Thsiang* quelques tribus tangoutes qui habitent Sse-tcheou, dans le gouvernement de Kan-sou, et Mcou-tcheou, dans le gouvernement de Sse-tchouan.

Les *Miao* sont les ancêtres des Tangoutes; ils vivent dispersés à *Thsiang-tcheou*, à *Ping-hoang*, à *Yun-soui-tching*, à *Pou-soui-ning*, et dans les gouvernements de *Hou-nan*, *Sse-tchouan*, *Kouang-si* et *Kouëi-tcheou*.

Yao est le nom des étrangers dans les gouvernements de Hou-nan et de Kouang-toung.

Les *Li* sont les étrangers qui habitent l'île de Haï-nan.

Les *Y* sont également des étrangers qui habitent le gouvernement de Hou-nan.

Quant au calcul de la population contribuable, la majorité, pour les hommes, commence à seize ans, et la vieillesse à soixante.

Dans la population de l'empire ne sont pas comprises les huit bannières militaires, composées de trois nations, savoir : les Mandchous, les Mongols et les Chinois. Les étrangers, sujets de la Chine, sont dénombrés séparément par familles, et une partie par individus. En voici le tableau :

	Familles.
Tangoutes, dans le gouvernement de Kan-sou.	26,644
Tangoutes, dans le gouvernement de Sse-tchouan.	72,574
Tangoutes, dans le gouvern. de Khoukhou-noor..	7,842
Tangoutes, dans le gouvernement de Tibet.....	4,889
Turcs du Turkestan et d'I-li............	69,644
Turcs du Khoukhou-noor...............	2,560
Les Ouriankhaï du Tannou.............	1,007
Les Ouriankhaï de l'Altaï.............	685
Les Ouriankhaï de l'Altainor...........	208
Tongouses des bouches de l'Amour.......	2,398
Total................	188,051

	Ames.
Les Solones industrieux.:	4,497
Les Khaïoutes, militaires........	2,581
Les Barkhousses.............	1,252
Total................	8,330

L'autorité locale délivre à chaque famille ou maison un tableau qui se place à la porte, et sur lequel sont inscrites les personnes qui habitent cette maison. Ce tableau est changé chaque année. — Lorsqu'on distribue de nouveaux tableaux, on en exclut les personnes qui ont quitté la maison, et l'on y inscrit les nouveaux locataires. Celui qui change de logement est tenu d'en informer l'autorité, afin d'en obtenir un tableau (ces tableaux sont des écrits, revêtus du sceau de l'autorité locale, que l'on colle à l'extérieur des maisons et des établissements de commerce.

Dix maisons forment ce que les Chinois appellent *paï ;* chaque *paï* a un *paï-theou* (dizenier); dix *paï* sont nommés, en chinois, *tsia*, dont le chef est un *tsia-tchang* (centenier); dix *tsia* composent un *pao*, qui a pour chef un *pao-tching* (intendant). Cette organisation existe même parmi les Chinois qui habitent hors des frontières. Nous reviendrons sur ce sujet lorsque nous aurons à examiner spécialement l'administration de l'empire.

D'après les rapports fournis par les autorités locales, les terres arables de tous les gouvernements, y compris la Mandchourie, formaient, en 1812, 7,915,251 *thsing*. Il faut observer que toutes les terres hors de la Chine propre ont été mesurées, comptées et cultivées par les émigrés chinois, tandis que celles qui appartiennent aux Tangoutes, dans les gouvernements de Kan-sou et de Sse-tchouan, et aux tribus étrangères, dans le gouvernement de Youn-nan, sont toutes restées sans être mesurées, parce que ces tribus ont des prérogatives particulières, payent tribut, et mènent une vie nomade. Les lieux consacrés et ceux qui sont destinés à la chasse sont également restés sans être mesurés ; ainsi toutes les terres non mesurées ne sont pas comprises dans les 7,915,251 thsing que forment les terres arables.

Les Mandchous aborigènes, ainsi que les Mongols et les Chinois, qui sont venus, avec les premiers, de la Mandchourie en Chine, forment un corps militaire séparé en bannières composées de trois divisions, lesquelles se partagent en compagnies formées de 150 hommes.

	Compagnies.
Les Mandchous, à Péking, forment	681
Les Mongols, à Péking, forment	204
Les Chinois, à Péking, forment	266
Les Mandchous et les Mongols, en garnison dans les gouvernements, forment	840
Il faut ajouter à ces derniers les chasseurs, dont les daours forment	59
Les Solones forment	47
Les Tongouses, dans l'Olountchoun, forment	11
Total	2,088

Ce qui fait 313,200 hommes de quinze à soixante ans. A Péking, chaque division a un chef de division, deux adjoints, des colonels et des chefs de compagnie. Dans les gouvernements, les Mandchous militaires composent les garnisons qui se trouvent sous les ordres des chefs de corps.

La Mongolie se divise en Mongolie méridionale, en Mongolie septentrionale, en Mongolie occidentale et Khoukhou-noor. La Mongolie est encore divisée en aïmaks, et les aïmaks en bannières, commandées par des tchassaks. Les bannières sont subdivisées en régiments, et ceux-ci en escadrons. L'aïmak est une caste qui forme une partie distincte du peuple. Une bannière porte le nom de division ou de principauté. Quelques aïmaks ont plusieurs divisions. Les Mongols méridionaux occupent toute l'étendue de terrain qui longe la grande muraille, depuis les frontières de la Mandchourie jusqu'à Ordos inclusivement, et forment 24 aïmaks et 48 bannières, savoir :

		Bannières
1. L'aïmak de	Kartsin	6
2. —	Tchalaït	1
3. —	Dourbot	1
4. —	Korlos	2
5. —	Aokhan	1
6. —	Naïman	1
7. —	Barin	2
8. —	Tcharot	2
9. —	Aro-Karthsin	1
10. —	Ouniut	2
11. —	Kechiktin	1
12. —	Kalka de l'aile gauche	1
13. —	Karthsin	3

14.	—	Toumot.	2
15.	—	Outchoumzin.	2
16.	—	Khaothsit.	2
17.	—	Sounit.	2
18.	—	Abaga (Abga).	2
19.	—	Abkhanar.	1
20.	—	Dourben-khoubout.	1
21.	—	Mao-minhan.	1
22.	—	Ourat (Orat).	5
23.	—	Kalka de l'aile droite.	1
24.	—	Ordos.	7

Les Mongols septentrionaux se nomment Khalkas. Ils occupent l'espace de terrain au nord de la grande muraille, depuis l'Argoun à l'ouest jusqu'aux confins de la Dzoungarie, et forment 4 aïmaks et 86 bannières, savoir :

                                            Bannières.

L'aïmak de Thousetou-khan. 20
    —   Saïn-noïn. 22
    —   Thsithsin-khan. 23
    —   Tchassaktou-khan. 21

Les Mongols nomades et dispersés à l'occident d'Ordos, dans l'Etsinéi-gol et la Dzoungarie, appartiennent à divers aïmaks formant 34 bannières.

                                            Bannières.

Les Eloutes au delà d'Ordos. 2
Les Torgotes sur l'Etzine. 14
Les Dourbotes en Dzoungarie. 14
Les Khoïtes en Dzoungarie. 2
Les Torgotes de la même contrée. 12
Les Khochotes. 4

Les Mongols de Khoukhou-noor errent aux alentours du lac du même nom, et forment 5 aïmaks et 29 bannières.

                                            Bannières.

Dans l'aïmak de Khochot. 21
    —   Tchoros. 2
    —   Khoït. 1
    —   Torgot. 4
    —   Kalka. 1

Les Mongols sujets immédiats de la Chine n'ont point de tchassaks, mais sont sous les ordres des chefs militaires chinois.

Nous avons dû exposer ces détails pour faire comprendre de quels éléments se compose la population du céleste empire. Dans la suite de notre travail, nous ferons connaître spécialement l'organisation administrative, judiciaire, militaire, etc., de la Chine.

PRINCIPES DE LA CHRONOLOGIE CHINOISE.

La tradition ancienne et constante des Chinois, dit Fréret, que nous abrégeons (*Mémoires de l'académie des inscriptions et belles-lettres*, t. XVIII, p. 178 et suiv.), nous apprend que dès le temps d'Yao, c'est-à-dire plus de deux mille ans avant Jésus-Christ, il y a eu à la Chine deux années différentes; une année civile qui était lunaire, et une année astronomique qui était solaire, et qui servait à régler l'année civile. Cette année civile était composée de douze lunes, auxquelles on en ajoutait de temps en temps une treizième. Dès le temps même d'Yao, l'année solaire était supposée de trois cent soixante-cinq jours et six heures, égale à notre année julienne, et chaque quatrième année était de trois cent soixante-six jours, comme l'année bissextile; c'est un fait prouvé par le *Chou-king;* l'intercalation d'une treizième lune dans l'usage civil est encore un fait prouvé par le même livre.

Les jours chez les Chinois, au rapport du P. Gaubil, étaient divisés en cent *ké;* chaque *ké* avait cent minutes, et chaque minute cent secondes. Cet usage a subsisté jusqu'au dernier siècle, où les Chinois, de l'avis du P. Schall, président du tribunal des mathématiques, ont commencé à diviser chaque jour en vingt-quatre heures, chaque heure en soixante minutes, et chaque minute en soixante secondes, etc., de manière que le jour n'est composé que de quatre-vingt-seize *ké*, et chaque *ké* équivaut à quinze minutes ou un quart d'heure, suivant notre manière de compter. Au surplus, le jour civil commence à minuit et finit à minuit suivant.

On partage la durée d'une révolution solaire, depuis un solstice jusqu'à l'autre, en douze portions égales, chacune de trente jours dix heures trente minutes; on donne à chacune de ces portions le nom de *tzé*, et on la subdivise en deux parties distinguées par les noms de *tchong-ki* et *tsié-ki* (1). Le *tchong-ki* ou le *ki*, placé au milieu des deux *tsié* qu'il sépare, répond, dans notre méthode astronomique, au premier degré de chaque signe. C'est ce *tchong-ki* qui détermine le nom de la lune dans laquelle il se trouve; ainsi la lune du solstice est celle pendant le cours de laquelle le soleil se trouve au *tchong-ki* ou au premier degré de Caper.

Depuis les *Han* (205 ans avant J.-C.) jusqu'à présent, les Chinois ont commencé leur année civile par le premier jour de la lune, dans le cours de laquelle le soleil entre dans le signe qui exprime notre signe des Poissons. Les douze lunes de l'année civile sont distribuées en quatre classes, qui portent le nom des *quatre saisons*. La première lune a le nom de *tching*, exprimé par un caractère qui signifie ce qui est juste, ce qui est conforme à la règle établie; et on ajoute ordinairement à ce caractère celui du printemps : *au printemps lune tching* et *au printemps seconde ou troisième lune*. Pour les trois autres portions, au nom de la saison on ajoute quelquefois, du moins dans les anciens livres, le lieu de cette lune dans la saison, *première, seconde ou dernière de l'été*. Par exemple, quelquefois on désigne cette lune par le lieu qu'elle occupe dans l'année civile : *en été quatrième lune; en automne septième lune; neuvième en hiver, dixième lune*, etc. Fréret observe que le détail des anciens calendriers est très-peu connu, et qu'on ignore, 1° quel était l'ordre des intercalations par rapport aux années; 2° comment on distribuait les mois de trente et de vingt-neuf jours, ou les lunes *grandes* et *petites*, comme les nomment les Chinois. Il ajoute ensuite que, sous les *Han*, on se servait d'un cycle de dix-neuf ans, dans lequel on intercalait la troisième, la sixième, la neuvième, la onzième, la quatorzième, la dix-septième et la dix-neuvième année; mais on n'a point de preuve que cet usage ait été suivi dans les temps plus anciens : on n'en a pas non plus du contraire.

Les astronomes du temps des *Han* disent que la lune intercalaire était toujours la neuvième de l'année civile : ils ajoutent que les lunes étaient alternativement grandes et petites, c'est-à-dire de trente et de vingt-neuf jours; mais, sur ce pied-là, le cycle de dix-neuf ans aurait été plus court de sept jours dix-huit

---

(1) Il y a eu dans la suite quelques changements dans l'usage de ces noms de *tchong-ki* et de *tsié-ki*, ce dernier ayant été employé pour marquer la première partie du *tsié*.

heures que les deux cent trente-cinq lunaisons dont il est composé. En effet la révolution périodique de la lune se fait dans vingt-neuf jours trente-deux *ké*. Or la lune fait deux cent cinquante-quatre de ces révolutions, tandis que le soleil n'en fait que dix-neuf ; mais il ne se trouve que deux cent trente-cinq conjonctions de la lune et du soleil, qui font six mille neuf cent trente-neuf jours et soixante-quinze *ké*. Cette révolution exprime par le caractère *tchang* une année commune à douze mois lunaires : ainsi dix-neuf années communes ont deux cent vingt-huit mois lunaires. Dans dix-neuf ans solaires il y a cependant deux cent trente-cinq mois lunaires (1); la différence de deux cent vingt-huit à deux cent trente-cinq est sept ; donc il doit y avoir dans un *tchang* de dix-neuf ans, sept mois intercalaires de trente jours. La lune intercalaire ne pouvait pas non plus être toujours la neuvième ; la raison en est simple. La différence du mois lunaire au mois solaire est de quatre-vingt-dix *ké* soixante-six minutes trente-six secondes. Prenez le moment où commence le *tchang* ou cycle de dix-neuf ans ; ensuite, à chaque conjonction, ajoutez quatre-vingt-dix *ké* soixante-six minutes trente-six secondes ; quand vous trouverez un nombre égal ou supérieur à celui du mois lunaire, il faut intercaler cette lune qui ne porte le nom d'aucun *tchong-ki*, mais s'appelle *jun*. En suivant cette méthode, les lunes intercalaires sont, à la troisième année, neuvième lune ; à la sixième année, sixième lune ; à la neuvième année, troisième ou deuxième lune ; à la onzième année, onzième lune ; à la quatorzième année, septième lune ; à la dix-septième année, quatrième lune ; et à la dix-neuvième année, douzième lune. Ainsi il y a plus d'apparence que l'intercalation dépendait des astronomes chargés de la confection du calendrier, comme le conjecture Fréret.

Les Chinois ont eu de très-bonne heure, outre la distinction des *tchong-ki* ou signes, dans l'année astronomique, et des lunes dans l'année civile, une méthode singulière pour déterminer les jours et pour en marquer le quantième. Dans leur calendrier, les jours sont distribués par soixantaines, c'est-à-dire par des cycles de soixante, de même que les nôtres le sont par

---

(1) Les 19 révolutions solaires font 14 heures 32 minutes au delà du nombre des jours ; les 235 lunaisons, 16 heures 32 minutes. C'est une erreur de 2 heures ou 2 heures 1 minute, dont les 235 lunaisons surpassent les 19 révolutions : différence qui n'allait qu'à 18 22 journe ans dans le lieu de la vraie syzygie.

semaines (1) ou cycles de sept jours : quels que soient les changements et les réformations qui aient été faits à ce calendrier, soit pour les intercalations, soit pour la quantité des lunes, soit pour le lieu de la lune *tching* dans l'année astronomique, on n'a jamais touché à l'ordre des jours. Ces jours ont eu, dans le cycle soixante, l'ordre qu'ils auraient eu s'il n'y avait point eu de changements, à peu près comme il est arrivé dans notre calendrier lors de la réformation grégorienne ; le quantième du jour dans le mois fut changé sans que l'on touchât à son quantième dans le cycle hebdomadaire, c'est-à-dire que le jour, qui, sans la réformation, eût été le 5 octobre 1582, fut compté pour le quinzième de ce mois ; mais ce jour demeura le sixième du cycle, ou le vendredi, comme il l'aurait été sans la réformation.

Nos chronologistes ont éprouvé en bien des occasions de quel secours était pour eux, dans la vérification des dates, le quantième du mois joint au quantième du cycle hebdomadaire ; par là ils ont démontré qu'un événement marqué, par exemple, à un lundi 6 janvier ne pouvait être arrivé dans telle année, et qu'il fallait le rapporter à une autre année. La méthode chinoise a le même usage dans la chronologie ; on désigne la date d'un événement en joignant au quantième du cycle le nom de la lune dans laquelle s'est trouvé ce jour, et quelquefois même le quantième de la lune ; on y joint le nom du prince qui régnait alors, et ordinairement on marque l'année de son règne.

En voici un exemple pris du *Chi-king*, ou livre des cantiques, sous le règne de *Yeou-vang*, empereur de *Tcheou* : le premier de la dixième lune, au jour *sin-mao*, vingt-huitième cycle, il y eut une éclipse de soleil ; la chronique de *Tsou-chou* marque la sixième année de *Yeou-vang*, laquelle est, par son calcul, de même que par celui de *Ise-ma-tsien* (776 avant J.-C.). Il faut examiner, par le calcul, si le premier jour de cette dixième lune, ou de celle du signe de *Libra* du *tchong-ki* de l'équinoxe d'automne, fut, 1° le vingt-huitième d'un cycle, 2° le jour d'une syzygie écliptique. On trouve par le calcul, 1° que le 6 septembre de cette année fut le vingt-huitième d'un cycle ; 2° que le soleil étant au cinquième degré de *Virgo* ou du neuvième *tchong-ki*, il y eut ce même jour une syzygie écliptique.

(1) Les Chinois ont aussi un cycle de sept jours, suivant l'ordre des sept planètes, le même absolument que notre semaine, mais qui ne paraît pas aussi ancien que le cycle de soixante jours (*Nouveaux Mémoires de la Chine*).

Cette dixième lune dure trente jours; ainsi, ayant commencé au cinquième degré de *Virgo*, elle finit au cinquième degré de *Libra*, et elle contient l'entrée du soleil dans le dixième *tchong-ki*, ou dans celui de l'équinoxe d'automne.

On voit par là que ce cycle de soixante est d'un grand usage pour vérifier les époques dans la chronologie chinoise. Il est vrai que dans les dates où le quantième de la lune n'est pas déterminé il peut y avoir une incertitude de quelques années. Supposons, par exemple, que l'on marque un événement dans la première lune, au premier jour du cycle, sous le règne d'un empereur, mais sans spécifier ni le quantième de son règne, ni celui de la lune; supposons encore que le calcul nous donne pour une des années de ce règne le quantième marqué du cycle au vingt-neuvième de la lune; alors il arrivera que, pendant quelques-unes des années suivantes, le même jour du cycle pourra se trouver encore dans la même lune; mais, 1° cela n'ira qu'à quelques années; 2° il n'y a guère d'époques dans lesquelles l'année du règne ne soit pas marquée; 3° la durée du total des règnes étant connue, il arrive rarement que toutes les années auxquelles le calcul peut convenir se trouvent renfermées dans le même règne; 4° enfin, si on n'avait qu'une seule de ces dates, on pourrait peut-être attribuer au hasard le rapport donné par le calcul; mais comme on en a plusieurs, et qu'il s'en trouve parmi elles qui sont éloignées les unes des autres, si l'on aperçoit dans toutes le même rapport, alors il n'est plus possible de l'attribuer au hasard.

Le cycle chinois de soixante a un autre avantage qu'il est bon de remarquer. Chaque année solaire ayant seulement cinq des soixante-cinq autres ne revenant que six fois, cette méthode l'emporte de beaucoup sur la nôtre, dans laquelle le même jour de la semaine revient jusqu'à cinquante-deux ou même cinquante-trois fois dans une seule année; ainsi le même jour de l'année julienne revient en général au même jour de notre semaine toutes les septièmes années, au lieu que ce n'est qu'à la quatre-vingt-unième année que ce jour revient au même quantième du cycle chinois de soixante, parce que le plus petit nombre des divisibles par soixante que peuvent donner ces années, c'est celui de vingt-neuf mille deux cent vingt jours, ou de quatre-vingts ans juliens. C'est déjà beaucoup, comme l'on voit; car le temps de l'événement dont on examine la date étant rarement sujet à une incertitude de quatre-vingts ans, on sait certainement à laquelle de ces quatre-vingts années on doit le rapporter.

Mais il y a plus : les années civiles, employées dans l'histoire pour la chronologie, sont des années lunaires réductibles à des périodes de vingt-sept mille sept cent cinquante-neuf jours, ou soixante-seize ans, supposés ramener les syzygies au même jour de l'année solaire. Cette période, qu'on nomme *pou*, contient trente-neuf jours au delà des cycles, et il faut vingt de ces périodes, ou mille cinq cent vingt ans, pour ramener les mêmes jours des lunaisons au même jour du cycle et de l'année astronomique. « Je parle ici, dit Fréret, en conséquence des fausses hypothèses des astronomes chinois ; car ces mille cinq cent vingt ans contiennent onze jours dix-huit heures au delà des révolutions solaires vraies, et quatre jours vingt et une heures au delà des mois synodiques vrais ; et pour trouver une période astronomique qui donnât le retour de tous ces mêmes caractères chronologiques, il faudrait lui donner une quantité de plusieurs milliers d'années.

Le cycle de soixante a encore deux usages dans le calendrier chinois. Le premier est de dater les années ; par exemple, l'année 1783 est la quarantième d'un cycle, l'année 1784 est la quarante et unième, et l'année 1804 la première du cycle suivant. On marque à la tête du calendrier de chaque année son quantième dans le cycle, et cet ordre n'est jamais ni interrompu ni dérangé.

Le second usage du cycle de soixante est celui que l'on en fait pour désigner les lunes de l'année civile. Cet usage du temps des *Han* au plus tôt, et les lunes intercalaires n'étant jamais comptées, mais seulement les lunes ordinaires, ce cycle se renouvelle tous les cinq ans, qui contiennent cinq fois douze ou soixante lunes régulières. Ainsi la première lune de l'année 1785 ayant été la cinquante et unième d'un cycle, les premières lunes de toutes les sixièmes années, soit en remontant comme 1778, 1773, etc., soit en descendant comme 1788, 1794, etc., seront aussi les cinquante et unièmes d'un cycle.

Fréret soutient, d'après l'opinion commune et ancienne des Chinois, suivie du temps même de Confucius, ou du moins avant la destruction des anciens livres, 1° que l'empereur *Hoang-ti* avait, le premier, réglé la forme de l'année ; 2° qu'il avait établi l'usage du kia-tzé ou cycle de soixante jours, qui servait, dans l'usage civil et populaire, à distinguer les jours de la même manière que les semaines y servent parmi nous ; 3° que le jour duquel on avait commencé à compter le premier des cycles avait été celui d'un solstice d'hiver ; 4° qu'au commencement de ce premier jour des cycles, c'est-à-dire à l'heure de minuit, le soleil et la lune avaient été réunis au signe de Caper au point du solstice, et que ce moment avait été celui d'une syzygie; 5° que vers l'an 400 avant Jésus-Christ on comptait plusieurs mille ans depuis ce solstice, c'est-à-dire qu'il y avait au moins deux mille ans. Ces trois derniers points sont rapportés dans l'ouvrage de Meng-tzé, qui vivait plus de 300 ans avant Jésus-Christ. Finalement Fréret place le commencement du premier cycle et de l'empereur Hoang-ti à l'an 2455 avant Jésus-Christ; il ajoute ensuite qu'ayant calculé pour toutes les années voisines du temps auquel a pu régner Hoang-ti, afin de découvrir si, dans quelqu'une de ces années, le solstice et la syzygie ont pu se trouver réunis vers l'heure de minuit d'un jour kia-tzé commençant, il n'a trouvé que la seule année 2450 avant Jésus-Christ qui donnât cette réunion. Cette année 2450 était la sixième du règne de Hoang-ti, suivant la chronologie de Tsou-chou; et c'est par cette raison que Fréret place le commencement du cycle chinois à l'an 2455. Cependant il est évident, par le calcul, que cette année 2455 n'est que la troisième année d'un cycle et non la première, puisqu'il est certain que l'année 1744 de Jésus-Christ est aussi la première d'un cycle. Ainsi le premier cycle aura dû commencer à l'an 2457 avant Jésus-Christ, et on peut supposer que ce premier cycle, suivant Fréret, précède de deux ans le règne d'Hoang-ti.

Le cycle de soixante est composé de deux autres cycles, l'un de dix et l'autre de douze caractères, lesquels, combinés ensemble, reviennent toujours de soixante en soixante ans (*Histoire générale des Huns*, t. 1ᵉʳ, p. 46 et 47).

CYCLE DE X.		CYCLE DE XII.	
1. Kia.	6. Ki.	1. Tse.	7. Ou.
2. Y.	7. Keng.	2. Tcheou.	8. Ouy.
3. Ping.	8. Sin.	3. Yn.	9. Chin.
4. Ting.	9. Gin.	4. Mao.	10. Yeou.
5. Vou.	10. Quey.	5. Chin.	11. Su.
		6. Se.	12. Hai.

Le cycle de soixante ans est, dit-on, de la première antiquité. L'histoire chinoise que l'empereur Kang-hi, mort à la fin de 1722, a fait traduire en tartare, commence à mettre les caractères du cycle à l'an 2557 avant Jésus-Christ; d'où l'on conclut que l'empire chinois remonte avant cette époque. Mais cette raison ne paraît point démonstrative : on a pu après coup, et depuis que ce cycle est inventé, l'appliquer aux années qui ont précédé son invention, comme nous avons appliqué l'ère de Jésus-Christ à tous les siècles qui ont précédé Denis le Petit, qui en est l'inventeur. Ces caractères sont *kia-chin*, qui appartiennent à la quarante et unième année d'un cycle. Ainsi il faut supposer que ce cycle a commencé l'an 2397, quarante ans avant le règne d'Yao. Dans le tribunal des mathématiques, c'est un usage immémorial de fixer la première année du premier cycle à la quatre-vingt-unième année de l'empereur Yao. Cet usage est une raison un peu meilleure ; mais après tout elle ne prouve pas qu'il soit de la première antiquité. Cette invention pourrait n'être que du premier siècle de Jésus-Christ, ou plus tard même, et l'usage en peut être aujourd'hui immémorial. Pour décider cette question, il faudrait savoir qui est le premier qui s'en est servi, et en quel temps il a vécu. L'an 1684, vingt-troisième de Kang-hi, était le premier du LXVIIe cycle de soixante ans dans le tribunal. Ainsi, dans cette hypothèse, le commencement du premier cycle est de l'an 2277 avant Jésus-Christ. Mais suivant l'histoire chinoise déjà citée, traduite par ordre de Kang-hi, cette même année 1684 est la première de LXIXe cycle.

La table suivante des cycles fait voir la manière de réduire à nos jours et à nos années les jours et les années des Chinois.

CYCLE DE 60 JOURS QUI

1 Kia-tse. 27 février.	2 Y-tcheou. 28	3 Ping-yn. 29	4 Ting-mao. 1er mars.	5 Vou-chin. 2
11 Kia-su. 8 mars.	12 Y-hay. 9	13 Ping-tse. 10	14 Ting-tcheou. 11	15 Vou-yn. 12
21 Kia-chin. 18 mars.	22 Y-yeou. 19	23 Ping-su. 20	24 Ting-hay. 21	25 Vou-tse. 22
31 Kia-ou. 28 mars.	32 Y-ouey. 29	33 Ping-chin. 30	34 Ting-yeou. 31	35 Vou-su. 1er avril.
41 Kia-chin. 7 avril.	42 Y-se. 8	43 Ping-ou. 9	44 Ting-ouy. 10	45 Vou-chin. 11
51 Kia-yn. 17 avril.	52 Y-mao. 18	53 Ping-chin. 19	54 Ting-se. 20	55 Vou-ou. 21

COMMENCE LE 27 FÉVRIER 1784.

6 Ki-se. 3	7 Keng-ou. 4	8 Sin-ouy. 5	9 Gin-chin. 6	10 Quey-yeou. 7
16 Ki-mao. 13	17 Keng-chin. 14	18 Sin-se. 15	19 Gin-ou. 16	20 Quey-ouy. 17
26 Ki-tcheou. 23	27 Keng-yn. 24	28 Sin-mao. 25	29 Gin-chin. 26	30 Quey-se. 27
36 Ki-hay. 2	37 Keng-se. 3	38 Sin-tcheou. 4	39 Gin-yn. 5	40 Quey-mao. 6
46 Ki-yeou. 12	47 Keng-su. 13	48 Sin-hay. 14	49 Gin-tse. 15	50 Quey-tcheou. 16
56 Ki-ouey. 22	57 Keng-chin. 23	58 Sin-yeou. 24	59 Gin-su. 25	60 Quey-hay. 26

— 54 —

La table ci-dessous de la correspondance des années chinoises avec celles de Jésus-Christ est dressée pour trente cycles, c'est-à-dire depuis l'an 4 de notre ère jusqu'à l'an 1803 inclusivement, et cela en faisant remonter le commencement du premier cycle à l'an 2397 (1) avant Jésus-Christ ; cependant il y a des historiens qui placent ce commencement à l'an 2697.

La première colonne à gauche contient les soixante années du cycle chinois, et à côté de chaque année se trouve le caractère qui la désigne.

Les chiffres romains qui sont en tête de la table indiquent l'ordre numérique de chaque cycle, et dans la colonne au-dessous de ces chiffres se trouvent les années de Jésus-Christ qui concourent avec chaque année du cycle chinois qui se trouve dans la première colonne à gauche.

On observera que le même caractère chinois revenant de soixante ans en soixante ans, les années correspondantes de notre ère, qui se trouvent dans les colonnes perpendiculaires, croissent de soixante ans sur chaque ligne horizontale de la colonne précédente. Ainsi, par exemple, l'an 4 de Jésus-Christ est la première année du XLIe cycle, et l'an 64 est la première du cycle suivant : il en est de même de toutes les autres colonnes qui suivent de haut en bas l'ordre numérique.

Il y a une autre manière de compter les années, fort usitée à la Chine, mais peu familière aux Européens. Cette manière, qui a commencé sous le règne d'Ouen-ti, l'an 163 avant l'ère chrétienne, s'appelle *nien-hao*. Un empereur, à son avènement au trône, donne le nom aux années de son règne. Il ordonne, par exemple, qu'elle s'appellera *ta-té* : en conséquence de cet édit, l'année suivante sera nommée *ta-té* ; on continuera de nommer les autres années, *seconde, troisième année ta-té*, etc., jusqu'à ce qu'il plaise au même empereur ou à son successeur de rendre un autre édit en conséquence duquel l'année ne s'appellera plus *ta-té*, mais prendra le nom, par exemple de *hoang-kin*, ou tel autre qu'il plaira au souverain de lui imposer.

Comme les écrivains chinois depuis l'an 163 avant Jésus-Christ ne connaissent guère d'autre méthode d'indiquer les époques, il est indispensable pour ceux qui veulent étudier l'histoire de la Chine dans ses sources, d'avoir continuellement

---

(1) Quelques-uns ne comptent que 2396, attendu que l'année qui précède la première de l'ère vulgaire est comptée parmi les astronomes pour 0.

sous les yeux, non-seulement une idée exacte du cycle chinois, mais encore un catalogue des *nien-hao*, avec leur rapport aux années de notre ère avant et depuis Jésus-Christ. Cette tâche a été pleinement exécutée par des Hauterayes à la tête du douzième volume de l'histoire de la Chine du P. de Mailla. C'est là que nous renvoyons nos lecteurs pour la table des *nien hao*.

TABLE DE LA CORRESPONDANCE DES ANNÉES

ANNÉES DU CYCLE ET CARACTÈRES CHINOIS correspondants.	CYCLES.					
	XLI.	XLII.	XLIII.	XLIV.	XLV.	XLVI.
1 Kia-tse.	4	64	124	184	244	304
2 Y-tcheou.	5	65	125	185	245	305
3 Ping-yn.	6	66	126	186	246	306
4 Ting-mao.	7	67	127	187	247	307
5 Vou-chin.	8	68	128	188	248	308
6 Ki-se.	9	69	129	189	249	309
7 Keng-ou.	10	70	130	190	250	310
8 Sin-ouy.	11	71	131	191	251	311
9 Gin-chin.	12	72	132	192	252	312
10 Quey-yeou.	13	73	133	193	253	313
11 Kia-su.	14	74	134	194	254	314
12 Y-hay.	15	75	135	195	255	315
13 Ping-tse.	16	76	136	196	256	316
14 Ting-tcheou.	17	77	137	197	257	317
15 Vou-yn.	18	78	138	198	258	318
16 Ki-mao.	19	79	139	199	259	319
17 Keng-chin.	20	80	140	200	260	320
18 Sin-se.	21	81	141	201	261	321
19 Gin-ou.	22	82	142	202	262	322
20 Quey-ouy.	23	83	143	203	263	323
21 Kia-chin.	24	84	144	204	264	324
22 Y-yeou.	25	85	145	205	265	325
23 Ping-su.	26	86	146	206	266	326
24 Ting-hay.	27	87	147	207	267	327
25 Vou-tse.	28	88	148	208	268	328
26 Ki-tcheou.	29	89	149	209	269	329
27 Keng-yn.	30	90	150	210	270	330
28 Sin-mao.	31	91	151	211	271	331
29 Gin-chin.	32	92	152	212	272	332
30 Quey-se.	33	93	153	213	273	333

CHINOISES A CELLES DE JÉSUS-CHRIST.

CYCLES.								
XLVII.	XLVIII.	XLIX.	L.	LI.	LII.	LIII.	LIV.	LV.
364	424	484	544	604	664	724	784	844
365	425	485	545	605	665	725	785	845
366	426	486	546	606	666	726	786	846
367	427	487	547	607	667	727	787	847
368	428	488	548	608	668	728	788	848
369	429	489	549	609	669	729	789	849
370	430	490	550	610	670	730	790	850
371	431	491	551	611	671	731	791	851
372	432	492	552	612	672	732	792	852
373	433	493	553	613	673	733	793	853
374	434	494	554	614	674	734	794	854
375	435	495	555	615	675	735	795	855
376	436	496	556	616	676	736	796	856
377	437	497	557	617	677	737	797	857
378	438	498	558	618	678	738	798	858
379	439	499	559	619	679	739	799	859
380	440	500	560	620	680	740	800	860
381	441	501	561	621	681	741	801	861
382	442	502	562	622	682	742	802	862
383	443	503	563	623	683	743	803	863
384	444	504	564	624	684	744	804	864
385	445	505	565	625	685	745	805	865
386	446	506	566	626	686	746	806	866
387	447	507	567	627	687	747	807	867
388	448	508	568	628	688	748	808	868
389	449	509	569	629	689	749	809	869
390	450	510	570	630	690	750	810	870
391	451	511	571	631	691	751	811	871
392	452	512	572	632	692	752	812	872
393	453	513	573	633	693	753	813	873

ANNÉES DU CYCLE ET CARACTÈRES CHINOIS correspondants.	CYCLES.					
	XLI.	XLII.	XLIII.	XLIV.	XLV.	XLVI.
31 Kia-ou.	34	94	154	214	274	334
32 Y-ouey.	35	95	155	215	275	335
33 Ping-chin.	36	96	156	216	276	336
34 Ting-yeou.	37	97	157	217	277	337
35 Vou-su.	38	98	158	218	278	338
36 Ki-hay.	39	99	159	219	279	339
37 Keng-se.	40	100	160	220	280	340
38 Sin-tcheou.	41	101	161	221	281	341
39 Gin-yn.	42	102	162	222	282	342
40 Quey-mao.	43	103	163	223	283	343
41 Kia-chin.	44	104	164	224	284	344
42 Y-se.	45	105	165	225	285	345
43 Ping-ou.	46	106	166	226	286	346
44 Ting-ouy.	47	107	167	227	287	347
45 Vou-chin.	48	108	168	228	288	348
46 Ki-yeou.	49	109	169	229	289	349
47 Keng-su.	50	110	170	230	290	350
48 Sin-hay.	51	111	171	231	291	351
49 Gin-tse.	52	112	172	232	292	352
50 Quey-tcheou.	53	113	173	233	293	353
51 Kia-yn.	54	114	174	254	294	354
52 Y-mao.	55	115	175	255	295	355
53 Ping-chin.	56	116	176	256	296	356
54 Ting-se.	57	117	177	257	297	357
55 Vou-ou.	58	118	178	258	298	358
56 Ki-ouey.	59	119	179	259	299	359
57 Keng-chin.	60	120	180	240	300	360
58 Sin-yeou.	61	121	181	241	301	361
59 Gin-su.	62	122	182	242	302	362
60 Quey-hay.	63	123	183	243	303	363

CYCLES.

XLVII.	XLVIII.	XLIX.	L.	LI.	LII.	LIII.	LIV.	LV.
394	454	514	574	634	694	754	814	874
395	455	515	575	635	695	755	815	875
396	456	516	576	636	696	756	816	876
397	457	517	577	637	697	757	817	877
398	458	518	578	638	698	758	818	878
399	459	519	579	639	699	759	819	879
400	460	520	580	640	700	760	820	880
401	461	521	581	641	701	761	821	881
402	462	522	582	642	702	762	822	882
403	463	523	583	643	703	763	823	883
404	464	524	584	644	704	764	824	884
405	465	525	585	645	705	765	825	885
406	466	526	586	646	706	766	826	886
407	467	527	587	647	707	767	827	887
408	468	528	588	648	708	768	828	888
409	469	529	589	649	709	769	829	889
410	470	530	590	650	710	770	830	890
411	471	531	591	651	711	771	831	891
412	472	532	592	652	712	772	832	892
413	473	533	593	653	713	773	833	893
414	474	534	594	654	714	774	834	894
415	475	535	595	655	715	775	835	895
416	476	536	596	656	716	776	836	896
417	477	537	597	657	717	777	837	897
418	478	538	598	658	718	778	838	898
419	479	539	599	659	719	779	839	899
420	480	540	600	660	720	780	840	900
421	481	541	601	661	721	781	841	901
422	482	542	602	662	722	782	842	902
423	483	543	603	663	723	783	843	903

SUITE DE LA TABLE DE LA CORRESPONDANCE

ANNÉES DU CYCLE ET CARACTÈRES CHINOIS correspondants.	LVI.	LVII.	LVIII.	LIX.	LX.	LXI.
1 Kia-tse...	904	964	1024	1084	1144	1204
2 Y-tchcou...	905	965	1025	1085	1145	1205
3 Ping-yn...	906	966	1026	1086	1146	1206
4 Ting-mao...	907	967	1027	1087	1147	1207
5 Vou-chin...	908	968	1028	1088	1148	1208
6 Ki-se...	909	969	1029	1089	1149	1209
7 Keng-ou...	910	970	1030	1090	1150	1210
8 Sin-ouy...	911	971	1031	1091	1151	1211
9 Gin-chin...	912	972	1032	1092	1152	1212
10 Quey-yeou...	913	973	1033	1093	1153	1213
11 Kia-su...	914	974	1034	1094	1154	1214
12 Y-hay...	915	975	1035	1095	1155	1215
13 Ping-tse...	916	976	1036	1096	1156	1216
14 Ting-tcheou.	917	977	1037	1097	1157	1217
15 Vou-yn...	918	978	1038	1098	1158	1218
16 Ki-mao...	919	979	1039	1099	1159	1219
17 Keng-chin...	920	980	1040	1100	1160	1220
18 Sin-se...	921	981	1041	1101	1161	1221
19 Gin-ou...	922	982	1042	1102	1162	1222
20 Quey-you...	923	983	1043	1103	1163	1223
21 Kia-chin...	924	984	1044	1104	1164	1224
22 Y-yeou...	925	985	1045	1105	1165	1225
23 Ping-su...	926	986	1046	1106	1166	1226
24 Ting-hay...	927	987	1047	1107	1167	1227
25 Vou-tse...	928	988	1048	1108	1168	1228
26 Ki-tcheou...	929	989	1049	1109	1169	1229
27 Keng-yn...	930	990	1050	1110	1170	1230
28 Sin-mao...	931	991	1051	1111	1171	1231
29 Gin-chin...	932	992	1052	1112	1172	1232
30 Quey-se...	933	993	1053	1113	1173	1233

DES ANNÉES CHINOISES A CELLES DE J.-C.

			CYCLES.					
LXII.	LXIII.	LXIV.	LXV.	LXVI.	LXVII.	LXVIII.	LXIX.	LXX.
1264	1324	1384	1444	1504	1564	1624	1684	1744
1265	1325	1385	1445	1505	1565	1625	1685	1745
1266	1326	1386	1446	1506	1566	1626	1686	1746
1267	1327	1387	1447	1507	1567	1627	1687	1747
1268	1328	1388	1448	1508	1568	1628	1688	1748
1269	1329	1389	1449	1509	1569	1629	1689	1749
1270	1330	1390	1450	1510	1570	1630	1690	1750
1271	1331	1391	1451	1511	1571	1631	1691	1751
1272	1332	1392	1452	1512	1572	1632	1692	1752
1273	1333	1393	1453	1513	1573	1633	1693	1753
1274	1334	1394	1454	1514	1574	1634	1694	1754
1275	1335	1395	1455	1515	1575	1635	1695	1755
1276	1336	1396	1456	1516	1576	1636	1696	1756
1277	1337	1397	1457	1517	1577	1637	1697	1757
1278	1338	1398	1458	1518	1578	1638	1698	1758
1279	1339	1399	1459	1519	1579	1639	1699	1759
1280	1340	1400	1460	1520	1580	1640	1700	1760
1281	1341	1401	1461	1521	1581	1641	1701	1761
1282	1342	1402	1462	1522	1582	1642	1702	1762
1283	1343	1403	1463	1523	1583	1643	1703	1763
1284	1344	1404	1464	1524	1584	1644	1704	1764
1285	1345	1405	1465	1525	1585	1645	1705	1765
1286	1346	1406	1466	1526	1586	1646	1706	1766
1287	1347	1407	1467	1527	1587	1647	1707	1767
1288	1348	1408	1468	1528	1588	1648	1708	1768
1289	1349	1409	1469	1529	1589	1649	1709	1769
1290	1350	1410	1470	1530	1590	1650	1710	1770
1291	1351	1411	1471	1531	1591	1651	1711	1771
1292	1352	1412	1472	1532	1592	1652	1712	1772
1293	1353	1413	1473	1533	1593	1653	1713	1773

ANNÉES DU CYCLE ET CARACTÈRES CHINOIS correspondants.	CYCLES.					
	LVI.	LVII.	LVIII.	LIX.	LX.	LXI.
31 Kia-ou....	934	994	1054	1114	1174	1234
32 Y-ouey...	935	995	1055	1115	1175	1235
33 Ping-chin..	936	996	1056	1116	1176	1236
34 Ting-yeou..	937	997	1057	1117	1177	1237
35 Vou-su....	938	998	1058	1118	1178	1238
36 Ki-hay....	939	999	1059	1119	1179	1239
37 Keng-tse...	940	1000	1060	1120	1180	1240
38 Sin-tcheou..	941	1001	1061	1121	1181	1241
39 Gin-yn...	942	1002	1062	1122	1182	1242
40 Quey-mao..	943	1003	1063	1123	1183	1243
41 Kia-chin...	944	1004	1064	1124	1184	1244
42 Y-se.....	945	1005	1065	1125	1185	1245
43 Ping-ou...	946	1006	1066	1126	1186	1246
44 Ting-ouy..	947	1007	1067	1127	1187	1247
45 Vou-chin..	948	1008	1068	1128	1188	1248
46 Ki-yeou...	949	1009	1069	1129	1189	1249
47 Keng-su...	950	1010	1070	1130	1190	1250
48 Sin-hay...	951	1011	1071	1131	1191	1251
49 Gin-tse...	952	1012	1072	1132	1192	1252
50 Quey-tcheou.	953	1013	1073	1133	1193	1253
51 Kia-yn....	954	1014	1074	1134	1194	1254
52 Y-mao....	955	1015	1075	1135	1195	1255
53 Ping-chin..	956	1016	1076	1136	1196	1256
54 Ting-se...	957	1017	1077	1137	1197	1257
55 Vou-ou...	958	1018	1078	1138	1198	1258
56 Ki-ouey...	959	1019	1079	1139	1199	1259
57 Keng-chin..	960	1020	1080	1140	1200	1260
58 Sin-yeou..	961	1021	1081	1141	1201	1261
59 Gin-su....	962	1022	1082	1142	1202	1262
60 Quey-hay..	963	1023	1083	1143	1203	1263

CYCLES.

LXII.	LXIII.	LXIV.	LXV.	LXVI.	LXVII.	LXVIII.	LXIX.	LXX.
1294	1354	1414	1474	1534	1594	1654	1714	1774
1295	1355	1415	1475	1535	1595	1655	1715	1775
1296	1356	1416	1476	1536	1596	1656	1716	1776
1297	1357	1417	1477	1537	1597	1657	1717	1777
1298	1358	1418	1478	1538	1598	1658	1718	1778
1299	1359	1419	1479	1539	1599	1659	1719	1779
1300	1360	1420	1480	1540	1600	1660	1720	1780
1301	1361	1421	1481	1541	1601	1661	1721	1781
1302	1362	1422	1482	1542	1602	1662	1722	1782
1303	1363	1423	1483	1543	1603	1663	1723	1783
1304	1364	1424	1484	1544	1604	1664	1724	1784
1305	1365	1425	1485	1545	1605	1665	1725	1785
1306	1366	1426	1486	1546	1606	1666	1726	1786
1307	1367	1427	1487	1547	1607	1667	1727	1787
1308	1368	1428	1488	1548	1608	1668	1728	1788
1309	1369	1429	1489	1549	1609	1669	1729	1789
1310	1370	1430	1490	1550	1610	1670	1730	1790
1311	1371	1431	1491	1551	1611	1671	1731	1791
1312	1372	1432	1492	1552	1612	1672	1732	1792
1313	1373	1433	1493	1553	1613	1673	1733	1793
1314	1374	1434	1494	1554	1614	1674	1734	1794
1315	1375	1435	1495	1555	1615	1675	1735	1795
1316	1376	1436	1496	1556	1616	1676	1736	1796
1317	1377	1437	1497	1557	1617	1677	1737	1797
1318	1378	1438	1498	1558	1618	1678	1738	1798
1319	1379	1439	1499	1559	1619	1679	1739	1799
1320	1380	1440	1500	1560	1620	1680	1740	1800
1321	1381	1441	1501	1561	1621	1681	1741	1801
1322	1382	1442	1502	1562	1622	1682	1742	1802
1323	1383	1443	1503	1563	1623	1683	1743	1803

Pour compléter les notions essentielles que nous avons à donner sur la chronologie chinoise, nous dressons ici la table de la correspondance des années chinoises à celles des années avant Jésus-Christ. Elle est faite pour quarante cycles, c'est-à-dire depuis l'an 2397 avant notre ère jusqu'à l'an 3 de Jésus-Christ inclusivement.

La première colonne gauche contient les soixante années du cycle chinois, et à côté de chaque année se trouve le caractère qui le désigne.

Les chiffres romains qui sont en tête de la table indiquent l'ordre numérique de chaque cycle, etc. Dans la colonne au-dessous de ce chiffre se trouvent les années avant Jésus-Christ qui concourent avec chaque année du cycle chinois qu'on voit dans la première colonne à gauche.

On observera que le même caractère chinois revenant de soixante ans en soixante ans, les années avant notre ère vulgaire correspondantes, qui se trouvent dans les colonnes perpendiculaires, augmentent de soixante ans sur chaque ligne horizontale de la colonne précédente. Ainsi, par exemple, l'année 2397 avant Jésus-Christ est la première année du premier cycle, et l'an 2337 est la première du cycle suivant : il en est de même de toutes les autres colonnes qui suivent du haut en bas l'ordre numérique.

Nous avons tiré ces tables de l'*Art de vérifier les dates*. Il nous eût été impossible de choisir un meilleur guide.

TABLE DE LA CORRESPONDANCE DES ANNÉES

A. DU CYCLE ET CAR. CHINOIS correspondants.	CYCLES.								
	I.	II.	III.	IV.	V.	VI.	VII.	VIII.	IX.
	ANNÉES AVANT JÉSUS-CHRIST.								
1 Kia-tse...	2397	2337	2277	2217	2157	2097	2037	1977	1917
2 Y-tcheou..	2396	2336	2276	2216	2156	2096	2036	1976	1916
3 Ping-yn ..	2395	2335	2275	2215	2155	2095	2035	1975	1915
4 Ting-mao.	2394	2334	2274	2214	2154	2094	2034	1974	1914
5 You-chin.	2393	2333	2273	2213	2153	2093	2033	1973	1913
6 Ki-se.....	2392	2332	2272	2212	2152	2092	2032	1972	1912
7 Keng-ou..	2391	2331	2271	2211	2151	2091	2031	1971	1911
8 Sin-ouy..	2390	2330	2270	2210	2150	2090	2030	1970	1910
9 Gin-chin..	2389	2329	2269	2209	2149	2089	2029	1969	1909
10 Quey-yeou	2388	2328	2268	2208	2148	2088	2028	1968	1908
11 Kia-su....	2387	2327	2267	2207	2147	2087	2027	1967	1907
12 Y-hay....	2386	2326	2266	2206	2146	2086	2026	1966	1906
13 Ping-tse..	2385	2325	2265	2205	2145	2085	2025	1965	1905
14 Ting-tcheou	2384	2324	2264	2204	2144	2084	2024	1964	1904
15 You-yn...	2383	2323	2263	2203	2143	2083	2023	1963	1903
16 Ki-mao...	2382	2322	2262	2202	2142	2082	2022	1962	1902
17 Keng-chin.	2381	2321	2261	2201	2141	2081	2021	1961	1901
18 Sin-se....	2380	2320	2260	2200	2140	2080	2020	1960	1900
19 Gin-ou...	2379	2319	2259	2199	2139	2079	2019	1959	1899
20 Quey-ouy.	2378	2318	2258	2198	2138	2078	2018	1958	1898
21 Kia-chin..	2377	2317	2257	2197	2137	2077	2017	1957	1897
22 Y-yeou...	2376	2316	2256	2196	2136	2076	2016	1956	1896
23 Ping-su...	2375	2315	2255	2195	2135	2075	2015	1955	1895
24 Ting-hay .	2374	2314	2254	2194	2134	2074	2014	1954	1894
25 You-tse..	2373	2313	2253	2193	2133	2073	2013	1953	1893
26 Ki-tcheou.	2372	2312	2252	2192	2132	2072	2012	1952	1892
27 Keng-yn..	2371	2311	2251	2191	2131	2071	2011	1951	1891
28 Sin-mao..	2370	2310	2250	2190	2130	2070	2010	1950	1890
29 Gin-chin..	2369	2309	2249	2189	2129	2069	2009	1949	1889
30 Quey-se...	2368	2308	2248	2188	2128	2068	2008	1948	1888

CHINOISES A CELLES AVANT JÉSUS-CHRIST.

CYCLES.										
X.	XI.	XII.	XIII.	XIV.	XV.	XVI.	XVII.	XVIII.	XIX.	XX.

ANNÉES AVANT JÉSUS-CHRIST.

1857	1797	1737	1677	1617	1557	1497	1437	1377	1317	1257
1856	1796	1736	1676	1616	1556	1496	1436	1376	1316	1256
1855	1795	1735	1675	1615	1555	1495	1435	1375	1315	1255
1854	1794	1734	1674	1614	1554	1494	1434	1374	1314	1254
1853	1793	1733	1673	1613	1553	1493	1433	1373	1313	1253
1852	1792	1732	1672	1612	1552	1492	1432	1372	1312	1252
1851	1791	1731	1671	1611	1551	1491	1431	1371	1311	1251
1850	1790	1730	1670	1610	1550	1490	1430	1370	1310	1250
1849	1789	1729	1669	1609	1549	1489	1429	1369	1309	1249
1848	1788	1728	1668	1608	1548	1488	1428	1368	1308	1248
1847	1787	1727	1667	1607	1547	1487	1427	1367	1307	1247
1846	1786	1726	1666	1606	1546	1486	1426	1366	1306	1246
1845	1785	1725	1665	1605	1545	1485	1425	1365	1305	1245
1844	1784	1724	1664	1604	1544	1484	1424	1364	1304	1244
1843	1783	1723	1663	1603	1543	1483	1423	1363	1303	1243
1842	1782	1722	1662	1602	1542	1482	1422	1362	1302	1242
1841	1781	1721	1661	1601	1541	1481	1421	1361	1301	1241
1840	1780	1720	1660	1600	1540	1480	1420	1360	1300	1240
1839	1779	1719	1659	1599	1539	1479	1419	1359	1299	1239
1838	1778	1718	1658	1598	1538	1478	1418	1358	1298	1238
1837	1777	1717	1657	1597	1537	1477	1417	1357	1297	1237
1836	1776	1716	1656	1596	1536	1476	1416	1356	1296	1236
1835	1775	1715	1655	1595	1535	1475	1415	1355	1295	1235
1834	1774	1714	1654	1594	1534	1474	1414	1354	1294	1234
1833	1773	1713	1653	1593	1533	1473	1413	1353	1293	1233
1832	1772	1712	1652	1592	1532	1472	1412	1352	1292	1232
1831	1771	1711	1651	1591	1531	1471	1411	1351	1291	1231
1830	1770	1710	1650	1590	1530	1470	1410	1350	1290	1230
1829	1769	1709	1649	1589	1529	1469	1409	1349	1289	1229
1828	1768	1708	1648	1588	1528	1468	1408	1348	1288	1228

A. DU CYCLE ET CAR. CHINOIS correspondants.	CYCLES.							
	I.	II.	III.	IV.	V.	VI.	VII.	VIII.	IX.
	ANNÉES AVANT JÉSUS-CHRIST.								
31 Kia-ou....	2567	2507	2247	2187	2127	2067	2007	1947	1887
32 Y-ouey...	2566	2506	2246	2186	2126	2066	2006	1946	1886
33 Ping-chin.	2565	2505	2245	2185	2125	2065	2005	1945	1885
34 Ting-yeou.	2564	2504	2244	2184	2124	2064	2004	1944	1884
35 Vou-su...	2563	2503	2243	2183	2123	2063	2003	1943	1883
36 Ki-hay...	2562	2502	2242	2182	2122	2062	2002	1942	1882
37 Keng-tse..	2561	2501	2241	2181	2121	2061	2001	1941	1881
38 Sin-tcheou	2560	2500	2240	2180	2120	2060	2000	1940	1880
39 Gin-yn...	2559	2499	2239	2179	2119	2059	1999	1939	1879
40 Quey-mao.	2558	2498	2238	2178	2118	2058	1998	1938	1878
41 Kia-chin..	2557	2497	2237	2177	2117	2057	1997	1937	1877
42 Y-se......	2556	2496	2236	2176	2116	2056	1996	1936	1876
43 Ping-ou..	2555	2495	2235	2175	2115	2055	1995	1935	1875
44 Ting-ouy.	2554	2494	2234	2174	2114	2054	1994	1934	1874
45 Vou-chin.	2553	2493	2233	2173	2113	2053	1993	1933	1873
46 Ki-yeou..	2552	2492	2252	2172	2112	2052	1992	1932	1872
47 Keng-su..	2551	2491	2251	2171	2111	2051	1991	1931	1871
48 Sin-hay...	2550	2490	2250	2170	2110	2050	1990	1930	1870
49 Gin-tse...	2549	2489	2229	2169	2109	2049	1989	1929	1869
50 Quey-tcheou	2548	2488	2228	2168	2108	2048	1988	1928	1868
51 Kia-yn...	2547	2487	2227	2167	2107	2047	1987	1927	1867
52 Y-mao....	2546	2486	2226	2166	2106	2046	1986	1926	1866
53 Ping-chin.	2545	2485	2225	2165	2105	2045	1985	1925	1865
54 Ting-se...	2544	2484	2224	2164	2104	2044	1984	1924	1864
55 Vou-ou...	2543	2483	2223	2163	2103	2043	1983	1923	1863
56 Ki-ouey...	2542	2482	2222	2162	2102	2042	1982	1922	1862
57 Keng-chin.	2541	2481	2221	2161	2101	2041	1981	1921	1861
58 Sin-yeou..	2540	2480	2220	2160	2100	2040	1980	1920	1860
59 Gin-su...	2539	2279	2219	2159	2099	2039	1979	1919	1859
60 Quey-hay.	2538	2278	2218	2158	2098	2038	1978	1918	1858

CYCLES.

X.	XI.	XII.	XIII.	XIV.	XV.	XVI.	XVII.	XVIII.	XIX.	XX.

ANNÉES AVANT JÉSUS-CHRIST.

X.	XI.	XII.	XIII.	XIV.	XV.	XVI.	XVII.	XVIII.	XIX.	XX.
1827	1767	1707	1647	1587	1527	1467	1407	1347	1287	1227
1826	1766	1706	1646	1586	1526	1466	1406	1346	1286	1226
1825	1765	1705	1645	1585	1525	1465	1405	1345	1285	1225
1824	1764	1704	1644	1584	1524	1464	1404	1344	1284	1224
1823	1763	1703	1643	1583	1523	1463	1403	1343	1283	1223
1822	1762	1702	1642	1582	1522	1462	1402	1342	1282	1222
1821	1761	1701	1641	1581	1521	1461	1401	1341	1281	1221
1820	1760	1700	1640	1580	1520	1460	1400	1340	1280	1220
1819	1759	1699	1639	1579	1519	1459	1399	1339	1279	1219
1818	1758	1698	1638	1578	1518	1458	1398	1338	1278	1218
1817	1757	1697	1637	1577	1517	1457	1397	1337	1277	1217
1816	1756	1696	1636	1576	1516	1456	1396	1336	1276	1216
1815	1755	1695	1635	1575	1515	1455	1395	1335	1275	1215
1814	1754	1694	1634	1574	1514	1454	1394	1334	1274	1214
1813	1753	1693	1633	1573	1513	1453	1393	1333	1273	1213
1812	1752	1692	1632	1572	1512	1452	1392	1332	1272	1212
1811	1751	1691	1631	1571	1511	1451	1391	1331	1271	1211
1810	1750	1690	1630	1570	1510	1450	1390	1330	1270	1210
1809	1749	1689	1629	1569	1509	1449	1389	1329	1269	1209
1808	1748	1688	1628	1568	1508	1448	1388	1328	1268	1208
1807	1747	1687	1627	1567	1507	1447	1387	1327	1267	1207
1806	1746	1686	1626	1566	1506	1446	1386	1326	1266	1206
1805	1745	1685	1625	1565	1505	1445	1385	1325	1265	1205
1804	1744	1684	1624	1564	1504	1444	1384	1324	1264	1204
1803	1743	1683	1623	1563	1503	1443	1383	1323	1263	1203
1802	1742	1682	1622	1562	1502	1442	1382	1322	1262	1202
1801	1741	1681	1621	1561	1501	1441	1381	1321	1261	1201
1800	1740	1680	1620	1560	1500	1440	1380	1320	1260	1200
1799	1739	1679	1619	1559	1499	1439	1379	1319	1259	1199
1798	1738	1678	1618	1558	1498	1438	1378	1318	1258	1198

SUITE DE LA TABLE DE LA CORRESPONDANCE

ANNÉES DU CYCLE ET CARACT. CHINOIS correspondants.	CYCLES.							
	XXI.	XXII.	XXIII.	XXIV.	XXV.	XXVI.	XXVII.	XXVIII.
	ANNÉES AVANT JÉSUS-CHRIST.							
1 Kia-tse....	1197	1137	1077	1017	957	897	837	777
2 Y-tcheou...	1196	1136	1076	1016	956	896	836	776
3 Ping-yn...	1195	1135	1075	1015	955	895	835	775
4 Ting-mao...	1194	1134	1074	1014	954	894	834	774
5 Vou-chin...	1193	1133	1073	1013	953	893	833	773
6 Ki-se....	1192	1132	1072	1012	952	892	832	772
7 Keng-ou...	1191	1131	1071	1011	951	891	831	771
8 Sin-ouy...	1190	1130	1070	1010	950	890	850	770
9 Gin-chin...	1189	1129	1069	1009	949	889	829	769
10 Quey-yeou..	1188	1128	1068	1008	948	888	828	768
11 Kia-su....	1187	1127	1067	1007	947	887	827	767
12 Y-hay....	1186	1126	1066	1006	946	886	826	766
13 Ping-tse...	1185	1125	1065	1005	945	885	825	765
14 Ting-tcheou.	1184	1124	1064	1004	944	884	824	764
15 Vou-yn...	1183	1123	1063	1003	943	883	823	763
16 Ki-mao...	1182	1122	1062	1002	942	882	822	762
17 Keng-chin..	1181	1121	1061	1001	941	881	821	761
18 Sin-se....	1180	1120	1060	1000	940	880	820	760
19 Gin-ou...	1179	1119	1059	999	939	879	819	759
20 Quey-ouy...	1178	1118	1058	998	938	878	818	758
21 Kia-chin...	1177	1117	1057	997	937	877	817	757
22 Y-yeou....	1176	1116	1056	996	936	876	816	756
23 Ping-su...	1175	1115	1055	995	935	875	815	755
24 Ting-hay..	1174	1114	1054	994	934	874	814	754
25 Vou-tse...	1173	1113	1053	993	933	873	813	753
26 Ki-tcheou..	1172	1112	1052	992	932	872	812	752
27 Keng-yn...	1171	1111	1051	991	931	871	811	751
28 Sin-mao...	1170	1110	1050	990	930	870	810	750
29 Gin-chin..	1169	1109	1049	989	929	869	809	749
30 Quey-se...	1168	1108	1048	988	928	868	808	748

DES ANNÉES CHINOISES A CELLES AVANT J.-C.

CYCLES.											
XXIX.	XXX.	XXXI.	XXXII.	XXXIII	XXXIV.	XXXV.	XXXVI.	XXXVII	XXXVIII	XXXIX.	XL.

ANNÉES AVANT JÉSUS-CHRIST.

XXIX.	XXX.	XXXI.	XXXII.	XXXIII	XXXIV.	XXXV.	XXXVI.	XXXVII	XXXVIII	XXXIX.	XL.
717	657	597	537	477	417	357	297	237	177	117	57
716	656	596	536	476	416	356	296	236	176	116	56
715	655	595	535	475	415	355	295	235	175	115	55
714	654	594	534	474	414	354	294	234	174	114	54
713	653	593	533	473	413	353	293	233	173	113	53
712	652	592	532	472	412	352	292	232	172	112	52
711	651	591	531	471	411	351	291	231	171	111	51
710	650	590	530	470	410	350	290	230	170	110	50
709	649	589	529	469	409	349	289	229	169	109	49
708	648	588	528	468	408	348	288	228	168	108	48
707	647	587	527	467	407	347	287	227	167	107	47
706	646	586	526	466	406	346	286	226	166	106	46
705	645	585	525	465	405	345	285	225	165	105	45
704	644	584	524	464	404	344	284	224	164	104	44
703	643	583	523	463	403	343	283	223	163	103	43
702	642	582	522	462	402	342	282	222	162	102	42
701	641	581	521	461	401	341	281	221	161	101	41
700	640	580	520	460	400	340	280	220	160	100	40
699	639	579	519	459	399	339	279	219	159	99	39
698	638	578	518	458	398	338	278	218	158	98	38
697	637	577	517	457	397	337	277	217	157	97	37
696	636	576	516	456	396	336	276	216	156	96	36
695	635	575	515	455	395	335	275	215	155	95	35
694	634	574	514	454	394	334	274	214	154	94	34
693	633	573	513	453	393	333	273	213	153	93	33
692	632	572	512	452	392	332	272	212	152	92	32
691	631	571	511	451	391	331	271	211	151	91	31
690	630	570	510	450	390	330	270	210	150	90	30
689	629	569	509	449	389	329	269	209	149	89	29
688	628	568	508	448	388	328	268	208	148	88	28

ANNÉES DU CYCLE ET CARACT. CHINOIS correspondants.	CYCLES.							
	XXI.	XXII.	XXIII.	XXIV.	XXV.	XXVI.	XXVII.	XXVIII.
	ANNÉES AVANT JÉSUS-CHRIST.							
31 Kia-ou....	1167	1107	1047	987	927	867	807	747
32 Y-ouey...	1166	1106	1046	986	926	866	806	746
33 Ping-chin..	1165	1105	1045	985	925	865	805	745
34 Ting-yeou.	1164	1104	1044	984	924	864	804	744
35 Vou-su....	1163	1103	1043	983	923	863	803	743
36 Ki-hay....	1162	1102	1042	982	922	862	802	742
37 Keng-se...	1161	1101	1041	981	921	861	801	741
38 Sin-tcheou..	1160	1100	1040	980	920	860	800	740
39 Gin-yn...	1159	1099	1039	979	919	859	799	739
40 Quey-mao..	1158	1098	1038	978	918	858	798	738
41 Kia-chin...	1157	1097	1037	977	917	857	797	737
42 Y-se.....	1156	1096	1036	976	916	856	796	736
43 Ping-ou...	1155	1095	1035	975	915	855	795	735
44 Ting-ouy...	1154	1094	1034	974	914	854	794	734
45 Vou-chin..	1153	1093	1033	973	913	853	793	733
46 Ki-yeou...	1152	1092	1032	972	912	852	792	732
47 Keng-su...	1151	1091	1031	971	911	851	791	731
48 Ping-chin..	1150	1090	1030	970	910	850	790	730
49 Gin-tse...	1149	1089	1029	969	909	849	789	729
50 Quey-tcheou.	1148	1088	1028	968	908	848	788	728
51 Kia-yn....	1147	1087	1027	967	907	847	787	727
52 Y-mao....	1146	1086	1026	966	906	846	786	726
53 Ping-chin...	1145	1085	1025	965	905	845	785	725
54 Ting-se...	1144	1084	1024	964	904	844	784	724
55 Vou-ou...	1143	1083	1023	963	903	843	783	723
56 Ki-ouey...	1142	1082	1022	962	902	842	782	722
57 Keng-chin..	1141	1081	1021	961	901	841	781	721
58 Sin-yeou..	1140	1080	1020	960	900	840	780	720
59 Gin-su...	1139	1079	1019	959	899	839	779	719
60 Quey-hay. .	1138	1078	1018	958	898	838	778	718

* Première année de l'ère vulgaire.

— 73 —

CYCLES.

ANNÉES AVANT JÉSUS-CHRIST.

XXIX.	XXX.	XXXI.	XXXII.	XXXIII.	XXXIV.	XXXV.	XXXVI.	XXXVII.	XXXVIII.	XXXIX.	XL.
687	627	567	507	447	387	327	267	207	147	87	27
686	626	566	506	446	386	326	266	206	146	86	26
685	625	565	505	445	385	325	265	205	145	85	25
684	624	564	504	444	384	324	264	204	144	84	24
683	623	563	503	443	383	323	263	203	143	83	23
682	622	562	502	442	382	322	262	202	142	82	22
681	621	561	501	441	381	321	261	201	141	81	21
680	620	560	500	440	380	320	260	200	140	80	20
679	619	559	499	439	379	319	259	199	139	79	19
678	618	558	498	438	378	318	258	198	138	78	18
677	617	557	497	437	377	317	257	197	137	77	17
676	616	556	496	436	376	316	256	196	136	76	16
675	615	555	495	435	375	315	255	195	135	75	15
674	614	554	494	434	374	314	254	194	134	74	14
673	613	553	493	433	373	313	253	193	133	73	13
672	612	552	492	432	372	312	252	192	132	72	12
671	611	551	491	431	371	311	251	191	131	71	11
670	610	550	490	430	370	310	250	190	130	70	10
669	609	549	489	429	369	309	249	189	129	69	9
668	608	548	488	428	368	308	248	188	128	68	8
667	607	547	487	427	367	307	247	187	127	67	7
666	606	546	486	426	366	306	246	186	126	66	6
665	605	545	485	425	365	305	245	185	125	65	5
664	604	544	484	424	364	304	244	184	124	64	4
663	603	543	483	423	363	303	243	183	123	63	3
662	602	542	482	422	362	302	242	182	122	62	2
661	601	541	481	421	361	301	241	181	121	61	1
660	600	540	480	420	360	300	240	180	120	60	*1
659	599	539	479	419	359	299	239	179	119	59	2
658	598	538	478	418	358	298	238	178	118	58	3

I.

TEMPS ANTÉ-HISTORIQUES

C'est des plaines de Sennaar que partirent, après la confusion des langues, les enfants de Sem, qui allèrent chercher un établissement aux extrémités de l'Orient. C'est à eux qu'il faut rapporter l'origine des Chinois. Ceux-ci font remonter leur antiquité historique, c'est-à-dire la première année de leur premier cycle, 2597 ans avant notre ère. Beaucoup de leurs historiens placent avant cette époque plusieurs règnes ou plusieurs périodes de temps, commençant à un premier homme qu'ils nomment Pan-kou, surnommé aussi *Hoen-tun* (chaos primordial). L'époque de ce premier homme et de ce premier empereur chinois est si reculée, selon eux, qu'ils placent entre lui et la mort de Confucius, arrivée 475 ans avant notre ère, de deux jusqu'à quatre-vingt-seize millions d'années. Ils disent de ce premier homme ce que les Indiens disent de Manou, qu'il possédait une puissance tellement grande sur la nature, qu'elle allait jusqu'à une action créatrice. C'est pour cela qu'il fut appelé Yuchi, « l'ordonnateur du monde. » Une tradition rapporte qu'il sépara le ciel de la terre. Cependant une autre dit seulement qu'aussitôt que le ciel et la terre furent séparés Pan-kou apparut au milieu d'eux. Après lui, commencèrent trois grands règnes dans l'ordre suivant : le règne du ciel, le règne de la terre et ensuite, le règne de l'homme, ou, comme s'exprime le Chinois, la souveraineté du ciel, la souveraineté de la terre, et la souveraineté de l'homme (*thien hoang, thi hoang, jin hoang*). Un écrivain chinois explique tout par une grande période de cent vingt-neuf mille six cents ans, composée de douze parties appelées *conjonctions*, chacune de dix mille huit cents années, lesquelles comprennent aussi la destruction des choses. Dans la première eut lieu la formation actuelle du ciel, qui se fit successivement par le mouvement que le grand faîte ou l'être primordial imprima à la matière, auparavant dans un parfait repos. Dans la seconde conjonction, la terre est produite comme le ciel dans la première. Dans la troisième, l'homme naît avec les autres êtres de la nature, y compris les plantes, et de la même manière. Ce système sort de l'histoire et de l'antiquité chinoises que nous cherchons à connaître ; mais il y rentre cependant sous le point de vue de la conception populaire de l'origine et de la durée des choses, qui est si intimement liée aux origines chinoises traditionnelles.

Les traditions qui placent les trois grandes souverainetés, les trois grands règnes ci-dessus nommés, les trois hoang, les trois *auguste,* en tête de l'histoire chinoise, donnent aux êtres revêtus de ces pouvoirs, des formes différentes de l'humanité actuelle. Les premiers avaient le *corps de serpent;* les seconds, le *visage de fille,* la *tête de dragon,* le *corps de serpent* et les *pieds de cheval;* les troisièmes avaient le *visage d'homme* et le *corps de dragon* ou *serpent.* Viennent ensuite dix grandes périodes de temps nommées *ki,* pendant lesquelles règnent un grand nombre de personnages à la *face d'homme* et au *corps de dragon* ou *grand serpent.* Ces hommes « demeuraient dans des antres, ou se perchaient sur des arbres comme dans des nids; ils montaient des cerfs ailés et des dragons, » pendant les six premières périodes, qui durèrent, selon les uns, un million cent mille sept cent cinquante années, et selon d'autres, quatre-vingt-dix mille seulement. A la fin de la septième période, pendant laquelle régnèrent un grand nombre de rois qui commencèrent la civilisation et l'empire de l'homme sur la nature, les êtres *cessèrent d'habiter les cavernes.* Au commencement de la huitième période, qui renferme *treize dynasties,* les rois avaient des chars attelés de six licornes ailées; les hommes se couvraient de vêtements d'herbe; les serpents et les bêtes étaient en grand nombre; les eaux débordées n'étaient point encore écoulées; les hommes étaient très-malheureux; ils se couvrirent ensuite de peaux de bêtes pour se préserver du froid et des vents, et ils furent nommés : *hommes habillés de peaux.* Un philosophe chinois dit que « dans les premiers âges du monde, les animaux se multipliaient extrêmement, et que les hommes étant assez rares, ils ne pouvaient vaincre les bêtes et les serpents. » Un autre disait aussi que « les anciens, perchés sur des arbres, ou enfoncés dans des cavernes, possédaient l'univers. » « Ils vivaient en société avec toutes les créatures; et, ne pensant point à faire de mal aux bêtes, celles-ci ne songeaient point à les offenser. Dans les siècles suivants on devint trop éclairé, ce qui fut cause que les animaux se révoltèrent; armés d'ongles, de dents, de cornes et de venin, ils attaquaient les hommes, qui ne pouvaient leur résister; » c'est ce qui porta les hommes à se retirer dans des maisons de bois, pour se préserver des bêtes féroces, et dès lors la lutte entre eux ne cessa plus. On attribue au premier empereur de la neuvième période l'invention des premiers caractères chinois. Cet empereur, nommé Tsang-kie (1), avait le

(1) Quelques écrivains le font vassal ou ministre de Hoang-ti; mais les attributs mythologiques qu'on lui donne nous font accorder la préférence à l'opinion qui le place dans les temps anté-historiques.

front de dragon, la bouche grande et quatre yeux brillants (les dessins chinois le représentent ainsi); il était doué d'une très-grande sagesse. Ce fut alors que commença la différence entre le roi et le peuple. Les premières lois parurent, la musique fut cultivée, et les châtiments furent appliqués aux coupables. Le premier gouvernement régulier fut établi sous le quatrième empereur de cette période. « Il y eut plusieurs présages très-heureux: il parut cinq dragons de couleur extraordinaire; le ciel donna la douce rosée; la terre fit sortir de son sein des sources de nectar; le soleil, la lune et les étoiles augmentaient leur clarté, et les planètes ne s'écartèrent point de leur route.» C'est à propos du sixième empereur, que l'on cite ces paroles d'un ancien philosophe chinois: «Ce que l'homme sait n'est rien en comparaison de ce qu'il ne sait pas. » Cet axiome est encore aussi vrai maintenant qu'il y a cinq mille ans. Au septième empereur sont attribués « l'invention des chars, les monnaies de cuivre, l'usage de la balance pour juger du poids des choses. » Sous le règne du douzième, on dit que «l'on coupait les branches d'arbres pour tuer les bêtes. Il y avait alors peu d'hommes; mais on ne voyait que de vastes forêts, et les bois étaient pleins de bêtes sauvages. » A propos du quatorzième, il est dit : « En ce temps-là les vents furent grands et les saisons tout à fait dérangées ; c'est pourquoi le quatorzième empereur donna ordre à Ssc-koueï de faire une guitare à cinq cordes, pour remédier au dérangement de l'univers, et pour conserver tout ce qui a vie.» Du temps du quinzième empereur, les eaux ne s'écoulaient point, les fleuves ne suivaient point leur cours ordinaire, ce qui fit naître quantité de maladies. Cet empereur institua les danses nommées *ta-vou*. « Ce dernier exercice était un précepte hygiénique, selon l'écrivain chinois qui rapporte ces traditions. La matière subtile, dit-il, circule dans le corps; si donc le corps n'est point en mouvement, les humeurs ne coulent plus, la matière s'amasse, et de là les maladies, qui ne viennent toutes que de quelque obstruction. » Sous le seizième empereur, « le monde était si peuplé, que partout, d'un lieu à l'autre, on entendait le chant des coqs et la voix des chiens; les hommes vivaient jusqu'à une extrême vieillesse, sans avoir grand commerce les uns avec les autres. »

TEMPS SEMI-HISTORIQUES.

FOU-HI, PREMIER EMPEREUR DE LA CHINE.

Si l'on ne peut déterminer la date précise de la fondation de l'empire chinois, du moins toute la nation et ses gens de lettres s'accordent à regarder Fou-hi comme son fondateur. Avant lui, tout n'est que fables, rêveries mythologiques, calculs d'années absurdes et extravagants. Avec lui commencent les temps incertains de l'histoire chinoise, temps qui embrassent son règne, celui de Chin-nong, son successeur, et les soixante premières années du règne de Hoang-ti, troisième empereur (*V.* HOANG-TI). Suivant les *Tables chronologiques* publiées par l'ordre de l'empereur Kien-long en 1769, la soixante et unième année du règne de Hoang-ti, époque capitale, à laquelle s'attache le premier anneau du cycle chinois, correspond à l'an 2637 avant l'ère chrétienne; d'où il résulte que les temps historiques de la Chine comprennent, jusqu'à l'année 1816, un espace de quatre mille quatre cent cinquante-trois ans. Les temps incertains, d'après le calcul le plus vraisemblable adopté par les plus habiles écrivains de la Chine, embrassent trois cent seize années, qui, ajoutées à la somme des temps historiques, nous conduisent à l'an 2953 avant notre ère, première année du règne de Fou-hi, fondateur de la monarchie chinoise. Ainsi Fou-hi fut le contemporain du patriarche Héber, de Phaleg et de Rehu, trisaïeul d'Abraham. On ne doit pas s'attendre à de grands détails, quand il s'agit d'un personnage de cette haute antiquité : aussi l'histoire de son règne se réduit-elle à un petit nombre de faits. On ne parle point de son père; on dit seulement que sa mère s'appelait Hoa-siu. Il vit le jour dans la province de Chen-si, à Tching-hi, aujourd'hui Tching-tcheou, ville du second ordre dans le ressort de Cong-tchang-fou. Les Chinois sont partagés d'opinion sur l'âge qu'avait Fou-hi lorsqu'il prit en main les rênes du gouvernement. Les uns pensent qu'il ne comptait alors que sa vingt-quatrième année; les autres prétendent qu'il était parvenu à sa quatre-vingt-seizième, âge de l'homme mûr à l'époque où il vivait. Avant lui les deux sexes étaient confondus sous les mêmes vêtements; il leur en assigna de particuliers, qui devaient les distinguer. Les hommes et les femmes ne connaissaient que de vagues amours. Leur union n'était que fortuite et passagère ; le besoin les rapprochait, et ils se quittaient sans regret ; Fou-hi les assujettit à la loi du mariage, base fondamentale de la vie sociale. Il régla la manière de le contracter, et le revêtit de formes qui devaient en constater la validité. Il commença par diviser son peuple en cent portions ou familles, à chacune desquelles il imposa un nom particulier. Il ordonna ensuite à chaque individu mâle de choisir l'épouse avec laquelle il voulait vivre, établissant, comme loi essentielle, qu'ils ne pourraient contracter d'alliance qu'avec celles d'un nom différent du leur, et par conséquent d'une famille différente. Cet usage s'est perpétué à la Chine, où l'on désigne encore aujourd'hui sous la dénomination des *cent noms* toutes les familles de ce vaste empire, quoique leur nombre s'élève à quatre ou cinq cents. Fou-hi, voulant reconnaître et découvrir le pays qu'il habitait, et en écarter les animaux malfaisants, fit mettre le feu aux broussailles et aux bois. Il s'aperçut que quelques-unes des terres se résolvaient en fer. Il recueillit une certaine quantité de ce métal, et en arma des javelots, dont il apprit à faire usage pour la chasse. Fou-hi inventa encore les filets pour la pêche, et fit connaître à son peuple la manière de plier à la domesticité des animaux utiles, et d'élever des troupeaux. Cependant le nouveau peuple prenait des accroissements rapides ; de nouvelles terres, des habitations plus vastes, lui devenaient nécessaires. Son chef s'avança vers les contrées de l'est, et découvrit tout le pays qui forme aujourd'hui les provinces de Chan-tong, jusqu'à la mer orientale. Il y appela une partie de ses sujets, et lui-même fixa sa résidence dans un lieu où il bâtit une ville, qu'il nomma Tchin-tou. Cette ville subsiste encore aujourd'hui sous le nom de Tchin-tcheou, dans le Ho-nan. Frappé de la magnificence des cieux, de la fécondité de la terre et de toutes les merveilles qu'étale la nature, Fou-hi reconnut sa dépendance de l'être tout-puissant qui en est l'auteur. Il fut le premier qui institua les sacrifices, et il ordonna qu'à l'avenir on nourrirait avec soin un certain nombre d'animaux choisis pour servir de victimes. Le sage législateur n'ignorait pas que les délassements sont nécessaires à l'homme : il inventa la musique, et construisit deux espèces de lyres ou instruments à cordes, le KIN et le CHÉ, le premier monté de vingt-cinq cordes, et le second de trente-six. L'usage de ces instruments s'est conservé, et ils font encore aujourd'hui les délices des oreilles chinoises. L'écriture n'existait pas encore ; on n'avait, pour y suppléer, que le secours de quelques nœuds formés sur des cordelettes, moyens bien imparfaits pour fixer la pensée, la transmettre et la répandre. Fou-hi, qui avait à instruire son peuple sur la religion, la morale, l'ordre physique de la nature, jugea ces signes insuffisants; il inventa les huit KOUA. Pour donner plus d'autorité à ses institutions, comme l'ont fait plusieurs législateurs venus longtemps après lui, il les accompagna de quelques circonstances merveilleuses : il supposa que, par une faveur du ciel, il avait vu sortir du milieu des eaux d'un fleuve un cheval-dragon et une tortue extraordinaire, sur le dos desquels étaient tracées des lignes mystérieuses, espèce de caractères qui fixèrent toute son attention ; qu'il les étudia, et découvrit enfin, dans leur combinaison, l'art de communiquer les pensées par des signes qui peuvent les représenter. Les éléments des KOUA de Fou-hi se réduisent à deux lignes horizontales, l'une entière, l'autre brisée. Il en forma huit trigrammes, lesquels, combinés dans la suite par six au lieu de trois, donnèrent soixante-quatre combinaisons différentes. La tradition chinoise représente Fou-hi comme un observateur assidu des phénomènes du ciel. Il comprit que la connaissance des mouvements célestes pouvait seule donner la juste mesure du temps ; mais il sentit que ces théories étaient encore trop au-dessus de l'intelligence bornée de ses nombreux sujets. Il se contenta de leur donner un calendrier, pour apprendre à distinguer les temps, et régler leurs travaux. Quelques historiens le font encore l'auteur du cycle chinois ; mais d'autres, en plus grand nombre, en attribuent l'invention à Hoang-ti, le second de ses successeurs. Fou-hi, après un règne de cent quinze ans, mourut à Tchin-tou. Il fut enterré au midi de cette ville, à trois *li* de distance de ses murailles ; on y montre encore aujourd'hui son tombeau, orné de cyprès de haute futaie, et environné de murs, qu'on entretient avec le plus grand soin.

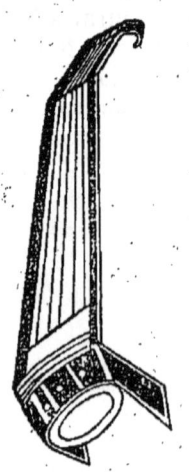
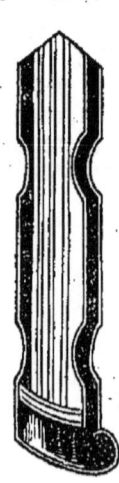

Fou-hi
et les instruments
de musique
inventés par ce prince.

Chin-nong est le second des neuf empereurs de la Chine qui précédèrent l'établissement des dynasties. Ce prince fut l'ami et le conseil de Fou-hi, qu'on regarde comme le fondateur de cet empire, et il lui succéda. Ses sujets eurent bientôt lieu de s'applaudir de l'avoir pour maître. C'est à lui qu'on attribue la découverte du blé. Le peuple s'était prodigieusement multiplié sous le long règne de Fou-hi. Les produits incertains de la chasse et de la pêche, la chair des troupeaux, les herbes et les fruits spontanés de la terre, avaient été jusqu'à ce moment sa seule nourriture. Ces moyens de subsistance devinrent insuffisants. Chin-nong s'était appliqué depuis longtemps à observer un grand nombre de plantes, et à examiner la nature des graines qu'elles produisent. Il en avait remarqué plusieurs qu'il crut propres à fournir aux hommes un aliment salubre, telles que celles du blé, du riz, du mil, du gros blé et les pois. Après avoir fait quelques essais qui justifièrent ses conjectures, il fit recueillir une quantité suffisante de ces différents grains. De vastes terrains furent ensuite défrichés par son ordre; les premiers champs furent tracés, et ils offrirent, pour la première fois, le coup d'œil agréable de la culture. Le prince, ravi de ce succès, inventa plusieurs instruments aratoires, parmi lesquels est la charrue qui porte son nom, et dont on fait encore usage à la Chine. Ayant senti la nécessité du commerce et de l'établissement de marchés publics, il régla la forme de ces marchés, détermina les lieux et les jours où ils se tiendraient. On dut encore à Chin-nong les premiers médicaments empruntés des végétaux. Il ne pouvait se persuader que le souverain maître du ciel, qui prodiguait si libéralement la nourriture à l'homme, ne lui eût pas aussi préparé, dans cette foule innombrable de plantes qui couvrent la terre, quelques secours contre les maladies. Plein de cette idée, il étudia la nature des simples; il en exprima les sucs, en compara les saveurs, employa l'eau et le feu pour démêler leurs principes, et, à l'aide de ces nombreuses expériences, il parvint à déterminer plusieurs de leurs propriétés médicinales. Dans le cours de cette étude des plantes, il eut soin d'en recueillir une de chaque espèce et de la décrire, et il en forma une sorte d'histoire naturelle, qu'on connaît sous le nom d'*Herbier de Chin-nong*, monument précieux qu'on lui attribue et qui subsiste encore. La Chine n'avait pas encore connu la guerre; elle éclata pour la première fois sous le règne de Chin-nong, dont les dernières années furent moins tranquilles et moins heureuses que ne l'avaient été les premières. L'amour des peuples pour ce prince s'était insensiblement affaibli. Soit qu'il se reposât avec trop de confiance sur l'ancien attachement de ses sujets, soit que son grand âge l'eût rendu moins actif et moins ferme, il parut ne plus donner les mêmes soins aux affaires publiques. Ce relâchement dans l'administration éveilla l'ambition de quelques-uns des gouverneurs, qui aspiraient secrètement au trône. Le plus puissant et le plus habile d'entre eux était Souan-yuen, qui fut depuis le célèbre Hoang-ti. Convoqués par lui, les principaux gouverneurs s'assemblèrent, et le résultat de leur délibération fut d'engager Chin-nong à se démettre de l'empire. Ils lui en firent faire la proposition; mais ce prince avait vieilli dans l'exercice de la puissance suprême; il ne put y renoncer. Il traita les gouverneurs de factieux et de rebelles, et il leva des troupes qu'il fit marcher contre Souan-yuen. Celui-ci ne perdit pas de temps pour rassembler les siennes et celles des autres gouverneurs qui suivaient son parti. Les deux armées se rencontrèrent dans une vaste plaine de la province de Ho-nan. L'action dura trois jours, et l'on combattit de part et d'autre avec un acharnement qui n'a d'exemple que dans les guerres civiles. Le succès fut à peu près égal pendant les deux premiers jours; mais, le troisième, la victoire se déclara contre l'armée impériale, qui fut obligée de prendre la fuite. La nouvelle de cette défaite accabla le malheureux Chin-nong. Il succomba sous le poids de sa douleur, et mourut peu de jours après, l'an 2699 avant l'ère chrétienne. Ce prince était contemporain de Menès, premier roi d'Egypte. Le peuple, après sa mort, déféra la puissance souveraine à Souan-yuen, et le proclama empereur sous le nom de *Hoang-ti* (1).

HOANG-TI, dont le nom propre était *Hiouan-youan*, et le surnom *Yeou-hioung*, est du nombre de ces princes dont l'existence est attestée par la tradition, mais dont l'histoire appartient aux temps incertains qui se sont écoulés entre Fou-hi, et le déluge de Yao. Il monta sur le trône l'an 2698 avant l'ère chrétienne. Parmi tous les événements qu'on rapporte à son règne, il en est beaucoup qui doivent être relégués parmi les fables; d'autres qui semblent offrir un souvenir confus de faits réels, enveloppés de circonstances fabuleuses. Comme les autres princes de la

---

(1) Selon d'autres auteurs, plusieurs descendants de Chin-nong auraient régné après ce prince, et ce serait sous le dernier de ces descendants et non pas sous Chin-nong lui-même qu'auraient eu lieu les événements qui amenèrent l'élévation de Hoang-ti. Nous avons suivi l'*Art de vérifier les dates* préférablement à toute autre autorité.

même époque, Hoang-ti passe pour avoir été l'inventeur de tous les arts et de toutes les sciences; et c'est déjà une circonstance capable d'éveiller le scepticisme que de lui voir attribuer une foule de découvertes qui n'ont certainement pas pu avoir lieu dans le même temps, ni être le résultat des méditations d'un seul homme. Quoi qu'il en soit, sans entrer ici dans ces questions obscures, nous suivrons, en l'abrégeant, le récit que nous ont transmis les PP. Prémare, Gaubil, Amyot et Mailla. Si l'on s'en rapporte à ces savants missionnaires, Hoang-ti était fils de Foupas, princesse d'une des familles qui se partageaient alors le gouvernement de la Chine : il n'avait que onze ans lorsque les grands de l'Etat le choisirent pour leur chef. Il fixa sa résidence à Tcho-tcheou, dans la province de Péking. Il y fit construire un temple, dédié au Chang-ti, c'est-à-dire au seigneur suprême; mais il continua cependant à sacrifier dans les campagnes suivant l'usage établi. Il eut bientôt à se défendre contre *Tchi-yeou*, prince de la race de *Chin-nong*; il marcha contre ce rebelle, et, après l'avoir vaincu dans trois combats, l'obligea à se soumettre, suivant une tradition qui mérite d'être examinée. Ce fut dans cette circonstance que Hoang-ti inventa la boussole. Il s'occupa ensuite de policer les peuples de son vaste empire; il en divisa les habitants en différentes classes ou tribus qu'il distingua par les couleurs, réservant le jaune pour la famille royale, parce que c'est la couleur de l'élément terrestre, sous l'influence duquel il régnait. De là vint le nom de Hoang-ti, qui signifie *empereur jaune*. Il partagea ses Etats en dix provinces, dont chacune se composait de dix *tou* ou cantons. Chaque canton renfermait dix villes, et chaque ville était formée de cinq *li* ou rues. Ces divisions et subdivisions sont restées le modèle de tous les systèmes postérieurs; mais on peut bien croire qu'une si grande régularité n'a jamais été suivie à la rigueur. Ce fut sous le règne de Hoang-ti que l'astronome Ta-nao imagina le cycle ou période de soixante ans, par lequel on compte encore à la Chine. Ce qui est plus important à remarquer; c'est que la série de ces périodes, dont la LXXVe est actuellement courante, est fixée par les meilleurs chronologistes à la LXIe année du règne de Hoang-ti, c'est-à-dire, suivant le calcul le plus accrédité, à l'an 2637 avant J.-C. Si l'on s'en rapportait aux Chinois, Hoang-ti lui-même aurait été très-habile astronome ; il chargea ceux de ses officiers qui avaient le plus de connaissances en ce genre, d'observer, les uns le cours du soleil, d'autres celui de la lune; et leurs observations comparées servirent à démontrer que douze révolutions de la lune n'égas'était répandue dans l'empire. On n'y voyait que magiciens qui effrayaient les peuples par des spectres qu'ils leur faisaient apparaître même au milieu des sacrifices. Pour couper le mal par la racine, il ordonna que l'empereur aurait seul le droit de sacrifier au Chang-ti (l'Etre suprême), et ne pourrait le faire que conformément au cérémonial qu'il établit. Passionné pour l'astronomie, il institua une espèce d'académie, composée de gens de lettres les plus versés dans cette science. Après plusieurs années de travail, Tchuen-hio détermina qu'à l'avenir l'année commencerait à la lune la plus proche du premier jour du printemps. Son règne, qui dura soixante-dix-huit ans, fut paisible et glorieux par le soin qu'il eut d'entretenir la paix, la subordination et l'abondance dans l'empire. Il mourut à l'âge de quatre-vingt-dix-huit ans, et fut inhumé à Po-hiang.

Ti-ko (2436 avant J.-C.), petit-fils de Chao-hao, associé par celui-ci dès l'âge de quinze ans au gouvernement, soutint sur le trône la haute réputation de sagesse et de probité qu'il s'était acquise avant que d'y parvenir. Il s'occupa de former les mœurs. Il établit des docteurs pour l'enseignement de la morale, et des règles pour la musique vocale. Cependant il épousa, dit-on, quatre femmes, et introduisit la polygamie dans l'empire, laquelle y règne encore actuellement. La mort ravit ce prince à la Chine après soixante-dix ans de règne.

Ti-tchi (2366 avant J.-C.), fils aîné de Ti-ko, fut élu pour lui succéder par la considération que son père s'était acquise par la sagesse de son gouvernement. Ce choix ne fut point heureux. Ti-tchi démentit la haute idée que la conduite de son père avait fait concevoir de lui. Ce fut un prince livré aux plaisirs, ennemi du travail, emporté, ne pouvant souffrir aucune remontrance. Dans l'espérance que l'âge et la réflexion le corrigeraient, on attendit plusieurs années qu'il revînt à résipiscence; mais son obstination persévérante dans le désordre ayant enfin épuisé la patience de ses sujets, les grands, accompagnés des principaux d'entre le peuple, amenèrent au palais le prince Yao, frère puîné de Ti-tchi, et le proclamèrent empereur malgré lui, à la vue de Ti-tchi et malgré la réclamation de ce dernier.

TEMPS HISTORIQUES.

C'est au règne de Yao que commence le *Chou-king;* mais il ne faut pas en conclure, comme l'ont fait quelques savants, qu'avant lui l'histoire de la Chine ne présente qu'un ramas confus de fables et de traditions obscures. Yao était fils de *Ti-ko* et de Kian-ti, sa deuxième épouse ; dans sa jeunesse il porta le nom de Y-ki. Après la mort de *Ti-ko* (l'an 2366 avant l'ère chrétienne), Tché ou *Ti-tchi*, son fils aîné, fut choisi pour lui succéder. Le prince Y-ki, alors âgé de treize ans, reçut en apanage le pays de Tao, ensuite celui de Tang. Les vices grossiers de *Ti-tchi* l'ayant fait déclarer indigne du trône, *Y-ki* fut élu à sa place (2357 avant l'ère chrétienne). A son avènement, il changea son nom contre celui de Yao, établit sa résidence à Ping-yang dans le Ki-tcheou, et prit le *feu* pour symbole de son règne. Un de ses premiers soins fut d'encourager l'étude de l'astronomie et l'observation des phénomènes célestes. Il avait à sa cour quatre astronomes, deux du nom de Hi, qui étaient frères, et deux du nom de Ho, également frères. Il les envoya aux quatre extrémités de son empire, pour en déterminer l'étendue et les limites. A leur retour, il les chargea de dresser un nouveau calendrier, ou du moins de rectifier les erreurs que la négligence avait laissées s'introduire dans celui de Hoang-ti (*V.* ce nom). Yao, persuadé que le devoir d'un prince est de veiller sans cesse au bonheur de ses sujets, visita toutes les provinces, pour recueillir les plaintes des malheureux, et pour remédier aux abus. Les pauvres étaient l'objet constant de sa sollicitude. « Si le peuple, disait-il souvent, a froid, c'est moi qui en suis cause. A-t-il faim, c'est ma faute. » Les vertus de Yao étendirent au loin sa réputation, et l'on vit des princes étrangers venir à sa cour lui demander des conseils sur l'art si difficile de régner. C'est à la soixante et unième année du règne de ce grand prince (2298 avant l'ère chrétienne) que se rapporte la fameuse inondation de la Chine qu'on ne doit pas confondre, comme l'ont fait plusieurs savants, avec le déluge universel. Elle est décrite dans le *Chou-king* en ces termes : « Les eaux baignent le pied des montagnes, couvrent entièrement les collines, et semblent vouloir s'élever jusqu'au ciel. » Yao prescrivit sur-le-champ les mesures nécessaires pour procurer l'écoulement des eaux, et pour réparer les dégâts qu'elles auraient occasionnés. D'après l'avis de son conseil, il désigna Pé-kouen pour dresser les plans d'assainissement, et diriger les ouvriers chargés de leur exécution. Pé-kouen, quoique habile et actif, se vit forcé d'avouer, au bout de neuf ans, qu'un si grand travail était au-dessus de ses talents. L'empereur avait un fils nommé *Tan-tchon* ; mais ne lui trouvant pas les qualités convenables pour assurer le bonheur des peuples, il avait invité ses ministres à lui désigner quelqu'un qui pût gouverner l'empire après lui. L'affaiblissement de ses forces lui faisant éprouver de plus en plus le besoin du repos, il pria de nouveau ses ministres de lui désigner celui qu'ils croiraient le plus capable de l'aider à supporter le poids du gouvernement. Alors on lui proposa Chun (*V.* ce nom). Le respect que Chun avait toujours eu pour ses parents, malgré l'injustice de leur conduite à son égard, décida le choix de l'empereur. Il lui donna ses deux filles en mariage, l'établit inspecteur général des travaux publics, et le chargea de faire observer parmi le peuple les cinq devoirs de la vie civile. La manière dont Chun s'acquitta de ses emplois lui valut toute la confiance de l'empereur, qui le nomma son premier ministre, et finit par l'associer au trône (2285 avant l'ère chrétienne). Yao vécut encore vingt-huit ans entouré des hommages de ses sujets. Il mourut l'an 2258 avant l'ère chrétienne, âgé de cent quinze ans; il en avait régné quatre-vingt-dix-neuf. Les peuples le pleurèrent comme un père, et portèrent son deuil pendant trois ans. Son nom est resté en vénération à la Chine, et son exemple est un de ceux qui sont offerts à ses successeurs. On attribue à ce grand prince l'invention de la musique *ta-tchoung* réservée pour les fêtes religieuses et pour célébrer le mérite des grands hommes (*V.* les *Mémoires des missionnaires sur les Chinois*, III, 16-18; et l'*Histoire de la Chine*, par le P. de Mailla, I, 44-85).

CHUN, neuvième empereur, est l'un de ses plus sages souverains, celui dont les maximes de gouvernement ont obtenu parmi les lettrés une autorité irréfragable, et dont le nom, béni de siècle en siècle, est encore aujourd'hui prononcé avec vénération par tous les Chinois. Quoique né dans un état médiocre, sa réputation de sagesse parvint jusqu'au célèbre empereur Yao, qui voulut le connaître et le juger par lui-même. Sa modestie, son désintéressement, ses réponses judicieuses, le prévinrent d'abord en sa faveur; mais il voulut s'assurer par d'autres épreuves de sa vertu et de ses talents. Il l'établit dans sa cour, et lui donna en mariage ses deux propres filles, qui, comme deux témoins fidèles, devaient l'observer de près et démêler jusqu'aux plus secrets mouvements de son âme. Peu de temps après, il le chargea de l'inspection générale des ouvrages publics et du soin de faire observer au peuple ce que les Chinois appellent les *cinq devoirs de la vie civile*, emplois dont il s'acquitta pendant plusieurs années avec une supériorité si marquée, que l'envie même n'osa la lui contester. Ces succès déterminèrent

Yao, dont les forces s'affaiblissaient, a nommer Chun son premier ministre, et enfin à l'associer à l'empire. Chun opposa une inutile résistance ; mais il refusa constamment de prendre, du vivant de l'empereur, les titres et les ornements de sa nouvelle dignité. Il reçut les hommages des grands assemblés, et ce fut alors qu'il les partagea en cinq classes différentes, auxquelles il attribua des signes distinctifs qui devaient faire reconnaître ceux qui les composaient. Il leur distribua des *chouë* ou tablettes d'ivoire sur lesquelles étaient empreintes des marques qui devaient se rapporter juste avec celles que l'empereur gardait de son côté. Lorsque les grands se rendaient à la cour, ils y apportaient cette tablette, qui était la preuve du rang qu'ils tenaient dans l'empire. Chun entreprit ensuite la visite générale des provinces, et, pour arrêter l'excès dans les dons et les cadeaux qu'il était d'usage que les gouverneurs et les grands mandarins présentassent aux empereurs, il ordonna qu'ils n'offriraient à l'avenir que cinq pierres précieuses, trois pièces de satin, deux animaux vifs et un mort. Dans le cours de cette longue et pénible tournée, il publia divers règlements, tant pour fixer les cérémonies religieuses et civiles que pour ramener à leur uniformité primitive les poids et mesures qui variaient selon les lieux. De retour à la cour, il fit usage des connaissances qu'il avait acquises pour réformer les abus et perfectionner toutes les parties de l'administration. Il s'engagea à recommencer tous les cinq ans sa visite des provinces, et obligea en même temps les princes titulaires, les gouverneurs et autres grands officiers à venir se présenter une fois à la cour pendant cet intervalle, et dans un ordre déterminé. Il porta à douze le nombre des neuf provinces qui composaient l'empire. Il s'occupa ensuite du sort des criminels, et adoucit les supplices ; mais il voulut que si un coupable, après avoir déjà subi les peines de la justice, se trouvait convaincu d'un délit grave, il fût puni de mort. Chun aimait les sciences et favorisa leurs progrès. On lui attribue la célèbre sphère chinoise qui porte encore son nom. Cette machine, qu'il fit exécuter par les mathématiciens de la cour, représentait toute la circonférence du ciel en degrés, et la terre en occupait le centre. Le soleil, la lune, les planètes et les étoiles, y étaient placés dans l'ordre et aux distances proportionnelles que ces différents corps semblent garder entre eux, et un moyen mécanique communiquait à tous ces globes célestes des mouvements analogues à ceux qu'ils décrivent dans leurs révolutions.

La sphère de l'empereur Chun.

Chun redoubla encore de zèle et d'activité lorsque la mort d'Yao l'eut laissé seul maître de l'empire. Pour contenir dans le devoir tous les officiers employés dans le gouvernement, il les soumit à un examen général qui devait avoir lieu tous les trois ans. Au bout des trois premières années, il se contenta de prendre des renseignements exacts sur chacun d'eux, et, à la fin des trois années suivantes, il les louait ou les réprimandait; mais à la neuvième année, époque du dernier examen, il destituait et punissait par des châtiments sévères ceux que ses précédentes réprimandes n'avaient point corrigés, et il accordait de justes récompenses à ceux dont l'administration, toujours sage, ne s'était point démentie. Chun s'occupa beaucoup de l'éducation, et fonda des colléges dont il régla la police et les exercices. Il voulut surtout que, dans les examens que devaient subir les élèves, on fût plus attentif à leur avancement dans la vertu qu'aux progrès mêmes qu'ils pourraient faire dans les sciences. Il établit aussi deux espèces particulières d'hôpitaux destinés aux vieillards indigents. L'une était pour le peuple, l'autre pour ceux qui avaient occupé des charges et servi l'État. On voyait souvent ce bon empereur se mêler aux vieillards, qu'il interrogeait sur les choses passées, et, lorsqu'il assistait à leur repas, il ne dédaignait pas de les servir de ses propres mains. On trouve dans le *Chou-king* le discours qu'il adressa à ses officiers à l'occasion d'une promotion; on y voit avec étonnement qu'un empereur de la Chine, qui vivait plus de deux mille ans avant saint Paul, s'exprime comme lui sur la puissance souveraine. Le dernier bienfait de Chun envers les peuples fut de leur laisser le sage et vertueux Yu pour maître, en écartant du trône son propre fils, qu'il en jugea peu digne. Cet empereur, dont Confucius a recueilli les maximes, mourut l'an 2208 avant l'ère chrétienne, dans la cent dixième année de son âge et la soixante-dix-septième de son règne.

Yu, premier empereur de la dynastie chinoise des *Hia*, naquit la cinquante-sixième année du règne de Yao (2298 avant notre ère). Il était fils de Pé-kouen, l'un des principaux officiers de la cour de ce prince, et descendait de l'empereur Hoang-ti. L'étendue de ses connaissances, que relevaient encore sa douceur et sa modestie, lui mérita de bonne heure l'estime publique. Chun, ayant été chargé par l'empereur Yao de remédier aux dégâts causés par la grande inondation, emmena Yu dans la visite qu'il fit des pays submergés. A son retour, il l'établit intendant des travaux publics à la place de Pé-kouen, son père, et lui laissa le soin d'ordonner les mesures nécessaires pour remplir les intentions de l'empereur. Yu s'acquitta de cette tâche difficile avec beaucoup d'habileté. Il élargit le lit des rivières, leur ouvrit des passages en coupant des montagnes, et les rendit navigables en conduisant leurs eaux à la mer. Après avoir rétabli les communications entre les neuf provinces qui formaient alors l'empire de la Chine, il fut chargé de les visiter pour en examiner le sol, et déterminer, d'après leur degré de fertilité, les tributs et les redevances de la manière la plus équitable. En récompense de ses services, Yu fut élevé, ainsi que ses deux frères, à la dignité de prince, et l'empereur lui assigna le pays de Hiadant, dont sa famille prit le nom dans la suite. Chun, à son avénement au trône, nomma Yu son premier ministre, et le força d'accepter un poste que celui-ci croyait au-dessus de ses talents. Quelque temps après, Chun, sentant ses forces diminuer, jeta les yeux sur Yu pour le déclarer son successeur; mais Yu lui dit : « Je n'ai point les qualités nécessaires pour un rang si élevé. *Kao-yao* est le seul parmi les grands capable de marcher sur vos traces. Personne n'a mieux servi l'Etat et n'a su mieux gagner le cœur et l'estime du peuple. Votre choix doit tomber sur lui. » Malgré toutes ses instances, Yu fut obligé de céder à la volonté de l'empereur, et Chun se l'associa solennellement l'an 2223 avant notre ère. Ce choix eut l'approbation générale. Les *Yeou-miao*, peuple turbulent, refusèrent seuls de le reconnaître, et se révoltèrent comme ils l'avaient fait à l'élévation de Chun. Yu marcha contre les rebelles, et parvint à les soumettre sans répandre une seule goutte de sang. Après la mort de Chun (l'an 2205 avant notre ère), Yu offrait de céder le trône au fils de son bienfaiteur; mais les grands s'opposèrent à son dessein, et le forcèrent de prendre les rênes du gouvernement. Il était alors âgé de quatre-vingt-treize ans; et, quoique d'une constitution robuste, les fatigues avaient tellement épuisé ses forces, qu'il pensa bientôt à se donner un collègue pour l'aider à supporter le poids des affaires. Il s'associa Pé-y, ministre vertueux dont il avait apprécié depuis longtemps la capacité. Les peuples des frontières, à l'imitation de leurs voisins, rendaient un culte superstitieux aux esprits malfaisants dont ils se croyaient environnés. Yu, pour les désabuser, fit fondre neuf grands vases de métal, sur lesquels il fit graver la carte de chaque province, entourée de figures hideuses. Les Chinois s'habituèrent à regarder ces figures commes celles des montagnes que les barbares avaient en vénération, et cessèrent de les adorer. Sans cesse occupé d'améliorer le sort de ses sujets, ce prince voulut encore une fois visiter les différentes provinces pour recueillir les observations des sages et remédier aux abus. Ce voyage, dont il ne devait pas voir le terme, dura trois ans. A son entrée dans le pays de Tsang-ou, il aperçut, sur le chemin, le corps d'un homme récemment assassiné. Il descendit aussitôt de son cheval, et, s'approchant du corps, il se mit à pleurer, disant : « Que je suis peu digne de la place que j'occupe! je devrais avoir un cœur de père pour mon peuple, et ma vigilance l'empêcherait de commettre des crimes qui retombent sur moi. » Quelque temps après, ayant rencontré une bande de criminels qu'on menait en prison : « Hélas! s'écriat-il, sous les règnes de Yao et de Chun, les peuples se modelaient sur les vertus de ces grands princes ; sous mon règne, chacun se laisse aller à ses propres inclinations, et ne fait que ce qu'il veut. » Lorsqu'il eut traversé le fleuve Kiang, on lui présenta une boisson de riz qu'il trouva bonne ; mais, remarquant qu'elle pouvait troubler la raison, il ordonna que celui qui l'avait inventée fût banni de la Chine à perpétuité. Ce prince mourut à Hoeï-ki, l'an 2198 avant notre ère, à l'âge de cent ans. Il fut inhumé sur une montagne à deux lieues de Chao-hing. Des soldats sont encore aujourd'hui préposés à la garde de son tombeau. — D'après les dispositions de Yu, Pé-y devait lui succéder ; mais ce prince s'empressa de céder ses droits au trône à Ti-ki, fils de Yu. C'est le premier exemple qu'on trouve dans l'histoire chinoise d'un fils succédant à son père. Jusqu'alors l'empire avait été en quelque sorte électif; depuis il fut héréditaire. Les divers ouvrages que l'on attribue à Yu sur l'*agriculture* et sur les *mathématiques* sont supposés. Le chapitre du *Chou-king* intitulé : *Yu-koung*, c'est-à-dire les travaux de Yu, est, suivant le P. Cibot (*Mémoires des missionnaires*, VIII, 148), le plus beau monument de l'antiquité dans ce genre. L'inscription qui porte le nom de Yu, soit que ce prince l'ait fait graver lui-même, soit qu'elle ait été placée en son honneur par quelques-uns de ses successeurs, est la plus ancienne de la Chine. Elle existait encore sur un rocher du Hou-kouang, dans le IXe siècle de notre ère. Mais le rocher s'étant brisé, on en a fait une seconde copie qui diffère peu de la première, et qui se voit à présent sur ce second rocher. La bibliothèque du roi, à Paris, possède des copies figurées de l'ancienne et de la nouvelle inscription. La forme des caractères de l'inscription de Yu est singulière et même unique. Ils n'ont que peu de rapport avec les plus anciens caractères chinois que l'on connaisse, et moins encore avec les modernes. Ce précieux monument a été publié par M. Jos. Hager (*V.* ce nom dans la *Biographie des hommes vi-*

vants, III, 356), sur une copie envoyée par le P. Amyot à la bibliothèque royale, Paris, 1802, grand in-folio. Le savant éditeur l'a fait précéder d'une dissertation sur les changements que les caractères chinois ont éprouvés, et y a joint, outre les anciens caractères attribués à Yu et gravés sur des pierres antiques que l'on conserve au collége impérial de Péking, trente-deux formes des mêmes caractères tirées d'un ouvrage extrêmement rare dans la Chine même, et dont le seul exemplaire que l'on connaisse en Europe appartient à la bibliothèque du roi ; mais on trouve sur ce sujet des recherches bien plus approfondies dans la dissertation allemande de M. Klaproth, intitulée : *Inschrift des Yü*, Berlin, 1811, in-4°.

PREMIÈRE DYNASTIE : LES HIA.

TI-KI (2197 avant J.-C.), fils du grand Yu, et prince de Hia, qu'il avait hérité de son père, fut placé sur le trône par préférence à Pé-y, que Yu s'était associé. Ce fut à cette époque que l'empire devint héréditaire au lieu d'électif qu'il avait été jusqu'alors. Tous les grands étant venus la deuxième année du règne de Ti-ki, suivant l'usage, lui rendre leurs hommages, il les reçut avec bonté, et leur parla avec sagesse de la conduite qu'ils devaient tenir à l'égard des peuples confiés à leurs soins. Yeou-hou-chi, gouverneur d'une des provinces de l'empire, ne s'étant point trouvé à cette cérémonie, on apprit, quelque temps après, qu'il avait pris les armes, et qu'il ravageait les provinces voisines de la sienne. Irrité de cette témérité, l'empereur assembla ses troupes, et, ayant rencontré le rebelle prêt à le recevoir, il lui livra une sanglante bataille, où toute l'armée de Yeou-hou-chi fut entièrement défaite, après quoi le chef des révoltés disparut, sans qu'on en apprît depuis des nouvelles.

TAI-KANG (2188 avant J.-C.), fils aîné de Ti-ki, succéda à sa couronne, mais non pas à ses vertus. Sa conduite fut le contraste de celle de son prédécesseur et de son aïeul. Livré au vin et aux plaisirs, il laissa flotter les rênes du gouvernement entre les mains de ses ministres. Passionné pour la chasse ; il en faisait son unique occupation, et passait jusqu'à cent jours de suite sans revenir à la cour. Le peuple, après avoir gémi longtemps sous l'oppression, s'exhala en plaintes, qui furent portées à l'empereur par Yé, gouverneur de Kiong. Après plusieurs remontrances inutiles, Yé, le voyant incorrigible, jugea que, pour conserver la couronne à la famille du grand Yu, le meilleur parti était d'élever sur le trône Tchong-kang, fils de l'empereur

Ti-ki, et de fermer le chemin de la cour à Tai-kang, occupé alors dans une de ses longues parties de chasse. S'étant concerté avec d'autres grands, il leva un nombreux corps de troupes, à la tête duquel il passa le Hoang-ho pour aller attendre Tai-kang sur l'autre rive de ce fleuve. Les frères de ce prince, au nombre de cinq, lui ayant fait donner avis de cette démarche, il se hâta de revenir à la cour ; mais il fut arrêté sur les bords du Hoang-ho par Yé, qui le fit resserrer étroitement, et mit sur le trône Tchong-kang, son frère.

Un des plus anciens livres chinois, le *Eulh-ya*, donne des indications curieuses sur ces grandes chasses royales qui entraînèrent la chute de Tai-kang. Elles étaient un abus d'un exercice commandé par la loi jusque vers la fin de la troisième dynastie, pour empêcher les bêtes sauvages de ravager les campagnes et de reconquérir le domaine que l'homme avait usurpé sur elles. Ces grandes chasses se faisaient quatre fois l'année, par recrues et par corvées. Au printemps et en été on se bornait à donner l'épouvante aux bêtes sauvages ; en hiver et en automne on les traquait et on les tuait.

Le même ancien livre chinois donne la représentation du costume et de l'attitude particulière des peuples qui habitaient anciennement aux quatre extrémités ordinales de l'empire chinois.

Peuples anciennement connus des Chinois.

Peuples anciennement connus des Chinois.

Ils sont nommés *Sse-ki* (les quatre extrémités). « A l'orient, dit le *Eulh-ya*, jusqu'aux bords les plus éloignés ; à l'occident, jusqu'au royaume nommé *Pin* ; au midi, jusqu'à *Pou-kong* ; au nord, jusqu'à *Tchu-li* : c'est ce que l'on nomme les *quatre extrémités*. (*Glose*) *Toutes ces quatre régions extrêmes sont des royaumes de pays éloignés*. Au midi, là où le soleil fait tomber perpendiculairement ses rayons, sont les *Tan-joung* ; au nord, là où se tient la grande Ourse, sont les *Koung-thoung* ; à l'orient, là où le soleil se lève, sont les *Taï-ping* ; à l'occident, là où le soleil se couche, sont les *Taï-moung*. » On lit ce qui suit dans les textes chinois que portent les dessins : « 1. Les hommes de *Taï-ping* (à l'orient de la Chine) sont humains, bienveillants; 2. les hommes de *Tan-joung* (au midi) sont sages, prudents; 3. les hommes de *Taï-moung* (à l'occident) sont fidèles, sincères; 4. les hommes de *Koung-thoung* (au nord) sont guerriers, vaillants. » Il est impossible de dire quels sont au juste les peuples dont il est ici question, car on ne trouve nulle part d'explication à ce sujet.

Tchong-kang (2159 avant J.-C.), élevé sur le trône, justifia les espérances de ceux qui l'y avaient placé. Sa conduite sage et prudente assura la tranquillité de l'empire. Yé, son ministre, retenait toujours en prison l'empereur Taï-kang, qu'il avait fait déposer. Ce prince étant mort après dix ans de captivité, Yé, oubliant son ancienne vertu, commença à porter ses vues sur le trône. Tchong-kang, les ayant démêlées, crut devoir user de dissimulation. Yé avait pour amis deux mathématiciens, Hi et Ho, chargés de la rédaction du calendrier et du soin d'annoncer les éclipses, emploi très-important à la Chine. Ces deux hommes, négligeant leurs fonctions pour se livrer à la débauche, manquèrent d'avertir le public d'une éclipse de soleil qui arriva dans l'automne de l'an 2149 (2159 suivant le P. de Mailla), ce qui jeta la consternation parmi le peuple. L'empereur les fit punir de mort. Ce prince ne survécut pas longtemps à cette exécution, étant mort l'an 2146 avant J.-C.

TI-SIANG (2146 avant J.-C.), fils de Tchong-kang, lui succéda au trône. Comme il avait l'esprit borné, il fut aisé à Yé de s'emparer de sa confiance. Ce favori, aveuglé par la prospérité, travailla sourdement à supplanter son maître. Ti-siang, s'étant aperçu de ses menées, ne crut pas avoir de meilleur parti à prendre que la retraite. Yé, ne se trouvant pas encore en état d'exécuter ses desseins perfides, vint à bout de l'engager à revenir. Ce ministre avait pour confident Han-tsou, non moins scélérat que lui. Mais ces deux hommes n'ayant pas tardé à se brouiller, Han-tsou se défit de Yé en le faisant assassiner dans une partie de chasse. Délivré de ce rival, Han-tsou se ligua avec Kiao, en lui faisant accroire que c'était par ordre de l'empereur que son père avait été mis à mort. Ces deux traîtres, ayant rassemblé leurs troupes, marchèrent contre Ti-siang, auquel ils livrèrent une bataille où il perdit la vie. Toute la dynastie des Hia était entièrement éteinte, si l'impératrice Min, qui était enceinte, ne se fût échappée du combat, auquel elle assista. Elle accoucha, dans sa retraite, d'un fils nommé Chao-kang, et dont nous allons raconter l'histoire avec quelque détail.

CHAO-KANG naquit sur le trône, et les années de sa vie ne sont pas distinguées de celles de son règne, que l'histoire fait commencer à l'an 2118 avant notre ère. L'empereur Ti-siang, son père, avait péri, comme nous l'avons dit, dans une bataille que lui avaient livré des rebelles, dont le chef victorieux, *Han-tsou*, s'était fait proclamer empereur après avoir ordonné qu'on égorgeât dans le palais tout ce qui restait de princes de la famille des Hia. L'impératrice Min, qui était enceinte, eut le bonheur d'échapper aux assassins; elle se sauva, déguisée, à Yu-yang, où elle resta inconnue, et où elle accoucha d'un fils qu'elle nomma *Chao-kang*. L'usurpateur s'enivrait paisiblement des délices du trône, et il était loin de penser que l'impératrice fului pouvait être ce prince; et ce soupçon avait été le motif secret de son empressement à éclaircir. Chao-kang, effrayé de voir le gouverneur à ses pieds, se hâta de le relever : « Il n'est pas temps encore, lui dit-il, réservons ces hommages pour des jours plus heureux; contentez-vous de me garder un inviolable secret. Je ne pourrai désormais rester dans votre maison sous le déguisement qui m'y a conduit; votre tendre attachement pour moi vous exposerait sans cesse à me trahir. Pourvoyez à ma sûreté, et indiquez-moi un asile où je puisse me retirer. » Le gouverneur l'envoya dans le pays de Lo-fen, canton écarté et presque désert, où il avait acheté depuis peu une vaste étendue de terres. Pour lui faciliter les moyens d'y fonder une colonie, il le fit accompagner de cinq cents hommes, la plupart suivis de leurs familles, et, pour gage de son éternelle fidélité, il lui remit ses deux filles, qu'il lui donna pour épouses. Après son départ, le gouverneur eut des entrevues secrètes avec l'impératrice; ils concertèrent entre eux le plan de conduite qu'ils devaient tenir, et décidèrent que, loin de s'exposer à des demi-succès, il valait mieux attendre pour se déclarer que les circonstances fussent entièrement favorables et leur parti assez puissant. Un grand nombre d'années s'étaient déjà écoulées dans cette attente, mais elles avaient mûri les projets du sage Mi, et préparé leur exécution. Il avait sondé ses amis et tous ceux qu'il savait être restés fidèles à la maison impériale, sans toutefois leur en faire connaître l'héritier. Il crut qu'il était temps enfin de leur dévoiler le secret important qu'il leur avait tenu caché jusqu'alors. Il se rendit chez le gouverneur de Yu-yang, dont l'attachement pour la famille des empereurs lui était connu. Lorsqu'ils furent seuls, il lui révéla le mystère de la naissance de Chao-kang, à qui l'impératrice avait donné le jour dans les murs mêmes de Yu-yang, où cette princesse était venue chercher un asile, et où elle vivait encore dans la plus profonde obscurité. « Ce que vous m'annoncez est-il croyable, répondit le gouverneur de Yu-yang? Quoi, il existerait encore un rejeton de la race chérie des Hia ! mais puisque vous le connaissiez, deviez-vous si longtemps le dérober à nos hommages ? fallait-il nous taire un secret de cette nature? — Il l'a fallu jusqu'à ce moment, répondit Mi; mais les temps sont changés : toutes les circonstances, devenues favorables, nous rendent aujourd'hui la liberté d'agir, et nous permettent enfin d'unir nos efforts pour replacer sur le trône le sang du grand Yu. Au moment de l'exécution, je viens ici pour conférer avec vous sur la marche que nous devons suivre.» Ils arrêtèrent entre eux qu'il leur fallait une armée capable de résister à celle qui leur serait opposée par leur ennemi; qu'ils devaient, sans perdre de temps, lever des troupes, rassembler leurs parents, leurs amis ; mais, pour ne pas effaroucher la cour par ces préparatifs, ils convinrent de supposer entre eue un sujet de querelle, de feindre l'un contre l'autre une violentx animosité, et d'annoncer qu'ils voulaient vider ce différend par la voie des armes. A la faveur de ce prétexte, ils se flattaient de pouvoir réunir en peu de temps sous leurs enseignes tous ceux qui conservaient encore quelque attachement pour la maison des Hia. Les deux gouverneurs ne se séparèrent qu'après avoir pris toutes leurs mesures. Cette entrevue fut aussitôt suivie de démarches actives. Les deux gouverneurs prévinrent tous leurs amis qu'ils avaient besoin de leur secours, et les prièrent de leur amener le plus de braves gens qu'ils pourraient rassembler, leur indiquant le lieu du rendez-vous général. Il était pour les uns dans les environs de Yu-yang, pour les autres dans le voisinage de Yn. Le bruit s'étant en même temps répandu qu'un démêlé fort vif s'était élevé entre les deux gouverneurs, tous ces amis n'en témoignèrent que plus de zèle et d'empressement pour voler à leur défense. Han-tsou fut la dupe de cette feinte inimitié; cependant, comme la défiance l'abandonnait rarement, il donna ordre à ses généraux de se tenir prêts et en état d'agir, dans le cas où cette dispute serait poussée trop loin. Après une année de soins et de préparatifs, les gouverneurs se trouvèrent chacun à la tête d'une armée, toutes deux à portée de se réunir, n'étant éloignées l'une de l'autre que d'une journée de chemin. Alors, sûrs de leurs forces, ils cessèrent de dissimuler, et firent publier qu'ils n'avaient pris les armes que pour rétablir sur le trône de ses pères Chao-kang dernier rejeton de la famille d'Yu; la joie et l'enthousiasme saisirent toutes les troupes, au moment où elles apprirent cette étonnante nouvelle. Le nom du fils de Ti-siang vola de bouche en bouche et fut applaudi avec transports, tous les cœurs s'attendrirent au récit des longues infortunes que ce prince avait essuyées; officiers et soldats jurèrent de lui obéir et de braver mille morts pour le défendre. Il était temps que Chao-kang quittât sa retraite de Lo-fen. Toute sa colonie avait pris les armes, aussitôt qu'on y avait appris le secret de sa naissance. Il remercia ses vassaux de leur zèle, et se contenta de choisir parmi eux trois cents des plus braves, dont il forma sa garde, et avec lesquels il partit pour se rendre auprès de son beau-père. Dès qu'il y fut arrivé, les deux armées se réunirent. Han-tsou, que des avis fidèles avaient instruit de la déclaration des gouverneurs, avait mis la plus grande célérité à rassembler toutes ses troupes; il se mit bientôt à leur tête, et s'avança lui-même contre ses ennemis. La bataille fut livrée, et elle devint terrible. On savait de part et d'autre qu'elle devait décider de l'empire. Après quelques alternatives d'avantages et une sorte de fluctuation dans le succès, les troupes de Han-tsou commencèrent à plier, et lui-même, dans ce mouvement, fut enveloppé, saisi et enlevé par les trois cents braves de la garde de Chao-kang. La prise de Han-tsou, dès qu'elle fut connue, jeta une telle épouvante dans son armée, que la plus grande partie mit bas les armes, et reconnut pour empereur le fils de Ti-siang; le reste prit la fuite, et acheva d'être taillé en pièces dans sa déroute. Han-tsou fut puni du dernier supplice, et sa mort fit disparaître tous ses partisans. Chao-kang, universellement reconnu, remonta sur le trône de ses pères, et y porta toutes les vertus qu'il avait pratiquées dans sa colonie de Lo-fen. L'impératrice Min vivait encore; elle fut accueillie avec des transports extraordinaires, et tout l'empire parut se mettre en mouvement pour honorer son retour. Le nouvel empereur retint auprès de lui les deux gouverneurs, et les mit à la tête de ses conseils. Après un règne heureux et paisible de vingt-deux ans, il mourut dans la soixante et unième année de son âge, et laissa l'empire à son fils Ti-chou, qui continua la race des Hia.

Ti-chou (2057 avant J.-C.), fils de Chao-kang et son successeur, avait été témoin, du vivant de son père, du dernier supplice que ce prince avait fait subir, à la vue de toute son armée, aux rebelles. Imitateur du grand Yu, il rétablit dans l'empire le bon ordre que l'interrègne de l'usurpateur y avait presque anéanti. Il mourut regretté de tous ses sujets, après avoir occupé le trône l'espace de dix-sept ans.

Ti-hoaï (2040 avant J.-C.), fils et successeur de Ti-chou, n'a laissé à la postérité aucune trace de la manière dont il gouverna l'empire pendant vingt-six ans qu'il l'occupa.

Ti-mang (2014 avant J.-C.), fils de Ti-hoaï, laissa l'empire, en mourant, à Ti-sié, son fils, après l'avoir tenu l'espace de dix-huit ans.

Ti-sié (1996 avant J.-C.) eut la satisfaction de voir les peuples qui s'étaient révoltés sous Tai-kang rentrer sous la dépendance de l'empire. Leurs chefs se comportèrent avec tant de fidélité, que plusieurs méritèrent les honneurs du mandarinat. Il mourut la seizième année de son règne.

Pou-kiang (1980 avant J.-C.), fils de Ti-sié, hérita de lui du trône, qu'il remplit l'espace de cinquante-neuf ans.

Ti-kiung (1921 avant J.-C.), après la mort de Pou-kiang, son frère, fut mis en possession du trône, qu'il transmit par sa mort, au bout de vingt et un ans, à Ti-kin, son fils.

Ti-kin (1900 avant J.-C.), reconnu pour empereur après la mort de son père Ti-kiung, ne laissa point de postérité après un règne de vingt ans.

Kong-kia (1880 avant J.-C.), fils de Pou-kiang, et successeur de Ti-kin, s'attira le mépris de ses sujets par ses désordres, au point que les gouverneurs des provinces ne daignèrent pas venir lui rendre hommage. On le laissa néanmoins sur le trône l'espace de trente et un ans, au bout desquels il mourut.

Ti-kao (1848 avant J.-C.), fils de Kong-kia, posséda onze ans le trône impérial.

Ti-fa (1837 avant J.-C.), successeur de Ti-kao, son père, mourut après un règne de dix-neuf ans.

Li-koué (1818 avant J.-C.), à qui les cruautés qu'il exerça durant son règne méritèrent le surnom de *Kié*, naquit avec des inclinations très-vicieuses, que Tchao-leang, son protecteur, fortifia par de pernicieuses leçons. Ce qui acheva de le pervertir, ce fut le mariage que Yeou, gouverneur de Mong-chan, lui fit contracter avec Mey-hi, sa fille, qui rassemblait en elle tous les vices de son sexe. Excité par cette femme, Li-koué se livra aux plus infâmes débauches. Koan-long-pong, ministre de Li-koué, s'étant hasardé de lui faire, par écrit, des remontrances sur ses désordres, paya de sa tête cette générosité. D'autres seigneurs, ayant imité ce ministre, furent également punis. La Chine resta dans cet état d'oppression l'espace d'environ cinquante-deux ans. A la fin Tching-tang, prince de Chang, l'un des seigneurs les plus accrédités de l'empire, voyant les maux portés à l'excès sans espérance de remède tant que Li-koué resterait sur le trône, se ligua avec d'autres seigneurs pour l'en chasser, et y réussit. Li-koué, après son expulsion, se retira sur la montagne de Ting-chan, où il vécut méprisé de tout le monde. En mourant, il laissa un fils appelé Chan-ouei, qui s'étant sauvé dans les déserts y vécut parmi les bêtes sauvages, sans oser communiquer avec les hommes. Ainsi finit la dynastie des Hia.

IIe DYNASTIE : LES CHANG.

Tching-tang (1766 avant J.-C.), prince de Chang, était dans la quatre-vingt-dix-septième année de son âge, lorsqu'il fut élevé sur le trône impérial par les suffrages unanimes des grands et du peuple. Après un sacrifice solennel qu'il fit au principal des Chang-ti, ou des cinq génies qui président aux cinq éléments, la première chose qu'il déclara sur le trône fut qu'il voulait tenir sa cour à To-tching, aujourd'hui Kouei-té-fou, dans le Ho-nan. Il annonça dans le même temps que la couleur impériale, sur les étendards et ailleurs, serait la blanche. Son attention se tourna ensuite sur les officiers qui étaient en place. Après un examen sérieux de leur conduite, il destitua les uns et continua les autres dans leurs emplois. Le succès ne favorisa pas toujours les soins qu'il se donna pour le bien public. La Chine, pendant sept ans, fut frappée d'une affreuse stérilité, à laquelle il s'efforça de remédier par tous les moyens que l'industrie peut suggérer. Tching-tang, de l'avis du président du tribunal pour l'histoire et l'astronomie, pria le ciel de faire cesser les calamités qui affligeaient l'empire : *Je prierai, j'offrirai des sacrifices pour apaiser le ciel en faveur de mon peuple. Je serai en même temps sacrificateur et victime. Je suis le seul coupable, je dois être le seul immolé.* Il coupa ses cheveux et ses ongles; il couvrit son corps de plumes blanches et de poils de quadrupèdes; montant ensuite sur son char, qui était simple et sans peintures, et auquel il avait fait atteler des chevaux blancs, il se fit conduire en un lieu nommé *Sang-lin*. Arrivé au pied de la montagne, il descendit de son char, se prosterna la face contre terre, et se relevant ensuite, il s'accusa devant le ciel et en présence des hommes, 1° d'avoir eu de la négligence à instruire ses sujets; 2° de ne les avoir pas fait rentrer dans le devoir, lorsqu'ils s'en étaient écartés; 3° d'avoir fait des palais trop superbes, et d'autres dépenses superflues en bâtiments; 4° de s'être trop adonné aux plaisirs; 5° d'avoir poussé trop loin la délicatesse pour les mets de sa table; 6° enfin d'avoir trop écouté les flatteries de ses favoris et de quelques grands de sa cour. A peine eut-il fini l'humble confession de ses fautes, que le ciel, de serein qu'il était auparavant, se couvrit tout à coup et fit tomber sur la terre une pluie des plus abondantes, dont elle fut suffisamment abreuvée pour reprendre sa première fertilité. Tching-tang mourut dans la treizième année de son règne, extrêmement regretté de ses sujets.

TAI-KIA (1753 avant J.-C.), petit-fils de Tching-tang par Taï-ting, son père, fut proclamé empereur par les grands, à la persuasion de Y-yn, premier ministre de Tching-tang, avant que les cérémonies des funérailles de ce dernier fussent faites. Y-yn, à son installation, lui avait donné d'excellents avis sur la manière dont il devait gouverner; mais de jeunes débauchés, s'étant emparés de son esprit, détruisirent en peu de temps l'effet de ses sages instructions. Y-yn pendant deux ans ne cessa de l'exhorter à rentrer en lui-même, et à la fin il y réussit. Y-yn, pour l'affermir dans ses nouvelles dispositions en l'éloignant des occasions du mal, l'engagea à se transporter avec lui dans un palais qu'il avait fait bâtir près du tombeau de Tching-tang. Ce fut là qu'il retira Taï-kia pendant trois ans, pour acquitter le temps du deuil prescrit par le cérémonial après la mort de chaque empereur. L'ayant ramené ensuite à To-tching, il voulut se démettre, et demanda avec instance sa retraite; mais Taï-kia la lui refusa constamment. Contraint de rester ministre, il redoubla de zèle pour remplir ses fonctions, et rendit le règne de Taï-kia, qui fut de trente-trois ans, l'un des plus beaux et des plus glorieux de la dynastie des Chang.

Vo-ting (1720 avant J.-C.), fils et successeur de Taï-kia, se montra son digne héritier par l'usage qu'il fit de ses bons exemples et des leçons qu'il avait reçues sous lui du ministre Y-yn. Ce dernier, se voyant cassé de vieillesse et ayant de nouveau demandé sa retraite, ne l'obtint qu'en donnant un homme de sa main pour le remplacer. Son choix tomba sur Kicou-tan, après quoi il finit ses jours à l'âge de cent ans. Il restait un fils de Y-yn, nommé Y-tché, digne de le remplacer. Vo-ting le donna pour collègue à Kicou-tan. Ces deux ministres se piquèrent d'émulation pour illustrer le règne de Vo-ting. Ce prince mourut après avoir régné vingt-neuf ans.

Taï-keng (1691 avant J.-C.) fut le successeur de Vo-ting, son frère. Il régna vingt-cinq ans : c'est tout ce qu'on sait de lui.

Siao-kia (1666 avant J.-C.), fils de Taï-keng, finit ses jours après un règne de dix-sept ans.

Yong-ki (1649 avant J.-C.), frère de Siao-kia, étant monté sur le trône après lui, passa dans l'oisiveté les douze années de son règne. Les princes vassaux de l'empire profitèrent de son indolence pour se rendre indépendants.

Taï-vou (1637 avant J.-C.), frère et successeur de Yong-ki, après avoir passé dans l'oisiveté les premières années de son règne, touché des sages représentations de ses ministres, réforma sa conduite et travailla soigneusement à imiter ses illustres aïeux. Ce changement de conduite lui mérita l'estime des peuples voisins. Les grands vassaux de l'empire vinrent, la troisième année de son règne, au nombre de soixante-seize, lui rendre leurs hommages, et les ambassadeurs des seize royaumes vinrent le saluer de la part de leurs maîtres. Il mourut dans la soixante-quinzième année de son règne.

Tchong-ting (1562 avant J.-C.), fils aîné de Taï-vou et son successeur, occupa le trône avec peu de gloire, parce qu'il n'eut pas de bons ministres. Il régna treize ans, et mourut sans laisser d'enfants.

Waï-gin (1549 avant J.-C.), frère de Tchong-ting, lui succéda à l'âge de quinze ans. Il mourut dans la quinzième année de son règne, lorsqu'il commençait à se montrer capable de gouverner par lui-même.

Ho-tan-kia (1534 avant J.-C.), frère de Waï-gin, ne vécut que neuf ans après lui avoir succédé.

Tsou-y (1525 avant J.-C.), fils de Ho-tan-kia, répondit parfaitement aux soins que son père avait pris de son éducation. Il maintint la paix qu'il trouva établie dans l'empire. La neuvième année de son règne, forcé par les inondations du Hoang-ho, il transporta sa cour à Keng, aujourd'hui Long-men-hien, dans le Chen-si, et la recula ensuite à Hing, où tous les gouverneurs de l'empire vinrent lui rendre hommage. Il mourut regretté de ses sujets, dans la dix-neuvième année de son règne.

Tsou-sin (1506 avant J.-C.), fils de Tsou-y, en voulant lui succéder, fut traversé par son oncle, frère de Tsou-y, qui prétendit au trône et fut appuyé par un parti puissant. Mais le ministre Ou-hien s'étant mis entre les contendants, réussit à faire reconnaître Tsou-sin pour le légitime empereur. L'histoire n'a laissé aucun détail sur le règne de ce prince, qui fut de seize ans.

Vo-kia (1490 avant J.-C.), frère de Tsou-sin, obtint pour lui succéder la préférence sur son neveu, et régna vingt-cinq ans.

Tsou-ting (1465 avant J.-C.), fils de Tsou-sin, après la mort de Vo-kia, son oncle, s'empara du trône et resta dans ses droits. Son règne fut de trente-deux ans.

Nan-keng (1433 avant J.-C.), fils de Vo-kia, se prévalut de l'innovation introduite par l'empereur Tsou-sin pour se faire adjuger le trône, dont il jouit l'espace de vingt-cinq ans.

Yang-kia (1408 avant J.-C.), fils de Tsou-ting, devint le successeur de Nan-keng, au préjudice du fils de ce dernier, ce qui occasionna des troubles et causa une espèce d'anarchie, pendant sept ans que dura le règne de Yang-kia.

Poang-keng (1401 avant J.-C.), frère de Yang-kia, après lui avoir succédé, se vit obligé, par une grande inondation du fleuve Hoang-ho, de transporter sa cour au pays de Yn. Avant son départ, ayant assemblé les grands, il les avertit, par un discours pathétique, de changer de conduite et de s'occuper soigneusement du bien public, qu'ils avaient négligé jusqu'alors pour ne penser qu'à leurs intérêts particuliers. Ce discours fit l'impression que le prince désirait. Les gouverneurs des provinces rentrèrent dans le devoir. Tout était dans l'ordre, et il y avait lieu d'espérer que Poang-keng aurait rendu à l'empire tout son lustre, si la mort ne l'eût prévenu en l'enlevant la vingt-huitième année de son règne.

SIAO-SIN (1375 avant J.-C.), frère de Poang-keng, en lui succédant, porta sur le trône un caractère entièrement opposé à celui de ce prince. Ennemi du travail et livré à ses plaisirs, il abandonna le timon de l'État à ses ministres, sans se montrer sensible aux murmures du public. Il mourut après un règne de vingt et un ans, sans être regretté de personne.

SIAO-Y (1352 avant J.-C.), fils de l'empereur Tsou-ting, frère puîné de Siao-sin et son successeur, mena comme lui une vie oisive et voluptueuse sur le trône. Pendant son règne, qui fut de vingt-huit ans, Cou-kong, dont le petit-fils Wen-wang devint le chef de la dynastie des Tcheou, quitta son pays de Pin pour aller s'établir dans le Chen-si. Il y fonda, au pied de la montagne de Ki-chan, une ville qui, dans l'espace de trois ans, devint la capitale d'un petit territoire et l'une des plus considérables de l'empire, par l'affluence des peuples qui s'empressèrent de venir l'habiter. C'était l'effet des sages règlements que Cou-kong avait établis, et de son attention à les faire observer.

WOU-TING ou CAO-TSONG (1324 avant J.-C.), fils de Siao-y, en lui succédant, remit les affaires entre les mains de Can-pan, son précepteur, après quoi il prit le deuil, qu'il observa dans toute la rigueur pendant le cours de trois ans, sans vouloir parler à personne. Durant ce temps, Can-pan gouverna l'empire et le gouverna bien. Le temps du deuil étant expiré, Cao-tsong voulut continuer sa même façon de vivre. Mais il en fut détourné par les remontrances qu'on lui fit. Cherchant un ministre pour remplacer Can-pan, qui n'existait plus, il dit aux grands qu'il avait eu un songe dans lequel le souverain (du ciel?) lui avait fait voir la figure d'un homme qui devait être son ministre. Il fit faire plusieurs portraits de l'homme vu en songe, et ordonna de le chercher dans le royaume. On trouva l'homme ressemblant au portrait, travaillant par corvée à la réparation d'une digue, dans la province de Chan-si. Il fut amené à la cour et fait premier ministre. Le roi lui dit : « C'est toi, cher Fou-yué, que le ciel a choisi pour m'aider de tes sages leçons. Je te regarde comme mon maître : regarde-moi comme une glace de miroir peu poli que tu dois façonner, ou comme un homme faible et chancelant sur les bords d'un précipice que tu dois guider, ou comme une terre sèche et aride que tu dois cultiver. Ne me flatte point; ne m'épargne point sur mes défauts, afin que par tes instructions et par celles de mes autres ministres je puisse acquérir les vertus de mon aïeul Tching-liang, et rappeler, dans ces jours infortunés, la modération, la douceur et l'équité de son gouvernement. » Si les maximes de gouvernement qu'il débita au roi, d'après le *livre historique*, sont réellement de lui, il faut avouer qu'elles ne sont pas mauvaises. « La paix et le trouble, dit-il, dépendent des ministres. Les emplois ne doivent pas être donnés à ceux qui ne suivent que leurs passions, mais à ceux qui ont de la capacité. Les honneurs ne doivent pas être conférés aux méchants, mais aux sages. — Si l'on ne fait pas de bien aux hommes, on est méprisé; si l'on ne rougit pas d'une faute involontaire, on commet une nouvelle faute. » — Fou-yué (c'est le nom du manœuvre) fut un grand ministre, et, sous sa direction, le roi Wou-ting eut un beau règne. Un sage lui tient ce discours dans le *Chou-king :* « Le ciel voit les hommes et veut que leurs actions soient conformes à la justice. Aux uns il accorde une longue vie, aux autres une vie de peu de durée; ce n'est pas le ciel qui perd les hommes, les hommes se perdent eux-mêmes, en s'écartant de ses ordres. — Si les hommes ne se conforment pas à la vertu, s'ils ne font pas l'aveu de leurs fautes, le ciel leur manifeste sa volonté afin qu'ils se corrigent. Voilà ce que je propose. »

Six royaumes étrangers dont la langue était inconnue à la Chine, frappés de l'ordre admirable qui régnait dans l'empire, envoyèrent des ambassadeurs avec leurs interprètes pour faire hommage à Cao-tsong (1319 avant J.-C.) et se soumettre à ses lois. — Cependant (1293 avant J.-C.) Kouei-fang, prince d'un pays situé à l'orient de la Chine, se fiant sur les montagnes et les défilés dont il était environné, se révolta contre l'empereur. Mais une armée que Cao-tsong envoya contre lui vint à bout, après avoir essuyé quelques échecs, de le réduire. On vit alors renaître dans l'empire une paix constante, durant tout le règne de Cao-tsong, qui fut de cinquante-neuf ans.

Tsou-keng (1265 avant J.-C.) monta sur le trône après Cao-tsong. Sous son règne, qui fut de sept ans, l'empire commença à déchoir de l'état florissant où son prédécesseur l'avait mis.

Tsou-kia (1258 avant J.-C.), second fils de Cao-tsong, fut reconnu pour son successeur. A la vingt-huitième année de son règne, un prince vassal de la principauté de Tcheou mourut fort regretté, dit-on, des Chinois. Il laissa trois fils, et, avant de mourir, il avait fait connaître qu'il désirait avoir le plus jeune pour successeur. Ce fait indique à lui seul que le pouvoir de ces grandes principautés chinoises était héréditaire. Les deux frères aînés se retirèrent et allèrent aux extrémités orientales du Kiang-nan (midi du fleuve Kiang), dont les populations barbares les reçurent avec joie et les reconnurent pour leurs souverains. Ces deux princes, pour se conformer à la coutume du pays, se firent des marques sur le corps et couper les cheveux. Plusieurs historiens chinois prétendent que les *daïras* ou empereurs du Japon tirent leur origine de l'aîné de ces princes, qui se nommait Taï-pe. Sans admettre ou rejeter cette origine, ce trait historique fait voir que la Chine, à cette époque, sur la fin de la seconde dynastie, ne s'étendait pas au delà du grand fleuve Kiang. Le règne de Tsou-kia fut de vingt-trois ans. Il s'était rendu si odieux à ses sujets par son orgueil et par ses détestables débauches, qu'il y eut divers mouvements dans l'empire qui semblaient annoncer la ruine prochaine de sa dynastie.

LIN-SIN (1225 avant J.-C.), fils de Tsou-kia, fut, comme lui, esclave des plaisirs, et si éloigné de toute application, qu'il défendit à ses ministres de lui rendre compte d'aucune affaire, ne voulant pas être interrompu dans ses infâmes débauches; elles abrégèrent ses jours, et, après un règne de six ans, il laissa la couronne à son frère.

KENG-TING (1219 avant J.-C.), non moins négligent que Lin-sin dans le gouvernement, mourut après un règne de vingt et un ans.

WOU-Y (1198 avant J.-C.), fils de Keng-ting, fut plus méchant et plus impie qu'aucun de ses prédécesseurs. Les Chinois disent que c'était un insensé (*wou-tao*). Il fit faire des statues de bois ou des idoles auxquelles il donna le titre d'*esprits célestes*. Il attacha au service de ces idoles des gens qui les faisaient mouvoir ou les portaient devant lui partout où il l'ordonnait. Quand la fantaisie lui en prenait, il faisait des paris avec ces dieux de sa façon, représentés par l'individu qui les servait. Quand l'idole-dieu perdait, Wou-y, ivre de sa supériorité sur lui, accablait son représentant d'insultes, et quelquefois le faisait mourir. Un jour, dit-on, après avoir ainsi fait exécuter le représentant de l'un de ses dieux de fantaisie, il fit recueillir son sang dans un sac de cuir, et, l'ayant fait suspendre à un mât élevé, il lui décocha des flèches comme pour défier et insulter l'esprit céleste. Il mourut à la chasse, frappé de la foudre. C'est vers ce temps-là que des colonies chinoises allèrent peupler quelques îles du côté de l'orient, parmi lesquelles on compte celles du Japon.

Taï-ting (1194 avant J.-C.), fils de Wou-y, lui succéda, et commença son règne par déclarer la guerre à un prince tributaire, dont le petit État s'appelait Yen. Il est dans la province de Pe-che-li; et Péking, qui est maintenant la capitale de l'empire, était une des villes de cette petite souveraineté. Taï-ting ne régna que trois ans, et laissa à son fils le soin de continuer et de finir la guerre qu'il avait entreprise.

Ti-y (1191 avant J.-C.), fils de Taï-ting, lui ayant succédé, confirma dans la charge de général de ses armées Ki-lié, que son père y avait élevé, et eut presque aussitôt la satisfaction de le voir revenir triomphant de la révolte qui s'était élevée dans l'empire. Mais dans la septième année de son règne, il eut la douleur de perdre ce général. Ki-lié laissa un fils nommé Wen-wang, qui lui succéda dans le gouvernement de Tcheou, et le surpassa par ses grandes qualités. Le mandarin Kuen-y s'étant révolté la vingt-quatrième année de Ti-y, ce prince envoya contre lui Wen-wang, qui imposa tellement aux rebelles par sa bonne contenance, qu'ils rendirent les armes sans les avoir tirées. Ti-y avait le cœur bon, mais peu d'élévation dans l'esprit. Son règne fut de trente-sept ans.

Cheou-sin ou Tcheou, dernier empereur de la dynastie *Chang*, parvint à l'empire l'an 1154 avant l'ère chrétienne. Ce prince fut un monstre sur le trône; le luxe, la débauche, la tyrannie et la cruauté y montèrent avec lui. Né avec un caractère violent, ennemi de la contradiction, faux, dissimulé, lâche, mais vain et présomptueux jusqu'à l'excès, il ne fut retenu ni par l'autorité des lois, ni par la crainte des peuples. Son nom est aussi abhorré à la Chine que celui de Néron l'est dans l'Occident. Ses crimes, qui se succédaient chaque jour avec plus de fureur, le précipitèrent enfin du trône, et il entraîna dans sa ruine sa dynastie même, qui avait subsisté avec gloire pendant le cours de six cent quarante-quatre ans. Son épouse, Tan-ki, fut la principale cause de toutes les atrocités qui souillèrent son règne. Jamais femme n'unit à tant de beauté un caractère plus féroce et plus sanguinaire. L'empereur ne se conduisait que par ses conseils; et ceux qu'elle lui donna ne tendirent qu'à le rendre barbare. Elle lui répétait sans cesse que la terreur est la plus sûre garde des souverains, et qu'il n'aurait de sujets soumis qu'autant qu'il les épouvanterait par l'appareil des supplices.

Elle eut l'affreuse gloire d'en inventer plusieurs, un entre autres, qui consistait en une colonne d'airain, creuse en dedans, et munie d'une ouverture à sa base, par où l'on introduisait le feu; on enduisait extérieurement cette colonne de poix et de résine, et on la faisait rougir à un feu violent. Le patient, dépouillé de tout vêtement, y était attaché avec des chaînes de fer, et ce malheureux était obligé d'embrasser des bras, des cuisses et des jambes, cette colonne enflammée, qui consumait ses chairs jusqu'aux os. Tan-ki se faisait un amusement d'assister avec l'empereur à cet horrible supplice, et souvent elle manifestait par des éclats de rire l'affreux plaisir qu'elle goûtait à entendre les hurlements et les cris que la douleur arrachait à ces misérables victimes. Le luxe et les profusions de cette femme ne connurent point de bornes. Entre autres édifices, elle fit construire en marbre une tour, qu'on appela la *Tour des cerfs*. Le sol de cette vaste enceinte fut orné d'un superbe parquet, et l'art prodigua les matières les plus précieuses pour sa décoration intérieure. Lorsque cet édifice fut achevé, Tan-ki y fit allumer et entretenir une si prodigieuse quantité de flambeaux et de lanternes, que leur éclat égalait celui du soleil. C'est là que cette impératrice s'enfermait avec son époux pendant six mois de suite, oubliant la succession des jours et des nuits, et ne s'occupant, au milieu d'une troupe de jeunes gens des deux sexes, que du soin de varier ses plaisirs, qu'elle poussait jusqu'à la dissolution la plus effrénée. C'est à ces longues orgies nocturnes que quelques auteurs rapportent l'institution de la fête annuelle des lanternes, si célèbre à la Chine. Les ministres et les grands de la cour gémissaient sur tant d'excès, et cherchaient les moyens de détourner les malheurs qui menaçaient l'Etat. Un d'entre eux, nommé Kieou-heou, crut qu'une passion nouvelle pourrait détacher l'empereur de celle qui l'asservissait à l'odieuse Tan-ki, et que, si l'on parvenait à lui inspirer le désir de prendre une autre femme d'un caractère opposé, celle-ci réussirait peut-être à changer le cœur de ce prince, et à le ramener sans violence à la raison et à l'humanité. Plein de cette idée, il ne réfléchit pas assez sur le danger auquel il allait exposer l'innocence. Lui-même avait une fille qui aux charmes de la figure joignait tous les agréments de l'esprit, et qui était aussi vertueuse que belle. Il lui fit part de ses projets. Cette jeune personne en fut d'abord épouvantée; mais son inexpérience, sa soumission, et l'espoir dont on la flattait de sauver l'Etat, la firent enfin consentir à paraître dans cette cour. Elle fut présentée à Cheousin, qui parut frappé de tant de beauté, de grâces et de modestie; elle fut même bien accueillie de Tan-ki, qui se proposait sans doute de la rendre dans peu la compagne de ses dissolutions. Tout ce que la séduction peut mettre en œuvre d'artifices, tout ce que la passion a de plus tendre, fut inutilement employé par l'empereur pour corrompre la fille de Kieou-heou : sa vertu fut inébranlable. Las enfin d'une résistance qui l'humiliait, et qu'il n'était point de son caractère de supporter longtemps, ce prince, furieux et désespéré, au moment où il venait d'essuyer de nouveaux refus, saisit cette aimable fille par les cheveux, et la poignarda de sa main sous les yeux de Tan-ki. Aidé de cette mégère, il coupe ensuite ses membres en morceaux, les fait apprêter au feu, et envoie cet horrible mets à son malheureux père, qu'il ordonne qu'on égorge aussitôt qu'il aura reconnu ces déplorables restes de sa fille. D'autres atrocités, commises froidement et sans passion, peignent peut-être mieux encore l'âme féroce de ce monstre couronné. Il lui prit un jour fantaisie, ainsi qu'à sa cruelle épouse, de savoir comment les enfants se forment et prennent leur accroissement dans le sein de leur mère. On rassembla par leur ordre un certain nombre de jeunes femmes enceintes à différents termes, et ils les firent successivement éventrer pour satisfaire leur barbare curiosité. Peu de temps après succéda une autre expérience. Dans les jours les plus rudes d'un hiver rigoureux, quelques hommes traversèrent à la nage un large fleuve couvert de glaçons, et montrèrent une vigueur et une agilité qui étonnèrent tous les spectateurs. Cheou-sin donna ordre qu'on les lui amenât, et leur fit briser les jambes pour découvrir, disait-il, dans la conformation de leurs muscles, le principe de la force extraordinaire qu'ils avaient déployée. On n'osait plus hasarder de remontrances; toutes avaient été funestes à leurs auteurs. Pi-kan, oncle de l'empereur et l'un de ses ministres, homme d'une inflexible probité, eut cependant encore le courage de tenter un dernier effort pour le rappeler à ses devoirs; comme il le pressait vivement de changer de conduite, le tyran furieux l'interrompit, et lui dit : « J'ai ouï raconter, mon oncle, que le cœur des sages avait sept ouvertures différentes ; je ne m'en suis pas encore éclairci, mais je veux m'assurer aujourd'hui si ce fait est certain. » Se tournant en même temps vers quelques-uns des scélérats qui l'accompagnaient toujours, il fait massacrer Pi-kan, et ordonne qu'on lui arrache le cœur. Des attentats aussi multipliés avaient répandu la terreur dans tout l'empire. Les grands et tout ce qui restait de princes de la famille impériale avaient abandonné la cour pour se mettre à l'abri des caprices du tyran. La plupart de ces illustres exilés s'étaient retirés à la cour de Tcheou, près de Ou-ouang, le plus vertueux comme le plus puissant des princes feudataires ; tous unirent leurs prières pour le conjurer de sauver l'Etat, en chassant du trône un monstre qui le déshonorait depuis trente-deux ans. La réputation de sagesse dont jouissait Ou-ouang, la paix et le bonheur que goûtaient les peuples soumis à ses lois, et sa puissance presque égale à celle des empereurs, le faisaient regarder comme le seul qui pût mettre un terme aux fureurs insensées d'un couple abhorré ; tous les vœux, tous les suffrages publics, l'appelaient à l'empire. Ce prince hésita longtemps ; sa probité délicate lui faisait redouter le nom d'usurpateur. Cependant les maux de l'Etat croissaient, et les instances devinrent si pressantes, si universelles, qu'il se détermina enfin à prendre les armes et à marcher contre Cheou-sin. Dès qu'on le sut à la tête de ses troupes, tout l'empire parut s'ébranler ; on accourut en foule se ranger sous ses drapeaux. Un grand nombre de gouverneurs de villes et de provinces, et la plupart des princes tributaires se rendirent dans son camp suivis des renforts qu'ils lui amenaient. Cheou-sin, de son côté, s'était mis aussi à la tête de forces considérables qu'il avait rassemblées. Les deux armées se rencontrèrent dans la plaine de Mou-ye, l'une des plus vastes de la province de Ho-nan. La bataille qu'elles s'y livrèrent fut terrible, et les troupes impériales y furent entièrement défaites. Le Chou-king rapporte qu'il y eut tant de sang répandu, « qu'il s'en forma des ruisseaux sur lesquels flottaient les mortiers destinés à piler le mil et le riz. » Cette victoire sauva l'empire, et en assura la conquête au prince de Tcheou. Le lâche Cheou-sin fut un des premiers à se sauver du champ de bataille ; courut à toute bride se renfermer dans le palais de sa capitale, où, dès qu'il fut arrivé, il se para de ses plus riches bijoux et de ses vêtements les plus somptueux, et fit mettre le feu à tout l'édifice pour ne pas tomber vivant entre les mains du vainqueur. Aussitôt que la nouvelle en fut parvenue à Ou-ouang, il fit partir un détachement de son armée pour aller éteindre l'incendie, ou empêcher au moins qu'il ne se communiquât au reste de la ville. L'impératrice Tan-ki n'avait pas eu le courage de mourir avec son époux ; cette femme détestée eut l'inexplicable effronterie de vouloir paraître aux yeux de Ou-ouang. Ornée de ses plus riches atours et parée avec tout l'art d'une coquetterie recherchée, elle s'était mise en marche pour aller le trouver ; mais, ayant été rencontrée par les troupes qui se portaient au secours du palais en feu, les officiers qui commandaient ce détachement la firent enchaîner. Ils en donnèrent aussitôt avis au prince de Tcheou, qui envoya l'ordre de la mettre à mort. Cette révolution, qui mit fin à la longue dynastie des Chang et donna naissance à celle des Tcheou, est de l'an 1122 avant Jésus-Christ.

IIIe DYNASTIE : LES TCHEOU

WOU-WANG (1122 avant J.-C.). Le fondateur de cette nouvelle dynastie, comme ceux des dynasties précédentes, fut un grand souverain, selon les historiens chinois et les philosophes de cette nation, au premier rang desquels est placé Confucius, toujours cité pour modèle aux autres princes. Après avoir renversé le dernier roi de la dynastie Chang, le prince de Tcheou, qui se nommait FA, reçut ou prit le nom de Wou-wang (roi guerrier), sous lequel il est connu dans l'histoire (1).

Après la défaite de Cheou-sin, les peuples qui craignaient le ressentiment du vainqueur s'étaient dispersés et jetés dans les montagnes. Wou-wang envoya plusieurs de ses officiers de tous côtés pour les rassurer et les faire revenir, avec promesse qu'on ne leur ferait aucun mal. Il ne voulut entrer dans la capitale, dont presque tous les habitants avaient fui, que lorsqu'ils y seraient revenus. Ce fut un ancien ministre de Cheou-sin, qui n'avait pu arrêter les folies de ce roi, et qui s'était retiré lui-même dans les montagnes avant la catastrophe, qui les ramena. Ce fut alors que Wou-wang fit son entrée dans la capitale de l'empire, accompagné de trois mille cavaliers. L'histoire chinoise rapporte un curieux dialogue que l'on suppose avoir été tenu dans cette circonstance. Pi-koung, frère de Wou-wang, marchait à la tête. « N'est-ce pas là notre nouveau roi ? demanda le peuple à l'ancien ministre, qui connaissait Wou-wang. — Non, répondit-il, celui-ci a l'air trop fier, ce ne peut être lui : le sage a un air modeste, et paraît craindre

---

(1) A partir du fondateur de la troisième dynastie, nommée *Tcheou*, jusqu'à la cinquième, celle des *Han*, les rois ne sont pas désignés dans l'histoire par leur vrai nom, mais par le surnom qui leur a été donné après leur mort dans la *salle des ancêtres*, et qui résume déjà, par une seule épithète, le jugement de l'histoire et de la postérité. A partir de la dynastie *Han*, les empereurs se donnent un nom de règne qui est quelquefois plus usité que le nom posthume.

dans tout ce qu'il entreprend. » Après parut Taï-koung (grand comte, premier ministre de Wou-wang), monté sur un beau cheval, avec un air qui inspirait la frayeur. Le peuple, épouvanté de sa seule vue, demanda à l'ancien ministre : « Serait-ce là notre nouveau maître ? — Non, répondit-il ; celui-ci est un homme qu'on prendrait, même quand il s'assied, pour un tigre, et pour un aigle ou pour un épervier quand il se dresse sur ses pieds : quand il se bat dans une action, ajouta-t-il, il se laisse emporter à l'ardeur impétueuse de son naturel bouillant et colère : le sage n'est pas tel ; il sait avancer et se retirer à propos. » Tcheou-koung (frère cadet de Wou-wang) parut à la tête d'une troisième troupe, avec un air majestueux qui fit croire aussitôt au peuple que c'était Wou-wang. « Ce n'est pas encore lui, répondit l'ancien ministre. Celui-ci a toujours un air sévère et grave, et ne pense qu'à détruire le vice : quoiqu'il ne soit pas le fils du ciel, maître de l'empire, il en est le premier ministre et le gouverneur. C'est ainsi que le sage sait se faire craindre, même des gens de bien. » Dans ce moment parut un homme majestueux, mais modeste, ayant également un air sérieux et affable, environné d'une foule d'officiers, qui montraient assez par leurs manières respectueuses que celui qu'ils accompagnaient était leur souverain. Le peuple alors s'écria : « Ah ! voici sans doute notre nouveau prince ! — C'est lui, répondit l'ancien ministre ; quand le sage veut faire la guerre aux vices et rétablir la vertu, il est tellement maître de ses passions, que jamais il ne fait paraître aucun mouvement de colère contre le vice, ni de joie à la vue de la vertu. »

Lorsque Wou-wang eut fait son entrée dans la ville, il fit publier qu'il ne prétendait point changer le gouvernement des Chang, qu'il voulait au contraire qu'on observât les règlements faits par les anciens sages de cette dynastie. Cependant un de ses premiers actes de souveraineté fut le changement du calendrier : il ordonna que la lune ou le mois dans lequel se trouve le solstice d'hiver fût la première lune de l'année, et on détermina que l'heure de minuit commencerait le jour civil. L'astronomie était cultivée à cette époque ; le père de Wou-wang avait fait construire un observatoire dans sa principauté de Tcheou (1). Tout renversement de dynastie étant supposé

(1) Cet observatoire est célèbre, dans le *Livre des vers*, sous le nom de *Tour de l'intelligence* (*Ling-taï*). L'empressement du peuple pour

un châtiment public des lois enfreintes, et tout gouvernement nouveau le rétablissement du règne de la justice, le nouveau roi paraît avoir répondu largement à cette mission. Il fit sortir de prison tous ceux qui y étaient retenus injustement ; il fit élever un tombeau au courage civil du ministre mis à mort par le dernier tyran, et il honora sa mémoire par de pompeuses cérémonies. Il distribua à l'armée qui l'avait servi l'argent trouvé dans les trésors de Cheou, et fit de nombreux présents aux princes, aux grands et aux officiers. Il fit faire des cérémonies pour honorer ceux qui étaient morts dans le combat dont il sortit vainqueur. La couleur blanche était, comme nous l'avons vu, la couleur de la précédente dynastie ; il y substitua la couleur rouge. Après avoir fait quelques règlements pour le soulagement des peuples et pour la sûreté de ses conquêtes, il s'en retourna à *Foung-hao* (aujourd'hui *Tchang-an-kian*) dans sa principauté du Chen-si, où il fixa le siége du gouvernement, qui était avant dans le Ho-nan. Wou-wang commença son règne par offrir des actions de grâces au souverain empereur du ciel (Chang-ti) ; il rétablit les anciennes lois et les anciennes coutumes auxquelles son prédécesseur avait substitué sa volonté royale et les odieux caprices de sa maîtresse. Il attacha sept historiographes à sa cour. Le premier, sous le nom de *premier* ou *grand historien* (Taï-sse), était chargé de recueillir tous les faits concernant le gouvernement général de la Chine. Le second, nommé *petit historien* (Chao-sse), tenait registre de tout ce qui regardait les Etats feudataires. Le troisième, nommé *observateur des météores* (Foung-siang), mettait par écrit les

l'élever fut si grand, qu'il fut construit en un jour, dit *Meng-tseu*. Le P. Gaubil, dans son histoire de l'astronomie chinoise, a calculé, avec les éléments conservés dans le *Chou-king*, les dates précises des événements principaux qui concoururent au troisième changement de dynastie. « L'examen et le calcul des jours marqués dans le *Chou-king*, dit-il, font voir que le 30 novembre 1112 *Wou-wang* partit de sa cour du Chen-si pour sa grande expédition ; que le 26 décembre 1112 il passa le fleuve Hoang-ho à *Meng-tsin* ; que le 31 décembre l'armée fut rangée en bataille dans la campagne de Mou-ye ; que le 1er janvier 1111 il y eut bataille ; Wou-wang fut vainqueur. On voit aussi qu'après le 3e jour de la 4e lune, dans l'année 1111, Wou-wang repartit pour sa cour, et que le 14 avril 1111 il fut salué et reconnu empereur avec grande pompe. » Ce calcul diffère de 10 ans de celui des grands *Tableaux chronologiques* chinois, et de sa propre chronologie, d'une composition plus récente.

observations astronomiques et tous les événements de l'histoire céleste. Le quatrième, nommé *Pao-tchang*, rédigeait les détails des phénomènes physiques et des calamités. Le cinquième, nommé *historien de l'intérieur* (Neï-sse), conservait les édits, déclarations, ordonnances de l'empereur et les sentences qui faisaient loi. Le sixième, nommé *historien de l'extérieur* (Aï-sse), avait dans son département les livres étrangers, les traductions, les dépêches de la cour, etc. Le septième enfin, nommé *historien impérial* (Yu-sse), écrivait les *mémoires* particuliers de l'empereur et de sa famille. Il fit venir à sa cour l'oncle du tyran efféminé, qui avait été obligé de contrefaire l'insensé pour échapper à la mort. Wou-wang eut avec lui de fréquents entretiens sur la philosophie, l'astronomie, la politique, la physique et autres objets concernant la science du gouvernement. Ces entretiens ont été conservés dans le *Livre sacré des annales :* comme c'est sans aucun doute le monument le plus ancien qui nous reste dans l'histoire, de l'état de ces sciences à cette époque reculée (1122 ans avant notre ère), on croit devoir le rapporter ici, en prévenant que l'on n'a pas prétendu éclairer toutes les difficultés du texte chinois. Mais comme il est impossible aux hommes de nos jours d'avoir l'intelligence complète de l'antiquité (ils ne peuvent pas même l'avoir de leur époque), ce qui restera intelligible suffira pour apprécier jusqu'à un certain point l'état de la civilisation chinoise à l'époque dont il est question ; car la civilisation se manifeste dans les idées comme dans les faits.

« A la treizième année, le roi interrogea Ki-tseu.

» Le roi dit : Oh ! Ki-tseu, le ciel a des voies secrètes par lesquelles il rend le peuple tranquille et fixe. Il s'unit à lui pour l'aider à garder son repos, son état fixe. Je ne connais point cette règle ; quelle est-elle ?

» Ki-tseu répondit : J'ai entendu dire qu'autrefois Kouen (père de Yu), ayant empêché l'écoulement des eaux de la grande inondation, les cinq éléments (*ou hing, les cinq agissants*) furent entièrement dérangés ; que le Ti (le souverain suprême, selon le commentateur) en fut courroucé, et ne lui donna pas les neuf règles de la *sublime doctrine* (titre du chapitre actuel); que ce Kouen, abandonnant la doctrine fondamentale, fut mis en prison, et mourut misérablement ; mais que Yu (son fils), qui lui succéda dans ses travaux, reçut du ciel ces neuf règles, et qu'alors la doctrine fondamentale fut en vigueur.

La première règle à observer réside dans les cinq (éléments) agissants (1); la seconde est l'attention à donner dans les cinq occupations ; la troisième est l'application aux huit principes de gouvernement ; la quatrième est l'accord dans les cinq (choses) périodiques ; la cinquième est le pivot fixe du souverain ; la sixième est la pratique des trois vertus ; la septième est l'intelligence dans l'examen de ce qui est douteux ; la huitième est l'attention à toutes les apparences qui indiquent quelque chose ; la neuvième est la recherche des cinq félicités et la crainte des six extrêmes.

» I. La catégorie des *cinq (éléments) agissants* est ainsi composée : 1° l'eau ; 2° le feu ; 3° le bois ; 4° les métaux ; 5° la terre. L'eau est humide et descend ; le feu brûle et monte ; le bois se courbe et se redresse ; les métaux se fondent et sont susceptibles de mutations ; la terre est propre à recevoir les semences et à produire des moissons. Ce qui descend est humide et a le goût salin ; ce qui brûle et s'élève a le goût amer ; ce qui se courbe et se redresse a le goût acide ; ce qui se fond et se transforme est d'un goût piquant et âpre ; ce qui se sème et se recueille est doux.

» II. La catégorie des *cinq occupations* est composée de : 1° la forme ou figure extérieure du corps ; 2° la parole ; 3° la vue ; 4° l'ouïe ; 5° la pensée. La forme extérieure doit être grave, respectueuse ; la parole doit être claire, distincte ; l'ouïe doit être fixe, la pensée pénétrante. L'extérieur du corps grave et respectueux se fait respecter, la parole honnête et fidèle se fait estimer ; la vue claire, distincte, prouve de l'expérience ; avec l'ouïe fine on est en état de concevoir et d'exécuter de grands projets ; avec une pensée pénétrante on est un saint ou un homme parfait.

» III. La catégorie des *huit principes de gouvernement* se compose de : 1° les vivres ; 2° les biens ou richesses ; 3° les sacrifices et les cérémonies ; 4° le ministère des travaux publics ; 5° le ministère de l'instruction publique ; 6° le ministère de la justice ; 7° la manière de traiter les étrangers ; 8° les armées.

---

(1) « Les cinq (*éléments*) *agissants*, dit le commentateur Tchou-hi dépendent du ciel, les *cinq occupations* dépendent de l'homme. Les *cinq occupations* (*ou-sse*), correspondent aux cinq (éléments) agissants (*ou-hing*) c'est l'union de l'homme et du ciel ; les *huit principes de gouvernement* sont ce que les hommes ont obtenu du ciel ; les *cinq (choses) périodiques* (*ou-ki*) sont ce que le ciel manifeste aux hommes ; le *pivot fixe* du souverain (*hoang-ki*) est ce que le prince détermine comme but, etc. »

» IV. La catégorie des cinq (*choses*) *périodiques* se compose de : 1° l'année ; 2° la lune (1) ; 3° le soleil ; 4° les astres ; 5° les nombres astronomiques.

» V. La cinquième catégorie, *le pivot fixe du souverain* (comme l'extrémité du pôle nord, dit le commentaire), est observée quand le souverain a dans ses actions un centre ou pivot fixe (qui lui sert de règle de conduite); alors il se procure les cinq félicités, et il en fait jouir les peuples. Tant que les populations vous verront conserver cette règle de droiture fixe, ils la conserveront également.

» Toutes les fois que parmi les populations il n'existe point de liaisons criminelles, de mœurs corrompues, que les hommes en place n'ont pas de vices, c'est que le souverain a gardé cette règle fixe de conduite.

» Toutes les fois que parmi les peuples il y en a qui ont de la prudence, qui travaillent beaucoup et qui sont vigilants, vous devez les favoriser. S'il s'en trouve qui ne puissent parvenir à cette règle fixe de la vertu, mais qui ne commettent pas de fautes, le souverain doit les recevoir et les traiter avec bonté : voyant que vous êtes compatissant, ils feront des efforts pour être vertueux : alors ne laissez pas ces efforts sans récompense. C'est ainsi que les hommes se conduisent sur la règle et l'exemple du souverain.

» Ne soyez pas dur comme un tigre à l'égard de ceux qui sont sans appui, et ne faites paraître aucune crainte à l'égard de ceux qui sont riches et puissants.

» Si vous faites en sorte que les hommes qui ont du mérite et des talents se perfectionnent dans leur conduite, le royaume sera florissant. Si vos magistrats ont de quoi vivre, ils feront le bien ; mais si vous n'encouragez pas les familles à aimer la vertu, on tombera dans de grandes fautes; si vous récompensez des gens sans mérite, vous passerez pour un prince qui se fait servir par ceux qui sont vicieux. »

Suit un chant en petits vers rimés, de quatre syllabes, que le philosophe Ki-tseu voulait que tout le monde apprît, et dont l'ancienneté n'est pas indiquée.

« VI. La sixième catégorie des trois vertus comprend : 1° la droiture ; 2° l'exactitude et la sévérité dans le gouvernement ; 3° l'indulgence et la douceur. Quand tout est en paix, la seule droiture suffit ; s'il y a des méchants qui abusent de leur puis-

---

1) La lune désigne aussi le *mois*, et le soleil le *jour*.

sance, il faut employer la sévérité; si les peuples sont dociles, soyez doux et indulgent; mais il faut encore de la sévérité à l'égard de ceux qui sont dissimulés et peu éclairés, et de la douceur à l'égard de ceux qui sont puissants et éclairés.

» Il n'y a que le souverain seul qui ait droit de récompenser; il n'y a que le souverain seul qui ait droit de punir; il n'y a que le souverain seul qui ait le droit d'être servi à table dans des vases de jade.

» Si les vassaux récompensent, punissent, se font servir des aliments dans des vases de jade, eux et leurs familles et leurs États périront. Si les magistrats ne sont ni droits ni équitables, le peuple donnera dans des excès.

» VII. Dans la septième catégorie, l'*examen des cas douteux*, on choisit un homme pour interroger les sorts (1), et on l'investit de ses fonctions.

» Cet examen comprend : 1° la vapeur qui se forme; 2° celle qui se dissipe; 3° l'obscurité; 4° les fissures isolées, et celles qui se croisent et se tiennent.

» S'il se trouve trois hommes pour interroger les sorts, on s'en tient à ce que deux diront.

» Si vous avez un doute important, examinez vous-même; consultez les grands, les ministres et le peuple; consultez les sorts.

» Lorsque tout se réunit pour indiquer la même chose, c'est ce que l'on nomme le grand accord; vous aurez la tranquillité, la force, et vos descendants seront dans la joie.

» Si les grands, les ministres et le peuple disent d'une manière, et que vous soyez d'un avis contraire, mais conforme aux indices de la tortue et des sorts, votre avis réussira.

» Si vous voyez les grands et les ministres d'accord avec la tortue et les sorts, quoique vous et le peuple soyez d'un avis contraire, tout réussira également.

» Si le peuple, la tortue et les sorts sont d'accord, quoique vous, les grands et les ministres vous vous réunissiez pour le contraire, vous réussirez dans le dedans, mais non au dehors.

» Si la tortue et les sorts sont contraires au sentiment des hommes, ce sera un bien que de ne rien entreprendre : il n'en résulterait que du mal.

» VIII. La huitième catégorie des *apparences* ou des *phéno-*

---

(1) Selon les interprètes c'était l'inspection d'une tortue que l'on brûlait et de certaine herbe.

mènes comprend : 1° la pluie ; 2° le temps serein ; 3° le chaud ; 4° le froid ; 5° le vent ; 6° les saisons. Si ces six choses arrivent exactement, chacune selon la règle, les herbes et les plantes croissent en abondance.

» Le trop est sujet à beaucoup de calamités ; le trop peu est également sujet à beaucoup de calamités.

» Voici les bonnes *apparences* : Quand la vertu règne, la pluie vient à propos ; quand on gouverne bien, le temps serein paraît ; une chaleur qui vient dans son temps désigne la prudence ; quand on rend des jugements équitables, le froid vient à propos ; la perfection est indiquée par des vents qui soufflent dans leur saison.

» Voici les mauvaises *apparences* : Quand les vices règnent, il pleut sans cesse ; si l'on se comporte légèrement et en étourdi, le temps est trop sec ; la chaleur est continuelle, si l'on est négligent et paresseux ; de même, le froid ne cesse point, si l'on est trop prompt ; et les vents soufflent toujours, si l'on est aveugle sur soi-même.

» Le roi doit examiner attentivement ce qui se passe dans une année, les grands ce qui se passe dans un mois, et les petits fonctionnaires ce qui se passe dans un jour.

» Si la constitution de l'atmosphère dans l'année, le mois, le jour, est conforme à la saison, les grains viennent à leur maturité, et il n'y a aucune difficulté dans le gouvernement ; on fait valoir ceux qui se distinguent par leur vertu, et chaque famille est en repos et dans la joie.

» Mais s'il y a du dérangement dans la constitution de l'atmosphère, dans les jours, dans les mois et dans l'année, les grains ne mûrissent pas, le gouvernement, les gens vertueux demeurent inconnus, et la paix n'est pas dans les familles.

» Les étoiles représentent les peuples. Il y a des étoiles qui aiment le vent, d'autres qui aiment la pluie. Les points solsticiaux pour l'hiver et pour l'été sont indiqués par le cours du soleil et de la lune ; le vent souffle et la pluie tombe, selon le cours de la lune dans les étoiles.

» IX. La neuvième catégorie des *cinq bonheurs* ou *félicités* comprend : 1° une longue vie ; 2° des richesses ; 3° la tranquillité ; 4° l'amour de la vertu ; 5° une fin heureuse, après avoir accompli sa destinée.

» Elle comprend en outre les *six malheurs*, qui sont : 1° une vie courte et vicieuse ; 2° les maladies ; 3° les afflictions ; 4° la pauvreté ; 5° la haine ; 6° la faiblesse et l'oppression » (*Chouking*, liv. IV, chap. 4).

Voilà ce qui se disait à la cour de la Chine il y a trois mille ans. Aussi il paraît que Wou-wang fut si satisfait des avis philosophiques de Ki-tseu sur le bon gouvernement, qu'il le nomma prince de la Corée, et l'envoya gouverner cette presqu'île orientale de la Chine dépendant encore aujourd'hui du grand empire.

On trouve, à cette époque de l'histoire de la Chine, deux exemples extraordinaires de fidélité dynastique, qui n'ont pas été souvent imités depuis. Deux sages, nommés Pé-y et Chou-tchi, sujets de la dynastie des Chang, se laissèrent mourir de faim pour ne rien devoir à la nouvelle dynastie. Ils avaient servi fidèlement et avec zèle Chcou-sin, à qui ils n'avaient pas manqué de faire souvent de vives remontrances sur sa conduite ; et ils étaient du nombre des mécontents qui se retirèrent de la cour. Après la mort fatale du dernier roi de la dynastie *Chang*, et lorsque Wou-wang allait tenir sa cour dans son pays de Tcheou, Pé-y et Chou-tchi sortirent de leur solitude, allèrent à sa rencontre, et, prenant son cheval par la bride, ils lui dirent : « Vous qui vous piquez de vertu, comment avez-vous osé vous révolter contre votre prince et contre votre père, jusqu'à l'obliger de se donner la mort? Où est votre fidélité? Où est votre obéissance? » Les gardes qui accompagnaient le nouveau roi mirent le sabre à la main, et voulaient tuer ces deux hommes ; mais Wou-wang s'y opposa. Les deux anciens serviteurs, voyant que tous leurs efforts en faveur de la dynastie Chang seraient absolument inutiles, renoncèrent à tout commerce avec les hommes. Ils allèrent se cacher dans une montagne, résolus d'y vivre de racines et d'herbes qui y croissaient, pour qu'il ne fût pas dit qu'ils fissent usage de grains appartenant à la nouvelle dynastie. Ils vécurent ainsi quelque temps, jusqu'à ce qu'une vieille femme passant par cette montagne, et ayant su d'eux la vie qu'ils menaient et les motifs qui les y portaient, leur dit : « Je trouve votre raisonnement singulier : vous ne voulez pas vivre des grains dont les hommes vivent, parce que la dynastie Tcheou est maîtresse de l'empire, et que vous ne voulez pas vous nourrir de ce qui lui appartient; est-ce que ces racines, ces herbes que vous mangez ne sont pas les productions d'une montagne qui appartient aux Tcheou ?» Le raisonnement de la vieille femme leur parut sans réplique ; les deux sages, se regardant l'un l'autre, trouvèrent qu'elle avait raison ; dès lors ils prirent la résolution de se priver de tout, de peur de manquer de fidélité à la dynastie des Chang, dont ils étaient nés sujets, et ils se laissèrent mourir de faim. Wou-wang, en apprenant leur mort, en fut affligé; il loua publiquement leur fidélité et leur attachement à leur prince, et il se reprochait d'en avoir été la cause.

Le nouveau roi, pour satisfaire les grands du royaume auxquels il avait des obligations, leur donna de petites souverainetés vassales qui relevaient de la sienne, mais qui, par la suite, étant devenues de petits royaumes indépendants, furent la source de nombreuses guerres civiles qui déchirèrent l'empire. Tous les mécontents, tous les descendants des premiers empereurs des dynasties précédentes, furent aussi pourvus de petits royaumes, et quinze des parents du nouveau souverain reçurent quinze principautés en apanage. Il y eut alors *vingt-deux* Etats feudataires dans l'empire, lesquels furent portés à plus de *quarante-trois*, cent ans après, et à *cent vingt-cinq*, cent ans plus tard vers l'époque de Khoung-tseu (Confucius). Les grands *Tableaux chronologiques chinois* comptent *cent cinquante-six royaumes feudataires* (heou-kouë) sous les Tcheou, et *établis* par eux. Il y en avait eu *dix-sept* sous les Chang, *vingt* sous les Hia, *trente* sous l'empereur Chun, et *treize* sous Yao; mais dans ces premiers temps, c'étaient des Etats en partie indépendants, et non créés dans le sein de l'empire, comme sous les Tcheou.

Le système féodal européen s'établit dans toute sa plénitude, et dura près de huit cents ans, autant que la dynastie des Tcheou. L'empire, sous cette forme irrégulière de gouvernement, prit un grand développement intellectuel, et la corruption, que la civilisation occasionne souvent, prit aussi un si grand développement, que plusieurs philosophes, entre autres Lao-tseu et Khoung-tseu (Confucius) se constituèrent réformateurs, en s'élevant contre les abus et en formant de nombreux disciples pour continuer leur mission.

La renommée de Wou-wang fut bientôt répandue dans les contrées voisines de l'empire chinois. Plusieurs chefs de peuplades étrangères accoururent à sa cour pour lui faire hommage et soumission, en lui payant les anciens tributs. Les envoyés du pays de Lou, à l'occident de la Chine, apportèrent un grand chien en présent au roi. Ce fait, insignifiant par lui-même, ne doit pas l'être pour les naturalistes. Il prouve que le chien n'était pas alors indigène à la Chine, et qu'il devait y être fort rare à cette époque. Les paroles que le premier ministre dit au roi à cette occasion méritent d'être rapportées : « Préférer ce qui est utile à ce qui ne l'est pas est une action digne d'éloge. Le peuple trouve ce qui lui est nécessaire, quand on ne recherche pas les choses rares et quand on ne méprise pas les choses utiles. Un chien, un cheval, sont des animaux étrangers à votre pays, il n'en faut pas nourrir : de même, n'élevez pas chez vous de beaux oiseaux, ni des animaux extraordinaires ; en ne faisant point de cas des raretés étrangères, les hommes étrangers viendront eux-mêmes chez vous. Qu'y a-t-il de plus précieux qu'un sage ? Il met la paix parmi tous ceux qui sont autour de vous » (*Chou-king*, liv. IV, ch. 5).

Wou-wang étant tombé malade, on consulta les sorts : il guérit, mais il mourut ensuite à la septième année de son règne (1146 avant J.-C.).

Son fils, TCHING-WANG, qu'il avait choisi, lui succéda. Son oncle Tcheou-koung, qui fut régent de l'empire pendant sa minorité, se distingua par de belles actions. Il réprima plusieurs révoltes, et fit construire une ville nommée Lo-ye, dans l'endroit où est aujourd'hui Ho-nan-fou, du Ho-nan. Elle fut nommée *Cour orientale*. Un grand nombre de familles de l'ancienne dynastie eurent l'ordre d'aller l'habiter. Cette ville fut bâtie sur un plan qui a été généralement suivi pour toutes les autres villes chinoises. Elle était quadrangulaire, à alignements droits, et elle avait de grands faubourgs. Un des côtés de la ville avait 17,200 pieds (le pied d'alors était de plus d'un tiers plus petit que celui d'aujourd'hui). C'est dans cette ville, dit le P. Gaubil, que Tcheou-Koung observa l'ombre solsticiale d'été, d'un pied cinq pouces : le pied avait dix pouces ; le gnomon était de huit pieds (1). C'est de cette époque que l'on conserve encore la plus ancienne monnaie de cuivre ronde, avec un trou carré au milieu. Tcheou-koung fut un des plus grands hommes que la Chine ait possédés. Il était astronome ; il fit bâtir un observatoire dans la ville qu'il fit construire. Cet observatoire se voit encore aujourd'hui dans la ville de Teng-foung, de la province de Ho-nan, ville qui a remplacé l'ancienne Lo-ye. On y voit aussi le gnomon dont il se servait pour mesurer l'ombre solsticiale et l'élévation du pôle. Il connaissait la propriété du triangle rectangle et celle de la boussole. Il en apprit l'usage à des étrangers des contrées où sont aujourd'hui les royaumes de Siam, de Laos, de Cochinchine, qui étaient venus à la cour de l'empereur de la Chine féliciter la nouvelle dynastie. On dit même qu'il leur fit présent d'un char nommé *thi-nan-kiu*, char

---

1) Le pied chinois de cette époque, dit le P. Gaubil, contenait 7 pouces et un peu plus de 5 lignes du pied de roi.

qui indique le sud ; *tchi-nan*, indiquant le sud, est un nom que porte encore aujourd'hui la boussole chinoise.

Les grands *Tableaux chronologiques chinois* rapportent beaucoup de faits à la louange de Tcheou-koung : « A la deuxième année du règne de Tching-wang, des hommes de l'Orient viennent avec empressement voir Tcheou-koung ; ils composent des vers à sa louange. A la troisième année Tcheou-koung va habiter l'Orient ; il fait des vers pour les présenter au roi. En automne il y eut de grands tonnerres et de grands vents. Le roi alla à l'Orient au-devant de Tcheou-koung. La pluie remplaça les vents. Tcheou-koung demeura deux ans à l'Orient. Le ciel déchaîna les vents et les tempêtes. Le soleil ne cessa point d'être obscurci. Tcheou-koung eut ordre d'aller soumettre les peuples de l'Orient ; il fit une grande proclamation pour tout l'empire... Des hommes du royaume Ni-li vinrent à la cour. » Il est dit dans les mémoires nommés *Chi-i* (collection de ce qui est négligé) : « A la troisième année du règne de Tching-wang (1113), il y eut des hommes du royaume de Ni-li qui vinrent à la cour. Ces hommes se flattèrent d'avoir abandonné leur royaume, en marchant au milieu d'une nuée ambulante. Ils entendirent les voix des tonnerres descendre en bas. Quelques-uns entrèrent dans des jonques ou demeures aquatiques nautiques, sur lesquelles l'eau passait : ils entendirent le bruit retentissant de grandes vagues qui se brisaient sur leurs têtes. En regardant le soleil et la lune, ils se servirent de leur position pour reconnaître les régions et les royaumes ; ils calculèrent le degré de froid et de chaleur (l'état de la température) pour reconnaître la lune (le mois) de l'année. Ils s'informèrent des premiers temps, ainsi que des usages du royaume du milieu. Le roi les instruisit des cérémonies que doivent observer les hôtes venus de l'étranger » (*Li-taï-ki-sse*, 6, folio 9).

Le *Livre sacré des annales* renferme plusieurs chapitres consacrés aux instructions du sage ministre régent (Tcheou-koung). Celles qu'il donna au jeune roi son pupille méritent d'être rapportées.

« Tcheou-koung dit : Oh! un roi sage ne songe pas à se livrer au plaisir.

» Il s'instruit d'abord des soins que se donnent les laboureurs et des peines qu'ils souffrent pour semer et recueillir ; il ne se réjouit que quand il connaît ce qui fait l'espérance et la ressource des gens de la campagne.

» Jetez les yeux sur ces pauvres gens : les pères et mères ont eu beaucoup de peine pour semer et pour recueillir ; mais leurs ils en réunirent les graines et en remplirent presque tout un char ; le peuple monta dessus (et partit?). Tching-wang, interrogeant Tcheou-koung, lui demanda pourquoi cela. Le ministre répondit : Les San-miao ont réuni ensemble toutes leurs graines (de mûrier). Puisse l'empire avoir le même accord et ne faire qu'un !

» Après trois années, des personnes de Youë-tchang vinrent à la cour avec des interprètes, apportant en tributs un faisan blanc, deux faisans noirs et une dent d'éléphant. Les envoyés (qui étaient venus trois ans auparavant) s'étaient trompés de route en voulant retourner dans leur pays. Tcheou-koung leur fit présent de cinq chars d'une espèce légère, construits pour indiquer le sud. Ils montèrent sur ces chars et se dirigèrent au sud. L'année suivante ils arrivèrent dans leur royaume. Les envoyés s'étant livrés à des divertissements joyeux, au lieu d'arriver dans leur pays, s'étaient éloignés de sa direction ; et bien que le char indiquât toujours le sud, ils avaient tourné le dos au point qu'il montrait ; mais, l'année suivante, ils arrivèrent. »

Tcheou-koung mourut à la onzième année du règne de Tching-wang. C'est un des plus grands hommes de la Chine. Les grandes connaissances et la sagesse éclairée qu'il déploya dans l'exercice de ses fonctions, connaissances supérieures pour son époque, furent tellement honorées par les Chinois, que sa statue fut placée à côté de celle du roi Tching-wang, dont il fut le régent, sur le même trône, dans la même salle du *Ming-tang* ou *temple de la Lumière* de la troisième dynastie. Les historiens de la vie de Confucius (Khoung-tseu) rapportent que ce philosophe, qui vivait cinq siècles après, étant allé visiter ce temple avec plusieurs de ses disciples, l'un d'entre eux, frappé de voir les statues du roi et du ministre régent placées sur le même trône, en témoigna sa surprise au philosophe : « Maître, lui dit-il, les statues que nous voyons désignent sans doute quelques traits de la vie des deux princes qu'elles représentent : si cela est, je ne conçois pas comment Tcheou-koung, qui passe pour avoir été l'un des princes les plus sages de l'antiquité, aurait pu s'oublier jusqu'à se mettre au niveau de son souverain. Un sujet qui s'assied en présence de son roi commet une inconvenance ; mais il manque essentiellement au respect qu'il lui doit quand il ose, sous quelque prétexte que ce puisse être, s'asseoir sur son trône à côté de lui...

» — Je pense, répondit Confucius, que vous n'êtes point instruit des circonstances qui ont fait placer les deux statues

Salle ext

ils en réunirent les graines et en remplirent presque tout un char ; le peuple monta dessus (et partit?). Tching-wang, interrogeant Tcheou-koung, lui demanda pourquoi cela. Le ministre répondit : Les San-miao ont réuni ensemble toutes leurs graines (de mûrier). Puisse l'empire avoir le même accord et ne faire qu'un !

» Après trois années, des personnes de Youë-tchang vinrent à la cour avec des interprètes, apportant en tributs un faisan blanc, deux faisans noirs et une dent d'éléphant. Les envoyés (qui étaient venus trois ans auparavant) s'étaient trompés de route en voulant retourner dans leur pays. Tcheou-koung leur fit présent de cinq chars d'une espèce légère, construits pour indiquer le sud. Ils montèrent sur ces chars et se dirigèrent au sud. L'année suivante ils arrivèrent dans leur royaume. Les envoyés s'étant livrés à des divertissements joyeux, au lieu d'arriver dans leur pays, s'étaient éloignés de sa direction ; et bien que le char indiquât toujours le sud, ils avaient tourné le dos au point qu'il montrait ; mais, l'année suivante, ils arrivèrent. »

Tcheou-koung mourut à la onzième année du règne de Tching-wang. C'est un des plus grands hommes de la Chine. Les grandes connaissances et la sagesse éclairée qu'il déploya dans l'exercice de ses fonctions, connaissances supérieures pour son époque, furent tellement honorées par les Chinois, que sa statue fut placée à côté de celle du roi Tching-wang, dont il fut le régent, sur le même trône, dans la même salle du *Ming-tang* ou *temple de la Lumière* de la troisième dynastie. Les historiens de la vie de Confucius (Khoung-tseu) rapportent que ce philosophe, qui vivait cinq siècles après, étant allé visiter ce temple avec plusieurs de ses disciples, l'un d'entre eux, frappé de voir les statues du roi et du ministre régent placées sur le même trône, en témoigna sa surprise au philosophe : « Maître, lui dit-il, les statues que nous voyons désignent sans doute quelques traits de la vie des deux princes qu'elles représentent : si cela est, je ne conçois pas comment Tcheou-koung, qui passe pour avoir été l'un des princes les plus sages de l'antiquité, aurait pu s'oublier jusqu'à se mettre au niveau de son souverain. Un sujet qui s'assied en présence de son roi commet une inconvenance ; mais il manque essentiellement au respect qu'il lui doit quand il ose, sous quelque prétexte que ce puisse être, s'asseoir sur son trône à côté de lui...

» — Je pense, répondit Confucius, que vous n'êtes point instruit des circonstances qui ont fait placer les deux statues

Salle extérieure du Ming-Tong. — T. I, p. 18.

sage; ceux qui étaient auprès de lui pour le servir lui mirent le bonnet (1) et l'habillement; alors le roi s'appuya sur une petite table de pierres précieuses.

» Il appela le premier ministre et les grands vassaux des royaumes de Jouï, de Toung, de Pi, de Weï et de Mao; il fit venir encore le gouverneur de la porte du palais, le vassal Hou, le chef des officiers, et tous ceux qui étaient chargés des affaires.

» Le roi dit : « Hélas! ma maladie est mortelle; je sens que
» mon mal augmente continuellement; dans la crainte de ne
» pouvoir plus vous déclarer ma volonté, je vais vous instruire
» de mes ordres.

» Les rois mes prédécesseurs Wen-wang et Wou-wang ont fait
» briller partout l'éclat de leurs vertus; ils ont été très-atten-
» tifs à procurer au peuple tout ce qui peut conserver la vie;
» ils ont eu soin d'instruire chacun des devoirs de son état; et
» ils ont si bien réussi, que tous ont été dociles à leurs instruc-
» tions; cela a été connu des peuples de Yn, et tout l'empire a
» été soumis à notre famille.

» Ensuite, malgré mon peu d'expérience, je leur succédai;
» mais ce ne fut pas sans crainte ni sans respect que je me vis
» chargé par le ciel d'une commission si périlleuse : j'ai donc
» continué à faire observer les instructions de Wen-wang et
» de Wou-wang, et je n'ai jamais osé les changer ni les trans-
» gresser.

» Aujourd'hui le ciel m'afflige d'une grande maladie; je ne
» puis me lever, et à peine me reste-t-il un souffle de vie. Je
» vous ordonne de veiller avec soin à la conservation de
» Tchao, mon fils héritier; qu'il sache résister à toutes les diffi-
» cultés.

» Qu'il traite bien ceux qui viennent de loin (les voyageurs
» fatigués), qu'il instruise ceux qui sont auprès de sa personne,
» qu'il entretienne la paix dans tous les royaumes, grands et
» petits.

» C'est par l'autorité et le bon exemple qu'il faut gouverner
» les inférieurs; vous ne sauriez être assez attentifs à faire en
» sorte que, dès le commencement de son règne, mon fils Tchao
» ne donne dans aucun vice. »

(1) Nommé *mien*. Aux douze cordons de soie pendant devant et derrière le bonnet, incliné en avant en signe de déférence, étaient enfilées douze pierres précieuses : c'est le bonnet de cérémonie.

» Après que les grands eurent reçu les ordres du roi, ils se retirèrent; on détendit les rideaux et on les emporta. Le lendemain, second jour du cycle (17 mars 1078 avant notre ère), le roi mourut.

» Alors le régent du royaume ordonna à deux grands vassaux de faire savoir au prince de Tsi (dans le Chan-toung, orient montagneux) de prendre deux hallebardiers et cent gardes pour venir en dehors de la porte australe au-devant du prince héritier Tchao, et le conduire dans le corps de logis qui est à l'orient. C'est là que ce prince devait uniquement penser à pleurer la mort de son père.

» Au quatrième jour du cycle, le régent du royaume Tchao-koung fit écrire les paroles testamentaires du feu roi, et la manière dont se feraient les cérémonies.

» Sept jours après, le dixième du cycle, il ordonna aux officiers de faire préparer le bois dont on aurait besoin.

» L'officier appelé Tie eut soin de mettre en état l'écran sur lequel étaient représentées des haches, et il tendit des rideaux (autour du trône).

» Vis-à-vis la porte, tournée vers le sud, on étendit trois rangs de nattes, appelées *mie* (faites de bois de bambou fendu); la couleur des bords était mêlée de blanc et de noir; on mit la petite table faite de pierres précieuses.

» Devant l'appartement occidental, tourné vers l'orient, on étendit également trois rangs de nattes, nommées *ti* (faites de jonc), dont les bords étaient composés de pièces de soie de diverses couleurs, et on mit une petite table faite de coquillages.

» Devant l'appartement oriental, tourné vers l'occident, on étendit encore trois rangs de nattes, appelées *foung*, dont les bords étaient de soie de plusieurs couleurs; on y mit une petite table faite de pierres précieuses très-bien taillées.

» Devant un appartement séparé, à l'occident, on étendit vers le sud trois rangs de nattes, appelées *sun* (faites des bourgeons de bambous, ainsi que les précédentes), dont les bords étaient de soie noire; on mit une petite table vernissée.

» On rangea les cinq sortes de pierres précieuses, et la chose la plus rare, l'épée, dont le fourreau était de couleur de chair; le livre des grands documents; les pierres précieuses appelées *houng-pi* et *youen-yen* furent rangées dans l'appartement occidental qui était à côté; on mit dans l'appartement du côté opposé les pierres précieuses appelées *ta-yu* et *y-yu* (jade rare et jade commun), le globe céleste fait de pierres précieuses (*thien-*

kicou), la figure sortie du fleuve (*ho-thou*, comprenant les premières figures symboliques du y-king). Dans un autre appartement, à l'occident, on mit les habits appelés *yn*, destinés aux danses, les grands coquillages et le tambour appelé *fen-kou*; dans un autre appartement oriental on mit la lance appelée *tòuï*, l'arc appelé *ho*, et les flèches de bambou, nommées *tchouï*.

» Le grand char (*ta-lou*) fut mis près de l'escalier des hôtes (1); ce char était tourné vers le sud. Un autre char, destiné à conduire le premier, fut placé auprès de l'escalier de celui qui attend les hôtes, et il était aussi tourné vers le sud ; le char de devant fut placé auprès de l'appartement latéral de la gauche, et les chars de derrière auprès de l'appartement latéral de la droite (2).

» Deux officiers, couverts d'un bonnet rouge foncé et tenant une hallebarde à trois têtes, étaient debout en dedans de la porte de la grande salle ; quatre officiers, couverts d'un bonnet de peau de faon et présentant la pointe de leurs hallebardes, étaient debout à côté des salles de l'escalier de l'ouest et de l'est, et se répondaient les uns aux autres. A la salle de l'est et de l'ouest était un grand officier, couvert de son bonnet de cérémonie et tenant en main une hache ; sur l'escalier oriental était un autre grand officier, couvert de son bonnet et armé d'une pique à quatre pointes ; un autre, couvert et armé d'une pique très-pointue, paraissait debout sur le petit escalier à côté de celui de l'orient.

» Le nouveau roi, couvert de son bonnet de toile de chanvre, vêtu d'habits de différentes couleurs, monta l'escalier des hôtes ; les grands et les princes vassaux, avec des bonnets de toile de chanvre et des habits noirs, vinrent au devant de lui ; chacun alla à son poste et s'y tint debout.

» Le régent du royaume, le grand historien de l'empire, l'intendant des rites et cérémonies étaient tous couverts d'un

---

(1) Les princes vassaux qui venaient à la cour, dit le P. Gaubil, étaient appelés *hôtes*; et il y avait un grand officier chargé de les traiter et d'avoir soin de ce qui les regardait. C'est encore la coutume de faire voir, dans ces cérémonies des funérailles, le même train et le même équipage que le mort avait de son vivant.

(2) Ce sont cinq chars différents : le 1er, *ta-lou*, le grand char, était de pierreries, selon le commentateur Tchou-hi ; le 2e *tchouï-lou*, était un char d'or ; le 3e, *siun-lou*, char de devant, était de bois ; les deux de derrière, le 4e et le 5e, *siang-lou* et *ke-lou*, étaient l'un peint et l'autre sculpté.

bonnet de chanvre, mais habillés de rouge. Le régent du royaume et l'intendant des cérémonies montèrent l'escalier de celui qui traite les hôtes ; le régent du royaume portait entre ses mains la grande pierre précieuse nommée *kouei*, à l'usage du roi, et la tenait élevée en haut ; l'intendant des cérémonies portait élevées en haut la coupe et la pierre précieuse nommée *mao*. Le grand historien monta sur l'escalier des hôtes, et remit au roi le testament qui était écrit.

» Il dit : « L'auguste prince (le roi décédé), appuyé sur la petite
» table de pierres précieuses, a déclaré ses dernières volontés ; il
» vous ordonne de suivre les instructions de vos ancêtres, de
» veiller avec soin sur le royaume de Tcheou, d'observer les
» grandes règles (les lois constitutives), de maintenir la paix et
» les bonnes mœurs dans le royaume ; et enfin d'imiter et de
» publier les belles actions et les instructions écrites de Wen-
» wang et de Wou-wang. »

» Le roi se prosterna plusieurs fois, se leva, et répondit :
« Tout incapable que je suis, me voilà chargé du gouvernement
» du royaume ; je crains et je respecte l'autorité du ciel. »

» Ensuite le roi prit la coupe et la pierre précieuse, fit trois fois la révérence (à la représentation de son père mort), versa trois fois du vin à terre, et en offrit trois fois. Alors le maître des cérémonies répondit : *C'est bien*.

» Le régent du royaume prit la coupe, descendit, se lava les mains, prit une autre coupe, la plaça dans le vase appelé *tchang*, et fit la cérémonie en *avertissant* (en publiant l'acte par lequel il prenait possession du royaume au nom du jeune roi) ; il donna ensuite la coupe à un des officiers des cérémonies, et salua ; le roi lui rendit le salut.

» Alors le régent du royaume, reprenant la coupe, versa du vin à terre, s'en frotta les lèvres, revint à sa place, et, après avoir donné la coupe à un des officiers des cérémonies, salua ; le roi lui rendit le salut.

» Le régent du royaume descendit de sa place, et fit retirer tout ce qui avait servi à la cérémonie ; les princes vassaux sortirent par la porte de la salle des cérémonies (*miao*), et attendirent.

» Le roi étant sorti, s'arrêta en dedans de la porte de l'appartement du nord. Le régent du royaume (prince vassal, chef des grands vassaux), à la tête des princes vassaux d'occident, entra par la porte qui est à gauche, et Pi-koung, à la tête des princes vassaux d'orient, entra par celle qui est à droite ; on rangea les chevaux (présents des princes vassaux) de quatre en

quatre; ils étaient de couleur tirant sur le jaune, et leur crinière était teinte en rouge. Les princes vassaux, prenant leur *kouei* (1) et les pièces de soie (qui désignaient la redevance), les tinrent élevés entre les mains, et dirent : « Nous qui sommes
» vos sujets vassaux, chargés de la défense du royaume, nous
» prenons la liberté de vous offrir ce qui est dans notre pays. »
Après ces paroles, ils firent plusieurs redevances à genoux, et le roi, héritier de l'autorité et des prérogatives des rois ses prédécesseurs, rendit le salut.

» Le régent du royaume et le prince de Jouï se saluèrent mutuellement en joignant les mains et en s'inclinant légèrement; ensuite ils firent la révérence à genoux, et dirent : « Nous pre-
» nons la liberté de parler ainsi au fils du ciel. En considéra-
» tion de ce que Wen-wang et Wou-wang ont gouverné avec
» beaucoup de prudence et avec un cœur de père les pays oc-
» cidentaux (les provinces occidentales de la Chine, dont le
» chef-lieu était dans le Chen-si), l'auguste ciel leur a donné
» avec éclat le royaume, après en avoir privé la dynastie de Yn;
» et ces deux princes ont été soumis aux ordres du ciel.

» Vous venez de prendre possession du royaume; imitez
» leurs actions, récompensez et punissez à propos, procurez
» le bonheur et le repos à vos descendants; voilà ce que vous
» devez avoir soigneusement en vue; tenez toujours en bon état
» vos six corps de troupes, et conservez ce royaume que vos an-
» cêtres ont obtenu avec tant de peine. »

» Alors le roi dit : « O vous qui êtes des divers ordres de
» princes vassaux de tous les royaumes (formant l'empire chi-
» nois), voici ce que Tchao vous répond :

» — Les rois mes prédécesseurs, Wen-wang et Wou-wang,
» pensaient plus à récompenser qu'à punir : leur libéralité s'é-
» tendit partout; leur gouvernement était sans défaut et fondé
» sur la droiture : voilà ce qui les rendit si illustres dans tout
» l'empire. Leurs officiers, intrépides comme des ours, étaient
» en même temps sincères et fidèles; ils ne pensaient qu'à ser-
» vir et à défendre la famille royale; c'est pour cela que ces
» princes reçurent les ordres du souverain maître, et que l'au-
» guste ciel, approuvant leur conduite, leur donna autorité
» sur tout l'empire.

» Ils ont créé des princes vassaux, afin que ceux-ci défen-
» dissent le royaume de leurs successeurs. Vous qui êtes mes

(1) Petite tablette que les princes et les grands plaçaient par respect devant leur visage en parlant au roi.

» oncles paternels, pensez que vous, vos pères et vos aïeux ont
» été sujets des rois mes prédécesseurs, et qu'ils ont maintenu
» la paix. Votre corps est éloigné de la cour, mais votre cœur
» doit y être ; partagez avec moi le travail et les inquiétudes ;
» remplissez tous les devoirs de sujets vassaux : quoique jeune,
» ne me couvrez pas de honte. »

» Les grands et les princes vassaux, après avoir reçu les ordres du roi, se saluèrent mutuellement, les mains jointes, et se retirèrent promptement ; le roi quitta le bonnet de cérémonie pour prendre le vêtement de deuil » (*Chou-king*, liv. IV, ch. 22, 23).

Tchao-kong, que Kang-wang nomma son premier ministre, fit la visite de toutes les terres de l'empire pour les mesurer, et assura à chacun ce qu'il en pouvait labourer. Il examina encore les pays propres à nourrir les vers à soie, augmenta le nombre des mûriers, des manufactures, et indiqua la manière de faire circuler le commerce des soies.

La seizième année de son règne, Kang-wang perdit son ministre Pé-kin, prince de Lou, qui lui avait rendu d'importants services. Dix ans après, la mort lui enleva encore le prince Tchao-kong, qui ne lui avait pas été moins utile que Pé-kin. Il mourut lui-même la vingt-sixième année de son règne, digne d'une plus longue vie, par l'amour qu'il avait pour son peuple.

TCHAO-WANG (1052 avant J.-C.) trouva l'empire, en succédant à Kang-wang, dans une profonde paix. Mais il ne profita pas de cet avantage pour gouverner sagement. Entièrement livré à sa passion pour la chasse, il abandonna le timon de l'État à ses ministres. Les peuples se plaignirent en vain des dégâts qu'il faisait sur leurs terres en chassant. Irrités du mépris qu'il faisait de leurs plaintes en continuant de détruire leurs récoltes, ils prirent la résolution de le perdre et de le faire mourir. La cinquante et unième année de son règne, ceux de la province de Hou-kouang, ayant éclaté les premiers, Tchao-wang résolut d'aller à la tête de ses troupes pour les contenir, et fit cette expédition en chassant, ce qui causa un dommage irréparable aux pays par où il passa. Les peuples au désespoir ayant eu ordre de construire un pont sur une rivière pour son passage, le firent de manière que lorsqu'il fut au milieu, le pont se rompit. Le prince tomba dans l'eau avec sa suite. On eut de la peine à les en retirer. Mais l'empereur mourut quelque temps après cet accident, au grand contentement du peuple.

MOU-WANG (1001 avant J.-C.), fils du roi précédent, continue avec éclat les règnes dynastiques des Tcheou. Le goût de la magnificence était son caractère dominant. A peine était-il sur le trône, qu'il fit construire un magnifique palais pour y tenir sa cour. A la neuvième année de son règne, il fit construire un autre palais, qu'il nomma le palais du Printemps. Plusieurs peuples vinrent lui rendre hommage et lui apporter des présents. Il fit, selon l'habitude de ses prédécesseurs, la visite du royaume. Passionné pour les chevaux, qui étaient rares à cette époque, il en avait toujours à sa suite un grand nombre, quand il visitait les provinces, à cheval ou sur un char traîné par les chevaux les plus beaux et les plus vigoureux, et il porta la guerre chez les peuples du Nord, nommée *Kouan-joung* (chiens barbares). Une foule de peuples barbares se soumirent à lui. Il continua à donner des principautés à ceux qui s'attirèrent ses faveurs.

L'histoire chinoise rapporte que ce roi fit un voyage à l'occident de la Chine, à la montagne *Kouen-lun* (le mont Mérou des Indiens, situé entre le Chen-si et le Tibet). Il s'y rendit sur un char attelé de plusieurs chevaux vigoureux et que conduisait un de ses mandarins appelé Thsao-fou, très-estimé pour son adresse à conduire le char du roi avec une grande vitesse et une grande habileté.

Abdallah Beïdavi, auteur persan, dans son Histoire générale, à la chronologie des empereurs chinois, parle de Thsao-fou. Il dit qu'il alla jusqu'en Perse. C'est dans ce voyage occidental que le roi Mou-wang, selon les historiens chinois, vit une princesse nommée Si-wang-mou, qui alla ensuite à la Chine porter des présents au roi Mou-wang. Celui-ci avait ramené, dit-on, des artistes habiles de l'Occident, et il fit construire, avec leur secours, de nouveaux palais et de magnifiques jardins, dont il aurait pu prendre le goût dans la Bactriane, à Babylone et ailleurs.

Le *Livre sacré des annales* ne fait aucune mention de ces faits. Il représente Mou-wang dans les premières années de son règne comme extrêmement attentif à veiller sur sa conduite. Ce même livre renferme un chapitre contenant les paroles de Mou-wang sur les différents genres de peines à infliger aux criminels et sur la conduite que doivent tenir les magistrats dans le jugement des affaires.

Il est dit encore que Mou-wang, à la trente-neuvième année de son règne, rassembla les grands de son empire dans le petit Etat nommé Tou-chan, pour les consulter et leur donner des avis sur le gouvernement. On voit souvent cet usage se renouveler dans l'antiquité chinoise.

Kong-Wang (946 avant J.-C.), fils de Mou-wang, commença son règne par une action si cruelle, qu'elle l'eût déshonoré à jamais, s'il ne l'eût réparée par une conduite pleine de douceur et d'équité. Il allait souvent se promener sur les bords d'un lac situé dans le pays de *Mie*, et l'on avait soin que les plus belles filles de la contrée s'y trouvassent au temps de sa promenade. Parmi ces filles, il y en eut trois qui touchèrent son cœur et dont il devint amoureux. Ces filles s'étant aperçues du danger qu'elles couraient, ne parurent plus à la promenade avec les autres : l'empereur en fut si irrité, qu'il fit massacrer tous les habitants de Mie, s'imaginant qu'ils les avaient enlevées. Mais les remords qu'il eut de cette action et l'équité et la douceur du reste de son règne en effacèrent le souvenir, et lui méritèrent l'honneur d'être mis au rang des bons empereurs. Il régna douze ans, et laissa le trône à son fils.

Y-Wang (934 avant J.-C.) ne fit rien qui fût digne de mémoire pendant un règne de vingt-cinq ans, et son nom serait resté enseveli dans un parfait oubli, si sa nonchalance n'avait servi de matière aux railleries des poëtes de son temps : leurs traits satiriques l'ont rendu méprisable aux yeux de la postérité. Son peu de mérite fournit à son frère l'occasion de ravir la couronne à ses enfants.

Hiao-Wang (909 avant J.-C.), quoique usurpateur, sut par son adresse se maintenir sur le trône et gagner l'affection des peuples. L'unique défaut qu'on lui reproche est d'avoir eu trop de passion pour les chevaux, en sorte qu'il éleva à la dignité de grand écuyer un homme de la lie du peuple, nommé Fi-shu, parce qu'il s'entendait parfaitement à les élever et à les dresser. Un jour il fut si charmé de l'adresse extraordinaire de cet écuyer, qu'il lui donna une principauté dans la province de Chen-si. Ce qu'il y a de singulier en cela, c'est qu'un des descendants de cet écuyer devint le fondateur de la dynastie suivante, et le destructeur d'une famille à laquelle il devait son élévation. Hiao-wang régna quinze ans. Il tomba sous son règne une grêle d'une si prodigieuse grosseur, qu'elle écrasa dans la campagne les hommes et les animaux ; et le froid fut en même temps si violent, que les rivières les plus rapides furent glacées.

Ye-Wang (894 avant J.-C.), fils de Y-wang, fut, après la mort de Hiao-wang, reconnu par les grands comme légitime héritier de l'empire. L'état de contrainte dans lequel ce prince avait été retenu par son oncle l'avait rendu si timide, qu'il parut à ses officiers moins leur maître qu'un de leurs serviteurs.

Le jour de la cérémonie du couronnement, les grands étant venus lui présenter leurs hommages, il descendit de son trône pour leur rendre le salut. Cette infraction à l'étiquette parut aux plus sages un signe certain qu'il ne saurait pas faire respecter son pouvoir. En effet la faiblesse de Ye-wang dut encourager l'ambition des grands, et devint ainsi la première cause des troubles et des divisions qui ne tardèrent pas à éclater Ce fut le prince de Tchin, Hioung-kiu, qui donna le signal de la révolte en s'emparant des pays de Young et de Yang-youan. A son exemple, d'autres princes étendirent les Etats que leur avaient assignés les anciens empereurs en récompense de grands services. Pendant ce temps, Ye-wang, tranquille dans son palais, ne songea pas même à prendre quelques mesures pour arrêter ces désordres. Il mourut l'an 879 avant l'ère chrétienne, à l'âge de soixante ans, dont il avait passé seize sur le trône, sans gloire et sans honneur. Son fils Li-wang lui succéda (*V. l'Histoire de la Chine*, par le P. Mailla, t. II, 15-18).

LI-WANG (878 avant J.-C.), fils de Ye-wang, étant monté sur le trône après lui, signala le commencement de son règne par un trait de cruauté, en faisant mourir sur d'assez légers soupçons Pou-tcheo, prince de Tsi. Il comptait par là intimider ceux que la mollesse excessive de son père avait presque rendus indépendants. Mais il éprouva le contraire. Hiong-kiu, prince de Tchou, indigné de cette action injuste, en prit occasion d'ériger son Etat en royaume absolu sans aucune mouvance envers l'empereur. D'autres princes tributaires lui refusèrent pareillement la soumission qu'ils lui devaient. Avide d'argent, il nomma surintendant de sa maison Yong-y-kong, homme très-capable de seconder cette passion. On lui fit à ce sujet des remontrances dont il ne tint aucun compte. Les extorsions que ce ministre fit sur le peuple poussèrent à bout sa patience. Ayant fait irruption dans le palais, il obligea Li-wang de prendre la fuite, et persista dans sa révolte jusqu'à la fin du règne de ce prince, qui fut de cinquante et un ans. Pendant l'exil de Li-wang, deux de ses ministres, Chao-kong et Tcheou-kong, après avoir inutilement tenté de le réconcilier avec ses sujets, prirent en main le gouvernement de l'Etat, et cette régence fut tranquille.

SIUEN-WANG (827 avant J.-C.), fils de Li-wang, qui mourut quatorze ans après son expulsion, fut mis en possession du trône, sans opposition du peuple, dont la fureur s'était calmée par la longueur du temps. La deuxième année de son règne, les peuples du Midi ayant fait irruption dans l'empire, il triompha d'eux et les obligea non-seulement de regagner leur pays, mais conquit même une partie de leurs Etats, qu'il réunit aux siens. La douzième année de son règne, il établit la cérémonie qui subsiste encore de nos jours à l'avénement de chaque empereur, et qui consiste en ce que le monarque laboure avec une charrue et des instruments d'or quelques pièces de terre, pour apprendre au peuple que c'est de la culture des champs qu'il tire originairement sa subsistance.

La trente-neuvième année du règne de Siuen-wang, les Tartares occidentaux s'étant jetés sur la Chine, l'empereur marcha contre eux à la tête d'une armée qu'ils battirent. Ce revers fut suivi des discordes sanglantes des princes tributaires entre eux. L'empereur, après avoir travaillé en vain à les réconcilier, en conçut un si grand chagrin, qu'il ne put y survivre. Etant tombé malade, il mourut après avoir régné quarante-six ans.

YEOU-WANG, son fils, monta sur le trône l'an 781 avant l'ère chrétienne. D'un caractère faible et indolent, livré dès son enfance aux plaisirs grossiers, il n'avait aucune des qualités qui distinguent les souverains. A l'exemple des grands, le peuple supportait avec impatience leur joug avilissant. Les habitants du pays de Pao, dévoués dans tous les temps à la dynastie, se révoltèrent eux-mêmes; mais, ayant reconnu leur faute, pour apaiser l'empereur, ils lui présentèrent une jeune fille d'une rare beauté. Yeou-wang, touché de ses charmes, lui donna le nom de *Pao-sse;* et à sa considération il fit grâce aux rebelles. L'année suivante, Pao-sse mit au monde un fils dont la naissance combla de joie l'empereur. En vain les lettrés essayèrent de faire rougir ce prince d'une conduite si peu propre à lui ramener l'estime de ses sujets. Aveuglé par sa passion, Yeouwang chassa du palais l'impératrice; son fils légitime fut forcé d'aller demander un asile au prince de Chin; et il déclara son successeur celui qu'il avait eu de Pao-sse. Cette femme était si sérieuse, que l'empereur ne parvenait à la dérider qu'avec beaucoup de peine. Lorsque des troubles éclataient, c'était la coutume d'allumer des feux de proche en proche sur toutes les montagnes. A ce signal, les princes tributaires se hâtaient de rassembler leurs troupes et de les amener à la cour. Un jour l'empereur imagina d'allumer les feux. Les princes mirent leurs troupes sur pied, et vinrent à la cour. En les voyant arriver l'un après l'autre, Pao-sse se mit à rire de toutes ses forces. Enchanté d'avoir trouvé ce moyen d'égayer sa concubine, Yeou-wang l'employait de temps en temps; mais les princes se lassèrent d'être les jouets d'une femme détestée de tout l'empire, et ils finirent par ne plus répondre aux signaux accoutumés. La famine vint se joindre à tous les sujets de mécontentement. Yeou-wang, craignant que son fils légitime ne profitât de cette circonstance pour réclamer ses droits, somma le prince de Chin de le lui renvoyer; il eut la honte d'en éprouver un refus. Irrité de cette résistance inattendue à ses volontés, il se mit aussitôt en campagne; mais le prince de Chin, ayant appelé les Tartares à son secours, se trouva bientôt à la tête d'une armée nombreuse et aguerrie. Dans ce pressant danger, Yeou-wang donna l'ordre d'allumer les feux; mais les princes tributaires, dont il s'était si souvent moqué, ne bougèrent pas de leur pays. Cependant les deux armées se rencontrèrent : celle de Yeou-wang fut défaite complétement. L'empereur et Pao-sse tombèrent au pouvoir du vainqueur, qui les fit mourir tous deux l'an 771 avant l'ère chrétienne. Yeou-wang eut pour successeur son fils légitime, qui prit, en montant sur le trône, le nom de *Ping-wang* (*V.* l'*Histoire de la Chine* par Mailla, II, 45 et 50).

PING-WANG (c'est le nom que prit Y-kieou en succédant à Yeou-wang, son père, l'an 770 avant J.-C.) signala le commencement de son règne par une grande victoire qu'il remporta sur les Tartares, qui, fiers de celles que la faiblesse de son père leur avait fait obtenir, prétendaient que la moitié de l'empire devait leur appartenir. Mais il ne put également ramener à la soumission les princes tributaires, qui s'étaient rendus presque tous indépendants. L'empire se trouva alors partagé en vingt et une principautés ou royaumes. Ce prince mourut dans la cinquante et unième année de son règne.

HUAN-WANG (719 avant J.-C.), petit-fils de Ping-wang, fut reconnu pour le successeur de son aïeul. Plusieurs princes de l'empire lui ayant ensuite refusé l'obéissance qu'ils lui avaient promise, il chargea le prince de Tching du soin de les soumettre. Celui de Song étant l'un des plus à craindre pour lui, il fit marcher l'armée impériale pour le réduire, et ne put y réussir. Le prince de Song, presque toujours victorieux dans onze batailles qu'il livra aux troupes impériales, fut mis à mort par ordre de son ministre, irrité de son insensibilité envers ses sujets. Les autres princes de l'empire étaient cependant en guerre pour la plupart entre eux. Huan-wang, après avoir tenté sans succès de pacifier leurs différends, résolut de ne plus s'en mêler, et de se renfermer dans le gouvernement de ses provinces immédiates. Il mourut dans la vingt-troisième année de son règne.

TCHUANG-WANG (696 avant J.-C.) prétendit succéder à

Huan-wang, comme son fils aîné et légitime héritier. Mais il eut pour antagoniste Wang-tse-ké, son frère puîné, qu'une faction puissante appuyait. Celle-ci n'ayant point prévalu, l'aîné fut mis en possession du trône. Cependant Hé-kien, seigneur puissant et adroit, qui s'était déclaré pour Wang-tse-ké, conservait un dépit secret de n'avoir pu faire triompher son parti. Ne désespérant pas néanmoins de le relever, il concerta sourdement avec Wang-tse-ké le dessein de se défaire de l'empereur. Sin-pé, ministre de Tchuang-wang, soupçonnant les menées de Hé-kien, prit des mesures pour les traverser. Il obtint des ordres de l'empereur pour le faire arrêter. Mais Wang-tse-ké ayant eu le bonheur d'échapper aux satellites envoyés pour le prendre, Hé-kien seul paya de sa tête la trahison qu'il avait ourdie. L'état déplorable des affaires de l'empire ne permit pas à l'empereur de sévir contre les complices de Hé-kien qui étaient en son pouvoir; c'est ce qui lui fit prendre le parti de leur pardonner. Tout était en feu dans l'empire par les guerres que les princes se faisaient entre eux. Ce monarque, au milieu de ces discordes, mourut après quinze ans de règne.

HI-WANG (681 avant J.-C.), fils de Tchuang-wang et son héritier, vit au commencement de son règne tous les princes de l'empire prendre le titre de *pa*, et par là s'arroger un droit qui n'appartenait qu'à l'empereur seul. Pendant son règne, qui fut d'environ cinq ans, il fit peu de choses par lui-même, et laissa les princes occupés à faire des usurpations les uns sur les autres sans prendre beaucoup de part à leurs querelles, parce qu'elles étaient comme étrangères à l'empire, depuis qu'ils s'étaient rendus presque indépendants.

HOEI-WANG (676 avant J.-C.), fils de Hi-wang, étant monté sur le trône après lui, reçut les hommages du prince de Tçin et du seigneur de Koué. Mais ce furent les seuls, parmi les grands, qui lui rendirent ce devoir. Il avait un frère naturel que l'empereur Hi-wang, son père, avait beaucoup affectionné, jusqu'à le désigner pour son successeur à l'empire. Son nom était Tse-toui. Des seigneurs mécontents prirent son parti, et prétendirent que Hoei-wang avait envahi le trône sur lui. Hoei-wang, contre lequel ils marchèrent à la tête de leurs troupes, n'étant pas alors en forces pour leur faire tête, se retira dans la principauté de Tching, où il établit sa cour. Le prince de Tching étant allé mettre le siége devant Loyang, y surprit Tse-toui avec cinq de ses complices qui firent mine de vouloir se défendre; mais le prince de Tching et l'empereur les attaquèrent si vivement, qu'ayant forcé les portes du palais ils y firent main basse sur tout ce qu'ils rencontrèrent. Tse-toui et les cinq rebelles furent trouvés parmi les morts.

Hoei-wang, voyant ses forces affaiblies par l'âge, pensait à se donner un successeur. Mais, au lieu de préférer son fils aîné, il jeta les yeux sur le second. Huan-kong, prince de Tsi, informé de ses dispositions, assembla le plus grand nombre des princes qu'il put à Cheou-tchi et les engagea à nommer Siang-wang, fils aîné de l'empereur, son successeur au trône. Hoei-wang n'osa pas désapprouver ce choix. Il était alors dans la vingt-cinquième année de son règne. Ce fut la dernière année de sa vie.

SIANG-WANG (651 avant J.-C.), fils aîné de Hoei-wang, s'étant mis en possession du trône après la mort de son père, eut pour ennemi secret Wang-tse-taï, son frère puîné, qui prétendait devoir lui être préféré. Celui-ci s'étant allié avec les Tartares de Yang-kiu, les introduisit dans la ville impériale, où ils mirent le feu, après quoi ils se retirèrent.

Mais les princes de Tçin et de Tsin, étant accourus au secours de l'empereur, poursuivirent les Tartares et les obligèrent de venir faire satisfaction à Siang-wang de cette insulte. Wang-tse-taï prit alors le parti de se retirer dans les terres du prince de Tsi, dont il fut bien accueilli. Mais il ne put recouvrer les bonnes grâces de l'empereur, malgré les efforts que fit le prince de Tsi pour apaiser ce monarque. Les deux frères ne se réconcilièrent que deux ans après. Mais la seizième année du règne de Siang-wang, leur inimitié se renouvela. Wang-tse-taï, s'étant retiré chez les Tartares, employa leurs troupes pour faire la guerre à l'empereur. Mais, au lieu de se tenir sur la défensive, les généraux de Siang-wang, par son ordre, engagèrent une bataille et la perdirent si complètement, que leur armée fut entièrement détruite. Animé par cette victoire, Wang-tse-taï se fit proclamer empereur de la Chine à la tête de son armée, et établit sa cour à Wen. Mais sa prospérité ne fut pas de longue durée. Siang-wang, avec le secours des Tçin et des Tsin, étant venu subitement investir la ville de Wen, la fit escalader si vivement, qu'il l'emporta après un combat opiniâtre et fit Wang-tse-taï prisonnier.

Siang-wang fut témoin des querelles des autres princes sans y prendre beaucoup de part. Il mourut paisiblement dans la trente-troisième année de son règne.

KING-WANG (618 avant J.-C.), fils et héritier de Siang-wang, « avant d'être sur le trône (dit le P. de Mailla) était respecté et aimé des grands à cause de son caractère doux, affable, et immanquablement il aurait rétabli la paix dans toutes les parties de l'empire ; mais l'ambition démesurée des princes de Tcheou et l'inimitié et la jalousie des Tçin du Chan-si contre les Tsin du Chen-si furent un obstacle à ce que la Chine pût retrouver son ancien éclat. » Il ne tint le sceptre qu'environ cinq années, et mourut au printemps de la sixième année de son règne. Ses peuples regrettèrent en lui un prince humain et bienfaisant.

KOUANG-WANG (612 avant J.-C.), fils de King-wang, hérita de ses vertus comme de son trône; mais il n'eut pas le même bonheur que lui de maintenir la tranquillité dans l'empire. On vit les princes, acharnés les uns contre les autres, se faire impitoyablement la guerre et travailler à s'entre-détruire par les voies les plus odieuses. On vit Y-kong, prince de Tsi, furieux d'avoir perdu un procès pour quelques terres contre le père de Ping-tchou, faire exhumer son cadavre après sa mort, et le faire conduire à la voirie après lui avoir fait couper les pieds. Kouang-wang fut témoin d'autres scènes à peu près semblables, sans pouvoir y remédier. En mourant, il laissa le trône à son frère qui suit.

TING-WANG (606 avant J-C.), en succédant à Kouang-wang, son frère, porta sur le trône un caractère pacifique qui ne put néanmoins le garantir des incursions des Tartares. Mais ces peuples, inquiets et naturellement avides de butin, ravagèrent l'empire. Kang-kong, général de Ting-wang, au lieu de composer avec eux, comme le conseillait King-kong, prince de Tçin, crut qu'il était de son honneur de leur livrer bataille ; son armée fut entièrement défaite, et si le prince de Tçin ne fût accouru à son secours, la ruine des terres impériales était inévitable. Le reste du règne de Ting-wang fut assez paisible. Ce prince mourut dans la vingt et unième année de son règne. Sous lui naquit un philosophe sur lequel nous devons donner ici quelques détails. Lao-tsee, ou plus exactement Lao-tseu (1), connu aussi sous le nom de Lao-kiun, l'un des plus célèbres philosophes de l'Asie orientale, naquit environ 600 ans avant J.-C., dans la province de Hou-kouang. Contemporain de Pythagore, il offre avec le philosophe grec de grands traits de ressemblance ; il enseignait comme lui la métempsycose, et prétendait

---

(1) Ce nom, qui signifie *le vieil enfant*, lui fut donné, disent les Tao-sse, parce qu'il naquit avec les cheveux et les sourcils blancs comme la neige ; la grossesse de sa mère avait duré quatre-vingts ans. Kouang, père de Lao-tseu, n'était qu'un pauvre laboureur.

aussi se ressouvenir des différents corps que son esprit avait autrefois animés. Mais l'école pythagoricienne a cessé depuis longtemps d'avoir des partisans ; celle des Tao-sse, fondée ou plutôt réformée par Lao-tseu, en compte encore des milliers : car elle partage avec les bouddhistes ou sectateurs de Fo tout ce qui dans le vaste empire de la Chine n'est pas lettré ; et ce sont les ministres de ces deux religions que les Européens ont coutume de désigner sous le nom de bonzes. Les circonstances de la vie de Lao-tseu sont peu connues ; et les légendes des Tao-sse, très-variées et pleines d'anachronismes sur son compte, méritent peu de confiance : mais on regarde comme un point historique incontestable la visite que lui rendit Confucius l'an 517 avant notre ère (1). Ce dernier n'eut pas lieu d'être satisfait de cette démarche : Lao-tseu, qui avoua le connaître de réputation, sembla lui reprocher son attachement aux maximes des anciens, et se montra peu disposé à lui communiquer sa doctrine. Aussi Confucius, en rendant compte à ses disciples de cette entrevue, avoua qu'il n'avait pu pénétrer ce philosophe :

Lao-tseu monté sur un bœuf.

(1) *Mémoires concernant les Chinois*, t. xii, p. 68.

« J'ai vu Lao-tseu, dit-il, et je le connais aussi peu que je connais le dragon. » Cette doctrine ne nous était guère mieux connue au commencement du xixe siècle. Les missionnaires n'ont traduit aucun des ouvrages composés par Lao-tseu ou qui portent son nom : les fragments qu'ils citent offrent de grandes contradictions, et font croire que ces livres ont subi d'étranges altérations. Quelques tao-sse supposent une âme périssable ; d'autres promettent le secret de prolonger la vie humaine indéfiniment et la composition d'un breuvage d'immortalité. On peut aujourd'hui juger plus exactement de la doctrine de ces sectaires, depuis que M. Abel Rémusat a traduit en français un de leurs livres authentiques, le livre des *Récompenses et des peines*, Paris, 1816, in-8º; et la traduction du *Tao-te-king*, que le même auteur nous fait espérer, laissera peu de chose à désirer sur cette matière.

KIEN-WANG (585 avant J.-C.), prince de Tçin, fils de Tingwang, régna quatorze ans après lui. Il s'éleva de son temps deux dangereuses opinions de philosophes qui firent beaucoup de bruit, et qui furent vivement réfutées. Les auteurs de ces deux opinions se nommaient Yang et Me. Celui-ci prétendit qu'il fallait aimer également tous les hommes, sans faire de distinction entre les étrangers et ceux qui nous sont le plus étroitement unis par les liens du sang et de la nature. Celui-là voulait qu'on se renfermât uniquement dans le soin de soi-même, sans prendre aucun intérêt à tout le reste des hommes, pas même à la personne de l'empereur.

LING-WANG (571 avant J.-C.), fils de Kien-wang, trouva, en lui succédant, l'empire agité par les dissensions des princes qui le composaient. Son autorité étant trop faible pour les réunir, il fut obligé de fermer les yeux sur leurs guerres respectives, et de se renfermer dans le gouvernement de ses États immédiats. Pendant une grande partie de son règne, l'empire jouit d'une tranquillité un peu plus grande qu'il n'avait fait sous ses prédécesseurs. Il s'était fait aimer par sa prudence de la plupart des princes ses vassaux ; mais, la vingt-sixième année de son règne, l'harmonie qui régnait entre eux fut troublée par l'ambition des princes de Tsin, de Tçin et de Tchou, qui cherchèrent à dominer sur les autres. L'empereur n'ayant pu les ramener à des sentiments de paix, se renferma dans le gouvernement de ses États immédiats, à l'exemple de ses prédécesseurs. Ses bonnes qualités méritaient des temps plus heureux. Sa mort arriva sur la fin de la vingt-septième année de son règne.

Sous lui naquit le plus célèbre des philosophes chinois, dont il importe de présenter ici la biographie et la doctrine.

CONFUCIUS. Nous nous conformerons à l'usage établi depuis longtemps en Europe, de désigner, par ce nom latinisé, le philosophe illustre que sa patrie ne connaît que sous le nom de Koung-tsee. La Chine, qui l'appelle *le saint maître, le sage par excellence,* le place avec orgueil au premier rang des grands hommes qu'elle a produits, et aucun d'eux, pas même de ses empereurs les plus chéris, n'a recueilli plus d'honneurs et ne jouit d'une vénération plus universelle, devenue presque

Portrait de Confucius.

religieuse. Nous ne nous étendrons pas sur la famille de Confucius, aujourd'hui la plus illustre de la Chine; elle remonte, selon tous les historiens, jusqu'à Hoang-ti, regardé comme le législateur de l'empire chinois : elle avait donné des ministres, des princes, des empereurs, dont l'un fut le célèbre fondateur de la dynastie des Chang, l'an 1766 avant J.-C. Cette maison de Koung, reconnue par l'État, subsiste encore avec gloire à la Chine, et comptait en 1784, soixante et onze générations depuis Confucius : généalogie unique dans le monde, puisqu'elle embrasse plus de quarante siècles. Confucius vit le jour dans le royaume ou principauté de Lou, qui forme aujourd'hui la province de Chan-tong, et naquit l'an 551 avant notre ère, à Tseou-y, aujourd'hui Kin-fou-hien ou Tseou-hien, ville du troisième ordre, dont son père était gouverneur. Il perdit son père à l'âge de trois ans; ses progrès rapides dans ses premières études, son éloignement pour tous les jeux de son âge et la gravité précoce qu'on remarqua dans ses mœurs et ses manières annoncèrent un enfant extraordinaire. Bientôt il passa pour un jeune homme d'une rare sagesse, égalant déjà les plus habiles lettrés dans la connaissance des rites et des usages de la haute antiquité. A dix-sept ans, Confucius débuta dans le monde par l'exercice d'un petit mandarinat qui lui donnait inspection sur la vente des grains et des autres denrées nécessaires à la consommation d'une grande ville. Dès qu'il eut atteint sa dix-neuvième année, sa mère l'unit à la jeune Kikoan-ché, sortie d'une des plus anciennes familles de l'empire. L'année suivante, il en eut un fils, qu'il nomma Pé-yu. Sa conduite et ses succès dans sa première magistrature le firent élever, peu de temps après, à un mandarinat plus important, qui lui attribuait la surveillance générale sur les campagnes et sur l'agriculture. Confucius exerça cette charge pendant quatre ans, et fit le bonheur de ses administrés. La mort de sa mère, qu'il perdit lorsqu'il n'était âgé que de vingt-quatre ans, interrompit ses fonctions administratives. Selon les anciennes lois de la Chine, alors presque oubliées, à la mort du père ou de la mère, tout emploi public était interdit aux enfants. Confucius, rigide observateur des rites et des usages, et qui eût voulu faire revivre dans sa patrie tous ceux de la vénérable antiquité, se fit un devoir de se conformer à celui-ci dans une circonstance aussi importante. Il voulut que les obsèques de sa mère retraçassent toutes les cérémonies funèbres qui s'observaient dans les beaux siècles de Yao, de Chun et de Yu; ce spectacle, dans lequel la pompe s'alliait à la décence, frappa d'étonnement tous ses concitoyens, auxquels il rappelait de touchants souvenirs. Bientôt ils s'empressèrent d'imiter sa conduite dans les mêmes circonstances; et, à l'exemple de ceux-ci, les peuples de divers États tributaires qui partageaient alors l'empire eurent la louable émulation de faire revivre aussi parmi eux tout le cérémonial anciennement établi pour honorer les morts. Depuis cette restauration des anciens rites funéraires, la nation entière les a constamment suivis pendant plus de deux mille ans, et elle les observe encore aujourd'hui avec une religieuse exactitude. Après s'être acquitté de ces premiers devoirs, Confucius se renferma dans l'intérieur de sa maison, pour y passer dans la solitude les trois années du deuil de sa mère. Lorsqu'elles furent écoulées, il alla rendre à ses restes un dernier et solennel hommage, et déposa sur son tombeau ses vêtements funèbres, pour reprendre ensuite ceux qui étaient d'usage dans la vie commune. Ces trois années de retraite ne furent pas perdues pour la philosophie ; Confucius consacra tout ce temps à une étude continuelle. Il réfléchit profondément sur les lois éternelles de la morale, remonta jusqu'à la source d'où elles découlent, se pénétra des devoirs qu'elles imposent indistinctement à tous les hommes, et se proposa d'en faire la règle immuable de toutes ses actions ; mais, pour parvenir plus sûrement à ce terme élevé de vertu, il mit toute son application à découvrir, dans les *king* et dans l'histoire, les différentes routes que les anciens sages s'étaient déjà frayées, pour y arriver eux-mêmes sans s'égarer. Ce fut aussi à la suite de toutes ces réflexions que Confucius se décida sur le genre de vie qu'il devait embrasser. La dynastie des Tcheou, qui occupait alors le trône impérial, penchait vers sa décadence ; les princes tributaires, qui se trouvaient les maîtres d'une grande partie du sol chinois, affectaient l'indépendance et le droit d'introduire dans leurs Etats respectifs des formes particulières de gouvernement: Le faste et la licence régnaient dans leurs cours ; leurs guerres étaient continuelles. Ces désordres ayant influé sur les peuples, ils s'étaient insensiblement relâchés des antiques maximes. Confucius, renonçant au repos, à la fortune et aux honneurs, auxquels sa naissance et ses talents lui donnaient le droit de prétendre, consacra modestement sa vie à l'instruction de ses concitoyens. Il entreprit de faire revivre parmi eux l'attachement et le respect pour les rites et les usages anciens, à la pratique desquels se rattachaient, selon lui, toutes les vertus sociales et politiques. Non content d'expliquer à ses compatriotes de tous les ordres les préceptes invariables de la morale, il se proposa de fonder une école, de former des disciples qui pussent l'aider à répandre sa doctrine dans toutes les parties de l'empire, et qui en continuassent l'enseignement après sa mort. Il entra même dans son plan de composer une suite d'ouvrages où il déposerait ses maximes, c'est-à-dire celles de la vertueuse antiquité qu'il ne faisait que reproduire. Toutes les parties de ce plan ont été exécutées par le philosophe chinois. La mission noble et sublime à laquelle il s'était dévoué sema sa vie de dégoûts et d'amertume; il fut en butte à la contradiction; accueilli dans quelques cours, il se vit dédaigné et presque un objet de risée dans plusieurs autres. A la fin de sa carrière, épuisé par les travaux d'un long et pénible enseignement, il regrettait encore que sa doctrine n'eût recueilli que de stériles applaudissements; il était loin de prévoir l'immense succès qu'elle devait obtenir après lui et l'influence durable qu'elle aurait un jour sur sa nation. Aucun philosophe, aucun sage de l'antiquité n'a eu en effet la brillante destinée de Confucius, et n'a recueilli autant d'honneurs posthumes; jamais la doctrine d'aucun d'eux n'a eu, comme la sienne, la gloire de s'associer à la législation d'un grand peuple. La morale de Socrate n'a pas changé les mœurs d'une seule bourgade de l'Attique; celle du philosophe chinois continue, depuis plus de deux mille ans, de régir l'empire le plus vaste et le plus peuplé de l'univers. Nous ne suivrons pas Confucius dans le détail des travaux que lui fit entreprendre la mission philosophique qu'il s'était imposée : une grande partie de sa vie fut employée en excursions dans les différentes souverainetés qui partageaient l'empire, courses presque toujours infructueuses pour la réformation de ces Etats, mais qui contribuèrent néanmoins à répandre sa doctrine, et lui attirèrent un grand nombre de disciples. Le roi de Tsi, frappé de ce que la renommée publiait de la sagesse de Confucius, fut le premier qui le fit inviter à se rendre à sa cour; le philosophe y fut accueilli avec distinction. Le prince l'écoutait avec plaisir, applaudissait même à toutes ses maximes; mais il n'en continua pas moins de vivre dans le luxe et la mollesse, et de laisser à ses ministres la liberté d'abuser, pour le malheur des peuples, de la puissance qu'il leur confiait. Il voulut donner à Confucius un témoignage de son estime, en lui offrant pour son entretien le revenu d'une ville considérable; mais le philosophe refusa ce cadeau, sous prétexte qu'il n'avait encore rendu aucun service qui méritât une semblable récompense. Après plus d'une année de séjour dans le royaume de Tsi, Confucius s'aperçut avec douleur que ses leçons et ses discours n'avaient produit aucun changement ni dans la conduite du prince ni dans celle de ses ministres; le même goût des plaisirs régnait à la cour, et les mêmes désordres dans l'administration. Il prit le parti de se retirer, et se rendit, accompagné de quelques-uns de ses disciples, à la ville capitale, résidence des empereurs des Tcheou. Le but qu'il se proposait, en visitant la ville impériale, où il passa près d'une année, était d'y observer les formes du gouvernement, l'état des mœurs publiques, et la manière dont on s'acquittait des rites et des cérémonies (*V.* LAO-TSEE). Il eut des entretiens avec quelques ministres, et obtint toutes les permissions nécessaires pour voir les lieux augustes destinés par l'empereur à honorer le ciel, et ceux où il rend hommage aux ancêtres de sa famille. Il eut même la liberté de fouiller dans les annales de l'empire, et d'extraire des planchettes sur lesquelles elles étaient écrites un grand nombre de faits et d'observations dont il crut avoir besoin pour les ouvrages qu'il méditait.

Satisfait des nouvelles connaissances qu'il avait acquises, il reprit la route de Tsi, où il s'arrêta encore quelque temps, et revint ensuite dans le royaume de Lou, sa patrie, où il se fixa pendant l'espace de dix ans. Sa maison devint un lycée, toujours ouvert à tous ceux de ses concitoyens qui cherchaient à s'instruire. La manière d'enseigner de ce philosophe n'était nullement celle qu'employaient alors les autres maîtres dans les écoles et les gymnases, où le temps de chaque exercice et les matières des leçons étaient toujours fixes et déterminés. Les disciples se rendaient chez lui lorsqu'ils le jugeaient à propos, et ils se retiraient de même. Il dépendait d'eux de déterminer le sujet des leçons, en demandant des éclaircissements sur tel ou tel point de morale, de politique, d'histoire ou de littérature. Confucius a compté plus de trois mille disciples; mais il ne faut pas croire que ce nombre formât une masse d'auditeurs, toute composée de jeunes gens, réunis habituellement autour du maître pour se former sous sa discipline. Ces disciples, qui avaient reçu en différents temps les leçons du philosophe de Lou, étaient la plupart des hommes d'un âge mûr, déjà engagés dans la carrière des emplois et vivant au sein de leurs familles, des lettrés, des mandarins, des gouverneurs de villes, des officiers militaires, les uns et les autres répandus dans tous les Etats tributaires qui partageaient la Chine. Tendrement attachés à leur maître, ils s'en rapprochaient avec empressement toutes les fois que leurs voyages, ou ceux mêmes de Confucius, leur en fournissaient l'occasion. Ils s'honoraient de professer sa doctrine, et en étaient les zélés propagateurs dans les lieux où ils résidaient. Observons néanmoins que, parmi ses disciples, un petit nombre, plus passionnés pour l'étude de la philosophie, s'étaient plus particulièrement attachés à la personne de leur maître; ils vivaient avec lui, l'entouraient sans cesse, et le suivaient presque partout. Confucius jouissait, depuis plusieurs années, du repos et des douceurs de la vie privée, lorsque le souverain de Lou vint à mourir. Le nouveau roi ne partagea point l'indifférence de son prédécesseur pour un philosophe que sa naissance avait rendu son sujet, et dont la doctrine obtenait déjà une si grande célébrité dans tout l'empire ; il crut pouvoir tirer un utile parti des vertus et des talents d'un sage aussi généralement estimé. Il le fit venir à sa cour, l'accueillit, eut avec lui de longs entretiens, à la suite desquels il lui accorda toute sa confiance, et lui conféra successivement la police générale sur le peuple, dont il le nomma gouverneur, la magistrature suprême de la justice, et enfin le titre et l'autorité de ministre. L'activité, le courage et le désintéressement que montra Confucius dans l'exercice de ces divers emplois, eurent un succès éclatant, et ne tardèrent pas à opérer une heureuse révolution dans le royaume de Lou. Par ses sages règlements, par l'autorité de ses maximes et de ses exemples, il réforma en peu de temps les habitudes vicieuses, et fit changer de face à la capitale, que les villes secondaires s'empressèrent d'imiter. Le sage ministre s'occupa ensuite de l'agriculture, régla les subsides et la manière de les percevoir. Il résulta de ses mesures, habilement combinées, que le produit des terres fut plus considérable, que l'aisance du peuple augmenta, et que les revenus du souverain s'accrurent aussi en proportion. Confucius porta les mêmes réformes dans la justice, dont il fut déclaré le chef suprême. Il commença ce ministère par un exemple de sévérité dont ses propres disciples ne le croyaient pas même capable. Un des hommes les plus puissants de la cour s'était couvert de crimes, restés impunis par la crainte qu'inspiraient son crédit, ses richesses et le nombre de ses clients ; Confucius le fit arrêter, ordonna l'instruction de son procès, et, lorsque des preuves accablantes eurent convaincu le coupable de ses forfaits, il le condamna à perdre la tête, et présida lui-même à l'exécution. Cet acte de justice sévère frappa de terreur tous les grands qui se sentaient coupables de quelques abus de pouvoir. Du reste, tous les gens de bien y applaudirent, et le peuple vit dès lors dans Confucius un protecteur courageux, prêt à le défendre contre la tyrannie des hommes en place. Le royaume de Lou était florissant ; les princes voisins s'en alarmèrent, et craignirent qu'un Etat où régnaient les mœurs et les lois ne devînt trop puissant et capable de tout entreprendre. Le roi de Tsi, dont les terres confinaient avec celles de Lou, et qui d'ailleurs avait récemment usurpé le trône qu'il occupait, en assassinant son souverain, était celui qui partageait le plus vivement ces craintes. Il résolut d'arrêter le cours de ce nouveau gouvernement, et de ruiner l'ouvrage de Confucius. Fondé sur la connaissance du caractère léger du roi de Lou et de son goût pour les plaisirs, et sous prétexte de renouveler les anciens traités, qui existaient entre les deux Etats, il nomma un ambassadeur qu'il chargea de porter des présents à ce jeune prince. Ils étaient magnifiques, mais d'une espèce nouvelle, et singulièrement perfides. A trente chevaux de main, dressés à tous les exercices du manége, et à une grande quantité de bijoux et de raretés, il avait joint une troupe de filles charmantes, qu'il avait fait rassembler de toutes les parties de ses Etats. Toutes étaient des filles à talents : les unes excellaient dans la musique, les autres dans l'art de la danse, ou celui de bien jouer la comédie. Elles étaient au nombre de quatre-vingts. Quel système de philosophie aurait pu tenir contre un essaim aussi redoutable de jeunes beautés folâtres, empressées de plaire et armées de tous les moyens de séduction ? La triste et austère étiquette de la cour de Lou céda bientôt à l'aimable folie de ces belles étrangères ; on ne s'y occupa plus que de fêtes, de comédies, de danses, de concerts. En vain Confucius voulut s'opposer à ces désordres, rappeler ses préceptes et faire parler les lois ; on ne l'écouta plus. Le souverain, qui partageait l'ivresse de sa cour, fut fatigué des importunes remontrances du philosophe ; il lui fit défendre de paraître en sa présence. Le philosophe disgracié s'éloigna de sa patrie, se retira, suivi de ses disciples, dans le royaume de Ouei, et s'y fixa pendant plus de dix ans, sans chercher à exercer d'emploi, mais uniquement occupé du soin de continuer ses ouvrages, d'instruire ses disciples et de répandre sa doctrine. Cette résidence ne le possédait pas toujours : elle était le point central d'où il entreprenait de fréquentes excursions dans les autres Etats feudataires qui dépendaient de l'empire. Quelquefois recherché et applaudi, il fut plus souvent en butte à la persécution ; plus d'une fois il faillit perdre la vie. Il éprouva les dernières extrémités de la misère, endura la faim, manqua d'asile ; il se comparait à un chien qu'on a chassé du logis. « J'ai, disait-il, la fidélité de cet animal, et je suis traité comme lui. Mais que m'importe l'ingratitude des hommes ? elle ne m'empêchera pas de leur faire tout le bien qui dépendra de moi. Si mes leçons restent infructueuses, j'aurai du moins la consolation intérieure d'avoir fidèlement rempli ma tâche. » Confucius, âgé de soixante-huit ans, rentra enfin dans sa patrie, après onze années d'absence. Il y vécut en homme privé, et mit la dernière main à ses ouvrages. Il est à propos que nous fassions remarquer ici que, d'après l'itinéraire exactement connu des voyages de ce philosophe, il est aisé de se convaincre qu'il n'a jamais franchi les anciennes limites de la Chine.

Il résulte de cette observation qu'il n'a point voyagé chez les nations étrangères, qu'il n'a rien emprunté de leurs opinions religieuses, morales et politiques, et que la doctrine qu'il a enseignée est la simple et pure doctrine des anciens sages chinois, dont il s'efforçait de rappeler le souvenir à ses contemporains, qui l'avaient presque entièrement mise en oubli. C'est sans fondement qu'on a dit qu'il a pu profiter de la philosophie des Grecs, s'approprier les idées de Pythagore sur la science mystérieuse des nombres, et piller même une des visions du prophète Ézéchiel. Il est plus raisonnable de croire que Confucius n'a jamais connu ni Pythagore, ni Ézéchiel, nés à peu près vers le même temps que lui, et qu'il s'est occupé de toute autre chose que de l'étude du grec et de l'hébreu. Les cinq dernières années de la vie de ce philosophe ne présentent aucun événement remarquable. Il les partagea entre l'enseignement et les soins qu'il donnait à la révision de ses ouvrages. Dans ce même espace de temps, il acheva de mettre en ordre les six *King*, livres sacrés, où se trouvent rassemblés les plus anciens monuments écrits de la Chine. Cette restauration, qu'il avait jugée nécessaire, l'avait occupé pendant toute sa vie. Lorsqu'il eut fini ce grand ouvrage, il assembla ses disciples et les conduisit hors de la ville, sur un de ces tertres antiques sur lesquels on avait coutume anciennement d'offrir des sacrifices. Il y fit élever un autel, et y plaça de ses mains les six *King* qu'il venait de corriger et de rendre à leur pureté primitive; puis, se mettant à genoux, le visage tourné vers le nord, il adora le ciel, lui rendit d'humbles actions de grâces de lui avoir donné assez de vie et de forces pour terminer cette laborieuse entreprise, et le conjura de lui accorder encore que le fruit d'un aussi long travail ne fût pas du moins inutile à ses concitoyens. Il s'était préparé à cette pieuse cérémonie par la retraite, le jeûne et la prière. Confucius avait essuyé des chagrins dans sa vieillesse. Il avait perdu son épouse, et peu d'années après son fils unique Koung-ly, qui ne laissa que le jeune Tsee-sse, seul rejeton par lequel fût continuée la postérité du philosophe. La mort de quelques-uns de ses disciples les plus chers avait encore ajouté à l'amertume de ces pertes. Confucius commençait à ressentir la pesanteur et les infirmités de l'âge. Il fut atteint d'une maladie grave et douloureuse dont il guérit; mais sa convalescence fut longue et pénible, et depuis cette époque, il ne fit plus que languir. Parvenu enfin à sa soixante-treizième année, il tomba dans un profond assoupissement, dont aucun secours de l'art ne put le faire sortir. Il passa sept jours dans cet état léthargique, et mourut l'an 479 avant notre ère, neuf ans avant la naissance de Socrate. Il avait rendu le dernier soupir au milieu de ses disciples en pleurs, qui voulurent se charger du soin de ses funérailles. On en peut voir les curieux détails dans l'excellente *Vie de Confucius*, qui forme le tome XII des *Mémoires sur les Chinois* (*V*. AMYOT). Un de ses plus chers disciples posa sur son tombeau l'arbre *kiai*. Cet arbre, qui n'est plus aujourd'hui qu'un tronc sec et aride, subsiste encore dans le même lieu où il a été planté, malgré tous les bouleversements qu'a dû entraîner la révolution de vingt-deux siècles; il est devenu un monument sacré pour les Chinois, qui l'ont fait dessiner avec le plus grand soin, et graver ensuite sur un marbre, d'où l'on a tiré une multitude d'empreintes qui font l'ornement du cabinet de la plupart des lettrés. Tous les disciples de Confucius qui étaient sur les lieux assistèrent à ses obsèques, et s'engagèrent à porter son deuil comme celui d'un père, c'est-à-dire pendant trois ans. Les autres disciples qui se trouvaient disséminés dans tous les États voisins arrivèrent successivement pour rendre les devoirs funèbres à leur ancien maître, et apportèrent chacun une espèce d'arbre particulière à leur pays, pour contribuer à embellir le lieu qui contenait ses respectables restes. Plusieurs de ces disciples vinrent avec leurs familles s'établir dans le même lieu. Leur réunion donna naissance à un village qu'ils nommèrent *Koung ly* ou *Village de Confucius*, et leurs descendants, après quelques siècles, se trouvèrent assez nombreux pour peupler eux seuls une ville du troisième ordre qui porte aujourd'hui le nom de *Kiu-fou-hien*, dans la province de Chan-tong. Confucius n'a pas été le législateur de la Chine, comme paraissent l'avoir cru quelques-uns de nos écrivains; jamais il n'a été revêtu de l'autorité nécessaire pour publier des lois, et jamais il n'a eu la pensée de rien innover dans la religion de son pays. Confucius, comme Socrate, qui vint après lui, cultiva et professa la morale; né vertueux, conduit par sa raison à l'étude de la sagesse, philosophe sans ostentation, il aima ses concitoyens, et se crut appelé à les éclairer sur les routes qui mènent à la vertu et au bonheur. Loin de se donner pour l'inventeur de sa doctrine, il rappelait sans cesse que les

Tombeau de Confucius. — T. I, p. 154.

maximes qu'il enseignait étaient celles des anciens sages qui l'avaient précédé. « Ma doctrine, disait-il, est celle de Yao et de Chun; quant à ma manière de l'enseigner, elle est fort simple. Je cite pour exemple la conduite des anciens; je conseille la lecture des *King*, dépositaires de leurs sages pensées, et je demande qu'on s'accoutume à réfléchir sur les maximes qu'on y trouve. » Mais si Confucius a emprunté de ses prédécesseurs les principes fondamentaux de sa philosophie, quels heureux développements il a su leur donner, quelles sages et nombreuses applications il a su en faire ! Jamais la raison humaine, privée des lumières de la révélation, ne s'est montrée avec autant de force et d'éclat. Quelque sublime que soit sa morale, elle paraît toujours simple, naturelle, conforme à la nature de l'homme. Il traite de tous les devoirs, mais il n'en outre aucun; un tact exquis lui fait toujours sentir jusqu'où le précepte doit s'étendre. Tout le code moral du philosophe chinois peut se réduire à un petit nombre de principes : l'exacte observation des devoirs qu'imposent les relations du souverain et des sujets, du père et des enfants, de l'époux et de l'épouse. Il y joint cinq vertus capitales, dont il ne cesse de recommander la pratique : 1° l'humanité; 2° la justice; 3° la fidélité à se conformer aux cérémonies et aux usages établis; 4° la droiture ou cette rectitude d'esprit et de cœur qui fait qu'on recherche toujours le vrai; 5° enfin, la sincérité ou la bonne foi. Nous joindrons ici quelques-unes des pensées et des maximes qui étaient les plus familières à Confucius. « Qui a offensé le *Tien* (le seigneur du ciel) n'a plus aucun protecteur.— Le sage est toujours sur le rivage, et l'insensé au milieu des flots; l'insensé se plaint de n'être pas connu des hommes, le sage de ne pas les connaître, — Un bon cœur penche vers la bonté et l'indulgence; un cœur étroit ne passe pas la patience et la modération. — La bienfaisance d'un prince n'éclate pas moins dans les rigueurs qu'il exerce que dans les plus touchants témoignages de sa bonté. — Conduisez-vous toujours avec la même retenue que si vous étiez observé par dix yeux et montré par dix mains. — Pécher et ne pas se repentir, c'est proprement pécher. — Un homme faux est un char sans timon; par où l'atteler ? —La vertu qui n'est pas soutenue par la gravité n'obtient pas de poids et d'autorité parmi les hommes. Ne vous affligez pas de ce que vous ne parvenez point aux dignités publiques, gémissez plutôt de ce que peut-être vous n'êtes pas orné des vertus qui pourraient vous rendre digne d'y être élevé. — Il est du devoir d'un monarque d'instruire ses sujets; mais ira-t-il dans la maison de chacun d'eux leur donner des leçons? non sans doute, il leur parle à tous par l'exemple qu'il leur donne. » Confucius n'est pas moins distingué comme écrivain que comme philosophe. On lui est redevable d'avoir épuré et mis en ordre les livres canoniques des Chinois; il expliqua les *Koua* de Fou-hi, fit des commentaires sur le *Li-ki* et corrigea le *Ché-king*. Il composa le *Chou-king* et le *Tchun-tsieou*. Le style de ces ouvrages, dont aucune traduction ne peut rendre l'énergique laconisme, fait encore l'admiration des Chinois. Leurs plus habiles lettrés ont vainement essayé de l'imiter et ont reconnu leur impuissance à cet égard; leurs plus beaux morceaux ne peuvent soutenir la comparaison avec les endroits les plus ordinaires du *Ché-king*, du *Chou-king* ou du *Tchun-tsieou* (1). Quelques critiques prétendent que Confucius n'a formé le *Chou-king* que des extraits qu'il avait faits des anciennes annales chinoises, dont l'étude l'avait occupé pendant vingt ans; d'autres croient que le *Chou-king* existait anciennement en cent chapitres, et que Confucius n'a fait que le réduire en cinquante-huit, tel que nous l'avons aujourd'hui. Quoi qu'il en soit, ce livre, le plus beau sans doute et le plus révéré de tous ceux que la Chine a produits, n'est pas, comme l'ont cru quelques écrivains, un livre d'histoire, mais simplement un livre de morale. Le but que se proposa Confucius en le rédigeant fut de conserver les vrais principes de l'ancien gouvernement chinois et les maximes fondamentales de la morale politique, en réunissant dans un même ouvrage les discours et les règles de conduite qu'avaient tenus les empereurs, les ministres et les sages de la haute antiquité. La nature même d'un semblable recueil suppose nécessairement des lacunes historiques, et si beaucoup de princes y sont omis, c'est que Confucius n'a pas jugé qu'ils méritassent d'être proposés comme modèles à la postérité. Le *Chou-king* commence à l'empereur Yao, qui monta sur le trône l'an 2357 avant notre ère et finit à l'an 624 avant Jésus-Christ. Nous avons une traduction française de cet ouvrage, due au P. Gaubil, jésuite, Paris, 1770, in-4°. Le *Tchun-tsieou* contient une partie des annales du royaume de Lou, depuis l'an 722 avant notre ère, et retrace les événements qui y ont eu lieu, durant deux cent quarante-deux ans. L'auteur y fait mention de trente-cinq éclipses de soleil arrivées et observées dans sa patrie pendant ce même espace de deux cent quarante-deux années. La plupart

---

(1) *V.* le *Moniteur*, an. 1812, n° 314.

de ces éclipses ont été vérifiées par d'habiles calculateurs européens, et reconnues pour avoir été indiquées avec précision. Bayer a publié le texte chinois du commencement du *Tchuntsieou* dans les *Mémoires de l'académie de Pétersbourg*. Le *Hiao-king* est un dialogue sur la piété filiale, suivant la doctrine de Confucius, l'apôtre le plus zélé et le plus éloquent de cette vertu. On croit qu'il a été composé l'an 480 avant notre ère. Quoiqu'il n'ait pas été recouvré en entier, il n'en a pas moins eu l'honneur de donner lieu à une foule de commentaires. Le *Ta-hio* (la grande science) et le *Tchong-yong* (le juste milieu), deux ouvrages attribués par les uns à Confucius, et par d'autres à deux de ses disciples, qu'on suppose les avoir rédigés d'après les instructions de leur maître, présentent l'ensemble le plus complet de la morale et de la politique du philosophe chinois. On y joint encore le *Lun-yu* ou *Livre des sentences*, compilation en vingt chapitres des maximes de Confucius, mais dont plusieurs semblent s'écarter de sa doctrine et de ses principes. Le *Ta-hio*, traduit en latin, ou plutôt paraphrasé par le P. Ignace de Costa, le *Tahong-yong* par le P. Intorcetta, et la première partie du *Lun-yu*, ont été publiés avec le texte chinois imprimé horizontalement entre les lignes. Cette édition, commencée à Nanking et terminée à Goa, est extrêmement rare en Europe. La paraphrase latine, augmentée par les PP. Couplet, Herdtreich et Rougemont, a paru sous ce titre: *Confucius Sinarum philosophus*, Paris, 1687, in-fol. Celle du *Tchong-yong* avait déjà paru en 1672, sous le titre de *Sinarum scientia politico-moralis*, dans le tome II de la collection de Melch. Thevenot. La *Morale de Confucius, philosophe de la Chine*, Amsterdam 1688, in-8°, est un extrait de ces divers ouvrages; on les retrouve, avec des commentaires beaucoup plus diffus, dans l'ouvrage du P. Noël, intitulé: *Sinensis imperii libri classici VI*, Prague, 1711, in-4°. C'est d'après ce dernier ouvrage, que M. l'abbé Pluquet a publié les *livres classiques de l'empire de la Chine*, en sept petits volumes in-18, Paris, Didot, 1784 et 1786.

KING-WANG (544 av. J.-C.), fils aîné de Ling-wang, eut à combattre, en lui succédant, un parti secret formé par Kou pour l'exclure du trône, et mettre à sa place Ning-fou son frère. Celui-ci, ayant assemblé quelques troupes, vint mettre le siège devant la ville de Onei, où Kien-ki, qu'il regardait comme le plus grand obstacle à ses vues, était renfermé; mais Kien-ki trouva moyen de se retirer à Ping-tsi. Cette levée de boucliers de la part de Kou fut cause de la perte de Ning-fou, que l'empereur, pour sa sûreté, fit mettre à mort la deuxième année de son règne. Tandis que les grands vassaux de l'empire travaillaient à s'entre-détruire par des perfidies et des assassinats, King-wang, les laissant agir par impuissance de les réprimer, s'appliquait à établir la paix dans les Etats qui lui étaient soumis; mais la vingt et unième année de son règne, s'étant avisé de vouloir réformer la monnaie, il pensa mettre l'empire en combustion. Cependant la fermeté qu'il opposa aux murmures que cette réforme avait occasionnés les fit cesser, et la nouvelle monnaie eut un cours libre.

L'an 526 avant Jésus-Christ, King-wang avait perdu son fils aîné. De deux autres fils qui lui restaient, Mong et Tchao, le dernier avait sa prédilection; mais Chen-tse et Lieou-tse favorisaient le parti de Mong, et travaillaient à le faire prévaloir pour la succession au trône. King-wang, résolu de se défaire de ces deux hommes qui traversaient ses vues, s'était mis en route pour une partie de chasse, où il comptait les faire assassiner. Mais à peine fut-il arrivé à la montagne de Péchan, qu'il tomba malade; de là ses gens le portèrent à Yong-ki-chi, où il mourut. Chen-tse et Lieou-tse, sans différer, proclamèrent empereur le prince Mong; mais à peine celui-ci fut-il entré dans la ville impériale, qu'il tomba malade et mourut.

KING-WANG II (519 avant J.-C.), frère utérin de Mong, fut reconnu par le plus grand nombre des princes pour légitime empereur. Tchao, son frère consanguin, avait pourtant un parti avec lequel il disputa durant plusieurs années l'empire à son concurrent.

Deux hommes cependant s'occupaient à troubler l'Etat par des fourberies et des calomnies qu'ils inventaient contre ceux qui n'entraient point dans leurs desseins perfides : c'étaient Fey-ou-chi et Yen-tsiang-chi. La cinquième année du règne de King-wang, ayant eu l'adresse de s'insinuer dans l'amitié de Tchao-kong, prince de Lou, ils vinrent à bout de traduire devant lui Kioou-an, personnage recommandable par sa droiture et l'estime de tout le monde, comme un traître envers l'Etat. La calomnie fit un tel effet sur l'esprit de Tchao-kong, qu'il condamna Kioon-an, avec toute sa famille, à perdre la vie. Tchao-kong, ayant enfin ouvert les yeux sur les crimes de ces deux scélérats, fit instruire leur procès, et par sentence juridique les fit mourir au grand contentement du public. L'empereur King-wang mourut la quarantième année de son règne.

YUEN-WANG (475 avant J.-C.), fils de King-wang, monta sur le trône après lui. Son règne fut assez paisible par rapport à ses États particuliers, mais ne produisit rien d'avantageux pour l'empire. Du reste il fut court, n'ayant duré que sept ans.

TCHING-TING-WANG (468 avant J.-C.), successeur de Yuen-wang, son père, régna vingt-huit ans avec peu de gloire pour lui, et peu d'avantage pour l'empire.

KAO-WANG (440 avant J.-C.) était le troisième des quatre fils que Tching-ting-wang avait laissés. Trois mois après la mort de son père, il vit Ngai-wang, l'aîné d'entre eux, proclamé empereur; mais Chou, son second frère, trouva moyen de le faire mourir et de prendre sa place. Kao-wang, le troisième, indigné de cette action, refusa de le reconnaître, et, ayant levé une armée, lui livra une bataille où il le tua de sa propre main. Cette mort ayant décidé la victoire, il fut proclamé empereur à la tête de l'armée; mais il ne devint maître absolu que dans le patrimoine de sa famille, sans recevoir des princes de l'empire aucune marque de soumission. Ils continuèrent de même pendant le cours de son règne, qui fut de quinze ans.

WEI-LIE-WANG (425 avant J.-C.), en succédant à Kao-wang, son père, trouva les vassaux de l'empire très-peu disposés à lui rendre les honneurs que leur devoir exigeait. Trois d'entre eux surtout le bravaient ouvertement. Afin de se les attacher, ou du moins de ne pas s'en faire des ennemis, il les créa princes des États qu'ils avaient usurpés, et leur en envoya les diplômes. Ce prince mourut la vingt-quatrième année de son règne, dépouillé d'une partie de ses domaines, et réduit presque à un vain titre, que sa faiblesse l'empêchait de faire valoir contre des vassaux devenus plus puissants que lui.

NGAN-WANG (401 avant J.-C.), fils et héritier de Weï-lie-wang, vit, à la suite des guerres que les princes se firent entre eux, l'empire réduit à sept principautés considérables. On ne voit pas qu'il se soit donné de mouvement pour rétablir son autorité presque anéantie. Il mourut la vingt-sixième année de son règne.

LIE-WANG (375 avant J.-C.), successeur de Ngan-wang, son père, fut témoin, la première année de son règne, de l'extinction de la puissante et ancienne famille des princes de Tching. Mais cela n'avança point les affaires de l'empire, qui subsista toujours dans un état de langueur qui semblait annoncer sa ruine. Lie-wang mourut dans la septième année de son règne.

HIEN-WANG (368 avant J.-C.), étant monté sur le trône après Lie-wang son père, laissa les princes ses vassaux empiéter les uns sur les autres, sans prendre part à leurs querelles. Mais l'indifférence qu'il affectait commença dès lors à ouvrir aux princes de Tsin un chemin à l'empire. Leurs troupes, accoutumées à se battre contre les Tartares, qui leur faisaient continuellement la guerre, étaient fort aguerries, et aucun prince n'en avait d'aussi bonnes. Le règne de Hien-wang fut de quarante-huit ans. C'est sous lui qu'il est fait mention pour la première fois de chariots de guerre dans les armées chinoises.

Chin-tsing-wang (320 avant J.-C.), fils de Hien-wang, aurait eu une belle occasion de rétablir la majesté de l'empire, si sa lâcheté et sa nonchalance ne l'avaient empêché de profiter de la division qui régnait entre les princes tributaires et des guerres continuelles qu'ils se faisaient. Le roi de Tsin au contraire se rendit si puissant, qu'il tenait les autres princes en respect, et que sans avoir encore le titre de roi il en avait toute l'autorité. Les rois de Tsu, de Chao, de Han, de Guei et de Yen s'étant ligués contre lui, il défit leurs forces réunies, et il aurait pu les dépouiller de leurs Etats, si un objet plus intéressant ne l'eût appelé ailleurs. Deux princes de la partie occidentale de la province de Se-chuen, qui ne dépendait point de l'empire, étaient en guerre, et chacun d'eux implora le secours du roi de Tsin. L'espérance d'annexer ces deux principautés à ses Etats l'engagea à entrer dans la querelle : il tailla en pièces l'armée de l'un des princes, qui périt dans le combat, et se saisit de ses Etats; en même temps il obligea l'autre, qu'il avait secouru, à lui rendre hommage, et à lui payer un tribut annuel. Peu après, le roi de Guei, un des cinq princes confédérés, se mit sous sa protection et se rendit son tributaire; cette démarche lui ouvrit un passage pour entrer sur les terres des quatre autres, et pour les soumettre à son obéissance. L'empereur fut toujours spectateur oisif des victoires du roi de Tsin, et mourut après un règne de six ans, laissant la couronne à son fils.

Nan-wang (314 avant J.-C.), fils de Chin-tsin-wang, eut, en montant sur le trône après lui, un rival secret et puissant dans la personne de Tchao-siang-wang, prince de Tsin. Celui-ci, ne pouvant lui enlever le titre d'empereur, le contraignit par les usurpations fréquentes qu'il fit sur lui, à vivre solitaire dans son étroit patrimoine. Nan-wang resta longtemps dans cette situation sans oser remuer. Mais à la fin, excité par des conseils imprudents, il travailla à réunir contre cet usurpateur les autres provinces. Cette entreprise fut cause de sa perte; car, dès que Tchao-siang-wang en fut averti, il envoya ordre au général Kieou d'entrer avec les troupes qu'il commandait sur les terres de l'empire. Nan-wang n'était pas en état de lui résister. Voutant parer le coup qui le menaçait et prévenir le dernier des malheurs, il alla lui-même, dans la posture de suppliant, faire des excuses à ce prince, lui offrit trente-six villes qui lui restaient, et le reconnut pour son souverain. Tchao-siang-wang accepta cet hommage et envoya Nan-wang, en qualité de son tributaire, dans ses Etats, où il mourut couvert d'ignominie, après avoir régné cinquante-neuf ans sans laisser de postérité.

TCHEOU-KIUN (255 avant J.-C.) fut reconnu pour souverain par les peuples de Tcheou, qui, fuyant la domination des princes de Tsin, qu'ils avaient en horreur, s'étaient venus soumettre à la sienne; mais il refusa de prendre le titre d'empereur, quoiqu'on l'en pressât. Tchao-siang-wang, s'étant mis en possession du patrimoine de Tcheou, prétendit que les princes de l'empire devaient le reconnaître pour empereur et lui rendre hommage comme à leur maître. Cependant aucun n'y paraissait disposé; mais les succès qu'il remporta sur le prince de Weï déterminèrent celui de Han à se rendre à sa cour, persuadé que les autres princes imiteraient ceux de Han et de Weï. Il se comporta d'abord en empereur, sans oser cependant en prendre le titre, et fit le sacrifice solennel réservé aux seuls empereurs. Tchao-siang-wang mourut l'an 251 avant Jésus-Christ, sans avoir pu consommer entièrement le grand dessein pour lequel il avait travaillé l'espace de cinquante-six ans avec tant d'ardeur; mais il eut du moins la satisfaction de réduire au rang du peuple Tcheou-kiun, dernier rejeton des Tcheou, et de le reléguer, après l'avoir entièrement dépouillé, dans un village, où il mourut dans l'obscurité et la misère. Ainsi finit la fameuse dynastie des Tcheou, après avoir joui de l'empire l'espace de huit cent soixante-quatorze ans.

Les anciens rois et empereurs des trois premières dynasties dont nous venons de parcourir l'histoire avaient construit ou réparé le *Ming-tang* ou *temple de la Lumière*, composé de trois bâtiments distincts, destinés chacun à l'une des dynasties; le premier, celui des *Hia*, comptait cinq salles séparées, qui avaient chacune leur usage particulier. Le dedans était sans aucune peinture ni ornements. On n'y voyait que les quatre murailles avec les fenêtres pour donner du jour. Les escaliers de la principale entrée étaient composés de neuf degrés. Celui des *Chang* servait aux mêmes usages, mais il était plus brillant. Les cinq salles particulières étaient soutenues par des colonnes et surmontées par d'autres colonnes qui soutenaient un second toit. Celui des *Tcheou* rappelle la simplicité antique. Cette dynastie crut rétablir le culte dans toute sa pureté en suivant l'exemple des anciens. Le temple qu'elle construisit n'eut ni colonnes ni toits élégamment construits. Les cinq appartements n'y furent séparés que par de simples murailles. Il y avait quatre portes, et elles étaient couvertes d'une mousse fine qui représentait les branchages dont on formait l'enceinte de l'ancien lieu des sacrifices. On avait creusé autour de l'enceinte du temple un canal que l'on remplissait d'eau pour le temps où l'on devait offrir les sacrifices. — Ce temple de la Lumière, dit le P. Amyot, était le lieu des sacrifices. On le nommait *Chi-chi* ou *temple des Générations,* sous les Hia, et *Tchoung* ou *temple renouvelé,* sous les Chang.

Les trois temples de la Lumière.

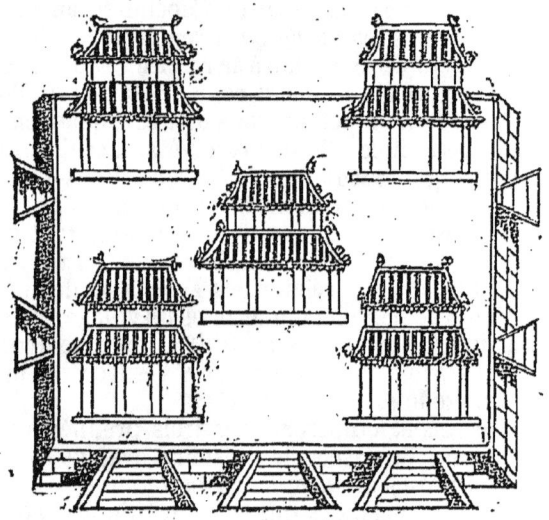

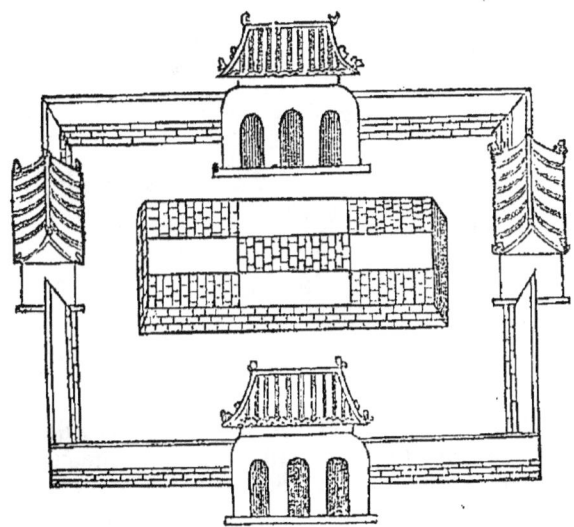

Dans les derniers temps de la troisième dynastie vécut un philosophe dont il importe de connaître la vie ; nous la résumons ici.

MENG-TSEU, nommé pendant sa vie *Meng-kho*, et par nos anciens missionnaires *Mencius*, est regardé comme le premier des philosophes chinois après Confucius.

Meng-tseu, philosophe chinois.

Il naquit, à la fin du IVe siècle avant J.-C., dans la ville de Tseou, actuellement dépendante de Yan-tcheou-fou, dans la province de Chaom-toung. Son père, Ki-koung-i, descendu d'un certain Meng-sou, dont Confucius blàmait la fastueuse administration, était originaire du pays de Tchou, mais établi dans celui de Tchin. Il mourut peu de temps après la naissance de son fils, et laissa la tutelle de celui-ci à sa veuve Tchang-chi. Les soins que se donna cette mère prudente et attentive pour l'éducation de son fils sont cités comme un modèle de la conduite que doivent tenir les parents vertueux. La maison où elle demeurait était située près de celle d'un boucher. Elle s'aperçut qu'au moindre cri des animaux qu'on égorgeait le petit Meng-kho courait assister à ce spectacle, et qu'à son retour il tâchait d'imiter ce qu'il avait vu. Tremblant que son fils ne s'endurcît le cœur et ne s'accoutumât au sang, elle alla s'établir dans une maison voisine de quelques sépultures. Les parents de ceux qui y reposaient venaient souvent pleurer sur leur tombe, et y faire les libations accoutumées. Meng-kho prit bientôt plaisir à ces cérémonies, et s'amusait à les imiter. Ce fut un nouveau sujet d'inquiétude pour Tchang-chi, qui craignit que son fils ne se fît un jeu de ce qu'il y a de plus sérieux dans le monde; et ne s'habituât à ne faire les cérémonies qui demandent le plus d'attention et de respect qu'en badinant ou par manière d'acquit. Elle s'empressa donc de changer encore de domicile, et vint se loger dans la ville, vis-à-vis d'une école où Meng-kho trouva les exemples les plus convenables, et commença à en profiter. On n'eût point parlé de cette petite anecdote si elle n'était à chaque instant citée par les Chinois dans cette phrase devenue proverbiale : *La mère Meng-tseu choisit un voisinage.* Meng-tseu ne tarda pas à se former dans l'exercice de ces vertus, que le système chinois a pour but de rendre inséparables de l'étude des belles-lettres, c'est-à-dire qu'il se livra de bonne heure à la lecture des King, et, par les progrès qu'il fit dans l'intelligence de ces livres si respectés, il mérita d'être inscrit au nombre des disciples de Tseu-sse, petit-fils et digne imitateur de Confucius. Quand il fut suffisamment instruit dans cette philosophie morale que les Chinois appellent par excellence *la doctrine*, il alla offrir ses services au roi de Thsi, Siouan-wang (1); mais, n'ayant pu en obtenir de l'emploi, il se rendit près de Hoeï-wang, roi de Liang ou de Weï, car à cette époque le pays de Khaï-foung-fou, dans le Ho-nan, formait un petit Etat qui portait ces deux noms. Ce prince fit un bon accueil à Meng-tseu, mais ne s'attacha pas, comme l'aurait souhaité le philosophe, à réduire ses leçons en pratique. Ce qu'il enseignait de l'antiquité paraissait, peut-être avec quelque raison, de nature à ne pouvoir s'appliquer au temps actuel et aux affaires du moment. Les hommes auxquels était confiée

---

(1) Mort l'an 324, après un règne de dix-neuf ans.

l'administration des divers États dans lesquels la Chine se trouvait alors partagée n'étaient pas capables de rétablir le calme dans l'empire, continuellement troublé par des ligues, des divisions et des guerres intestines. La sagesse et la vraie science, pour eux, c'était l'art militaire. Meng-tseu avait beau leur vanter le gouvernement et les vertus de Yao, de Chun et des fondateurs des trois premières dynasties, des guerres perpétuelles éclataient de toutes parts, et, se renouvelant en quelque lieu qu'il allât, empêchaient le bon effet de ses leçons et contrariaient tous ses plans. Quand il fut convaincu de l'impossibilité de rendre aucun service à tous ces princes, il revint dans son pays, et, de concert avec Wan-tchang et quelques autres de ses disciples; il s'occupa de mettre en ordre le livre des vers et le Chou-king, suivant en cela l'exemple de Confucius, et s'appliquant à faire ce travail dans le même esprit qui avait dirigé ce célèbre philosophe. Il composa aussi, à cette époque, l'ouvrage en sept chapitres qui porte son nom. Il mourut vers l'an 314 avant J.-C., à l'âge de quatre-vingt-quatre ans. Le livre dont on vient de parler est le plus beau titre de Meng-tseu à la gloire : il est toujours joint aux trois ouvrages moraux qui contiennent l'exposé de la doctrine de Confucius (1), et forme avec ces ouvrages ce qu'on appelle les *Sse-chou* ou les *quatre Livres par excellence*. Il est à lui seul plus étendu que les trois autres réunis, et il n'est ni moins estimé, ni moins digne d'être lu. Suivant un auteur chinois, Meng-tseu a recueilli l'héritage de Confucius en développant ses principes, comme Confucius avait recueilli l'héritage de Wen-wang, de Wou-wang et de Tcheou-koung; mais à sa mort personne ne fut digne de recueillir le sien. Aucun de ceux qui vinrent après lui ne saurait lui être comparé, pas même Siung-tseu et Yang-tseu. Nous ne pourrions transcrire, même en les abrégeant, les pompeux éloges que cet auteur et mille autres, à l'envi, ont décerné à ce philosophe. Il suffira de dire qu'il a été, d'un consentement unanime, honoré du titre de *Ya-ching*, qui signifie le deuxième saint, Confucius étant regardé comme le premier. On lui a même décerné, par un acte de la puissance publique, le titre de *saint prince du pays de T'seou*, et on lui rend dans le grand temple des lettres les mêmes honneurs qu'à Confucius. Une

---

(1) Voyez la notice de ces quatre livres dans les *Not. et Extr. des manuscrits*, t. x, 1re part., p. 269.

partie de cette illustration a, selon l'usage chinois, rejailli sur les descendants de Meng-tseu, qui ont obtenu la qualification de maîtres des traditions sur les livres classiques dans l'académie impériale des Nan-lin. Le genre de mérite qui a valu à Meng-tseu une si grande célébrité ne serait pas d'un grand prix aux yeux des Européens; mais il en a d'autres qui pourraient, si son livre était convenablement traduit, lui faire trouver grâce à leurs yeux. Son style, moins élevé et moins concis que celui du prince des lettrés, est aussi noble, plus fleuri et plus élégant. La forme du dialogue qu'il a conservée à ses entretiens philosophiques avec les grands personnages de son temps comporte plus de variété qu'on ne peut s'attendre à en trouver dans les apophthegmes et les maximes de Confucius. Le caractère de leur philosophie diffère aussi sensiblement. Confucius est toujours grave et même austère; il exalte les gens de bien, dont il fait un portrait idéal, et ne parle des hommes vicieux qu'avec indignation. Meng-tseu, avec le même amour pour la vertu, semble avoir pour le vice plus de mépris que d'horreur; il l'attaque par la force de la raison, et ne dédaigne pas même l'arme du ridicule. Sa manière d'argumenter se rapproche de cette *ironie* qu'on attribue à Socrate. Il ne conteste rien à ses adversaires; mais, en leur accordant leurs principes, il s'attache à en tirer des conséquences absurdes qui les couvrent de confusion. Il ne ménage même pas les grands et les princes de son temps, qui souvent ne feignaient de le consulter que e pouravoir occasion de vanter leur conduite ou pour obtenir de lui les éloges qu'ils croyaient mériter. Rien de plus piquant que les réponses qu'il leur fait en ces occasions, rien surtout de plus opposé à ce caractère servile et bas qu'un préjugé trop répandu prête aux Orientaux et aux Chinois en particulier. Meng-tseu ne ressemble en rien à Aristippe : c'est plutôt Diogène, mais avec plus de dignité et de décence. On est quelquefois tenté de blâmer sa vivacité, qui tient de l'aigreur; mais on l'excuse en le voyant toujours inspiré par le zèle du bien public. Le roi de Weï, un de ces petits princes dont les dissensions et les guerres perpétuelles désolaient la Chine à cette époque, exposait avec complaisance à Meng-tseu les soins qu'il prenait pour rendre son peuple heureux, et lui marquait son étonnement de ne voir son petit État ni plus florissant ni plus peuplé que ceux de ses voisins. « Prince, lui répondit le philosophe, vous aimez la guerre; permettez-moi d'y puiser une comparaison : deux armées sont en présence; on sonne la charge, la mêlée commence, un des partis est vaincu; la moitié des soldats s'enfuit à cent pas,

l'autre moitié s'arrête à cinquante. Ces derniers auraient-ils bonne grâce à se moquer des autres, qui ont fui plus loin qu'eux?
— Non, répondit le roi ; pour s'être arrêtés à cinquante pas, ils n'en ont pas moins pris la fuite : la même ignominie les attend.
— Prince, reprit vivement Meng-tseu, cessez donc de vanter les soins que vous prenez de plus que vos voisins ; vous avez tous encouru les mêmes reproches, et nul de vous n'est en droit de se moquer des autres. » Poursuivant ensuite ses mordantes interpellations : « Trouvez-vous, dit-il au roi, qu'il y ait quelque différence à tuer un homme avec un bâton ou avec une épée? — Non, répondit le prince. — Y en a-t-il, continue Meng-tseu, entre celui qui tue avec une épée ou par une administration inhumaine? — Non, répondit encore le prince. — Eh bien ! reprit Meng-tseu, vos cuisines regorgent de viandes, vos haras sont remplis de chevaux, et vos sujets, le visage hâve et décharné, sont accablés de misère, et sont trouvés morts de faim au milieu des champs ou des déserts. N'est-ce pas là élever des animaux pour dévorer les hommes? Et qu'importe que vous les fassiez périr par le glaive ou par la dureté de votre cœur ! Si nous haïssons ces animaux féroces qui se déchirent et se dévorent les uns les autres, combien plus devons-nous détester un prince qui, devant par sa douceur et sa bonté se montrer le père de son peuple, ne craint pas d'élever des animaux pour le leur donner à dévorer? Quel père du peuple que celui qui traite si impitoyablement ses enfants, et qui a moins de soins d'eux que des bêtes qu'il nourrit! » Le philosophe ne se laisse pas toujours emporter à ce ton de véhémence et d'amertume ; mais ses réponses sont ordinairement pleines de vivacité et d'énergie, et ce ton piquant a trouvé des désapprobateurs. On raconte que Houng-wou, le fondateur de la dynastie des Ming, lisant un jour Meng-tseu, tomba sur ce passage : « Le prince regarde ses sujets comme la terre qu'il foule aux pieds, ou comme les graines de sénevé dont il ne fait aucun cas. Ses sujets à leur tour le regardent comme un brigand ou comme un ennemi. » Ces paroles choquèrent le nouvel empereur. « Ce n'est point ainsi, dit-il, qu'on doit parler des souverains. Celui qui a tenu un pareil langage n'est pas digne de partager les honneurs qu'on rend au sage Confucius. Qu'on dégrade Meng-tseu, et qu'on ôte sa tablette du temple du prince des lettrés ! Que nul ne soit assez hardi pour me faire à ce sujet des représentations, ni pour m'en transmettre, avant qu'on n'eût percé d'une flèche celui qui les aura rédigées. » Ce décret jeta la consternation parmi les lettrés. Un d'entre eux, nommé Thsian-tang,

président de l'une des cours souveraines, résolut de se sacrifier pour l'honneur de Meng-tseu; il composa une requête dans laquelle, après avoir exposé le passage en entier et expliqué le vrai sens dans lequel il fallait l'entendre, il faisait le tableau de l'empire au temps de Meng-tseu, et de l'état déplorable où l'avaient réduit tous ces petits tyrans, sans cesse en guerre les uns avec les autres, et tous également révoltés contre l'autorité légitime des princes de la dynastie des Tcheou. « C'est de ces sortes de souverains, disait-il en finissant, et nullement du fils du ciel que Meng-tseu a voulu parler. Comment, après tant de siècles, peut-on lui en faire un crime? Je mourrai, puisque tel est l'ordre ; mais ma mort sera glorieuse aux yeux de la postérité. » Après avoir dressé cette requête et préparé son cercueil, Thsian-tang se rendit au palais, et étant arrivé à la première enceinte : « Je viens, dit-il aux gardes, pour faire des représentations en faveur de Meng-tseu ; voici ma requête. Et découvrant sa poitrine : Je sais quels sont vos ordres, dit-il ; frappez.» A l'instant un des gardes lui décoche un trait, prend la requête et la fait parvenir jusqu'à l'empereur, à qui on raconta ce qui venait d'arriver. L'empereur lut attentivement l'écrit, l'approuva ou feignit de l'approuver, et donna ses ordres pour traiter Thsian-tang de la blessure qu'il avait reçue. En même temps il décréta que le nom de Meng-tseu resterait en possession de tous les honneurs dont il jouissait. On a cru devoir rapporter ce trait, qui peint en même temps le fanatisme des lettrés et la haute vénération où est restée la mémoire du philosophe. Son livre étant, comme on l'a dit, partie intégrante des Sse-chou, doit être appris en entier par tous ceux qui se soumettent aux examens et aspirent aux degrés littéraires. C'est par conséquent un de ceux qui ont été le plus souvent réimprimés. Il en existe des milliers d'éditions avec ou sans commentaires. Une infinité de lettrés se sont appliqués à l'éclaircir et à l'interpréter ; il a été traduit deux fois en mandchou, et la dernière version, revue par l'empereur Khian-loung, forme avec le texte trois des six volumes dont est composé l'exemplaire des quatre livres de la bibliothèque royale de Paris. Le P. Noëba comprit le *Meng-tseu* dans la traduction latine qu'il a faite des *six livres classiques de l'empire chinois* (Prague, 1711, in-4°); mais on ne retrouve dans cette traduction aucune trace des qualités que nous avons remarquées dans le style de Meng-tseu, et le sens même est comme perdu au milieu d'une paraphrase verbeuse et fatigante. Aussi cet auteur chinois, qui peut-être était le plus capable de plaire à des lecteurs européens, est un de ceux qui ont été le moins lus et le moins goûtés (1). — On trouve une notice biographique sur Meng-tseu dans le *Sse-ki* de Sse-ma-thsian, et des renseignements littéraires et bibliographiques sur ses ouvrages dans le CLXXXIV^e livre de la *Bibliothèque* de Ma-touan-lin. Le P. du Halde a donné une analyse étendue du *Meng-tseu* (t. II, p. 334 et suiv.), et l'on a quelques détails sur sa vie dans les *Mémoires* de nos missionnaires (t. III, p. 45, et t. XIII, p. 24). J.-B. Carpzov a composé sur Meng-tseu une petite dissertation (*Mencius sive Mentius*, etc., Leipzig, 1743, in-8°) qui n'offre que des passages extraits du P. Noël, et n'a rien de recommandable.

QUELQUES CONSIDÉRATIONS SUR L'ÉTAT DE LA CIVILISATION, DES SCIENCES ET DES ARTS EN CHINE, SOUS LES TROIS PREMIÈRES DYNASTIES.

L'exposé des faits, tel que nous l'avons présenté, peut déjà, jusqu'à un certain point, faire comprendre, dans son ensemble, l'état de la civilisation en Chine sous les trois premières dynasties. Pour compléter cette vue générale, nous donnerons ici quelques détails qui n'ont pu trouver place dans le récit.

Nous commencerons par la législation pénale, et nous rapporterons des extraits du *Livre sacré des Annales*, où sont tracés les devoirs du chef de la justice sous le roi Mou-wang, environ mille ans avant notre ère.

« Le roi, âgé de cent ans, était encore sur le trône. Dans un âge aussi avancé, où la mémoire et les forces manquent, après avoir examiné, il fit écrire la manière de punir les crimes, et ordonna à Liu-heou (2) de les publier dans le royaume.

» Selon les anciens documents, dit le roi, Tchi-yeou (3) ayant commencé à exciter des troubles, on ne vit partout que des malheurs. Le peuple, qui auparavant vivait dans l'inno-

---

(1) M. Pauthier a entrepris de faire sur le texte chinois une nouvelle traduction du *Meng-tseu* en français, en s'attachant à conserver autant que possible les formes vives et piquantes de l'original. Cette traduction ne tardera pas à être publiée.

(2) Prince vassal de la principauté de Liu, occupant à la cour de Mou-wang l'emploi de *sse-keou* ou président du tribunal des crimes, charge qui équivalait à celle de ministre de la justice.

(3) Prince vaincu par Hoang-ti.

cence, se pervertit. Des voleurs, des tourbes et des tyrans parurent de tous côtés.

» Le chef des Miao, ne se conformant pas à la vertu, ne gouverna que par les supplices; il en employa cinq très-cruels, qui étaient appelés *fa;* il punit les innocents, et le mal s'étendit. Lorsqu'il condamnait à avoir le nez ou les oreilles coupés, à être fait eunuque, ou à porter des marques sur le visage, il ne faisait aucune distinction de ceux qui pouvaient se justifier.

» De tous côtés se formaient des troupes de gens qui se corrompaient réciproquement; tout était dans le trouble et la confusion; la bonne foi était bannie; on ne gardait aucune subordination; on n'entendait partout que jurements et imprécations. Le bruit de tant de cruautés exercées, même contre les innocents, alla jusqu'en haut. Le souverain seigneur (*Chan-ti*) jeta les yeux sur les peuples, et ne sentit aucune odeur de vertu; il n'existait que l'odeur de ceux qui étaient nouvellement morts dans les tourments.

» L'auguste maître (l'empereur Yao) eut pitié de tant d'innocents condamnés injustement; il punit les auteurs de la tyrannie par des supplices proportionnés; il détruisit les Miao, et ne voulut plus qu'ils subsistassent.

» Il ordonna aux deux chefs de l'astronomie et du culte de couper la communication du ciel avec la terre (c'est-à-dire de supprimer les faux cultes); il n'y eut plus ce qui s'appelait *arriver* et *descendre;* les princes et les sujets suivirent clairement les règles qu'ils devaient garder, et l'on n'opprima plus les veufs ni les veuves.

» ..... Le ministre se servit des châtiments pour maintenir le peuple et lui apprendre à respecter toujours la vertu.

» La majesté et l'affabilité étaient dans le souverain, l'intégrité et la pénétration dans les ministres. Partout on n'estimait et on n'aimait que la vertu; on gardait exactement la ligne droite dans les punitions. En gouvernant ainsi le peuple, on l'aidait à bien vivre.

» Le magistrat chargé de punir ne faisait acception ni de l'homme puissant ni de l'homme riche; attentif et réservé, il ne donnait aucune prise à la censure ni à la critique; un juge des crimes imite la vertu du ciel, en exerçant le droit de vie et de mort; c'est le ciel qui s'associe à lui.

» Vous qui, dans les quatre parties, continua le roi, présidez au gouvernement, vous qui êtes préposés pour faire exécuter les lois pénales, n'êtes-vous pas à la place du ciel pour être les pasteurs des peuples? Quel est celui que vous devez imiter? n'est-ce pas Pé-y, dans la manière de publier les lois qui concernent les châtiments? Quel est celui que vous devez avoir en horreur? n'est-ce pas le chef des Miao?... Les juges de Miao, orgueilleux de leur crédit, ne cherchaient qu'à s'enrichir; ils avaient le pouvoir d'employer les cinq supplices et de juger les contestations; mais ils abusaient de leur autorité pour opprimer les innocents. Le souverain seigneur trouva ces hommes coupables, il les accabla de toutes sortes de maux, et il éteignit leur race.

» ..... Vous qui êtes chefs de divers ordres, écoutez-moi; je vais vous parler des supplices et des peines. Si vous voulez que le peuple vive en paix, ne devez-vous pas faire un bon choix des personnes? ne devez-vous pas être attentifs aux punitions? ne devez-vous pas penser à ce que vous statuez?

» Après que les deux parties ont produit leurs pièces, les juges écoutent de part et d'autre ce qui se dit; et si après l'examen il n'y a aucun doute, on fait l'application de l'un des cinq supplices; mais, s'il y a quelques doutes sur l'application de ces supplices, il faut avoir recours aux cinq genres de rachat; si l'on doute que l'accusé soit dans le cas du rachat, alors on juge selon le cas des cinq genres de fautes, ou involontaires ou presque inévitables.

» Ces cinq sortes de fautes sont occasionnées, 1° parce qu'on craint un homme en place; 2° parce qu'on veut se venger ou reconnaître un bienfait; 3° parce qu'on est pressé par des discours de femmes; 4° parce qu'on aime l'argent; 5° parce qu'on a écouté de fortes recommandations. Dans les juges et dans les parties, ces défauts peuvent se trouver; pensez-y bien.

» Quand on doute des cas où il faut employer les cinq supplices et de ceux où l'on peut permettre le rachat, il faut pardonner. Eclaircissez les procédures, et remplissez exactement votre devoir. Quoique l'on trouve beaucoup d'accusations fondées, il faut encore examiner les apparences et les motifs; ce qui ne peut être ni examiné ni vérifié ne doit pas faire la matière d'un procès; alors n'entrez dans aucune discussion; craignez toujours la colère et l'autorité du ciel.

» On exempte un accusé des marques noires sur le visage, de l'amputation du nez, de celle des pieds, de la castration (1)

---

(1) Ceux qui étaient soumis à ce châtiment étaient destinés à garder le palais du roi. Il est vraisemblable que ce fut là l'origine des eunuques préposés à la garde du palais des femmes

et de la mort, quand on doute du cas où l'on doit employer ces peines. La première se rachète par cent *hoan* de métal, la seconde par deux cents, la troisième par cinq cents, la quatrième par six cents et la cinquième par mille; mais il faut bien s'assurer de la peine qu'on inflige, et du rachat qui doit être fixé. Le premier rachat s'applique à mille espèces, ainsi que le second; le troisième à cinq cents, le quatrième à trois cents et le cinquième à deux: en tout trois mille. Quand on examine les procès pour les fautes graves ou légères, il faut éviter les discours et les paroles embarrassantes et confuses, qui ne sont propres qu'à égarer le jugement; il ne faut pas suivre ce qui n'est pas d'usage; observez les lois établies, prenez-en le sens, et faites tout ce qu'il sera de votre devoir de faire.

» Il y a des cas susceptibles de grands châtiments; mais si la cause ou le motif rendent ces cas moins graves, il faut punir légèrement; au contraire, il y a des cas susceptibles de punitions légères; mais si la cause ou le motif les rendent graves, alors il faut employer des châtiments rigoureux. Pour les cas de rachats légers ou considérables, il y a une balance à tenir; les circonstances exigent tantôt que l'on soit doux, tantôt que l'on soit sévère. Dans tout ce qui regarde les peines et les rachats, il y a un certain ordre fondamental, un certain principe auquel il faut tout rapporter: les lois sont pour mettre l'ordre.

» Etre condamné à se racheter n'est pas une peine semblable à celle de la mort; mais elle ne laisse pas de faire souffrir. Ceux qui savent faire des discours étudiés ne sont pas propres à terminer les procès criminels; il ne faut que des gens doux, sincères et droits, qui gardent toujours beaucoup de modération. Faites attention aux paroles qui se disent contre ce qu'on pense, et n'en faites aucune à celles auxquelles on ne peut ajouter foi; mais tâchez de voir s'il n'y a pas une véritable raison qui puisse diriger dans le jugement; l'équité et la compassion doivent en être le principe. Expliquez et publiez le code des lois. Quand tous en auront été instruits, on pourra garder une juste mesure. Mettez-vous en état de faire votre devoir dans les cas où il faut punir par les supplices, comme dans ceux où l'on peut accorder le rachat. En observant cette conduite, après votre sentence, on pourra compter sur vous; vous m'en ferez le rapport, et je vous croirai; mais, en faisant ce rapport, ne négligez et n'oubliez rien; vous devez punir le même homme de deux supplices, s'il est doublement coupable.

Le roi dit: « Faites attention, vous qui êtes magistrats,

» vous princes de ma famille, et vous grands qui n'en êtes pas,
» à ce que je viens de vous dire. Je crains et je suis réservé quand
» il s'agit des cinq supplices : il résulte de leur institution un
» grand avantage; le ciel a prétendu par là venir au secours
» des peuples, et c'est dans cette vue qu'il s'est associé des juges
» qui sont ses inférieurs. On tient quelquefois des discours sans
» preuves apparentes : il faut s'attacher à en découvrir le vrai
» ou le faux. Dans la décision sur ce qui concerne les deux par-
» ties, une mesure juste et équitable, également éloignée des
» extrêmes, est ce qu'il y a de plus propre à terminer les dif-
» férends du peuple. Dans les procès, n'ayez pas en vue votre
» intérêt particulier ; les richesses ainsi acquises ne sont point
» un trésor, mais un amas de crimes qui attirent des malheurs
» que l'on doit toujours craindre. Il ne faut pas dire que le ciel
» n'est pas équitable : ce sont les hommes qui se sont attiré ces
» maux. Si le ciel ne châtiait pas par des peines sévères, le
» monde manquerait d'un bon gouvernement. »

» Le roi dit encore : « Vous qui devez succéder à ceux qui
» conduisent aujourd'hui les affaires du royaume, quel modèle
» vous proposerez-vous désormais? Ce doit être ceux qui ont
» su faire suivre au peuple la ligne droite, éloignée de tous les
» extrêmes. Écoutez attentivement, et vérifiez ce qu'on dira
» dans les procès criminels. Ces sages qui ont eu autrefois le
» soin de pareilles affaires sont dignes d'être éternellement
» loués. Dans l'exercice de leurs charges, ils suivaient toujours
» la droite raison, aussi ont-ils été heureux. Vous gouvernerez
» des peuples portés d'eux-mêmes à la vertu, si, lorsqu'il s'a-
» gira des cinq supplices, vous vous proposez ces grands et
» heureux modèles. » (*Chou-king*, liv. IV, ch. 27, *Liu-hing*).

Il serait superflu d'insister sur l'humanité et la naïve sagesse que respirent ces instructions du roi centenaire.

On a vu, dans la description des funérailles du roi Tching-wang (1078 avant J.-C.), à quel degré le luxe royal était alors parvenu en Chine. Nous donnons ici la figure du char dont les rois se servaient dans les grandes cérémonies, et que l'on faisait figurer avec quatre autres d'espèce différente dans leurs funérailles. On le nommait le *grand char* (*ta-lou*). Il a quelque chose de ces belles formes antiques que l'on admire dans les bas-reliefs de chars grecs et romains.

— 175 —

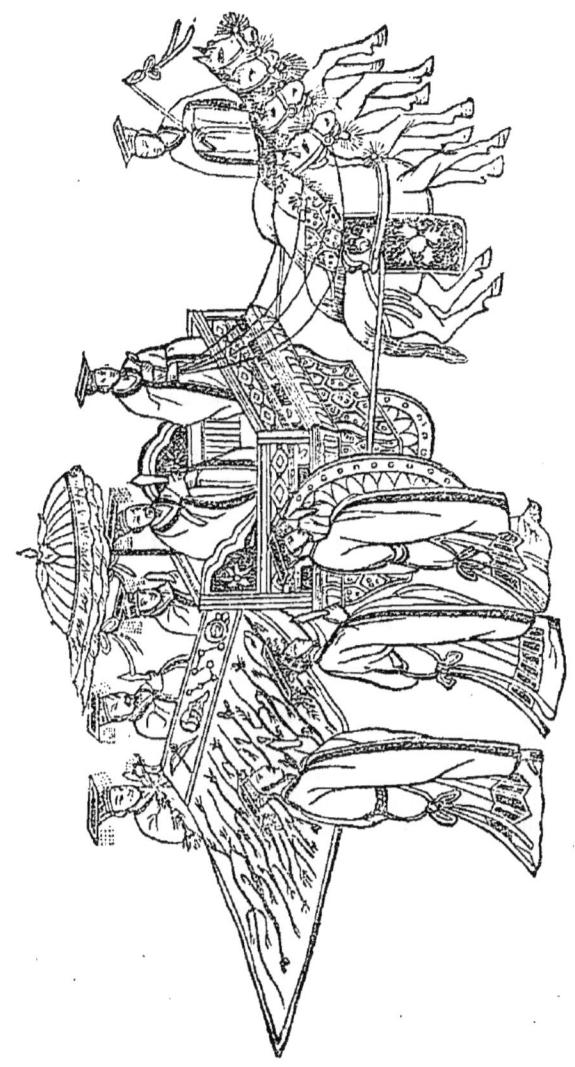

Le grand char des empereurs chinois

Il était tiré par quatre chevaux attelés de front. Un officier du second ordre, un fouet à la main, le conduisait, ce qui n'empêchait pas que dans le char même il n'y eût un cocher, tenant les rênes à la main. Il avait le roi à sa gauche, qui était le côté honorable. Les fonctions de cocher royal étaient alors fort considérées, et l'on a vu précédemment que l'habile cocher de Mou-wang reçut une principauté en apanage pour récompense de son adresse à diriger les coursiers royaux. Lorsque Confucius se rendait sur un char attelé d'un bœuf à la cour des différents princes de la Chine, le cocher qui le conduisait était toujours un de ses disciples. Quelques-uns des chars du roi avaient deux roues, les autres quatre; on y entrait par-devant. Cette partie du char était le plus souvent couverte d'une peau de tigre ou de quelque autre animal sauvage.

L'étendard que l'on aperçoit pendant derrière le char est l'étendard royal. On y voit représentées sur une bande latérale les figures du soleil et de la lune, pour marquer que les vertus du prince éclatent comme ces deux astres. On y voit aussi le symbole des étoiles, et un arc avec une flèche pour indiquer la puissance. Le reste de l'étendard est divisé en douze bandes horizontales, sur lesquelles sont représentés douze dragons, symbole de la souveraineté.

« Les anciens souverains de la Chine, dit Deguignes, avaient encore un char nommé *tching*. Il était tiré par seize chevaux, ce qui servait à faire connaître leur supériorité. On s'est ensuite servi de ce mot pour désigner la maison d'un prince, par l'expression de *cent chars de seize chevaux chacun* (*pé-tching*), un prince ne pouvant posséder que seize cents chevaux, selon la loi. Par la même raison, *mille chars de seize chevaux* (*tsien-tching*) désigne la maison royale. Dans ces temps anciens, huit cents familles du peuple étaient obligées de fournir un char de seize chevaux, avec trois capitaines armés de leurs casques et de leurs cuirasses, et vingt-deux fantassins. »

Un grand parasol, qui accompagne partout la personne du souverain, domine le char royal. C'est un des signes distinctifs de la royauté dans les temps anciens. Aujourd'hui ce n'est plus son attribut exclusif en Chine. Il est de différentes couleurs, selon la dignité des personnes. Celui de l'empereur est jaune aurore et terminé par un dragon d'or; celui du prince héritier, son fils, est semblable. Celui de l'impératrice est de même couleur, mais terminé par deux oiseaux d'or fabuleux; celui des autres femmes de l'empereur est violet et surmonté d'un paon d'or; celui des ministres et des officiers de premier ordre est bleu et surmonté d'une petite tour d'argent. Ceux des officiers du second ordre et du troisième ordre sont rouges et également surmontés d'une tour d'argent ; ceux des officiers du quatrième et du cinquième ordre sont de même, mais la couleur en est noire. Tous ces parasols sont faits d'étoffes de soie et servent dans les cérémonies publiques.

Nous représentons ici des costumes de reines, de rois, de princes et de grands dignitaires (*wang, koung, sse*) pendant les premières dynasties.

Costumes ; anciens personnages.

— 178 —

Costumes, anciens personnages.

Les deux derniers personnages représentent des reines ou princesses, revêtues de la robe nommée *hoeï*, qu'elles portaient pendant la célébration des sacrifices, et sur laquelle on voit représentés les deux oiseaux fabuleux (*foung-hoang*), mâle et femelle, qui annoncent le bonheur lorsqu'ils apparaissent.

Le quatrième personnage porte le bonnet simple et la grande robe de peau nommée *kieou*.

Le troisième personnage porte le bonnet appelé *mien*, à forme carrée, et dont le dessus était plat et uni. Douze cordons de soie, à chacun desquels étaient enfilées douze pierres précieuses, pendaient devant et derrière. On prétend que ce bonnet, chez les souverains, était symbolique ; les cordons de perles servaient à leur dérober la vue des choses déshonnêtes ; et par la même raison, deux pièces d'étoffe jaune, placées aux deux côtés du bonnet, devaient lui couvrir les oreilles, pour qu'il ne pût entendre ni la flatterie, ni la calomnie, ni tout ce qui pouvait être contre la vérité. Ce bonnet était placé de façon à incliner un peu sur le devant, pour indiquer la manière honnête et polie dont le roi devait recevoir ceux qui venaient à son audience. Ce bonnet n'était porté que dans les cérémonies.

Le même personnage est revêtu d'une robe sur laquelle sont représentés les symboles de la puissance et du commandement : le soleil, le *foung-hang*, les étoiles, des montagnes, la figure sortie du fleuve sur le dos d'un dragon-cheval, que les Chinois prétendent avoir inspiré à Fou-hi les premiers symboles de leur écriture, le caractère qui signifie succès militaire, et enfin une hache d'armes.

Les deuxième et premier personnages qui sont de grands dignitaires (*sse*), portent, le premier, le bonnet de poil appelé *kouan*, et le second, le bonnet de peau d'animal appelé *weï*.

Ces quatre derniers tiennent chacun entre les mains une espèce de tablette nommée en chinois *koueï*. Le roi et tous les grands de sa cour les portaient dans les cérémonies et dans les audiences publiques. On les voit aussi entre les mains de Confucius, dans la plupart de ses portraits (1).

---

(1) Les cinq ordres des grands dignitaires étaient les seuls autorisés à porter ces tablettes. Le premier (*hoang*) portait la tablette de la bravoure; le second (*heou*), celle de la fidélité, sur laquelle était représenté un homme à tête droite; le troisième (*pe*) portait une tablette sur laquelle était représenté un homme à tête baissée, pour marquer la soumission ; le

Les anciens Chinois avaient des connaissances avancées dans l'astronomie ; le *Livre sacré des annales* rapporte des faits qui supposent que la musique, la poésie, la peinture, étaient connues dès les premiers temps historiques de la Chine. Ce même livre parle souvent de livres ou écrits plus anciens qu'il cite. Les arts industriels, comme la fabrication des étoffes de soie, du vernis, remontent à la plus haute antiquité, ainsi que la connaissance des propriétés de l'aimant, qui a été connu si tard en Europe. Une autre connaissance des anciens Chinois, qu'il est difficile de révoquer en doute, c'est celle de l'aplatissement des pôles de la terre. D'après les écrivains chinois cités par le P. Amyot dans son *Supplément à l'art militaire des Chinois* (Mém., t. VIII, p. 556), les propriétés de la poudre à canon et l'emploi des bouches à feu étaient connus déjà quatre cents ans avant notre ère. Ce peuple fabriqua également très-anciennement des armes et des vases précieux qui annoncent une certaine perfection de travail.

IVe DYNASTIE : LES THSIN.

En reprenant le récit des faits, il nous est nécessaire de rappeler quelques événements que nous avons cependant précédemment indiqués.

THSIN-CHI-HOUANG-TI ou WANG-TCHING, le premier empereur de la dynastie de Thsin, trouve à son avénement au trône le système féodal qui avait été introduit par Wen-wang, fondateur de la dynastie des Tcheou, fort augmenté sous ses successeurs. Plusieurs d'entre eux avaient créé de nouveaux fiefs et des principautés pour leurs favoris, et les descendants de ceux-ci avaient successivement agrandi leur territoire et secoué le joug de l'autorité impériale. Fy-tsu, de la famille de Yng, qui prétendait descendre de l'ancien empereur Tchuanhiu, fut le fondateur de la maison de Thsin. Ce prince aimait beaucoup les chevaux, et il en nourrissait un grand nombre. L'empereur Hiao-wang, l'ayant chargé de la direction de ses haras, fut si content de lui, qu'il lui fit don de la principauté de Thsin (897 ans avant J.-C.), ancien domaine de la maison de

---

quatrième ordre (*tse*) portait une tablette chargée de plantes de riz, pour marquer qu'il devait procurer la nourriture du peuple ; et le cinquième (*nan*) portait la tablette chargée d'herbes, symbole de l'abondance.

Tcheou. Les vingt-neuf premiers successeurs de Fy-tsu portèrent le titre de koung, qui correspond à celui de comte; le trentième, qui fut contemporain de l'empereur Hoeï-wang, des Tcheou, succéda en 538 à son père Hiao-koung, et prit le titre de wang ou de roi. Il s'appelait Hoeï-wen-wang. Son fils, Wou-wang, ne régna que quatre ans, et il eut en 307 pour successeur Tchao-siang-wang, frère de son père. Sur la fin des Tcheou, les princes de cette race s'étaient laissé amollir par le luxe, et la Chine féodale ne présentait plus qu'un corps informe, dont chaque membre voulait être le chef. Sept royaumes indépendants s'étaient formés dans son sein, qu'ils déchiraient par des guerres continuelles. Ce fut au milieu de ces troubles que les princes de Thsin devinrent insensiblement si puissants, qu'après avoir détruit plusieurs royaumes ils parvinrent à subjuguer les Tcheou mêmes et à s'emparer de l'empire. Tchao-siang-wang fit, en 258 ans avant J.-C., une guerre sanglante au roi de Tchao, et combattit, deux ans après, celui de Han. Il finit par les vaincre tous les deux. L'empereur Nan-wang, qui était demeuré resserré, mais tranquille, dans son petit patrimoine, craignant enfin que le prince de Thsin ne s'emparât de tout l'empire, travailla à réunir les autres princes; mais ce projet causa sa perte: car, dès que Tchao-siang-wang en fut averti, il fit entrer ses troupes sur les terres de l'empire. Nan-wang, frappé de terreur, alla se jeter aux pieds de son rival, lui livra toutes ses places, et se mit à sa discrétion. Tchao-siang-wang, désarmé par tant d'humilité, le renvoya dans sa capitale; mais le malheureux prince ne put y rentrer; il mourut en chemin. Nan-wang ne laissa point de postérité qui pût hériter de ses droits et disputer un jour l'empire; car pour Tcheou-kiun, qu'on veut bien mettre au nombre des empereurs, parce qu'il était du sang des Tcheou, il n'avait pas même un village en propre. C'est donc en 256 que la dynastie des Tcheou fut détruite. Tchao-siang-wang ne prit cependant que le titre d'empereur, qui n'eût rien ajouté à sa puissance, et lui eût suscité une foule d'ennemis. Il mourut deux ans après, en 251. Son fils, Hiao-wen-wang, malade et hors d'état de gouverner, n'occupa le trône que peu de jours. Il fit reconnaître pour successeur son fils Tchouang-siang-wang, qui poussa avec beaucoup de vigueur la guerre contre les Han et contre les Tchao, gagna plusieurs batailles, enleva des places d'une haute importance, prit trente-sept villes, et força le roi de Tchou, un des alliés de ses ennemis, à sortir de sa capitale. Mais ses succès eurent un terme, en présence de cinq rois qui s'étaient ligués pour lui résister. Son armée fut mise en déroute et poursuivie jusqu'au défilé de Han-ku. Il conçut un si violent chagrin de ce revers imprévu, qu'il en tomba malade, et mourut en 247, après un règne de trois ans. Son fils, Wang-tching, est le prince célèbre qui nous occupe en ce moment, et qui, après avoir soumis toute la Chine, prit le nom de Thsin-chi-houang-ti, sous lequel il est connu dans l'histoire. Ce fut lui qui tira les Chinois de

Thsin-chi-houang-ti, empereur de la Chine.

l'état de servitude sous lequel ils gémissaient depuis si longtemps, ou, pour mieux dire, qui leur donna une liberté qu'ils ne connaissaient pas ; mais ce changement fut loin de faire naître en eux des sentiments de reconnaissance. Quelques actes de violence, inévitables dans les révolutions, donnèrent lieu d'accuser de tyrannie un des plus grands empereurs qui aient régné en Chine. Le génie de ce prince, embrassant tout ce qui est élevé, rompit souvent les entraves que les lois de sa patrie opposaient à ses volontés. Il méprisa les anciens préjugés, et, en détruisant les petits tyrans, il gouverna en maître absolu, seule condition sous laquelle un talent supérieur puisse vouloir régner. Les Chinois, mécontents de ce qu'il avait troublé le repos dont ils jouissaient depuis tant de siècles, se sont efforcés de jeter des doutes sur la légitimité de sa naissance, et plusieurs de leurs historiens ont prétendu qu'il n'était pas le fils de Tchouang-siang. Selon eux, sa mère était une esclave du marchand Liu-pou-weï, qui fut menée à ce prince, déjà enceinte ; mais les auteurs de cette fable sont forcés, pour l'établir, de dire que cette femme ne le mit au monde qu'après une grossesse d'un an, et lorsque le roi Tchouang-siang-wang lui avait fait partager sa couche depuis dix mois. Wang-tching, étant parvenu au trône à l'âge de treize ans, ne songea d'abord qu'à se mettre au fait des affaires, et à s'instruire à fond des forces de ses voisins et des siennes. Les rois de Tchao et de Weï, au lieu de se préparer à repousser l'orage qui les menaçait, semblaient ne travailler qu'à se détruire. Wang-tching mit tout en œuvre pour les brouiller entre eux : il y parvint à force de ruse et d'argent, et il gagna ainsi le temps qui était nécessaire à ses préparatifs. Avant d'exécuter le grand projet conçu depuis longtemps par ses prédécesseurs, il voulut se garantir des incursions fréquentes des Turcs Hioung-nou, qui occupaient les pays situés au nord de la Chine ou la Mongolie actuelle. Ces Turcs étaient un peuple nomade vivant de brigandage et du produit de ses troupeaux. Le roi de Thsin, ne voulant plus être obligé d'entretenir une armée pour les observer, fit fermer les principaux passages par où ils pouvaient pénétrer dans ses Etats. Les princes de Tchao et de Yan avaient fait construire des murailles dans le même but. La réunion de ces différentes fortifications fut le commencement de la fameuse grande muraille. Ayant attaqué de nouveau ses compétiteurs en 244, Wang-tching enleva aux Han une douzaine de villes, et aux Weï une province entière. Une sorte de peste, répandue dans ses Etats, arrêta pour quelque temps sa marche victorieuse. Le prince de Tchou s'étant joint en 241 à ceux de Tchao, de Han et de Weï, ces alliés étaient sur le point d'entrer sur les terres des Thsin, quand ceux-ci vinrent à leur rencontre et les battirent complétement. Après cette victoire, Wang-tching, toujours occupé de son grand dessein, allait s'emparer d'une partie des provinces de ses ennemis, lorsqu'une révolte l'obligea de revenir dans ses Etats. Sa mère, qui n'était pas encore avancée en âge, entretenait un commerce criminel avec un jeune homme introduit dans le palais sous le titre d'eunuque. Deux enfants étaient nés de cette intrigue. Dès que l'empereur en fut informé, Lao-ngaï (c'était le nom du prétendu eunuque) effrayé s'enfuit du palais, emportant le sceau de l'empire, et il s'en servit pour rassembler des troupes, afin d'aller, disait-il, délivrer l'empereur de l'état de servitude dans lequel les ministres le tenaient plongé. Cependant cette révolte fut bientôt apaisée. Un des généraux du prince dissipa les troupes de Lao-ngaï et le fit prisonnier. Ce malheureux fut condamné à une mort ignominieuse, ainsi que toute sa famille et les deux enfants que l'impératrice mère avait de lui. Wang-tching relégua cette princesse dans le pays de Young, où elle fut gardée à vue et réduite au plus strict nécessaire. Cependant, quelques années plus tard, l'empereur se laissa fléchir, et lui permit de revenir à la cour. Ce fut à cette époque que commença auprès de ce prince le crédit de Li-szu, qui devint bientôt son conseiller, son premier ministre, et qui par son habileté et son courage contribua si efficacement à étendre sa puissance. Après avoir augmenté le trésor, déjà très-considérable, dont Wang-tching avait hérité de ses prédécesseurs, ce ministre leva des troupes nombreuses, et il les distribua de manière qu'elles fussent toujours prêtes à l'attaque ou à la défense. Dans le même temps il employa des sommes considérables pour exciter des divisions parmi les six rois qui partageaient encore l'empire. Celui de Tchao et celui de Yan, qui occupaient le nord, tandis que les Thsin régnaient dans le nord-ouest, furent les premières victimes des trames ourdies secrètement par ce ministre ; il avait su les animer l'un contre l'autre, et son maître attendit l'issue de leurs hostilités pour prendre le parti de celui qui succomberait. En effet, après que les Tchao eurent totalement battu les Yan, le roi de Thsin, se déclarant pour ces derniers, attaqua les Tchao, et leur prit neuf villes qu'il réunit à ses États. Cette expédition heureusement terminée, il marcha au secours de Tchou contre les Weï, qui furent battus et contraints de recevoir la loi du vainqueur. Bientôt il revint sur les Tchao, et gagna une bataille. Cependant leur général, Li-mou, réussit d'abord à mettre en fuite les troupes des Thsin ; mais ces dernières reparurent bientôt avec de nouvelles forces, et s'emparèrent des deux principales provinces du royaume de Tchao. Ce revers perdit le malheureux Li-mou, que son maître fit périr, l'accusant de l'avoir causé par son imprévoyance. Pendant ce temps, Wang-tching recevait les serments de Ngan-wang, roi de Han, qui, frappé de terreur à son approche, offrit de se reconnaître pour son vassal, son tributaire, et de lui céder un vaste territoire. Peu satisfait de cette humiliation, le roi de Thsin renvoya ses ambassadeurs, et fit entrer dans ses États un corps d'armée qui parvint jusqu'à sa capitale, et le fit prisonnier. Alors le royaume de Han devint une province des Thsin (231 avant J.-C.). Deux ans après, celui de Tchao eut le même sort; et le besoin de se venger d'une tentative d'assassinat, faite par le fils du roi de Yan, fut le prétexte d'une autre invasion. Ce jeune prince, qui était venu à la cour de Wang-tching, y avait été traité avec beaucoup de hauteur. Résolu de s'en venger, il chargea un des ennemis de Wang-tching de le poignarder; mais l'assassin ayant été découvert au moment où il allait consommer son crime, le roi de Thsin fit marcher une armée contre les Yan. Ces derniers furent battus, et leur roi, assiégé dans sa capitale, se vit obligé de faire couper la tête de son propre fils, le prince de Tan, et de l'envoyer à Wang-tching. Ce monarque, qui avait alors d'autres ennemis à combattre, retira ses troupes du pays des Yan, et tourna ses armes contre les Weï. Le succès le plus heureux couronna les efforts de son général, qui en 225 soumit tout ce royaume, et envoya le roi prisonnier à la cour de Thsin. Wang-tching, voyant alors que tout lui réussissait au delà de ses vœux, entreprit de réduire le prince de Tchou; mais, n'ayant pas suivi les conseils du vainqueur des Weï, il fit marcher une armée trop faible, qui fut repoussée et perdit beaucoup de monde. Désespéré de cette défaite, il fit venir le général Wang-tsian, et lui donna six cent mille hommes, avec lesquels celui-ci pénétra jusqu'à la capitale de Tchou, obtint une grande victoire, et fit le roi prisonnier. A la même époque, un autre général des Thsin acheva la ruine du royaume des Yan. Ainsi, dans la vingt-cinquième année de son règne (222 avant J.-C.), le prince de Thsin se vit maître de tout l'empire, à l'exception des Etats des Thsi, dans la province de Chan-toung, situés de manière qu'ils avaient pour défense d'un côté la mer, et des autres les royaumes de Yan, de Tchao et de Tchou. Cette position les avait jusque-là garantis des entreprises des Thsin. Cependant le dernier roi de Thsi, n'ayant jamais voulu rien entreprendre pour empêcher leur agrandissement, et s'étant refusé à toutes les alliances qu'on lui avait proposées contre eux, reconnut trop tard que sa politique était fausse. L'armée des Thsin, qui revenait de la conquête du pays de Yan, entra dans ses Etats, et s'empara de plusieurs villes. Alors ce roi pusillanime se déclara vassal des Thsin, croyant qu'on lui laisserait au moins le gouvernement d'une partie de ses Etats; mais on le traita en prisonnier de guerre, et il fut gardé à vue. Cependant il parvint à s'évader sous un déguisement; mais, n'ayant pris aucune précaution, et marchant au hasard par des chemins détournés, il ne vécut pendant plusieurs jours que de ce qu'il put trouver dans les champs, jusqu'à ce qu'enfin, accablé de lassitude, épuisé par le chagrin, il s'assit au pied d'un cyprès et expira de douleur. Ainsi périt le dernier des sept souverains qui avaient partagé la Chine. Wang-tching, après avoir réuni tout l'empire, prit, en 221 avant J.-C., le titre de *Thsin-chi-houang-ti*, qui signifie *premier empereur auguste des Thsin*, ou *le principe des seigneurs souverains des Thsin*. Jusqu'alors les monarques chinois s'étaient contentés de celui de *heou* (prince), de *wang* (roi), ou de *ti* (empereur). Depuis cette époque, ils ont conservé le titre de *houang-ti*. La dynastie des Thsin est celle qui a donné à la Chine le nom qu'elle porte dans l'Occident, et qui nous est venu de l'Inde par les Arabes et les Persans. Thsin-chi-houang-ti régnait sur un territoire presque aussi étendu que celui qui forme aujourd'hui la Chine. Il le divisa en trente-six provinces, auxquelles il en ajouta dans la suite quatre autres, situées au sud, et qui n'étaient auparavant que tributaires de l'empire. Le siége impérial fut fixé à *Hian-yang*, ville de la province de Chen-si, et qui porte encore le même nom. L'empereur l'embellit avec magnificence, et y fit construire des palais exactement semblables à ceux de tous les rois qu'il avait soumis. Il ordonna que les meubles qui avaient décoré les anciens palais y fussent transportés, et il voulut que les mêmes serviteurs continuassent à les habiter. Ces bâtiments, d'un goût si varié, occupaient un espace immense le long de la rivière de Weï. On communiquait de l'un à l'autre par une superbe colonnade qui formait une vaste galerie où l'on était à couvert en tout temps. Le nouveau monarque faisait ses tournées dans l'empire avec un faste inconnu jusqu'alors. Partout il fit construire des édifices destinés à attester son pouvoir et sa magnificence; et dans le même temps des chemins utiles et des canaux bien entretenus facilitèrent les communications et le commerce, favorisé d'ailleurs par une profonde paix après des guerres funestes. Depuis une longue suite de siècles, la Chine septentrionale n'avait pas cessé d'être exposée aux incursions des peuples de la race turque établis au nord de l'empire. Ces peuplades, qui pendant le règne de la troisième dynastie chinoise étaient connues sous le nom de *Hian-yun*, commencèrent à porter, sous les Thsin, celui de *Hioung-nou*, qui leur resta encore plusieurs siècles après. Thsin-chi-houang-ti, résolu de les châtier et de leur ôter tout désir de reparaître sur ses frontières, leva une armée de trois cent mille hommes, et la fit partir, sous le commandement de Mung-thian, par différents chemins, afin de surprendre l'ennemi. Cette entreprise eut un succès complet, et la plus grande partie des Hioung-nou, qui vivaient dans le voisinage de la Chine, furent exterminés. Le reste se retira au delà des montagnes les plus reculées. L'empereur tourna ensuite ses armes contre les peuples situés au sud de la chaîne Nan-ling, qui traverse la Chine méridionale de l'ouest à l'est. C'étaient des tribus indociles, à demi-sauvages, défendues par des fleuves, des rivières et un grand nombre de montagnes. Résolu de les soumettre, Wang-tching enrôla dans son vaste empire tous ceux qui n'avaient pas de profession, et, après les avoir exercés à la hâte, il se mit en marche. Malgré le peu d'expérience de ses troupes, il soumit tout le pays jusqu'à la mer qui borne au sud la Chine actuelle. Après tant de travaux glorieux, il ne lui restait plus qu'à se délivrer d'une multitude d'oisifs et de vagabonds incapables de vivre par des travaux utiles, et toujours prêts à troubler le repos de l'empire. Il les fit enfermer, au nombre de cinq cent mille, dans les forteresses où ils furent obligés de travailler. Lorsque Mung-thian eut dompté les Hioung-nou en purgeant toutes les frontières septentrionales, depuis le golfe de Liao-toung jusqu'au Ho-nan ou le pays appelé maintenant Ordos (d'après la tribu mongole qui l'occupe), l'empereur lui ordonna de réparer et de réunir en une seule les différentes murailles que les princes de Thsin, de Tchao et de Yan avaient fait construire pour protéger leurs Etats. Il fit rassembler, pour ce travail, une immense quantité d'ouvriers, et les plaça sous la surveillance de plusieurs corps de troupes. Ce prince était alors dans la trente-troisième année de son règne (214 avant notre ère); il n'eut pas la satisfaction de voir terminer ce travail gigantesque qui dura dix ans, et ne fut achevé qu'après l'extinction de sa dynastie. Tant d'entreprises heureusement terminées semblaient mériter à Thsin-chi-houang-ti la reconnaissance de ses sujets et la paisible possession de la dignité impériale. Cependant il eut sans cesse à lutter contre des grands qui auraient voulu de nouveau morceler l'empire, et qui n'oubliaient rien pour rétablir le système féodal des Tcheou, en s'appuyant sur l'histoire et sur les anciens livres. Excédé des représentations importunes et réitérées qui contenaient des passages et des principes extraits de ces livres, il commanda en 213, à la requête de son premier ministre Li-szu, de brûler tous les anciens ouvrages historiques, et principalement ceux de Confucius, n'exceptant que les annales de la famille royale des Thsin. C'est à l'inexorable rigueur avec laquelle cet ordre barbare fut exécuté que l'on doit attribuer l'ignorance où l'on est resté sur l'histoire des premiers siècles de la Chine. Mais si l'empereur des Thsin a fait essuyer une telle perte aux sciences, son grand Mung-thian les en a dédommagées par la découverte du papier et du pinceau à écrire, dont le premier surtout fut de la plus haute importance pour la Chine. Un autre bienfait littéraire du même règne fut l'introduction d'une manière plus facile de tracer les caractères, jusqu'alors composés de traits durs et difficiles à former. Ces nouveaux caractères, appelés *lichou*, sont ceux qui ont produit l'écriture actuellement en usage, qui, bien que d'une forme plus élégante, en diffère très-peu pour la composition des groupes. Thsin-chi-houang-ti mourut pendant une tournée qu'il faisait en 210 dans les provinces orientales de son empire. Quelques auteurs prétendent qu'il n'expira qu'après avoir bu le breuvage de l'immortalité, inventé par les tao-sse, dont il suivait la doctrine. Son successeur le fit accompagner chez les immortels par un grand nombre de ses femmes et de ses domestiques ; on remplit son tombeau de richesses, et il fut couvert d'une montagne de terre prodigieusement élevée. Malgré les brillantes qualités de Thsin-chi-houang-ti, ses sujets ne se montrèrent pas très-attachés à sa personne et à son gouvernement ; ses innovations, quoique utiles, ne purent trouver grâce auprès d'un peuple qui chérit par-dessus tout ses anciens usages, et qui, croyant peu à la perfectibilité du genre humain, ne se laisse pas éblouir par l'éclat d'une fausse gloire. L'illustre fondateur de la dynastie des Thsin pouvait bien surmonter, tant qu'il vécut, les obstacles que les pacifiques Chinois opposaient à ses vues ; mais après lui sa famille ne put supporter un tel poids.

EULH-CHI-HOANG-TI (210 avant J.-C.), fils de Thsin-chi-houang-ti, monta sur le trône après lui, par les intrigues de l'eunuque Tchao-kao, qu'il nomma son premier ministre. Par son conseil, il commença par faire mourir les grands, destitua les anciens officiers pour les remplacer par des sujets qui lui étaient dévoués, enrichit les pauvres des dépouilles des riches, et, pour se délivrer de toute crainte, extermina presque tous les mâles de la famille impériale.

L'atrocité de son gouvernement ayant excité des révoltes, Tchao-kao envoya Tching-ching pour faire rentrer les rebelles dans le devoir. Les succès que ce général eut contre eux et la modération dont il usa déterminèrent les chefs de son armée à lui offrir le titre de roi de Tchou, sa patrie. Il déclara la guerre à l'empereur. Tout l'empire fut alors en combustion. Eulh-chi-hoang-ti, devenu plus furieux à mesure qu'il voyait le trouble s'accroître, multipliait les supplices pour les faire cesser, et ne faisait par là qu'irriter la haine des peuples. L'empereur chargea Tchang-han, son général, de marcher contre Tching-ching. Ce général, aussi bon politique que hardi, engagea Tchang-kia à se défaire de Tching-ching; ce qu'il exécuta par une trahison.

L'eunuque Tchao-kao conservait toujours son crédit auprès de l'empereur, et continuait d'en abuser de la manière la plus révoltante. Sa prospérité l'aveugla au point qu'elle le fit aspirer au trône impérial. Le monarque, en apprenant que Licou-pang, chef d'une révolte, faisait des progrès rapides, fit à son ministre de vifs reproches de ne l'en avoir pas averti. Licou-pang, dans le même temps, força la ville de Ou-koan, dont il passa la garnison au fil de l'épée. Ce revers mit l'empereur en colère contre son ministre, qu'il accusa de négligence à cet égard. Tchao-kao, se voyant déchu de la faveur de son maître, se concerta avec Yen-yu, l'une de ses créatures, pour se défaire de lui. Ayant fait subitement répandre le bruit que l'ennemi était dans la place, ces deux traîtres lui déclarent qu'il n'a point d'autre parti à prendre que de se donner la mort. Le cœur plein de rage, l'empereur aussitôt s'enfonce un poignard dans le sein et tombe baigné dans son sang.

Le crime consommé, Tchao-kao assembla les grands, avec lesquels il conclut qu'il fallait remettre les choses sur l'ancien pied et ne donner à Tse-yng, qui devait succéder à Eulh-chi-hoang-ti que le titre de prince. L'eunuque étant allé le trouver pour lui faire part de cette délibération, le prince, loin de l'agréer, le fit mettre à mort, en punition de ses crimes. Tse-Yng ne jouit pas néanmoins de la succession que les grands lui avaient assignée. Guidés par leur ambition, ils travaillèrent chacun à démembrer l'empire et à le partager entre eux. Mais Licou-pang, déjà maître du royaume de Han, l'emporta sur tous par le mérite de ses services et l'étendue de sa puissance. Après s'être fait la guerre entre eux pendant le cours de quatre ans, ils furent enfin obligés de plier sous la valeur de Licou-pang.

Le plus redoutable adversaire de Licou-pang avait été un général du roi de Tchou, nommé Hiang-yu ou Hiang-hi, homme fier mais cruel et de mauvaise foi; qualités vicieuses qui le perdirent.

Hiang-yu ou Hiang-hi, général chinois.

V° DYNASTIE : LES HAN.

Kao-hoang-ti (202 avant J.-C.) fut le nom que prit Lieou-pang, après que les grands se furent accordés à l'élever sur le trône impérial. Généreux et reconnaissant envers ceux qui

Kao-hoang-ti, empereur chinois.

l'avaient bien servi, il les récompensa selon leurs mérites. Les Tartares Hioung-nou, ayant osé faire des incursions sur les terres de l'empire, sous la conduite de Mété, leur roi, donnèrent beaucoup d'exercice aux généraux de l'empire, envoyés pour les repousser. Accoutumés à fuir lorsqu'ils se trouvaient les plus faibles, ils revenaient souvent à la charge quand ils voyaient jour à pouvoir réparer leurs pertes.

King-pou, prince de Hoai-nan, craignant que l'empereur n'en voulût à ses jours, faisait des levées secrètes de troupes, afin de vendre chèrement sa vie, si l'on voulait y attenter. Kao-hoang-ti, instruit de son dessein, se mit lui-même à la tête de son armée et marcha contre lui. Avant d'en venir à une bataille, il lui fit demander ce qu'il voulait. « L'empire, » répondit King-pou. L'empereur, indigné de cette réponse arrogante, fit sonner aussitôt la charge, et battit complétement l'armée du rebelle. Celui-ci pensait à réparer ce revers, lorsque Wang-tchin, prince de Tchang-cha, feignant de le secourir, lui envoya un corps de troupes qui le surprit dans Yuei et le mit à mort.

Les fatigues que Kao-hoang-ti avait essuyées dans son expédition, jointes à une blessure qu'il y avait reçue, avaient altéré considérablement sa santé ; elles lui causèrent une maladie qui fit en peu de temps de rapides progrès, et l'emporta après avoir régné douze ans comme roi de Han et huit comme empereur. Son caractère bouillant et impétueux lui fit faire bien des fautes, qu'il sut réparer en consultant des amis éclairés.

C'est à Chang-liang, général en chef du fondateur de la dynastie des Han, que les historiens et les géographes chinois attribuent ces grands travaux publics exécutés dans la province occidentale et montagneuse du Chen-si, pour arriver à la capitale de l'empire (qui est aujourd'hui Si-ngan-fou) sans faire les longs détours que nécessitaient de hautes montagnes et des gorges profondes. Plus de cent mille hommes furent employés à niveler ces montagnes ; et là où leurs débris ne suffisaient pas pour combler les abîmes, on fit passer les routes sur des piliers, ou l'on jetait des ponts suspendus d'une montagne à l'autre, lorsqu'elles n'étaient pas trop éloignées. « Ces ponts, disent les écrivains chinois, sont en quelques endroits si élevés, qu'on ne voit qu'avec terreur le fond des précipices. Quatre cavaliers y peuvent aller de front. Il y a des balustrades de chaque côté pour la sûreté des voyageurs, et l'on a bâti à de certaines distances des villages ou des hôtelleries pour leur commodité. On les voit encore aujourd'hui près de Han-tchoung-fou, quatrième ville de la province du Chen-si.

— 192 —

HIAO-HOEI-TI (194 avant J.-C.), fils aîné de Kao-hoang-ti, lui succéda, malgré les intrigues de la princesse Tsi, une des femmes du feu empereur, pour l'exclure et lui substituer son propre fils. L'impératrice, mère de Hiao-hoeï-ti, devenue toute-puissante, fit jeter la princesse Tsi dans un cloaque, après lui avoir fait couper les pieds, les mains et les oreilles. L'empereur, saisi d'horreur à la vue de ce cadavre, que sa mère lui fit présenter, s'abstint pendant un an du soin de l'Etat. Mais, au lieu d'employer ce temps à s'instruire des affaires, il le passa dans la débauche. Ayant pris ensuite, à la sollicitation des grands, le timon du gouvernement, il nomma son ministre Tsao-tsan, qui lui donna tous ses soins pour s'acquitter parfaitement de cet emploi. Le règne de cet empereur fut court. Il n'était sur le trône que depuis six ans, lorsque la mort l'en fit descendre.

Ce fut seulement sous le règne de Hoeï-ti que les décrets contre les anciens livres furent révoqués. Toutes les révolutions qui avaient passé depuis un siècle sur les anciennes institutions féodales de la Chine en avaient assez effacé les empreintes pour qu'elles ne parussent plus à craindre. Aussi la recherche des livres où elles étaient proclamées ne parut plus dangereuse; et la nouvelle dynastie ne vit dans cette mesure réparatrice, dans cette réaction littéraire, qu'une mission glorieuse pour elle. Le zèle des lettrés qui avaient survécu à la terrible proscription se manifesta avec d'autant plus d'ardeur qu'il avait été longtemps comprimé, et de toutes parts on se mit à la recherche des anciens livres qui avaient pu être dérobés à l'incendie. On fouilla les chaumières, les tombeaux, les murs en ruine, et on fut assez heureux pour retrouver des fragments considérables des anciens ouvrages, et même des livres entiers. C'est avec des matériaux ainsi recouvrés et avec le secours d'un vieillard nommé Fou-seng, que l'on parvint, à la cinquième année du règne de Wen-ti, à rétablir le *Livre des annales* (le *Chou-king*) tel à peu près qu'il existe encore aujourd'hui.

Portrait de Fou-seng, lettré chinois.

(188 avant J.-C.) L'impératrice mère de Hiao-hoeï-ti, lui donna pour successeur Liu-heou, enfant supposé, et se fit déclarer régente. Cette princesse, voyant que son fils ne faisait point espérer de postérité, avait donné à l'impératrice, sa bru, le fils d'une étrangère pour l'élever comme le sien; et, pour mieux couvrir cette supercherie, elle s'était défaite de la mère de l'enfant. Devenue régente, elle ne songea qu'à écarter des emplois tous les princes de la famille de Kao-hoang-ti, pour leur substituer ses parents. S'étant ensuite dégoûtée de ce simulacre d'empereur, elle le fit déposer, et mettre en sa place Y-ti, autre enfant supposé. La mort de cette princesse, arrivée peu de temps après, renversa toutes les espérances de ses parents et de ceux qu'elle protégeait. Lorsqu'elle eut fermé les yeux, les grands s'étant assemblés pour l'élection d'un chef de l'empire car Liu-heou était déjà mort), jetèrent unanimement les yeux sur le prince de Taï, né d'une concubine du dernier empereur.

HIAO-WEN-TI (179 avant J.-C.) fut le nom que prit le prince de Taï en montant sur le trône impérial. Ce monarque, d'un caractère rempli de bonté, naturellement compatissant et porté à la vertu, donnait à tous ses sujets, sans distinction, un libre accès auprès de sa personne; affable envers tout le monde, il faisait arrêter son char pour recevoir tous les placets qu'on voulait lui présenter. Il était ennemi des louanges et des discours inutiles. Sa grande passion était la chasse, et il eut beaucoup de peine à s'en corriger. Pendant les guerres continuelles qui avaient désolé l'empire, la cérémonie du labourage, pratiquée par les empereurs, avait été interrompue et presque oubliée. Hiao-wen-ti, jouissant des douceurs de la paix, voulut rétablir cette coutume afin d'exciter le peuple à défricher les terres et d'encourager les laboureurs par cette marque d'estime pour leur profession. L'ordre qu'il fit publier à cette occasion était conçu en ces termes : « La terre est la nourrice des hommes, et ses productions sont la principale richesse d'un empire. L'état le plus honorable est celui qui concourt à la conservation des autres; et afin de témoigner l'estime que j'en fais, je veux moi-même, suivant la coutume de nos premiers sages, pratiquer l'auguste cérémonie de labourer la terre, et employer à sacrifier au Chang-ti le produit de la portion que j'aurai cultivée. J'exempte le peuple de la moitié des tributs, pour les mettre en état de se procurer les instruments nécessaires au labourage. »

Les Tartares Hioung-nou, sans respecter l'alliance renouvelée avec l'empereur, faisaient des irruptions réitérées, et causaient beaucoup de mal. Telle était leur manière de faire la guerre : gravir et descendre les montagnes les plus escarpées avec une rapidité étonnante, traverser à la nage les torrents et les fleuves les plus profonds; souffrir le vent, la pluie, la faim et la soif; faire des marches forcées; ne point être arrêtés par les précipices; accoutumer les chevaux à passer dans les sentiers les plus étroits; se rendre habiles à se servir de l'arc et de la flèche; être sûrs du coup de main; tels étaient les Tartares. Ils attaquaient, prenaient la fuite avec une promptitude et une facilité admirables. Dans les gorges, dans les défilés, ils avaient toujours l'avantage sur les Chinois; mais en plaine, où les chariots de ceux-ci pouvaient faire des évolutions, la cavalerie chinoise battait presque toujours la leur. L'empereur, ayant plusieurs milliers de Hioung-nou soumis à sa domination, leur fit donner des armes fabriquées en Chine, avec des chariots de guerre. Les Chinois mêlés avec ces Tartares devinrent des soldats façonnés à la manière de combattre des deux nations, et se rendirent par là plus redoutables à leurs ennemis.

Accoutumés au brigandage, les Hioung-nou revinrent sur les terres de la Chine vers la fin du règne de Hiao-wen-ti. Les ravages qu'ils commirent furent horribles ; ils firent périr beaucoup de monde, brûlèrent plusieurs villages, forcèrent même des villes, d'où ils emportèrent un butin considérable, sans qu'on pût les joindre pour les obliger d'en venir aux mains. Ils revinrent encore l'année suivante et commirent de nouveaux dégâts. Ces courses causèrent tant de chagrin à l'empereur, qu'il en tomba malade, et mourut la vingt-troisième année de son règne et la quarante-sixième de son âge. Ce prince ne voulut jamais qu'on fît rien pour sa personne, ni qu'on embellît son palais et ses jardins. Ses chars, ses équipages, ses habits, et généralement tout ce qui était à son usage étaient les mêmes qu'il avait eus en montant sur le trône. Il préférait à ce luxe le soulagement du peuple.

HIAO-KING-TI (156 avant J.-C.), nommé Lieou-ki du vivant de Hiao-wen-ti, son père, lui succéda comme son fils aîné. Il y eut sous son règne, entre les princes ses vassaux, de vives querelles, auxquelles il prit peu de part. Après avoir tenu le sceptre avec des mains languissantes, il mourut à l'âge de quarante-huit ans.

Il eut pour successeur (140 avant J.-C.) son fils cadet HAN-WOU-TI, qui fut un des plus grands souverains. A son avénement au pouvoir, l'empire était florissant; les lettrés avaient reconquis leur influence puissante; le peuple était gouverné par des lois justes et douces, qui étaient leur ouvrage. L'empereur Wou-ti voulut encore améliorer ces lois, en consultant les sages et les philosophes sur les doctrines de l'antiquité. Ce furent les conseils de ces philosophes qui le détournèrent d'abord de suivre son penchant dominant pour la guerre. Comme dédommagement, il se livrait avec fureur aux plaisirs de la chasse, et il avait fait entourer de murs, à cet effet, une grande étendue de terres, où il avait renfermé toute sorte de gibier; mais ayant réfléchi que toutes ces terres, n'étant point cultivées, restaient inutiles pour son peuple, il les rendit bientôt à l'agriculture. Le droit d'aînesse existait alors en Chine pour les successions des principautés : Wou-ti l'abolit, regardant comme injuste qu'un seul enfant fût comblé d'honneurs et de richesses, tandis que les autres seraient réduits à un état voisin de l'indigence. Sous son règne, comme sous celui de ses prédécesseurs, et comme nous le verrons constamment par la suite, les *Hioung-nou*, ou Tartares de race turque, continuent de faire des excursions en Chine. Ils sont souvent battus; mais leur sauvage bravoure, leurs hordes toujours menaçantes, leur font obtenir des alliances avec les empereurs chinois. La plupart des princesses qui leur sont données en mariage aiment mieux périr d'une mort violente que de devenir les compagnes de ces barbares. En l'année 135 avant notre ère, le *tchen-yu*, ou roi de ces Tartares, de race turque, envoya un ambassadeur à *Wou-ti*, pour lui demander une de ses filles en mariage. L'empereur la promit; mais, des différends étant survenus avec ces sauvages voisins, il changea d'avis, et il résolut de leur déclarer la guerre. Après des alternatives de succès et de revers, le général chinois parvint à leur faire quinze mille prisonniers, et à leur enlever tous leurs bagages. Cette victoire et d'autres encore finirent par rétablir la sécurité sur les frontières.

Ce fut à cette époque que des événements d'une grande importance historique se passèrent en Asie. La nation des *Yuë-tchi* ou *Yuë-ti* habitait alors, entre l'extrémité occidentale de la province de *Chen-si*, les montagnes célestes (*Thian-chan*) et le *Kuen-lun*, où elle avait formé un royaume puissant. Cette nation, probablement de race blonde, est la même qui, sous le nom de *Yut* ou *Iut*, a fondé, à l'époque indiquée par les auteurs chinois (dans le milieu du IIe siècle avant notre ère), de puissants empires dans l'Hindoustan (1). C'est sans doute aussi la même nation, connue en Occident sous le nom de *Gètes* (ensuite de *Goths*), qui fut vaincue par Gengis-kan et Timour. En remontant le cours de l'histoire on trouve entre elle et la nation scythe, contre laquelle Darius, le puissant roi des Perses, avait déjà eu à lutter plus de 500 ans avant notre ère, tant de traits de ressemblance, que l'on est amené à en conclure leur identité, déjà supposée par plusieurs historiens, entre les Goths, les Gètes et les Scythes.

Les *Hioung-nou*, peuple de race turque, dont nous avons

---

(1) Ils en furent chassés par le célèbre Vikrama-ditya, vers l'an 56 avant J.-C., événement si glorieux pour les Indiens, qu'ils ont fait dater de cette époque le commencement de leur *ère samvat*. Mais ces mêmes *Yuë-tchi* ou Scythes, barbares attirés par les richesses de la civilisation, autant que par celles de la nature, firent de nouvelles irruptions dans l'Inde, au commencement de notre ère, la conquirent, mirent à mort les rois indigènes, et restèrent maîtres de ces belles et riches contrées pendant près de deux cents ans. Voir la *Notice critique et historique de l'Inde,* que M. Pauthier a traduite du chinois.

déjà souvent parlé, attaquèrent cette nation en 165 avant notre ère, la poussèrent à l'occident, vers ces contrées riches et fertiles de la Transoxiane, où elle vint se fixer, et d'où elle devait se ruer plus tard avec ses vainqueurs barbares sur le colosse ébranlé de l'empire romain. Telles sont les destinées des nations ! Des essaims de barbares, en lutte depuis des milliers de siècles avec l'empire chinois, et n'ayant pu trouver place à son soleil civilisateur, font volte-face et se précipitent sur les nations de l'Occident, qu'ils font trembler au bruit des pas rapides de leurs coursiers sauvages. Il leur était donné, comme à une puissance aveugle et brutale, de venger l'humanité outragée de la corruption romaine, et de retremper la race abâtardie des conquérants du monde dans un sang barbare, mais plein de force et d'énergie.

L'année 126 avant notre ère, un général chinois, nommé Tchang-khian, s'était offert à l'empereur Wou-ti, pour entreprendre le voyage de la Transoxiane, accompagné de cent hommes seulement, dans le dessein de former une alliance avec les *Yuë-tchi* contre les *Hioung-nou* ; mais, en passant dans le pays de ces derniers, il fut arrêté avec sa suite, et retenu prisonnier pendant deux ans, au bout desquels il s'évada, et parvint à rencontrer les *Yuë-tchi* dans leur nouveau pays. Il rentra ensuite en Chine après trois ans d'absence.

C'est cette expédition aventureuse qui fit connaître les Chinois en Occident, et amena les communications non interrompues qui ont eu lieu pendant longtemps avec la Chine et l'Inde. C'est aussi à cette époque que la soie fut apportée de ces pays en Europe ; et les *Sères* des anciens sont évidemment les Chinois de la Chine septentrionale, comme la *Sérique*, pays des vers à soie, désigne indubitablement la Chine des mêmes régions avant ses conquêtes dans l'Asie centrale (1).

---

(1) Voici comment Deguignes père décrit la même irruption des barbares, d'abord dans l'occident de l'Asie, et plus tard dans le midi de l'Europe.

« Tous ces vastes pays, l'Inde, le Khorassan, le royaume des Grecs (dans la Bactriane), ne formaient, pour ainsi dire, qu'un très-vaste empire ; toutes les provinces les plus éloignées étaient unies par un commerce réciproque. Les peuples du Khorassan, les Parthes et leurs voisins portaient dans l'Inde les productions de leurs pays, pendant que les Indiens venaient trafiquer dans le Khorassan et les environs. C'est ce

L'histoire occidentale nous apprend que pendant les années 127, 128 et 129 avant notre ère, il y eut une guerre acharnée entre les Parthes et les Scythes, et que ces derniers restèrent vainqueurs. C'est la même guerre que celle dont parle l'histoire

que nous apprend l'officier chinois dont il sera question dans la suite, et qui était dans ces provinces vers le temps dont il s'agit.

» Telle était la situation de la Bactriane, lorsque quelques nations, qui demeuraient dans l'Orient, sur les frontières occidentales de la Chine, obligées par un prince puissant d'aller chercher d'autres habitations, arrivèrent dans ces provinces, y détruisirent le royaume des Grecs, et donnèrent beaucoup d'occupation aux Parthes.

» C'est un événement singulier qui n'a point été développé jusqu'ici, et qui mérite d'être approfondi ; les annales chinoises nous en fournissent des détails. Ces annales nous représentent ces peuples tartares, qui partent du fond de l'Orient, se refoulant, pour ainsi dire, les uns sur les autres, et s'avançant successivement dans des pays fort éloignés de leur patrie, comme un torrent rapide qui se répand de tous côtés.

» Il y avait anciennement une nation tartare et nomade, appelée *Yuë-chi*, qui habitait dans le pays de *Kan-tcheou* et de *Koua-tcheou*, à l'occident de la province de *Chen-si*. Vers l'an 200 avant J.-C., un empereur des *Hioung-nou* ou des *Huns*, nommé Me-te, soumit ces peuples. Mais, soit que dans la suite les *Yuë-chi* ne voulussent point obéir, soit que les Huns eussent résolu de les détruire entièrement, Lao-chang, empereur de ces derniers, qui avait succédé à Me-te, porta la guerre dans leur pays, les défit, tua leur roi, fit de sa tête un vase à boire, et obligea le reste de la nation à aller chercher une autre patrie. Les *Yuë-chi* se partagèrent en deux bandes. Les plus faibles passèrent vers le *Tou-fan* ou Tibet, c'est-à-dire qu'ils ne firent que descendre au midi. On les appela les petits *Yuë-chi*. Les autres, et cette bande était la plus considérable, remontèrent vers le nord-ouest, et allèrent s'emparer des vastes plaines qui sont situées à l'occident de la rivière d'Ili. Ces derniers portèrent le nom de grands *Yuë-chi*. La conquête de ce pays ne se fit pas sans peine ; une nation puissante, appelée *Sou*, y était établie ; mais les *Yuë-chi* furent assez forts pour l'obliger à se retirer.

» Les *Sou* prirent alors le parti de passer du côté de l'occident, et vinrent demeurer dans les plaines qui sont situées au nord-est de *Fergana* et du *Iaxarte*. Les historiens chinois nomment plusieurs hordes de cette nation qui formaient dans ces campagnes plusieurs petits États. Ces hordes étaient les *Hieou-siun*, qui montaient à environ trois cent cinquante-huit familles, et les *Kuen-to*, qui en avaient trois cents. Elles étaient gouvernées par différents chefs ; et ces peuples, comme tous les autres Tartares, n'étaient occupés qu'à conduire leurs grands et nombreux troupeaux » (Deg., *Mém. de littér.*, t. xxv, p. 24).

chinoise. Les Scythes qui défirent les Parthes ne sont que les *Yuë-tchi* ou *Yuë-ti* des Chinois.

Strabon nous fait connaître qu'à la même époque d'autres Scythes nomades s'emparèrent de Bactres, de la Sogdiane, et détruisirent le royaume grec de la Bactriane. On place cet événement à l'année 126 avant notre ère, date qui s'accorde parfaitement avec celle des historiens chinois. Selon la description, dit Deguignes père, que l'historien chinois Pan-kou (1), l'historien des Han occidentaux, fait du pays de Ki-pin (la Sogdiane, où est aujourd'hui situé Samarcande, suivant les géographes chinois), soumis par les Scythes nomades, il ne s'agit point d'un peuple barbare, mais d'un peuple industrieux, qui possédait l'art de graver sur les métaux, de broder les étoffes, de fabriquer des vases d'or et des monnaies d'or, d'argent et de cuivre, sur lesquelles on voyait d'un côté des cavaliers, et de l'autre la figure d'un homme. Il existe des médailles d'Eucratidès, et le général Allard en a récemment rapporté en France un grand nombre, qui confirment la véracité des historiens chinois ; c'est-à-dire qu'on y voit d'un côté la figure d'un homme, qui est celle d'Eucratidès, et de l'autre des cavaliers. Le roi des Yuë-tchi, fils de celui qui avait ainsi agrandi ses États par la conquête du royaume de la Bactriane, soumit aussi le pays de l'Inde (*Thien-tchou*), et y mit un gouverneur : ce furent les habitants de ces contrées que les Grecs et les Romains nommèrent Indo-Scythes, et qui s'étendirent jusque près du Gange, selon les historiens chinois.

Telle était la situation des choses, lorsque l'*empereur guerrier* (Wou-ti), instruit de ces grands mouvements des peuples qui se refoulaient vers l'Occident, voulut encore le précipiter, en s'efforçant de débarrasser ses frontières septentrionales des hordes barbares qui les harcelaient sans cesse, et de les rejeter pour jamais sur d'autres civilisations qui deviendraient leur proie. L'an 121 avant notre ère, il envoya son général Ho-khiu-ping, à la tête d'une armée nombreuse, pour attaquer les Hioung-nou, campés au nord-ouest de la Chine. Ce général les vainquit dans plusieurs batailles rangées. Les principaux chefs se soumirent avec toutes les peuplades qui se trouvaient sous leur commandement. Les Chinois entrèrent alors en relations ami-

---

(1) Frère du général chinois Pan-tchao, qui l'an 72 de J.-C. vint avec une armée considérable dans l'Asie occidentale, et dont nous parlerons plus loin.

cales avec les rois et les petits princes de l'Asie occidentale, qui étaient dépendants des Hioung-nou, et qui voulurent s'affranchir. Les possessions de l'empire chinois, au nord-ouest de la Chine, s'étendirent de jour en jour. L'empereur y établit des colonies, y fit bâtir des villes, et y plaça des gouverneurs militaires, qui les administraient en son nom, et qui portaient le titre de roi (wang).

Ce fut vers cette époque (100 ans avant notre ère) que le chef des Hioung-nou envoya des ambassadeurs près de l'empereur de la Chine, pour lui faire sa soumission. Wou-ti reconnut ce procédé en envoyant de son côté des ambassadeurs près du chef des barbares, à la tête desquels il plaça Sou-ou ou Sou-tseuking, homme du plus grand mérite, qu'il regardait comme la

Sou-tseu-king.

personne de son empire la plus capable de soutenir ses intérêts. Arrivés en Tartarie, le Tchen-yu (ou chef des Hioung-nou), sentant plus que jamais le besoin d'avoir près de lui des hommes éclairés et représentants d'une civilisation avancée, voulut les séduire pour les détacher du service de l'empereur chinois, comme il avait déjà fait pour plusieurs autres de es sujets.

Sou-ou, qui connaissait ses devoirs, et qui préférait leur accomplissement à toutes les séductions possibles, après des résistances courageuses, fut condamné à mourir de faim dans une fosse profonde, où il fut jeté par ordre d'un Chinois transfuge, en conservant avec intrépidité un simple bâton (*V.* le portrait), comme marque de sa dignité d'ambassadeur violée. Il fut ensuite retiré de la fosse et envoyé dans un désert de la Tartarie, où il supporta toutes sortes de privations avec un courage stoïque. L'empereur Wou-ti, ayant appris la persécution et la fidélité de son ambassadeur, envoya une armée contre les Hioung-nou pour le délivrer.

À son retour en Chine, Sou-ou fut reçu avec les plus grands honneurs, et sa renommée de courage, de fidélité, de patriotisme, se répandit dans tout l'empire. Il vécut jusqu'à l'âge de quatre-vingts ans. Après sa mort, qui arriva la soixantième année avant notre ère, l'empereur fit placer son portrait dans la salle des grands hommes. Les poëtes chinois l'ont célébré à l'envi. L'un d'entre eux lui a consacré les vers suivants, traduits par le P. Amyot (*Mémoires sur les Chinois*, t. III, p. 360) :

> Traître à son prince, à sa patrie,
> Oueï-liu (1) combla son infamie
> En renonçant à ses aïeux ;
> Li-ling (2), pour conserver sa vie,
> Consentit à l'ignominie
> De porter un joug odieux.
> Mais, plutôt que d'être infidèle,
> Sou-ou, notre digne modèle,
> S'expose à tous les coups du sort.
> Quand c'est le devoir qui l'appelle,
> Il ne craint ni la soif cruelle,
> Ni l'affreuse faim, ni la mort.

Les lettres et les arts furent très-florissants sous cet empereur. Son règne fut illustré par l'éclat que jetèrent un grand nombre de personnages distingués dans la littérature, l'histoire et la

---

1) Chinois transfuge près du chef des Tartares qui voulait retenir Sou-ou.

(2) Général chinois qui se soumit aux Tartares, contre lesquels il avait été envoyé pour ramener Sou-ou.

science du gouvernement. A son avénement au trône, Wou-ti publia un édit par lequel il invitait tous les savants à se rendre dans sa capitale. Au nombre de ceux qui se présentèrent, et qui furent reçus par l'empereur, se trouva Toung-fang-sou,

Toung-fang-sou, ministre.

dont l'esprit, les bons mots et les saillies le rendirent bientôt le favori de Wou-ti, qui en fit un grand de sa cour et un ministre. Un autre personnage célèbre, nommé Toung-tchoung-chou, fut aussi ministre du même empereur. Dans sa jeunesse, son application à l'étude fut si grande, qu'il resta trois années de suite sans sortir de sa chambre, sans même jeter les yeux, dit-on, sur la cour de sa maison. Il eût voulu se passer de nourriture et de sommeil, afin d'employer plus de temps à s'instruire. Élevé par son mérite à la première charge de l'Etat, il ne profita de son élévation que pour éclairer l'empereur sur les meilleurs moyens de gouverner dans l'intérêt du peuple. Wou-ti, plein de confiance dans sa sagesse et sa science, l'engagea à écrire sur l'art de gouverner, et le ministre, dit le P. Amyot, profita de cette occasion pour mettre dans tout son jour la doctrine des premiers empereurs et des anciens sages. Il avait à

Toung-tchoung-chou, sage et philosophe.

sa disposition la plupart de ces monuments antiques qui avaient été soustraits à la proscription de Hoang-ti. Il en avait copié, pour son propre usage, tout ce qui lui avait paru mériter d'être conservé; il avait fouillé dans tous les cabinets où l'on déposait les anciens livres, à mesure qu'on en faisait la découverte, et il en avait fait des extraits détaillés qui pouvaient suppléer aux ouvrages mêmes. Le résultat de ses études et de ses recherches est consigné dans trois discours adressés à l'empereur Wou-ti, sur l'art de gouverner. Ils ont été recueillis dans la grande collection précédemment citée, et dont nous rapporterons ici quelques fragments

I.

« Votre majesté, dans sa déclaration, a la bonté de demander qu'on lui donne des lumières sur ce qui s'appelle le *mandat du ciel* (Thien-ming), c'est-à-dire la *mission* de gouverner les hommes, confiée par le ciel), ainsi que sur la nature et les passions de l'homme. C'est de quoi je me reconnais peu capable... Quand une dynastie commence à s'écarter des voies droites de la sagesse et de la vertu, le ciel commence ordinairement par lui envoyer quelques disgrâces pour la corriger. Si le prince qui regne ne rentre point en lui-même, le ciel emploie des prodiges et des phénomènes effrayants pour lui inspirer une crainte salutaire. Si le prince ne profite pas de ces avertissements, sa perte n'est pas éloignée......»

II.

Dans le second discours il propose à Wou-ti de rétablir le collége de la *grande science*, pour donner à l'empire de bons maîtres, capables d'instruire et de former à la vertu. Il gémit sur le petit nombre qui s'en trouvait alors dans l'empire. Il va plus loin encore; il exige que l'on donne les emplois publics à des hommes de mérite, et non pas comme, on le faisait alors et comme on le fait encore aujourd'hui dans presque toutes les contrées de l'Europe, à des fils de grands personnages qui n'étaient recommandables que par les richesses ou tout au plus par les talents de leur père. Il trouve fort injuste que le mérite des pères soit un titre suffisant pour parvenir aux grands emplois, et il veut qu'on n'y soit élevé que par degrés.

« Ce n'est point ainsi, dit-il, qu'on agissait dans l'antiquité. La différence des talents réglait la différence des emplois. Un talent médiocre demeurait toujours dans un emploi médiocre. Trouvait-on un homme d'un mérite rare, on ne faisait pas difficulté de l'élever aux plus grands emplois. Par là il avait le moyen de faire valoir son talent, et le peuple en retirait de grands avantages. Au lieu qu'aujourd'hui un homme de premier mérite demeure confondu avec le vulgaire, et un autre d'une capacité médiocre parvient à des emplois qui sont beaucoup au-dessus de son mérite. »

III.

Dans son troisième discours, le même savant ministre établit que le soin que les gouvernants avaient dans l'antiquité d'*instruire* le peuple de ses devoirs faisait que quelquefois on ne trouvait pas un *criminel* dans tout l'empire. Il y pose quelques principes de la philosophie de Confucius en ces termes :
« Tout ce que le ciel prescrit et ordonne aux hommes est com-

pris dans ce mot (mandat), mission, destinée (*ming*). Remplir parfaitement ce *mandat*, cette *mission*, sa *destinée*, c'est être parvenu à la perfection. Les facultés, les dispositions naturelles que chacun apporte en naissant, sont toutes comprises sous le terme *nature* (*sing*); mais cette nature, pour acquérir la perfection dont elle est susceptible, a besoin du secours de l'instruction. Tous les penchants naturels à l'homme sont compris sous le mot *inclinations* (*thsing*). Ces penchants, ces inclinations, ont besoin de règles pour ne donner dans aucun excès. Les devoirs essentiels d'un prince et ses premiers soins sont donc d'entrer avec respect dans les vues du ciel, son supérieur, pour se conformer lui-même à ses ordres; de procurer aux peuples qui lui sont soumis l'instruction dont ils ont besoin pour acquérir la perfection dont leur nature est capable; enfin d'établir des lois, de distinguer les rangs, et de faire d'autres règlements les plus convenables pour prévenir et arrêter le déréglement des passions.

» L'homme a reçu du ciel son *mandat*, bien différent de celui des autres êtres vivants. De ce mandat naissent dans une famille les devoirs de relations entre ses membres; dans un Etat, ceux de prince et de sujets, de déférence et de respect pour la vieillesse. De là l'union, l'amitié, la politesse, et tous les autres liens de la société. C'est pour cela que le ciel a donné à l'homme ce rang supérieur qu'il occupe sur la terre. Le ciel produit les cinq espèces de grains et les six espèces d'animaux domestiques pour le nourrir; la soie, le chanvre, etc., pour le vêtir. Il lui a donné le talent de dompter les bœufs et les chevaux pour les faire servir à son usage. Il n'y a pas jusqu'aux léopards et aux tigres sur lesquels il n'exerce son empire, et qu'il ne vienne à bout de soumettre à sa puissance. C'est que véritablement il a une intelligence céleste supérieure qui l'élève au-dessus de tous les autres êtres. Celui qui sait connaître comme il le doit cette nature céleste qu'il a reçue ne la dégrade pas jusqu'à s'abaisser au niveau de la brute. Il conserve son rang, et se distingue des êtres dépourvus de raison par les connaissances qu'il possède, et par l'estime qu'il sait faire de la charité, de la justice, de la tempérance, de l'attachement aux formes établies, et de toutes les vertus. L'amour et le respect qu'il a pour elles le portent à les pratiquer, et il s'en fait une si douce habitude, qu'il ne trouve plus que du plaisir à faire le bien et à suivre en tout la raison. C'est à celui qui y est parvenu que l'on donne avec raison le nom de sage; et c'est le sens de ce que dit Khoung-tseu, que l'on ne doit point appeler sage celui qui oublie son *mandat*, sa *mission* d'homme, sa *destinée* enfin, ou qui méconnait sa nature (1). »

Mais l'homme qui a jeté le plus grand éclat sous le règne de l'empereur Wou-ti est Sse-ma-thsian, que M. Abel Rémusat a nommé l'*Hérodote de la Chine*. Il naquit à Loung-men dans le Chen-si, vers l'an 145 avant notre ère, et, après avoir fait de fortes et brillantes études, il voulut, comme le père de l'histoire grecque, visiter les contrées et les peuples dont il se proposait d'écrire les annales. Il voulut savoir ce qui pouvait encore subsister de son temps des travaux du grand Yu, et il alla visiter, dans ce but, les neuf principales montagnes, sur lesquelles les anciens empereurs offraient des sacrifices en l'honneur du souverain suprême. Il parcourut ainsi les provinces du sud et du nord de la Chine, en recueillant avec soin les traditions, et en examinant le cours des fleuves et des principales rivières. Ce fut vers l'an 104 avant J.-C. qu'il commença à rédiger ses *Mémoires historiques* (en chinois *Sse-ki*), au milieu de ses fonctions de grand historiographe de l'empire, auxquelles il avait été appelé après la mort de son père, qui les remplissait lui-même. L'importance de l'ouvrage de Sse-ma-thsian, que l'on possède en Europe, et qui est pour la Chine le premier traité historique complet, nous engage à entrer dans quelques détails, qu'on ne lira pas sans intérêt, et qui serviront à corroborer la confiance que l'on doit avoir dans l'histoire chinoise.

« C'était alors un temps de faveur et une époque de restauration pour les études historiques (dit M. Abel Rémusat dans la *Vie de Sse-ma-thsian*), comme pour les autres branches de la littérature. Les vieilles chroniques avaient péri dans l'incendie général de l'an 213, ressource étrange d'un novateur, qui avait bien senti qu'il ne pouvait disposer à son gré du présent sans abolir le souvenir du passé, mais qui s'était trompé sur l'étendue de sa puissance, en la croyant capable de triompher des souvenirs et des habitudes d'une grande nation. Tous ses efforts pour anéantir les anciennes annales n'avaient abouti qu'à changer en enthousiasme le zèle des gens de lettres, qui, presque tous, s'étaient montrés dignes des honneurs de la persécution. Il avait échoué en voulant effacer les exemples des anciens et les traditions publiques qui l'importunaient ; mais il avait porté un coup mortel à la chronologie, dont, vraisemblablement, il ne s'embarrassait guère.

(1) *V.* du Halde, *Description de la Chine*, t. II, p. 524.

» Lorsque l'orage fut calmé, on vit reparaître de tous côtés les débris des anciens monuments, mais tronqués, mutilés, privés de ces appuis qui en font la solidité. Le souvenir des principaux événements s'était conservé; mais on avait perdu la trace de ces particularités intermédiaires qui concourent à établir la certitude, en rappelant la liaison des faits, et en expliquant les contradictions apparentes des témoignages. On conçoit quelle dut être la tâche des fondateurs de la nouvelle histoire. Il fallait rechercher tous les vestiges des anciennes annales; recueillir tous les fragments, rapprocher tous les lambeaux épars des chroniques impériales, provinciales, urbaines; interroger tous ces témoignages matériels qui ne sont pas de l'histoire, mais qui prêtent à l'histoire ses plus solides fondements, les vases, les meubles, les instruments, les ruines; expliquer les monuments figurés, déchiffrer les inscriptions. Il fallait surtout (et c'était la partie de la tâche la plus laborieuse comme la plus importante), il fallait rassembler de bonne heure ces traits fugitifs qui pouvaient servir à faire apprécier la valeur relative des témoignages écrits, d'après leur nature, leur origine, leur âge et les circonstances qui les avaient conservés. La chose était déjà difficile à la Chine un siècle après l'incendie des livres, elle eût été impraticable deux ans plus tard; et l'on doit admirer la confiance des critiques de l'Occident, qui entreprennent de réformer le travail des critiques chinois deux mille ans après eux, en Europe, ne sachant qu'imparfaitement la langue, et quelquefois même ne l'ayant pas étudiée.

» Sse-ma-thsian mit à profit tout ce qui restait des *Livres classiques*, de ceux du *Temple des ancêtres de la dynastie des Tcheou;* les *Mémoires secrets de la maison de pierre et du coffre d'or,* et les registres appelés *Planches de jaspe (Iu-pan).* On ajoute qu'il dépouilla le *Liu-ling* pour ce qui concerne les lois, la *Tactique* de Han-sin pour ce qui regarde les affaires militaires, le *Tchang-tching* pour ce qui a rapport à la littérature en général, et le *Li-gi* pour tout ce qui est relatif aux usages et aux cérémonies.

» C'est de cette manière qu'il composa le grand ouvrage auquel il donna le simple titre de *Mémoires historiques (Sse-ki).* Cet ouvrage, divisé en cent trente livres, est distribué en cinq parties. La première, intitulée *Chronique impériale,* comprend douze livres : elle est consacrée au récit des actions des souverains de la Chine, et des événements qui ont eu l'empire entier pour théâtre; les faits y sont disposés chronologiquement, et rapportés aux dates qui leur appartiennent. L'auteur a commencé son récit au règne de Hoang-ti (2697 avant J.-C.), et il le termine au règne de Hiao-wou, de la dynastie des Han Les deux derniers livres de cette partie ont été perdus.

» La seconde partie, qui porte le titre de *Tableaux chronologiques*, est composée de dix livres, et ne contient que des tables, dont la forme ressemble beaucoup à celle de nos atlas historiques. Le dernier livre est perdu.

» La troisième partie, en huit livres, traite des huit branches de sciences : ce sont les rites, la musique, les tons considérés comme types des mesures de longueur, la division du temps, l'astronomie (y compris l'uranographie et l'astrologie), les cérémonies religieuses, les rivières et canaux, les poids et mesures.

» La quatrième partie, formée de trente livres, renferme l'histoire généalogique de toutes les familles qui ont possédé quelque territoire, depuis les grands vassaux de la dynastie des *Tcheou*, jusqu'aux simples ministres ou généraux de la dynastie des Han.

» Enfin la cinquième et dernière partie, composée de soixante-dix livres, est consacrée à des mémoires sur la géographie étrangère et à des articles de biographie, plus ou moins étendus, sur tous les hommes qui se sont fait un nom dans diverses parties des sciences ou de l'administration. Tel est, en peu de mots, ajoute M. Rémusat, le plan de ce vaste monument historique érigé par Sse-ma-thsian. L'ordre qu'on y admire est un de ses moindres mérites. La multitude des faits qui y ont trouvé place, la manière toujours nette et vive dont ils y sont présentés, la simplicité constante et la noblesse soutenue du style suffisent pour justifier la haute estime dont jouit cet ouvrage. »

L'historien célèbre dont il vient d'être question dit, dans le treizième volume de ses *Mémoires historiques*, qu'un amiral de Wou-ti ayant une armée à bord de *vaisseaux à appartements sur le pont* (lou-tchouan), alla soumettre les côtes orientales de la Chine, qui étaient gouvernées par un chef indépendant. Cet amiral prit sur ces mêmes *vaisseaux* la population entière de *Canton*, qu'il transporta dans la province située entre le grand fleuve *Yang-tse-kiang* et la rivière *Hoaï*. Par cette mesure Canton fut privé longtemps d'habitants.

L'empereur Wou-ti favorisa tellement la recherche et l'explication des livres, qu'il institua un tribunal académique pour les recueillir et les conserver à la postérité dans des salles construites à cet effet. L'époque encore plus éloignée de l'incendie des livres peut faire comprendre l'importance de cet établissement.

La doctrine du *tao*, ou de la raison, dont Lao-tseu avait été le fondateur ou au moins le restaurateur, prit un grand développement sous Wou-ti. Ses sectateurs, qui avaient déjà eu beaucoup de crédit sous Tchin-chi-hoang-ti, en dénaturant sa doctrine jusqu'au point d'en faire la doctrine du *breuvage de l'immortalité*, virent s'accroître le nombre de leurs prêtres, en même temps que celui des temples que l'on érigeait en l'honneur des divinités qu'ils s'étaient faites; mais quelques-unes des fourberies de ces prêtres ayant été découvertes par l'empereur, il les persécuta dès lors avec la même vigueur qu'il les avait protégés, à la grande satisfaction des sectateurs de la doctrine morale de Khoung-tseu.

Nous rapporterons ici deux remontrances faites à Wou-ti, l'une *contre le luxe*, par Toung-fang-sou (dont nous avons donné le portrait ci-dessus; l'autre pour soutenir l'usage de l'arc, par Ou-kieou, et qui nous paraissent très-précieuses pour faire connaître la civilisation, à cette époque, de la cour des empereurs chinois.

« Je pourrais vous proposer pour modèles les empereurs Yao, Chun, Yu, etc.; mais ces heureux règnes sont passés il y a longtemps. A quoi bon remonter si haut? je m'arrête à des temps plus près de nous et à des exemples domestiques; ce sont ceux de Wen-ti que je vous propose. Son règne est si voisin de nous, que quelques-uns de nos vieillards ont eu le bonheur de le voir. Or, Wen-ti, élevé à la dignité de *fils du ciel*, comme vous l'êtes, possédant ce vaste empire que vous possédez aujourd'hui, portait des habits simples et sans ornements, et même d'un tissu assez grossier; sa chaussure était d'un cuir brut; une courroie ordinaire lui servait à suspendre son épée; ses armes n'avaient rien de recherché; son siége était une natte des plus communes; ses appartements n'avaient point de meubles précieux et brillants, des sacs pleins d'écrits utiles qu'on lui présentait en faisaient l'ornement et la richesse; et ce qui ornait sa personne, c'était la sagesse et la vertu. Les règles de sa conduite étaient la charité et la justice. Tout l'empire, charmé de ces beaux exemples, s'étudiait à s'y conformer.

» Aujourd'hui nous voyons tout autre chose : votre majesté se trouve à l'étroit dans la vaste enceinte d'un palais qui est une grande ville; elle entreprend de nouveaux bâtiments sans nombre; elle donne à chacun de beaux noms... c'est le *palais à mille* ou *aux mille portes*. Dans les appartements intérieurs, vos femmes sont chargées de diamants, de perles et d'autres ornements précieux ; vos chevaux sont superbement harnachés ; vos chiens mêmes ont des colliers de prix ; enfin il n'y a pas jusqu'au bois et à l'argile que vous ne fassiez couvrir de broderies, témoin ces chars de comédie dont vous aimez les évolutions ; tout y brille, tout y est riche et recherché. Ici vous faites fondre et placer des cloches de cent mille livres pesant, là vous faites des tambours qui le disputent au tonnerre. Enfin ce ne sont que comédies, concerts, ballets de filles de Tching.

» Si votre majesté voulait suivre mon conseil, elle rassemblerait tous ces vains ornements de luxe dans un carrefour public, et elle y ferait mettre le feu pour montrer à tout l'empire qu'elle en est désabusée. »

Un écrivain chinois dit à propos de cette pièce : « Sou était un plaisant ; il tournait les choses à sa manière ; du reste, il était droit, sincère et homme de tête. Wou-ti l'employa longtemps (1). »

« 1° Chi-hoang-ti le défendit de son temps. Le vrai motif qu'il eut d'agir ainsi fut de prévenir les révoltes qu'il avait sujet de craindre. Il en prétexta un autre, il survenait des querelles où l'on se tuait de part et d'autre : il dit que c'était pour empêcher ces désordres qu'il publiait sa défense. Elle fut observée avec rigueur ; mais elle ne fit pas cesser les querelles. Toute la différence fut que depuis on se battit de plus près, avec des marteaux par exemple, et de semblables instruments de métiers ou de labourage. Quant au vrai motif qu'avait Chi-hoang de faire la défense, elle n'eut pas plus de succès. Malgré cette défense, il se vit battu par les troupes d'un homme de rien, armées plutôt de bâtons que d'armes, et peu après il perdit l'empire.

» 2° Il y a, dit-on, maintenant, bien des voleurs, c'est pour en diminuer le nombre, ou pour faire qu'ils nuisent moins. Bien loin que cette défense soit utile au dessein qu'on se propose, elle y est nuisible. Les méchants la violeront comme ils violent tant d'autres lois ; il n'y aura que les bons qui la garderont ; ils seront par là hors d'état de donner d'utiles conseils aux méchants, qui en deviendront plus hardis.

» 3° La défense qu'on projette est contre la pratique de nos ancêtres ; bien loin d'ôter l'arc et les flèches à leurs sujets, ils

---

(1) Du Halde, t. II, p. 531.

en recommandaient l'exercice ; il y avait pour cela des temps réglés. Nous lisons dans le *Livre des vérités*: *Quand dans une famille il naît un fils, on pend devant la porte un arc et des flèches.* »

Han-tchao-ti (86 avant J.-C.), fils de l'empereur Han-wou-ti, fut reconnu pour son successeur à l'âge de neuf ans, malgré l'opposition de Licou-tan, fils de Han-wou-ti, qui prétendait que la couronne lui appartenait et que Han-tchao-ti, nommé par l'empereur son héritier, n'était pas son fils. Ho-kouang, nommé son gouverneur par Han-wou-ti, fit échouer la cabale, et affermit Han-tchao-ti sur le trône. Ce jeune prince, dès son enfance, montra un bon sens au-dessus de son âge. La sagesse avec laquelle Ho-kouang administrait les affaires de l'empire, ne satisfit pas Licou-tan. Han-tchao-ti, quoique en sa dix-huitième année, n'avait pas encore pris le bonnet d'usage pour se faire déclarer majeur. Content des services et du zèle de Ho-kouang, il avait toujours différé cette cérémonie. Cependant, pressé par ce ministre, il la fit avec beaucoup de pompe et de magnificence. Ce prince mourut la douzième année de son règne et la vingt et unième de son âge, sans laisser de postérité.

Lieou-ho (74 avant J.-C.), prince de Tchang-y et fils de Licou-pou, prince de Ngaï, fut préféré pour la couronne impériale à Licou-siu, son proche parent, fils de Han-ou-ti, prince de Kouang-ling, que son père avait jugé incapable d'être mis à la tête de l'empire. Mais le jugement que portèrent de Licou-ho ceux qui l'élurent, ne fut pas plus judicieux que celui de Han-ou-ti à l'égard de Licou-siu. Lieou-ho, peu accoutumé à la gêne, continua, dès qu'il eut la couronne sur la tête, de se livrer à ses goûts et à ses penchants peu délicats. Les grands, le jugeant incorrigible, le déposèrent l'année suivante, sans qu'il fît aucun mouvement pour se venger de cet affront.

Han-siuen-ti (73 avant J.-C.), petit-fils du prince Licou-ouei, fut élevé sur le trône impérial après la déposition de Licou-ho, comme plus proche héritier. Son nom, avant son inauguration, était Hoang-tseng-sun. Il était dès lors marié avec la princesse Hiu-chi, qu'il fit déclarer impératrice. Cette princesse, étant devenue enceinte, tomba malade dans sa grossesse, et accoucha avant terme par l'effet d'une potion que lui donna son médecin, séduit par Ho-hien, femme de Ho-kouang. Délivré de cette princesse par sa mort, Ho-hien, vint à bout de lui faire substituer sa fille dans la quatrième année du règne de Han-siuen-ti. Ho-kouang, instruit du crime de sa femme, ne put y survivre. Une maladie causée par le chagrin l'emporta en peu de jours.

L'empereur jusqu'alors n'avait pu s'occuper du dessein qu'il avait formé à son avénement au trône de rédiger en meilleur ordre les lois de l'empire. C'est ce qu'il exécuta lorsqu'il vit la paix affermie dans l'Etat.

La dix-neuvième année de son règne, Han-siuen-ti reçut une ambassade du Tchen-yu, ou roi des Tartares Hioung-nou, qui venait lui offrir les hommages de ce prince et se mettre sous sa protection. Ravi d'acquérir un vassal de cette importance, l'empereur alla au-devant de lui hors des portes de Tchan-ngan, sa capitale, accompagné d'un nombreux cortége. Le lendemain, à l'heure fixée pour la cérémonie, deux princes de la famille impériale et plusieurs grands, précédés par les gardes de l'empereur, allèrent le prendre et le conduisirent dans une salle spacieuse où l'empereur était assis sur un trône. Le Tchen-yu se mit à genoux et rendit hommage ; après quoi l'empereur l'invita à un festin où il fut traité magnifiquement. Cette démarche du Tchen-yu changea les dispositions des autres Tartares envers les Chinois, auxquels la plupart de ces peuples se réunirent successivement.

Han-siuen-ti n'était encore qu'à la quarante-deuxième année de son âge et la vingt-cinquième année de son règne, lorsque la mort le ravit à ses sujets, dont il emporta les regrets très-bien mérités au tombeau. Comme il était naturellement bon et pacifique, on avait vu peu de règnes aussi exempts de troubles que le sien. Ce prince encouragea les arts utiles, qu'il cultivait lui-même, et cette émulation forma d'habiles ouvriers. Respecté et chéri de ses peuples, ses ordres étaient exécutés avec la plus grande exactitude. Les événements de son règne et le bien qu'il fit le mettent au rang des plus grands princes qui ont occupé le trône de la Chine.

Han-yuen-ti (48 avant J.-C.), fils de Han-siuen-ti, ne porta pas sur le trône, en lui succédant, ses grandes qualités, mais il prouva qu'il avait hérité de sa droiture et de la bonté de son cœur. On lui reproche néanmoins la trop grande confiance dont il honora l'eunuque Che-hien, qu'il avait fait son premier ministre. Ce favori abusa de sa faveur pour élever aux premières charges ses créatures et faire destituer de leurs emplois ceux qui lui faisaient ombrage. Han-yuen-ti mourut dans la seizième année de son règne, laissant l'empire aussi paisible qu'il l'avait reçu de son prédécesseur.

Han-tching-ti (32 avant J.-C.), fils et successeur de Han-yuen-ti, avait montré, dans sa première jeunesse, une grande application à l'étude des kings ou livres canoniques des Chinois; mais des flatteurs, par leurs discours séduisants, lui firent abandonner ce genre d'occupation pour se livrer au plaisir. Son père, s'apercevant de ce changement de mœurs, hésita longtemps s'il le déclarerait son héritier. Cette incertitude, que le fils ne put se dissimuler, porta ce prince à s'aller jeter aux pieds de son père pour lui demander pardon de ses égarements et lui promettre de changer de conduite. Mais ce changement ne fut pas durable, et, dès que Han-tching-li se vit sur le trône, il se replongea dans la dissipation, et abandonna le soin de l'Etat à ses oncles maternels, qui abusèrent de leur autorité. En vain on multiplia les placets pour l'engager à se réformer; il n'en tint compte, et continua le même genre de vie auquel il s'était livré, sans respecter les dehors même les plus ordinaires de la bienséance. Cependant l'Etat fut tranquille sous son règne, qui fut de vingt-cinq ans. La figure de ce prince semblait néanmoins annoncer les qualités d'un grand monarque : il avait le visage noble et agréable, quoiqu'un peu grêlé, la taille haute et bien prise, le port majestueux : il mourut sans laisser de postérité.

HAN-NGAI-TI (7 avant J.-C.), prince de Ting-tao, neveu de Han-tching-ti, lui succéda en bas âge, par les soins et sous la régence de l'impératrice sa mère. Cette princesse, jalouse du crédit dont avait joui le ministre Ouang-mang sous le règne précédent, prit des mesures pour le faire destituer. Ouang-mang, instruit de ses intrigues, n'attendit pas l'affront qu'elle lui préparait et le prévint en donnant sa démission. L'attachement extraordinaire que l'empereur témoigna pour un jeune homme nommé Tong-hien, et les faveurs dont il l'accabla, causèrent du trouble parmi les courtisans, qui ne pouvaient voir sans murmurer les profusions que ce monarque faisait pour son favori. Tching-song, qui occupait un des premiers rangs à la cour, ayant osé, par un placet, faire des remontrances au monarque à ce sujet, le mit dans une extrême colère. Ce prince, l'ayant fait arrêter, le traduisit devant le tribunal des crimes avec ordre d'instruire son procès en toute rigueur. Le peuple, qui respectait Tching-song, fit éclater ses plaintes, lorsqu'il apprit qu'on avait porté la cruauté contre lui jusqu'à l'appliquer à la question extraordinaire. Tching-song survécut peu de jours aux tourments qu'on lui avait fait souffrir. Han-ngaï-ti le suivit d'assez près au tombeau, étant mort dans la sixième année de son règne et la trente-cinquième de son âge sans laisser de postérité.

Le trône impérial de la Chine, la première année de l'ère chrétienne, était possédé depuis deux siècles par la dynastie des Han, lorsque Licou-yen, fils du prince de Tchong-chan et petit-fils de l'empereur Han-wen-ti, y fut placé à l'âge de neuf ans, après la mort de l'empereur Han-ngaï-ti, décédé sans enfants. Ce fut l'impératrice Wang-chi, veuve de Han-ngaï-ti, qui fit ce choix avec le premier ministre Wang-mang. Le jeune prince, à son inauguration, prit le nom de HAN-PING-TI, c'est-à-dire *empereur pacifique des Han.* Wang-mang, pendant sa minorité, fut chargé de la régence; et comme il n'avait pas moins d'ambition que de talents, il se servit de son autorité pour se frayer la route du trône. Kong-kouang, qu'on avait donné pour gouverneur à l'empereur, faisait obstacle par sa vigilance et sa probité aux vues ambitieuses du ministre. Mais la mort l'enleva la cinquième année de notre ère. Ma-kong, qui le remplaça, garda cet emploi peu de temps, et se retira. Le jeune empereur, étant à la merci du perfide Wang-mang, ne tarda pas à devenir la victime de sa scélératesse. Il mourut, l'an 6 de notre ère, du poison qu'il lui avait fait donner.

Yu-tse-yng, fils de Lieou-hien, n'avait que deux ans lorsque l'impératrice douairière, toujours vivante, le choisit, de concert avec Wang-mang, pour l'élever à l'empire. On ne le proclama néanmoins pas empereur, et on se contenta de lui donner le titre de prince héritier, jusqu'à ce qu'il fût en état de régner. Ce fut Wang-mang qui eut, pendant l'interrègne, tous les honneurs de la représentation, et toute l'autorité attachée à la dignité impériale. Son dessein, et celui de l'impératrice, était de disposer par là les peuples à le reconnaître un jour pour véritable souverain. Lieou-tchong, prince de Nan-tchong, indigné de voir un étranger usurper la couronne destinée à un rejeton de sa famille, invita, par un manifeste qu'il répandit, tous les descendants de Han-kao-ti à venger l'injure qu'on faisait à sa dynastie, et à punir Wang-mang de sa témérité. Ayant assemblé quelques milliers de soldats, il prit les armes; mais, comme il ne fut pas soutenu, Wang-mang l'eut bientôt écrasé avec toutes les forces de l'empire. Tche-y, gouverneur de Tong-kiun, ayant ensuite opposé une armée de cent mille hommes au régent, n'eut pas un meilleur succès. Wang-mang la dissipa par un simple manifeste, où il donna le démenti à ceux qui l'accusaient de vouloir supplanter son pupille. Rien n'était néanmoins plus réel. L'an 8 de notre ère, à la douzième lune, Wang-mang, dans un conseil des grands qui lui étaient dévoués, fait arrêter que le sceau de l'empire sera retiré de l'appartement du jeune prince héritier pour lui être remis, que l'empire ne s'appellera plus Han-tchao, ou l'empire des Han, mais Sin-tchao ou l'empire des Sin, et que l'impératrice régente sera pareillement qualifiée impératrice de la dynastie des Sin. Tout cela fut exécuté le premier jour de l'année suivante.

L'an 9 de notre ère, WANG-MANG, s'étant mis en possession du trône de la Chine sans opposition, commence par faire descendre d'un degré tous les princes de l'empire capables de lui nuire, au nombre de deux cent douze. Il fit plus à l'égard de ceux des Han; il les réduisit, l'année suivante, au rang du peuple. Ces changements, quelque violents qu'ils fussent, ne produisirent néanmoins aucun trouble. Wang-mang voulut ensuite s'assurer des Tartares. Mais le Tchen-yu, ou kan des Tartares Hioung-nou, s'étant aperçu des embûches qu'il lui tendait, se jette sur les frontières de la Chine, qu'il dévaste impunément. Les peuples des royaumes de l'Ouest font les mêmes dégâts de leur côté. Wang-mang, après être resté quelque temps dans l'inaction, envoie contre eux des armées qui remportent d'abord quelques avantages, mais qui, foulant en même temps les provinces qu'elles étaient venues défendre, les portent à se soulever. Le mécontentement se communique insensiblement à toutes les parties de l'empire. Mais le silence que gardaient les princes de la dynastie des Han empêche la nation d'éclater. A la fin, trois fils de Licou-Kiu, descendants de l'empereur Han-king-ti, s'étant concertés avec leurs amis pour venger leur famille, levèrent des troupes (l'an 22 après J.-C.), et déclarèrent la guerre à l'usurpateur. Après divers échecs qu'ils lui firent essuyer, les principaux du parti, n'ayant pas encore de chef proprement dit, s'assemblent le premier jour de la deuxième lune de l'an 23, et mettent à leur tête Licouhiuen, sous le titre de prince. Wang-mang, poursuivi par les confédérés, dont les forces augmentaient de jour en jour, se retire dans Tchang-ngan, capitale alors de la Chine, où bientôt il se vit assiégé (1). Malgré sa vigoureuse défense, la place fut emportée d'assaut le premier jour de la neuvième lune. Wang-

---

(1) Dans le siége de Tchang-ngan, le feu prit au palais, et consuma tous les livres d'histoire, actes officiels, mémoires, recueils de cartes, compilations de lois, mémoires sur l'agriculture, et manuscrits que les empereurs de la dynastie des Han avaient pu rassembler pendant 180 ans (*Mémoires concernant les Chinois*, t. I, p. 39).

mang fut pris dans une tour par les soldats, qui lui coupèrent la tête, et la portèrent à Lieou-hiuen, qui tenait alors sa cour à Wao-bien.

Lieou-hiuen (25 après J.-C.), se voyant à la tête de l'empire de la Chine avec le titre de prince, transporta sa cour à Lo-yang. Mais il ne put réussir à se faire reconnaître empereur. Plusieurs chefs du parti qui s'était élevé contre Wang-mang, dont le plus redoutable était Fan-tchong, ayant à ses ordres une faction appelée les *Sourcils rouges*, se maintinrent dans l'indépendance. On vit, outre cela, un imposteur nommé Wang-lang, qui se donnait pour le prince Tse-yu, fils de l'empereur Han-tching-ti. Il séduisit un grand nombre de personnes, qui lui formèrent une armée pour soutenir ce nom et les droits qu'il se donnait à l'empire. Lieou-sieou, le plus distingué de la famille des Han par sa valeur, marcha contre cet aventurier; et l'ayant forcé dans Han-tan, où il s'était retranché, lui fit voler la tête d'un coup de sabre. Mais sa mort ne rétablit pas le calme dans l'empire. Des troupes de brigands s'y répandirent, et commirent de grands ravages. Lieou-sieou en détruisit une grande partie, et le prince Lieou-hiuen, de son côté, remporta une victoire sur les *Sourcils rouges*. Ce revers n'abattit pas ces derniers. Ils s'en relevèrent bientôt, et devinrent plus formidables qu'auparavant. Les seigneurs chinois, jugeant Lieou-hiuen incapable de leur résister, et regardant d'ailleurs le trône impérial comme vacant, contraignirent Lieou-sieou, après des refus, d'y monter.

Kouang-wou-ti (25 après J.-C.) fut le nom que prit Lieou-sieou lorsqu'il eut accepté l'empire (1). Il débuta par assurer de son amitié Lieou-hiuen, et lui en donna des preuves en le créant prince de Hoaï-yang. Mais celui-ci rejeta fièrement cette faveur, et aima mieux se jeter dans le parti des *Sourcils rouges*. Il n'y trouva pas ce qu'il avait espéré. Fan-tchong, leur chef, ne lui témoigna aucune considération, et sur ce qu'on apprit qu'une faction se disposait à le rétablir, un des officiers de Fan-tchong l'assomma. Kouang-wou-ti continua la guerre contre les brigands, et, dans le cours de deux ans, il vint à bout de les dissiper entièrement. Des révoltes qui s'élevèrent ensuite furent étouffées de même, et, l'an 37 de notre ère, la paix fut rétablie dans l'empire; mais elle ne

(1) Il est nommé, dans les *Portraits des célèbres Chinois*, Han-kouang-wou-ti.

dura que trois ans. Une femme de Tong-kin, nommée Tchingtse, entreprit d'affranchir son pays de la domination des Chinois, devenue odieuse par la tyrannie des gouverneurs qu'ils y envoyaient. Cette héroïne, s'étant mise à la tête des mécontents, gagna sur les impériaux une grande bataille, leur enleva soixante-cinq villes, et se fit proclamer reine. Mais ayant été battue complètement, l'an 42, dans une nouvelle action, son parti fut totalement détruit. La Chine, depuis ce temps, demeura tranquille jusqu'à la mort de Kouang-wou-ti, arrivée dans la troisième lune de l'an 57 de notre ère, la trente-troisième de son règne et la soixante-troisième de son âge. Il fut regretté de ses peuples, qu'il avait défendus avec valeur et gouvernés avec une sagesse égale.

HAN-MING-TI (57 après J.-C.), fils de Kouang-wou-ti et son successeur, commença son règne par faire revivre les cérémonies prescrites dans les king ou livres de la religion. Les académies destinées aux exercices militaires et à l'étude de la morale lui durent aussi leur établissement. Il en avait une dans son palais pour y élever les enfants de la première qualité, et il ne dédaignait pas d'assister lui-même à leurs exercices. Ce prince, par les soins qu'il eut d'éclairer la conduite des mandarins et des officiers publics, maintint la tranquillité dans l'intérieur de l'empire; mais il refusa d'entrer dans les querelles des princes tributaires de la Chine, sans souffrir néanmoins qu'ils attaquassent impunément ses frontières. Il eut cependant la faiblesse de protéger la secte de Fo, qui, des Indes, où elle était déjà fort ancienne, s'introduisit en Chine, et y établit la doctrine de la métempsycose avec celle des deux principes, le néant et le vide. Han-ming-ti finit ses jours dans la huitième lune, en automne de l'an 75, dans la quarante-huitième année de son âge et la dix-huitième de son règne, emportant dans le tombeau la réputation d'un prince vigilant, équitable et modéré. Entre ses femmes, il avait donné la préférence à Ma-chi, en la nommant impératrice; mais, comme elle était stérile, il lui avait fait adopter un fils qu'il avait d'une autre femme, et qu'il destinait pour être son successeur.

HAN-TCHANG-TI (75 après J.-C.), fils et successeur de Hanming-ti, témoigna sa reconnaissance à l'impératrice Ma-chi, sa mère par adoption, en élevant au rang de princes ses frères, malgré les remontrances qu'elle lui fit pour l'en détourner. L'événement justifia les craintes de l'impératrice. L'élévation fit tourner la tête à quatre de ses frères, au point que leur mauvaise conduite obligea l'empereur de les reléguer dans leurs terres. Han-tchang-ti mourut à la première lune de l'an 89, laissant de sa femme Teo-chi, qu'il avait déclarée impératrice en l'an 78, un fils, qui monta sur le trône.

Han-ho-ti (89 après J.-C.), fils de Han-tchang-ti, lui succéda à l'âge de dix ans, sous la régence de Teo-chi, sa mère, qui s'associa dans cet emploi Teou-hien, son frère. Celui-ci, pour se rendre maître entièrement des affaires, fit donner à trois de ses frères les principales charges de l'État. Mais bientôt il abusa de son pouvoir, et commit des injustices, dont la conviction, acquise dans un comité tenu par l'impératrice, le fit condamner à perdre la vie. La princesse commua la peine en celle d'aller faire la guerre aux Tartares Hioung-nou, d'où il n'y avait pas d'apparence qu'il dût revenir. Mais il trompa l'attente du public par des victoires signalées qu'il remporta sur les Tartares, ce qui rétablit son crédit à la cour. Il ne tarda pas d'en abuser de nouveau. L'empereur, qui était majeur pour lors, irrité de son insolence, lui ordonna de se donner la mort. Mais il le suivit de près au tombeau, dans la vingt-septième année de son âge, et la douzième lune de l'an 105. Les heureuses dispositions qu'il faisait paraître lui méritèrent des regrets. Ce fut lui, dit-on, qui le premier éleva les eunuques aux emplois publics et leur donna même les premières charges de l'État. Cette grande immoralité a été extrêmement funeste à la tranquillité de l'empire, et elle devait l'être.

Ce fut sous Ho-ti (de 89 à 106) que Pan-tchao étendit de nouveau la domination de l'empire jusqu'aux extrémités septentrionales de l'Asie. Cet officier général avait été envoyé en 72 par l'empereur Ming-ti dans les contrées occidentales de l'Asie, pour y établir le système fédératif politique des premiers empereurs des Han.

On lit dans les Tableaux historiques de l'Asie, résumé quelquefois heureux de l'histoire chinoise : « L'an 80 de Jésus-Christ, Pan-tchao partit de la cour, se porta vers l'Occident, et reprit le royaume de *Kaschgar*, qui, par une révolution intérieure, avait été détaché de l'alliance chinoise. Après ce premier succès, il se renforça de vingt mille hommes, tirés du pays des *Ou-sun*, pour aller attaquer à force ouverte le royaume de *Khouei-thseu* (*Koutchi* de nos jours). Cette guerre ne fut pas aussi facile à terminer que les précédentes. Depuis que Pan-tchao avait pénétré dans les pays occidentaux, il n'était encore parvenu à rendre tributaires de la Chine que huit de ces royaumes. C'est pourquoi il résolut, l'an 94, de déployer une plus grande force militaire. Il assembla les troupes de ces huit royaumes, et avec leurs secours, il passa les montagnes neigeuses du *Thsoung-ling* pour attaquer le roi des Yuë-tchi, qu'il fit mourir. Celui de Khouei-thseu, s'il n'éprouva pas le même sort, fut du moins réduit comme les autres. La défaite totale des Hioung-nou du Nord, effectuée par le général chinois Teou-hian et la soumission entière de ce que nous appelons la petite Boukharie, permirent à Pan-tchao, de pousser ses conquêtes jusqu'à la mer Caspienne. Il soumit plus de cinquante royaumes, dont il envoya les héritiers présomptifs à la cour de l'empereur pour y rester en otage et y demeurer garants de la fidélité de leurs compatriotes. Il nourrissait même le projet (102 de J.-C.) d'entamer l'empire romain; mais le général à qui il avait confié cette expédition se laissa décourager par les Persans, qui lui représentèrent son entreprise comme très-longue et périlleuse, et il revint sur ses pas. Après avoir soumis l'Occident et consolidé la puissance chinoise, Pan-tchao désira finir ses jours dans sa patrie, au sein de sa famille, et il demanda son rappel. »

M. Abel Rémusat rapporte ainsi le même fait dans son *Mémoire sur l'extension de l'empire chinois du côté de l'Occident*, que nous avons déjà cité :

« A la mort de Ming-ti, qui arriva en 75 de Jésus-Christ, les habitants de *Yer-kiyang* et de *Kouei-tseu* (*Bisch-balickh*) attaquèrent le commandant du midi, et les *Hioung-nou*, joints aux *conducteurs de chars*, assiégèrent le commandant du nord; Tchang-ti ne voulant pas sacrifier le repos de la Chine au bien des barbares (c'est le langage des écrivains chinois), retira les commandants de Tartarie, et les *Hioung-nou* s'emparèrent aussitôt du pays des *Ouigours*.

» Le général Pan-tchao se trouvait alors à *Khotan*, et cherchait à contenir les habitants de ces contrées. Ho-ti, ayant succédé à Tchang-ti, suivit d'autres projets. Il envoya contre les *Hioung-nou* le général Teou-hian, qui remporta une grande victoire. On reprit le pays d'Ouigour, et en moins de trois ans Pan-tchao se rendit maître de toute la Tartarie occidentale. On lui donna en récompense le titre de gouverneur général, et il se fixa dans le pays de *Kouei-tseu* (*Bisch-balickh*). On rétablit aussi les commandants du pays des Ouigours. Alors cinquante Etats de ces régions furent soumis et réunis à l'empire. On reçut même la soumission des *Tadjiks* (Perses), des *A-si* (Ases), et de tous les peuples qui habitaient jusqu'au bord de la mer Caspienne, à quarante mille *li* de distance. La neuvième année,

Pan-tchao envoya le général Kan-ying visiter la mer d'Occident, et son voyage procura une foule de connaissances qu'on n'avait pas eues sous les précédentes dynasties. On recueillit alors des détails exacts sur les mœurs, les productions, les traditions, les richesses d'un grand nombre de contrées. Parmi les royaumes les plus éloignés on cite ceux de *Ming-ki* et de *Teou-le*, dont les princes demandèrent à être admis comme vassaux, et reçurent en cette qualité le sceau et la ceinture.

» L'intention de Pan-tchao était que Kan-ying pénétrât dans le grand *Thsin* ; mais, quand ce général fut arrivé sur les bords de la mer occidentale, les *Tadjiks* (ou Perses), chez lesquels il se trouvait, lui représentèrent que la navigation qu'il allait entreprendre était fort périlleuse. Suivant les récits qu'ils lui firent, il fallait, par un bon vent, deux mois pour traverser la mer ; mais pour le retour, si l'on n'était pas favorisé des vents, il fallait mettre deux ans ; de sorte que les navigateurs qui voulaient aller dans le grand Thsin avaient coutume de prendre des provisions pour trois ans. Voilà les objections qu'on fit à Kan-ying afin de le détourner de son projet, ou peut-être les excuses qu'il inventa pour justifier sa désobéissance. Ainsi l'empire romain ne fut pas mis cette fois au nombre des tributaires de celui des Chinois (1) ; mais ceux-ci ne manquèrent pas d'y comprendre, outre toute la Tartarie, où ils exerçaient une puissance effective, la Transoxiane, Samarcande, le pays des A-si, ou de Boukhara, celui des Tadjiks ou la Perse, et plusieurs autres contrées. On eût pu y comprendre aussi l'Inde, dont on reçut alors des ambassades, et qui depuis a continué d'être rangée parmi les pays occidentaux, parce que l'on en venait dans les commencements par la route du nord et du nord-ouest, par Kaboul, Kandahar, Samarcande et Schach. L'Inde était dès lors remplie de curiosités et de marchandises venues du grand Thsin, avec lequel les Indiens avaient beaucoup de communications du côté de l'occident. On met ces raretés et les productions du sol même de l'Hindoustan, au nombre des principaux objets du commerce qui se faisait alors dans ces

---

(1) Sans cette circonstance, qui nous est révélée par les historiens chinois, peut-être que des armées chinoises seraient venues en aide aux peuples de la Gaule, qui luttaient encore, vers la même époque, avec Julius Vindex, contre les armées romaines. Et qui sait l'influence que cette puissante diversion d'armées chinoises et tartares aurait exercée sur les destinées futures des nations occidentales !

contrées. Une circonstance à remarquer, c'est que le commerce entre les deux pays de Thsin, c'est-à-dire entre l'empire romain et la Chine proprement dite, paraît avoir été le vrai motif des expéditions des Chinois sur la mer Caspienne. « De
» tout temps, dit un auteur chinois, les rois du grand Thsin (les
» empereurs romains) avaient eu le désir d'entrer en relation avec
» les Chinois; mais les A-si, qui vendaient leurs étoffes à ceux du
» grand Thsin, avaient toujours eu soin de cacher les routes et
» d'empêcher les communications directes entre les deux empires.
» Cette communication ne put avoir lieu immédiatement que
» sous Houan-ti (l'année 166 de J.-C.), que le roi du grand
» Thsin, nommé An-thun, envoya des ambassadeurs; encore ces
» derniers vinrent-ils non par la route du nord, mais par celle du
» midi (ou par le Tonking (1), » etc. On ne peut pas dire précisément (*Tableaux historiques de l'Asie*) combien de temps ces relations entre les deux plus puissants empires de l'antiquité ont duré; mais il est probable qu'elles continuèrent pendant tout le règne de la dynastie des *Han*, et jusqu'au commencement du IIIe siècle. Les expéditions maritimes pour la Chine partaient des ports de l'Égypte et du golfe Persique, pour se rendre, à travers les mers de l'Inde, à Canton, ou tout autre port de la Chine méridionale. C'est à ces expéditions que Ptolémée devait les renseignements précieux qu'il nous a laissés sur ces contrées de l'Asie. Les troubles et le partage de l'empire chinois, qui succédèrent à la dynastie des *Han*, n'ont probablement pas empêché ce commerce des Romains, qui alors se devait faire dans les États du roi d'*Ou*, situés dans le sud de la Chine. Quoique les données positives sur cet objet nous manquent, il n'y a aucune raison de douter de la continuation de ces relations; car partout le commerce suit la route une fois frayée, si de grands évènements politiques ne l'ont pas interceptée pour une longue suite d'années.

» Il faut observer que les Parthes ne vendaient pas la soie écrue aux Romains, mais des tissus de cette matière fabriqués par eux-mêmes. Les historiens chinois nous apprennent la

---

(1) Le même auteur chinois ajoute que plus tard les Romains ou habitants du Ta-thsin envoyèrent encore des ambassadeurs en Chine. Il dit que les habitants de l'empire romain fabriquent des étoffes qui sont mieux teintes et d'une plus belle couleur que tout ce qui se fait à l'orient de la mer. Aussi trouvaient-ils beaucoup d'avantages à acheter les soies de la Chine pour en fabriquer des étoffes à leur manière.

cause principale pour laquelle les A-si s'opposèrent à toute communication directe entre Rome et la Chine : c'était parce qu'ils ne savaient pas aussi bien travailler les étoffes que les Romains, et qu'ils craignaient de perdre le profit de la fabrication sur la soie chinoise. Les *Ta-thsin* (ou Romains), ajoutent-ils, désiraient beaucoup pouvoir acheter chez nous la matière première, car ils sont très-habiles à la travailler : leur teinture est meilleure et leurs couleurs sont plus vives et plus brillantes. Ils préfèrent donc tirer la soie écrue de la Chine même, pour en faire des étoffes à leur manière, plutôt que d'acheter des soieries faites chez les Parthes et d'autres peuples voisins de la mer Caspienne. »

C'est sous l'empereur Ho-ti que vécut la célèbre Pan-hoeï-pan, sœur du général Pan-tchao et de l'historien Pan-kou.

La lettrée Pan-hoeï-pan.

Comme la condition des femmes en Chine, dans l'antiquité et

même de nos jours, est très-peu connue, et que l'on en porte généralement un jugement erroné, nous entrerons ici dans quelques détails sur la vie et les ouvrages de Pan-hoeï-pan, tirés de la longue notice que lui a consacrée le P. Amyot(1). Elevée avec ses deux frères dans la maison paternelle, elle profita à la dérobée des leçons qu'on leur donnait; elle lisait leurs livres, écoutait leurs leçons, et devint avec le temps aussi instruite qu'eux. Mariée dès l'âge de quatorze ans à un jeune mandarin, elle voulut remplir assidûment ses devoirs de femme, et se livrer tout entière aux soins du ménage, excepté dans quelques instants que son mari voulait qu'elle consacrât aux lettres. Devenue veuve dans la fleur de l'âge, elle se retira chez son frère Pan-kou, pour y passer ses jours dans une austère viduité, et se consoler dans le sein des lettres d'une perte qu'elle était bien résolue de ne jamais réparer.

Pan-kou était historiographe de l'empire, et s'occupait à revoir les annales de Sse-ma-tbsian, et à y ajouter une suite sous le titre de *Han-chou* (Livre des Han). Il travaillait encore à deux autres ouvrages, dont l'un était intitulé les *Huit Modèles*, et l'autre *Instructions sur l'astronomie*. Des ouvrages de cette nature demandaient de la part de celui qui les entreprenait une lecture immense, du goût, de la critique et une application presque sans relâche. Il trouva que sa sœur réunissait dans sa personne toutes ces qualités, et qu'elle était très-disposée à en faire usage. Il n'hésita pas à partager avec elle un travail dont il était à présumer qu'il recueillerait seul les fruits. Il ne prétendit pas cependant la priver de sa part de gloire; il ne laissait échapper aucune occasion de faire l'éloge de sa sœur, et lorsqu'il lisait devant l'empereur ou en présence de quelques amis des morceaux des ouvrages auxquels il avait eu ordre de travailler, il ne manquait jamais de dire : *Cet article est de Pan-kou ; cet autre est de Pan-hoeï-pan.*

Pan-kou ayant été enveloppé dans la disgrâce du général Teou-hian, son ami, et étant mort de chagrin en prison, sa sœur fut chargée par l'empereur de revoir ses ouvrages et d'y mettre la dernière main. L'empereur lui assigna des revenus, et lui donna même un appartement dans le palais, près de celui de ces bibliothèques où l'on conservait les manuscrits et les livres rares, et dans l'intérieur duquel était une espèce de galerie qui tenait lieu de cabinet. Ce fut là que Pan-hoeï-pan fit

---

1) *Mém. sur les Chin.*, t. III, p. 361 et suiv.

porter les manuscrits de son frère, et qu'elle les mit en état d'être donnés au public; elle les présenta à l'empereur, qui les fit imprimer.

Ces ouvrages, quoique donnés sous le nom de Pan-kou, son frère, la rendirent célèbre dans tout l'empire, parce qu'on n'ignorait pas la part qu'elle y avait eue; le *Livre des Han* (*Han-chou*) lui fit surtout un honneur infini. Ce livre, un des meilleurs et des plus curieux qui soient sortis des presses chinoises, contenait l'histoire de douze empereurs, depuis Kao-tsou, fondateur de la dynastie, jusqu'à la mort de l'usurpateur Wang-mang, c'est-à-dire l'histoire de tout ce qui était arrivé de plus intéressant dans l'empire pendant l'espace de deux cent trente ans.

La renommée que s'acquit Pan-hoeï-pan par la publication des ouvrages historiques de son frère, auxquels elle avait pris une si grande part, la fit choisir par l'empereur pour être *maîtresse de poésie, d'éloquence et d'histoire* de la jeune impératrice qui avait succédé à celle que les eunuques, devenus tout-puissants sous Ho-ti, avaient fait répudier. Pan-hoeï-pan ne laissa pas perdre son talent dans les honneurs et les frivolités de la cour. Ayant eu toujours en vue le bonheur de son sexe, elle composa, pour l'éclairer sur ses véritables devoirs, un ouvrage en sept chapitres (en chinois, *Niu-kie-tsi-pien*), qui a été traduit du chinois par le P. Amyot (1), et que nous regrettons de ne pas pouvoir insérer ici en entier, pour que l'on voie comment les devoirs et la destinée de la femme ont été compris en Chine par une femme il y a presque deux mille ans. Nous nous contenterons d'en donner les extraits suivants :

Les sept articles sous lesquels sont compris les principaux devoirs des personnes du sexe.

Art. 1er. — L'état d'une personne du sexe est un état d'abjection et de faiblesse.

« Nous tenons le dernier rang dans l'espèce humaine; nous sommes la partie faible du genre humain : les fonctions les moins relevées doivent être et sont en effet notre partage. C'est une vérité dont il nous importe d'être pénétrées, parce qu'elle doit influer sur toute notre conduite et devenir la source de notre bonheur, si nous agissons en conséquence.

(1) *Mém. sur les Chin.*, t. III, p. 368 et suiv.

Anciennement, lorsqu'une fille venait au monde, on était trois jours entiers sans daigner presque penser à elle ; on la couchait à terre sur quelques vieux lambeaux, près du lit de la mère, sans s'occuper d'elle ; le troisième jour on visitait l'accouchée, on commençait à prendre soin de la petite fille, on se transportait à la salle des ancêtres. Le père tenant sa fille entre ses bras, ceux de sa suite ayant en main quelques briques et quelques tuiles, restaient debout pendant quelque temps devant la représentation des aïeux, auxquels ils offraient en silence, celui-là la nouvelle née, ceux-ci les tuiles et les briques dont ils étaient chargés... Si les jeunes filles viennent à bout de se croire telles qu'elles sont en effet, elles n'auront garde de s'enorgueillir ; elles se tiendront humblement à la place qui leur a été assignée par la nature. Elles sauront que, leur état étant un état de faiblesse, elles ne peuvent rien sans le secours d'autrui. Dans cette persuasion, elles rempliront exactement leurs devoirs, et ne trouveront rien de pénible dans ce qu'on exigera d'elles. »

Art. 2. — Devoirs généraux des personnes du sexe quand elles sont sous la puissance d'un mari.

« Quand la jeune fille a atteint l'âge convenable, on la livre à une famille étrangère. Dans ce nouvel état elle a de nouveaux devoirs à remplir, et ces devoirs ne consistent pas tant à faire tout ce qu'on exige d'elle, qu'à prévenir tout ce qu'on serait en droit d'en exiger. »

Art. 3. — Du respect sans bornes que la femme doit à son mari, et de l'attention continuelle qu'elle doit avoir sur elle-même.

« Il vous naît un garçon, dit le proverbe, vous croyez avoir en lui un loup que rien ne sera capable d'effrayer, il ne sera peut-être qu'un vil insecte qui se laissera écraser par le premier venu ; il vous naît une fille, vous ne voyez en elle qu'une timide souris ; peut-être sera-t-elle une horrible tigresse, répandant partout la terreur.

» Vous qu'on est en droit de regarder comme une souris, voulez-vous ne point devenir tigresse, conservez constamment la timidité qui vous est naturelle. Si de la maison paternelle vous avez passé dans celle d'un époux, quoi que ce soit qui puisse vous arriver, dans quelque situation que vous puissiez être, ne vous relâchez jamais sur la pratique des deux vertus que je regarde comme le fondement de toutes les autres, et qui doivent être votre plus brillante parure. Ces deux vertus principales sont un *respect sans bornes pour celui dont vous portez le nom, et une attention continuelle sur vous-même.*

» Le respect attire le respect, un respect sans bornes fait naître l'estime, et de l'estime il se forme une affection durable à l'épreuve de tous les événements. L'attention sur soi-même fait éviter les fautes ; une attention continuelle est comme le correctif des défauts auxquels nous ne sommes que trop sujettes.

» Voulez-vous que votre mari vous respecte, ayez pour lui un respect sans bornes. Voulez-vous qu'il vous honore de son estime et qu'il ait pour vous une affection constante, veillez constamment sur vous-même, pour ne pas lui laisser apercevoir vos défauts, et pour tâcher de vous en corriger. Une femme qui ne fait pas cas de ces deux vertus, ou qui n'en fait pas la base sur laquelle doit s'appuyer toute la tranquillité de ses jours, tombera bientôt dans les vices opposés, et sera la plus malheureuse des femmes. »

ART. 4. — Des qualités qui rendent une femme aimable.

« Ces qualités se réduisent à quatre, à savoir : la *vertu*, la *parole*, la *figure* et les *actions*.

» La vertu d'une femme doit être solide, entière, constante, à l'abri de tout soupçon. Elle ne doit avoir rien de farouche, rien de rude ni de rebutant, rien de puéril ni de trop minutieux. Ses paroles doivent être toujours honnêtes, douces, mesurées ; elle ne doit pas être taciturne, mais elle ne doit pas être babillarde ; elle ne doit rien dire de trivial ni de bas, mais elle ne doit pas pour cela rechercher ses expressions, ni n'en employer que de peu communes, et vouloir paraître bel esprit. Si elle est assez instruite dans les lettres pour en parler pertinemment, elle ne doit point faire parade de son érudition. En général, on n'aime pas qu'une femme cite à tout moment l'histoire, les livres sacrés, les poëtes, les ouvrages de littérature ; mais on sera pénétré d'estime pour elle si, sachant qu'elle est savante, on ne lui entend tenir que des propos ordinaires, si on ne l'entend jamais parler de sciences ou de littérature qu'en très-peu de mots et par pure condescendance pour ceux qui l'en prieraient.

» Aux agréments de la parole elle doit joindre ceux de la figure. La régularité des traits, la finesse du teint, la beauté de la taille, la proportion des membres, et tout ce qui, dans l'opinion commune, constitue ce qu'on appelle la beauté, contribuent sans doute à rendre une femme aimable ; mais ce n'est pas ce que j'entends par les agréments de la figure dont elle doit tirer parti pour se faire aimer. Il ne dépend pas de nous d'être belles, et je demande d'une femme une qualité qu'elle puisse acquérir et des agréments qu'elle puisse se donner, si elle ne les a pas. Une femme est toujours assez belle aux yeux de son mari, quand elle a constamment de la douceur dans le regard et dans le son de la voix, de la propreté sur sa personne et dans ses habits, du choix et de l'arrangement dans sa parure, de la modestie dans ses discours et dans tout son maintien.

» Pour ce qui est des actions, elle n'en doit jamais faire aucune qui ne soit dans l'ordre et la décence, pour l'honnête satisfaction d'un mari sage et le bon exemple des enfants et des domestiques ; elle n'en doit faire aucune qui n'ait directement le soin de sa maison pour objet ; elle doit les faire toutes dans les temps réglés, de telle sorte néanmoins qu'elle ne soit point esclave du moment précis ; elle doit les faire sans empressement comme sans lenteur ; avec application, mais sans inquiétude ; avec grâce, mais sans affectation. »

ART. 8. — De l'attachement inviolable que la femme doit avoir pour son mari.

« Quand une fille passe de la maison paternelle dans celle de son mari, elle perd tout, jusqu'à son nom ; elle n'a plus rien en propre : ce qu'elle porte, ce qu'elle est, sa personne, tout appartient à celui qu'on lui donne pour époux. C'est vers son époux que désormais doivent tendre toutes ses vues ; c'est uniquement à son époux qu'elle doit chercher à plaire ; vif ou mort, c'est à son époux qu'elle doit son cœur.

» Par les statuts consacrés dans notre cérémonial (le *Livre des rites*), un homme, après la mort de sa femme, a le pouvoir de se remarier ; il a le même pouvoir du vivant même de sa femme, pour des raisons qui sont bien détaillées ailleurs ; mais une femme, pour quelques raisons que ce puisse être, ni du vivant ni après la mort de son mari, ne peut passer à de secondes noces, sans enfreindre les règles du cérémonial et sans se déshonorer. *L'époux est le ciel de l'épouse*, dit une sentence contre laquelle on n'a jamais réclamé. Y a-t-il quelque endroit sur la terre où l'on puisse ne pas être sous le ciel? c'est donc pour tout le temps qu'elle sera sur la terre, c'est-à-dire pendant toute sa vie, qu'une femme est sous le ciel de son mari. C'est pour cette raison que le *Livre des lois pour le sexe* (*Niu-hien-chou*) s'exprime en ces termes : *Si une femme a un mari selon son cœur, c'est pour toute sa vie ; si elle a un mari contre son cœur, c'est pour toute sa vie.* Dans le premier cas une femme est heureuse et l'est pour toujours; dans le second cas elle est malheureuse, et son malheur ne finira que lorsqu'elle cessera de vivre.

» Tant que, par une répudiation dans les formes, un mari n'aura pas rejeté loin de lui une femme dont les défauts n'auront pu être corrigés, il conserve tous ses droits sur elle; il peut et il doit en exiger l'attachement le plus inviolable ; tant qu'une femme sera sous l'autorité du mari, son cœur n'est pas un bien dont elle puisse disposer, puisqu'il appartient tout entier à l'homme dont elle porte le nom. »

Art. 6. — De l'obéissance que doit une femme à son mari, au père et à la mère de son mari.

« Une obéissance qui, sans exception de temps ni de circonstances, sans égard aux difficultés ni aux aversions que l'on pourrait avoir, s'étend à tout et s'exerce sur tout, dans l'enceinte d'une famille, pour les affaires purement domestiques, est l'obéissance dont je veux parler ici. Une femme qui n'aurait pas cette vertu dans sa totalité serait indigne du beau nom d'épouse; une femme qui ne l'aurait qu'en partie n'aurait point à se plaindre si l'on agissait envers elle dans toute la rigueur de la loi.

» Il n'est aucune chose sur la terre qui ne puisse être unie à une autre; il n'en est point de si fortement unie qu'on ne puisse diviser. Une femme qui aime son mari et qui en est aimée lui obéit sans peine, tant parce qu'elle suit en cela son inclination, que parce qu'elle est comme sûre qu'elle ne fera après tout que ce qu'elle voudra, et que, quoi qu'elle fasse, elle saura bien obtenir l'approbation de celui à qui elle plaît. Une femme ainsi obéissante n'a pas fait la moitié de sa tâche. Une obéissance absolue, tant envers son mari qu'envers son beau-père et sa belle-mère, peut seule mettre à couvert de tout reproche une femme qui remplira d'ailleurs toutes ses autres obligations. « Une femme, dit le *Niu-hien-chou*, doit

» être dans la maison comme une pure ombre et un simple
» écho. » L'ombre n'a de forme apparente que celle que lui
donne le corps ; l'écho ne dit précisément que ce qu'on veut
qu'il dise. »

ART. 7. — De la bonne intelligence qu'une femme doit toujours entretenir avec ses beaux-frères et belles-sœurs.

« Une femme qui a du bon sens et qui veut vivre tranquille doit commencer par se mettre au-dessus de toutes les petites peines inséparables de sa condition ; elle doit tâcher de se convaincre que, quoi qu'elle puisse faire, elle aura toujours quelque chose à souffrir de la part de ceux avec qui elle a à vivre ; elle doit se convaincre que sa tranquillité au dedans et sa réputation au dehors dépendent uniquement de l'estime qu'elle aura su se concilier de la part de son beau-père et de sa belle-mère, de ses beaux-frères et de ses belles-sœurs ; or le moyen de se concilier cette estime est tout à fait simple : qu'elle ne contrarie jamais les autres ; qu'elle souffre en paix d'être contrariée ; qu'elle ne réponde jamais aux paroles dures ou piquantes qu'on pourrait lui dire ; qu'elle ne s'en plaigne jamais à son mari ; qu'elle ne désapprouve jamais ce qu'elle voit ni ce qu'elle entend, à moins que ce ne soient des choses évidemment mauvaises ; qu'elle soit pleine de déférence pour les volontés d'autrui, dans tout ce qui ne sera pas contraire à l'honnêteté ou à son devoir. Son beau-père et sa belle-mère, ses beaux-frères et ses belles-sœurs, fussent-ils des tigres et des tigresses, ne pourront qu'être pénétrés d'estime pour une femme qui se conduira si bien à l'égard d'eux tous. Ils feront en tout temps et en tous lieux l'éloge de sa vertu et de son bon caractère. Un tel éloge, souvent répété, ne saurait manquer de lui gagner le cœur de son mari, de la faire respecter de toute la parenté, et d'établir si bien sa réputation dans toute la ville, qu'elle deviendra l'objet de l'estime universelle ; on la citera pour exemple aux autres femmes, et on la leur proposera sans cesse comme le modèle sur lequel elles doivent se former. »

L'ouvrage de Pan-hoeï-pan, que l'on pourrait nommer le *Code des femmes*, fut reçu avec beaucoup de faveur par la cour et les mandarins ; le savant Ma-young, président des lettrés qui allaient travailler chaque jour dans la bibliothèque du palais de l'empereur, en fit une copie de sa propre main, et *ordonna à sa femme d'apprendre par cœur cet ouvrage, fait, disait-il, pour la perfection des personnes du sexe.*

Cette femme illustre, l'honneur de son sexe, mourut à l'âge de soixante-dix ans, et fut pleurée de tous ceux qui avaient eu l'avantage de la connaître. L'empereur lui fit rendre des honneurs funèbres avec une magnificence extraordinaire. De tous les éloges que les poëtes et les lettrés du temps composèrent en son honneur, on n'a conservé que l'inscription lapidaire qu'une autre femme célèbre, épouse d'un des fils de Pan-hoeï-pan, fit graver sur sa tombe ; en voici le contenu :

« Pan-hoeï-pan, surnommée *Tsao*, la grande dame, femme de Tsao, fille de Pan-che, sœur de Pan-kou, a mis la dernière main aux ouvrages de son père et de son frère, qu'elle a expliqués et embellis.

» Elle a été maîtresse de l'impératrice et des dames du palais. En donnant à ses illustres élèves des leçons sur la poésie, l'éloquence et l'histoire, elle leur apprit à parer l'érudition des ornements de la littérature et à enrichir la littérature des trésors de l'érudition.

» Par un bienfait dont aucune femme n'avait encore joui, l'empereur lui donna la surintendance de celle de ses bibliothèques qui renfermait le dépôt précieux des manuscrits anciens et modernes non encore débrouillés.

» A la tête d'un nombre de savants choisis, elle travailla dans cette bibliothèque avec un succès qui fit l'admiration de tous les lettrés, et qui surpassa ses propres espérances. Elle tira du profond oubli dans lequel elles étaient ensevelies quelques productions utiles des savants des siècles passés ; elle expliqua, avec une clarté qui ne laissa rien à désirer, quelques bons ouvrages des savants modernes, qu'une trop grande obscurité et un goût tout à fait bizarre rendaient presque inintelligibles.

» Elle s'éleva, sans y prétendre, au rang des plus sublimes auteurs, parmi lesquels la finesse de son goût, la beauté de son style, la profondeur de son érudition et la justesse de sa critique lui firent décerner une place distinguée. Elle s'abaissa, le voulant bien, jusqu'au niveau des femmes les plus ordinaires, auxquelles, par la simplicité de ses mœurs, par son assiduité à vaquer aux affaires domestiques, et par son attention scrupuleuse à ne négliger aucun des petits détails du ménage, elle ne dédaigna pas de se rendre semblable, pour leur apprendre que, dans quelque poste qu'elles puissent se trouver, quel que soit le rang qu'elles occupent, les devoirs particuliers du sexe doivent toujours être remplis avec préférence, et être regardés comme les plus essentiels et les premiers de leurs devoirs.

» Jouissant de tous les honneurs qu'on accorde aux talents et au vrai mérite, quand ils sont reconnus; estimée des gens de lettres, dont elle était l'oracle; respectée des personnes de son sexe, auxquelles pourtant elle n'avait pas craint de dire les plus humiliantes vérités, elle vécut jusqu'à une extrême vieillesse, dans le sein du travail et de la vertu, toujours en paix avec elle-même et avec les autres.

» Puisse le précieux souvenir de ses vertus et de son mérite la faire vivre dans les siècles à venir, jusque chez les plus reculés de nos descendants! »

Han-tchang-ti (105 après J.-C.), âgé seulement de cent jours à la mort de Han-ho-ti, son père, lui succéda sous la régence de l'impératrice, sa mère, et mourut à la huitième lune de l'année suivante.

Han-ngan-ti (106 après J.-C.), neveu de l'empereur Han-ho-ti, devint le successeur de Han-tchang-ti, à l'âge de quatorze ans, par le choix de l'impératrice, mère de ce dernier. Cette princesse ambitieuse conserva la régence, malgré les murmures des Chinois, jusqu'à sa mort, arrivée l'an 121. Han-ngan-ti, ne lui survécut que quatre ans, étant décédé dans la troisième lune de l'an 125. Comme il ne laissait point d'enfants de l'impératrice Yen-chi, sa femme, il avait désigné pour son successeur le fils qu'il avait eu d'une reine que Yen-chi fit mourir pour se délivrer d'une concurrente qui aurait pu lui enlever l'autorité. Ce crime ne suffit pas à Yen-chi; elle substitua un de ses petits-fils au légitime héritier, et le fit couronner. Mais la mort, ayant fait justice de cet intrus, dans la dixième lune de la même année, rendit le trône à celui auquel il appartenait de droit.

Han-chun-ti (126 après J.-C.), fils de Han-ngan-ti, ayant été reconnu pour empereur malgré l'impératrice, sa belle-mère, commença par la condamner à une prison perpétuelle, pour venger la mort de sa mère et l'injustice qu'elle lui avait faite à lui-même en s'efforçant de l'exclure du trône. Mais il se repentit bientôt de ce traitement; et, l'ayant rappelée, il la rétablit dans les honneurs dont elle avait joui. Mais la mort lui permit à peine de reparaître à la cour. Han-chun-ti, avec de belles qualités, manqua de discernement dans le choix de ses ministres. Gouverné par les eunuques du palais, il mit, par leurs conseils, à la tête de plusieurs provinces des mandarins corrompus qui, par leurs concussions, provoquèrent de fréquentes révoltes. L'an 143, le pays de Leang-tcheou éprouva, pendant trois mois, de fréquents tremblements de terre, où périt une infinité de monde. Effrayé du récit qu'on lui fit de ces désastres, l'empereur en tomba malade, et mourut à la huitième lune, dans la trente et unième année de son âge, laissant un fils âgé de deux ans, qui suit.

Han-tchong-ti (144 après J.-C.), fils de Han-chun-ti, fut porté dans son berceau sur le trône, et mourut dans la première lune de l'année suivante.

Han-tche-ti (145 après J.-C.), nommé à sa naissance Lieou-tsouon, fils du prince de Pou-kaï, et descendant de l'empereur Han-tchang-ti, fut choisi par les grands pour empereur à l'âge de neuf ans. Il montrait dès lors un grand sens, et donnait les plus belles espérances ; mais le prince Leang-ki, frère de l'impératrice mère, les fit évanouir en lui donnant du poison, dans la deuxième année de son règne.

Han-houon-ti (147 après J.-C.) fut le nom que prit Leou-tchi, prince de Ping-yuen, après le choix que les grands, de concert avec l'impératrice, firent de lui pour remplir le trône. Sa proclamation se fit le premier jour de la première lune 147, jour remarquable par une éclipse de soleil. Comme il n'avait que quinze ans, l'impératrice garda la régence jusqu'à la première lune de l'an 150, qu'elle lui remit le gouvernement. Ce prince rendit les magistratures vénales ; il donna la plus grande protection aux eunuques, et favorisa les sectateurs du *Tao*. Cette conduite éloigna de sa cour les gens de lettres, qu'il tâchait d'y attirer par toutes sortes de faveurs, comme pour sanctionner ses bassesses aux yeux du peuple ; ils ne donnèrent pas dans ce piége grossier. Un d'entre eux remarqua que l'empereur entretenait mille femmes et plus de dix mille chevaux ; qu'il avait auprès de lui une troupe de bonzes, dont la doctrine, opposée à celle du philosophe Confucius, déshonorait l'empire ; que les eunuques s'étaient emparés du pouvoir, et que certainement l'empereur n'avait pas le dessein de mettre un terme à tous ces désordres. Mais, loin de diminuer, le crédit des eunuques augmenta ; quelques grands qui n'avaient pas dissimulé leur indignation furent disgraciés ; et toutes les réformes auxquelles se soumit l'empereur furent de congédier la moitié de ses femmes et de n'en conserver que cinq cents. Lors d'une amnistie générale qu'il publia dans l'empire, un mandarin, qui avait été injustement emprisonné, ne voulut pas recevoir sa liberté. « Si je l'acceptais, dit-il, je porterais partout l'infamie du crime ; vivant, je passerais pour un mauvais magistrat ; et mort, pour un mauvais génie. »

Dans les années 151 et 175, il y eut une disette si affreuse, que les hommes se nourrissaient de chair humaine.

Les Tartares orientaux, nommés *Sian-pi*, qui s'étaient emparés précédemment du pays des Hioung-nou du nord, se joignirent à ceux du midi, et ravagèrent trois provinces dans l'espace de peu d'années. Ces Sian-pi, ayant à leur tête un chef audacieux qui avait réuni sous sa puissance les diverses tribus du même peuple, se formèrent un empire de quatorze cents lieues d'étendue. Au nord, ils vainquirent les peuples de la Sibérie méridionale; à l'est le pays de Fou-yu; et à l'ouest celui des Ou-sun. L'an 156 de notre ère, ils commencèrent à faire des courses en Chine; mais leur puissance s'affaiblit avec la mort de leur chef; ce qui rendit la tranquillité aux frontières septentrionales de l'empire.

Sous le règne de ce monarque, l'Inde (*Thian-tchou*) et l'empire romain (*Ta-thsin*), ainsi que d'autres nations, envoyèrent, selon les historiens chinois, des tributs à l'empereur par la mer Orientale. C'est de cette époque que date le commerce des étrangers avec la Chine par le port de Canton.

Han-houon-ti mourut sur la fin de l'an 167, dans la trentième année de son âge, sans laisser de postérité de l'impératrice Teou-chi, sa femme.

HAN-LING-TI (Lieou-hong) (168 après J.-C.), petit-fils, à la quatrième génération, de l'empereur Han-tchang-ti, fut proclamé empereur à l'âge de douze ans, par les grands, sur la présentation de l'impératrice Teou-chi, qui prit les rênes du gouvernement, comme régente, pendant sa minorité. Cette princesse voulut d'abord maintenir les eunuques du palais dans le crédit dont ils jouissaient sous le règne précédent. Mais, forcée par les mécontents d'en livrer quelques-uns au tribunal des crimes, elle devint la victime d'une cabale qui se forma contre elle et contre ceux qui l'avaient fait agir. Les eunuques qu'elle avait épargnés, s'étant ligués ensemble, vinrent à bout de persuader au jeune empereur qu'elle avait comploté avec ceux qui s'étaient déclarés leurs ennemis pour le détrôner. En conséquence ils firent expédier des ordres pour la renfermer, et livrer au bras de la justice ceux qui s'étaient montrés jaloux de leur crédit. Ces violences ne manquèrent pas de causer des soulèvements; mais, loin de détacher le prince de ses favoris, ils ne servirent qu'à le rendre plus docile à leurs conseils et plus ardent à les suivre. De là les proscriptions, les emprisonnements décernés, non-seulement contre les rebelles, mais contre ceux qui étaient soupçonnés de les favoriser. Les hommes de mérite, et surtout les gens de lettres, furent les principaux objets de la haine des eunuques. On fait état de plus de dix mille personnes que ces tyrans sacrifièrent à leur vengeance. Le ciel, si l'on en croit le P. de Mailla, fidèle disciple du P. le Comte, se déclara par des prodiges effrayants contre un gouvernement si atroce. « Le 15 de la quatrième lune, dit-il, de la deuxième année du règne de Han-ling-ti, tous les grands étant assemblés dans la salle d'audience, à peine l'empereur fut-il monté sur son trône, qu'un coup de vent furieux, sorti d'un des coins de la salle, vint le frapper. On vit en même temps sortir de dessus la grande poutre, un serpent noir monstrueux, long de plus de quarante pieds, qui vint s'entortiller autour du siége du trôn. L'empereur en fut si fort effrayé, qu'il tomba évanoui. Les mandarins d'armes coururent à son secours, et le transportèrent hors de la salle. Le serpent disparut, et, quelques perquisitions que l'on fit, il fut impossible d'en découvrir les traces » (t. III, p. 489). Neuf ans après, les choses continuaient encore sur le même pied. Nouvel avertissement, selon le même auteur. « L'an 178 (après deux tremblements de terre arrivés à la quatrième lune), on entendit, pendant plusieurs jours de suite, dans les cours du palais, les coqs chanter comme les poules, et les poules imiter le chant des coqs. A la sixième lune, une exhalaison noire, qui répandit une odeur infecte, ayant la forme d'un dragon, et longue de plus de cent pieds, apparut dans la salle d'audience, et environna le trône. A la septième lune, et en automne, un arc-en-ciel embrassa de son cintre tout l'appartement de l'empereur. » Le prince, épouvanté, commande aux grands de lui expliquer la cause de ce phénomène. « La cause de ces présages sinistres, lui répond Yang-tse, n'est autre que l'abus de l'autorité entre les mains des femmes et des eunuques. Les gens les plus vils et les plus méprisables sont consultés sur les affaires du gouvernement : n'est-ce pas obscurcir la lumière du soleil et de la lune?... On ne voit dans les emplois que ceux qui prodiguent la flatterie ou l'argent aux eunuques... Nous lisons dans le *Chou-king* que lorsque le tien (le ciel) manifeste sa colère par de pareils avertissements, le prince doit renouveler la vertu dans sa personne et dans l'empire, etc. » (ibid., p. 501). Ainsi Dieu faisait des miracles parmi les Chinois, comme autrefois parmi les Juifs, pour les faire rentrer dans le chemin de la vertu, lorsqu'ils s'en étaient écartés ; et il se trouvait chez les uns comme chez les autres des sages qui donnaient la véritable explication de ces prodiges. Han ling-ti, ajoute-t-on, fut frappé du discours de Yang-tse ; mais cette impression fut bientôt effacée par l'idée sinistre et fausse que les eunuques lui donnèrent de celui qui l'avait causée. Le crédit de ces favoris alla même toujours depuis en croissant, et les troubles augmentèrent dans la même proportion. L'an 184, un certain Tchang-kio, qui s'était fait un nom en traitant, par des opérations magiques, une maladie contagieuse, s'avisa de prétendre à l'empire, et eut même assez de bonheur pour rassembler sous ses drapeaux jusqu'à cinq cent mille hommes, auxquels il fit prendre pour livrée des bonnets jaunes. La mort de ce chef, arrivée peu de temps après, ne détruisit point son parti. Deux de ses frères, qu'il s'était associés, le relevèrent et donnèrent de l'exercice aux armes de Hanling-ti pendant tout le reste de sa vie, qu'il termina dans la quatrième lune de l'an 189. En mourant, il laissa de l'impératrice Ho-chi, sa femme, un fils âgé de quatre ans, nommé Lieoupien, et de la reine Wang-mei un autre fils appelé Lieou-hiei. L'impératrice, après sa mort, fit déclarer empereur son fils; mais une révolution, dans laquelle périrent tous les eunuques du palais, changea la face des affaires. Le général Tong-tcho, s'étant rendu maître du gouvernement, fit empoisonner l'impératrice avec son fils, et placer sur le trône le fils de la reine Wang-mei.

Lieou-hiei (190 après J.-C.) commença son règne à l'âge de dix ans, sous la régence de Tong-tcho, qui avait procuré son élévation. Ce ministre exerça dans son emploi le plus odieux despotisme. Il commença par transférer la cour à Tchangngan, et contraignit, par des violences inouïes, les habitants de Lo-yang à s'y transporter eux-mêmes, après avoir mis le feu au palais et à une partie des maisons de cette ville. Sa tyrannie ne manqua pas de soulever la plupart des grands contre lui. Ayant levé des troupes, ils lui livrèrent des combats dont il sortit avec avantage. Mais au commencement de l'an 192 il reçut le prix de ses forfaits de la main de Liu-pou, son fils adoptif, qu'il avait voulu percer de sa lance dans un accès de colère. Ce jeune homme, ayant esquivé le coup, l'attendit quelque temps après, avec d'autres conjurés, aux portes du palais, et l'assassina comme il y entrait en grand cortége. Sa famille fut enveloppée dans son désastre, et ses biens, qui étaient immenses, furent livrés au pillage. Tout scélérat qu'il était, il trouva des vengeurs, dont la principale victime fut le général Wangyun, l'instigateur de sa mort, qui fut massacré dans le palais sous les yeux de l'empereur. De nouveaux troubles succédèrent par l'ambition des grands, dont chacun se mit à la tête d'un parti, dans la vue de se rendre maître de l'empereur et de l'État. Ce prince fut obligé de mener une vie errante pendant près de deux ans, jusqu'à ce que, le général Thsao-thsao ayant pris le dessus, l'empereur, pour lequel il s'était toujours déclaré, lui remit les rênes du gouvernement. La vie de ce personnage mérite une attention particulière.

Thsao-thsao peut être regardé comme le véritable fondateur de la dynastie des Weï ou Goeï, quoique ce ne soit que son fils qui ait pris le titre d'empereur. Il descendait de Thsao-tsan, ministre de Kao-ti des Han, et naquit à Koue-thsiao, au milieu du second siècle de notre ère. Son premier nom était O-man-pheï. Un eunuque, nommé Thsao-theng, l'avait adopté. C'est pour cela qu'il prit pour nom de famille celui de Thsao et abandonna celui de Hia-hieou, qui était son véritable. L'attachement que l'empereur Ling-ti eut pour les eunuques, l'autorité qu'il leur laissa prendre et leur insolence excitèrent, comme nous l'avons vu, des révoltes, surtout celles des *Bonnets jaunes*. Thsao-thsao, qui avait suivi la carrière militaire, eut pour la première fois occasion de déployer ses talents dans cette guerre. Lorsque Tong-tcho eut été assassiné, l'an 192 après J.-C., les Bonnets jaunes, qu'on croyait dissipés, parce qu'ils avaient perdu leur chef, recommencèrent à se montrer dans la province actuelle de Chan-tong. Thsao-thsao se mit en campagne contre eux, et les força de mettre bas les armes. La plus grande partie se donna à lui, et il se trouva, par ce moyen à la tête de plus de cent cinquante mille hommes. Avec cette armée il se rendit maître d'un vaste territoire, et parvint à battre plusieurs autres chefs de parti ; mais la défection d'un de ses généraux le mit dans un danger qui s'accrut encore par plusieurs défaites et par une famine qui dévasta le pays. Son génie et ses grandes qualités militaires le sauvèrent de ce péril. Ne pouvant plus vaincre les ennemis qu'il avait en face, il se mit à faire des conquêtes sur un point moins difficile, et, malgré le peu de troupes qui lui restaient, il parvint à se rendre si puissant, qu'il se vit bientôt en état de tirer l'empereur de la servitude dans laquelle le retenaient quelques grands de la cour. Ayant réussi à le délivrer, il se fit nommer son premier ministre et commandant général de toutes les forces de l'empire. Au milieu des occupations que lui donnait, dans ce poste élevé, le besoin de guérir tous les maux résultant de guerres longues et cruelles, il ne négligea pas ses propres intérêts, et se fit un grand nombre de créatures en plaçant tous ceux qui lui étaient dévoués et en destituant ceux dont il suspectait les dispositions. S'il ne fut pas assez hardi pour se faire proclamer empereur, il se donna tous les honneurs et toute la puissance de la dignité suprême, et maintint son crédit jusqu'en 220, époque de sa mort. Doué d'une sagacité extraordinaire, il sut toujours admirablement connaître les hommes et les employer selon leur mérite. Ce genre d'habileté fut la première cause des succès qu'il obtint dans toutes ses entreprises. Il usait de tant de précaution dans ses expéditions, qu'il était très-difficile de le surprendre. En présence de l'ennemi et dans le plus fort du combat il conservait un rare sang-froid, et ne laissait jamais apercevoir la moindre inquiétude. Libéral à l'excès quand il s'agissait de récompenser une belle action, il était inflexible à l'égard des gens sans mérite, et ne leur accordait jamais rien. Ne condamnant personne sans de puissants motifs, il était de la plus grande sévérité pour l'exécution de ses ordres; ne cédant ni aux larmes ni aux sollicitations, jamais on ne l'en vit révoquer un seul. Ces rares avantages l'avaient rendu en quelque façon le maître de l'empire. Son fils, Thsao-pi, plus ambitieux que lui, se garda bien de refuser la couronne que l'empereur Hian-ti lui offrit. Il la reçut publiquement, et donna à sa nouvelle dynastie le nom de *Weï*. Elle ne possédait pourtant que le nord de la Chine, tandis que la partie méridionale de ce vaste pays était partagée entre les Chou-han et les Ou.

VIe DYNASTIE : LES HEOU-HAN OU HAN POSTÉRIEURS (1).

TCHAO-LIE-TI (221 après J.-C.), connu jusqu'alors sous le nom de *Lieou-pei*, prince de Chou, descendant en ligne droite

---

1) C'est à l'an 220 de notre ère que commence l'époque de l'histoire chinoise où l'empire fut divisé en *trois royaumes* : celui de Weï, celui de Han de Chou, et celui de Ou. Le premier était situé dans la Chine septentrionale ; le second, dans la province actuelle du Sse-tchouan (il commença en 222 et finit en 262 de notre ère) ; le troisième occupait le reste de la Chine méridionale, et dura jusqu'en 280. Les Weï furent détruits par les Tçin, qui soumirent aussi les deux autres royaumes.

Ce partage de l'empire a été déguisé par les écrivains chinois officiels, qui ont fait régner jusqu'aux Tçin différents princes qui appartenaient à des branches plus ou moins éloignées de la race des Han, tels que HAN-TCHAO-LIE-TI (221-223), HAN-HEOU-TCHU (223-263), ensuite YOUAN-TI (264) des Weï, reconnu par eux comme appartenant également à la race des Han. Ces différents souverains ont été désignés sous le nom de *Han postérieurs* (*Heou-han*). Le royaume de Weï avait sa capitale à Lo-yang; les États de l'Asie centrale, qui avaient de Tchong-chan, fils de l'empereur Han-king-ti, est regardé par les Chinois comme le successeur légitime de l'empereur Lieou-hiei préférablement à Thsao-pi, dont l'élévation a toujours passé dans la nation pour une violence et une usurpation. « Un de ses premiers soins, après être monté sur le trône, fut de donner une nouvelle vigueur au gouvernement civil de l'Etat, et de faire revivre toutes les lois que la faiblesse des derniers empereurs et la licence des armes avaient pour ainsi dire abrogées. Aidé de Tchou-ko-leang, qu'il choisit pour son premier ministre, il vint bientôt à bout, sinon de rendre ses sujets heureux, du moins d'adoucir leurs maux et de leur faire concevoir l'espérance d'un avenir plus doux. Le long usage lui avait fait connaître les hommes; il savait les employer à propos, chacun selon ses talents. Il donnait des récompenses particulières à ceux qu'un mérite particulier distinguait des autres, et personne n'en était jaloux, parce qu'il traitait tout le monde avec bonté. Lorsqu'il n'était encore que simple citoyen, il s'était lié d'amitié avec Tchou-ko-leang; lorsqu'il fut sur le trône, il vécut encore avec lui comme avec son ami. Sans hauteur, sans caprice, sans défiance, sans soupçons, ils traitaient ensemble les plus grandes affaires, comme ils avaient coutume de traiter auparavant celles de l'armée, lorsqu'ils commandaient ensemble comme égaux » (*Portraits des célèbres Chinois*). Un si aimable souverain n'occupa le trône impérial qu'environ deux ans, et mourut dans la quatrième lune de l'an 223.

HAN-HEOU-TCHU (223 après J.-C.), fils de Tchao-lie-ti, lui succéda à l'âge de dix-sept ans, sous la régence de Tchou-ko-leang, que son père avait désigné pour cet emploi. Le régent ne perdit pas de vue le dessein qu'il avait formé, sous le règne précédent, de réunir toute la Chine sous l'obéissance des Han, en détruisant les deux royaumes qui concouraient avec celui de son pupille. Il n'oublia rien pour le faire réussir. Le plus redoutable était le royaume de Weï, gouverné par Thsao-pi. Mais ce prince avait pour général Sse-ma-y, l'un des plus grands capitaines de son temps. Tchou-ko-leang ne crut pas les forces de son pupille suffisantes pour attaquer un ennemi si redoutable.

été les alliés de Han, conservèrent les mêmes relations avec ses souverains. Les rois de Han de Chou tenaient leur cour à Tching-tou, capitale de la province actuelle de Sse-tchouan; et les rois de Ou firent leur résidence à Kian-khang (connu plus tard sous le nom de Nanking), d'où l'on tire les étoffes légères de ce nom.

Il fit alliance avec Sun-kiuen, prince de Ou. Mais Thsao-pi mourut sans enfants à la cinquième lune de l'an 226, laissant pour héritier de ses États Thsao-youi, son frère, qui prit, à son imitation, le titre d'empereur, et continua à Sse-ma-y le commandement de ses troupes. Tchou-ko-leang, ayant fait ses préparatifs pour l'expédition qu'il méditait, conduisit dans le pays de Weï, l'an 227, une armée considérable, qu'il ramena l'année suivante sans avoir remporté aucun avantage. Jusqu'alors Sun-kiuen n'avait pas encore pris le titre d'empereur, quoiqu'il en exerçât toute l'autorité dans ses Etats. Il le prit enfin, l'an 229, de la manière la plus solennelle, et renouvela, peu de temps après, la ligue qu'il avait conclue avec Tchou-ko-leang contre les princes de Weï. L'an 234 ils entrent chacun de son côté dans les États de Thsao-youi, que l'habileté de Sse-ma-y ne leur permit pas d'entamer. La mort de Tchou-ko-leang, arrivée l'année suivante, plongea dans le deuil la cour de Chou (*Mém. des hommes célèbres de la Chine*). Celle de Ou n'y fut pas moins sensible, dans la crainte que cet événement n'enhardît Thsao-youi à recommencer les hostilités contre les deux empereurs, ses rivaux. Il envoya effectivement, l'an 238, Sse-ma-y dans le Leao-tong, où il fit des progrès. Mais la mort de Thsao-youi les arrêta l'année suivante. N'ayant point d'enfant mâle, Thsao-youi avait transmis ses États à son neveu Thsao-fang, âgé seulement de huit ans, dont la minorité fut orageuse par les querelles de ses deux gouverneurs, Sse-ma-y et Thsao-chuang. Mais le premier, ayant prévalu l'an 249, fit condamner son collègue avec toute sa famille à perdre la vie. Il ne jouit pas longtemps de son triomphe, étant mort à la huitième lune de l'an 251. Huit mois après, Sun-kiuen, prince de Ou, le suivit au tombeau, laissant ses États exposés à de grands troubles par le choix qu'il fit de Sun-leang, son bâtard, pour le trône, préférablement à Sun-ho, son fils légitime. Ce dernier, par la valeur de Sun-tchin, ministre de Sun-leang, fut obligé de céder. Mais le sort de Sun-leang n'en devint pas meilleur. Tyrannisé par son ministre, il voulut s'affranchir du joug, et fut prévenu par celui-ci, qui le fit déposer l'an 258, et fit mettre à sa place Sun-hieou. Il préparait par ce choix, sans le prévoir, le châtiment que méritait sa perfidie. Sun-hieou, lorsqu'il se vit affermi sur le trône, vengea la déposition de son prédécesseur, en faisant couper la tête à Sun-tchin au milieu de son palais, où il l'avait mandé. Il arriva dans les États de Weï, vers le même temps, une révolution à peu près semblable. Sse-ma-tchao, prince de Tçin, et ministre de Thsao-fang, irrité contre son maître qui voulait le faire périr, le fit descendre du trône, et lui substitua, de l'avis des grands, Thsao-mao, neveu de Thsao-youi. Après avoir étouffé les mouvements qu'excita ce changement, Sse-ma-tchao entreprit d'agrandir la puissance de son nouveau maître. Sachant que l'empereur Han-heou-tchu négligeait les affaires du gouvernement pour se livrer aux plaisirs, il envoya, l'an 263, le général Teng-ngaï avec une armée de cent soixante mille hommes pour faire irruption dans les Etats de Chou. Une victoire, remportée par ce général, mit tellement hors des mesures l'empereur, qu'il vint lâchement se remettre entre les mains du vainqueur, contre l'avis de son fils, qui se donna la mort de désespoir. Teng-ngaï le reçut avec honneur. Telle fut la fin de la grande et illustre dynastie des Han. L'empereur déposé mourut sans postérité dans la onzième lune, avec le titre de prince de Ngan-lo qu'on lui avait accordé.

Mais Sse-ma-tchao, loin de récompenser les services du brave Teng-ngaï, le fit assassiner, dans la crainte qu'il ne se prévalût de ses succès, comme il en était soupçonné, pour se révolter. Sun-hieou mourut dans l'année 264, ne laissant qu'un fils en bas âge, nommé Sun-wan. Les grands préférèrent à cet enfant Sun-hao, qui était aussi de la famille royale, prince que la nature semblait avoir formé pour régner ; mais il ne soutint pas sur le trône les belles espérances qu'il avait données. A peine y fut-il assis sous le nom de Yuen-ti, qu'oubliant ses devoirs il se livra à la débauche, et passa de là à la cruauté. Pour réprimer les soulèvements que sa conduite occasionnait, Sse-ma-yeu, successeur de Sse-ma-tchao, mort l'an 265, contraignit, sur la fin de la même année, Yuen-ti de lui céder l'empire.

VIIe DYNASTIE : LES TÇIN.

TÇIN-WOU-TI (265 après J.-C.) (c'est le nom que prit Sse-ma-yeu en montant sur le trône) employa les premières années de son règne à renouveler le gouvernement. Sun-hao, prince de Ou, craignant qu'il n'eût des vues sur ses Etats, lui députa Ting-tchou, l'un de ses premiers officiers, et lui demanda son amitié. L'ambassadeur fut bien reçu ; mais, à son retour, loin de rendre un compte fidèle du succès de sa négociation, il n'oublia rien pour engager son maître à déclarer la guerre à Tçin-wou-ti. Sun-hao fut détourné par son conseil de suivre cet avis. Il laissa cependant transpirer des dispositions qui, rapportées à Tçin-wou-ti, lui firent juger que tôt ou tard ils en viendraient à une rupture ouverte. Il résolut donc de le prévenir. Mais, avant de provoquer ce prince par des actes d'hostilité, il voulut commencer par régler tout sur les frontières, afin d'écarter les troubles que les peuples pourraient y élever. La réduction des Tartares Sien-pi, ses voisins, l'occupa l'espace de quinze ans. Ayant triomphé d'eux en l'an 280, il envoya dans le pays de Ou une armée de deux cent mille hommes, divisée en cinq corps. Sun-hao avait prévu cette irruption, et, sachant que l'empereur de Chou devait l'attaquer par terre et par eau, il avait fait barricader le fleuve de Kiang, qui traversait son pays, par de grosses chaînes et par des barres de fer terminées en pointes, qu'il y avait enfoncées en différents endroits. Mais l'habileté de Wang-siun, l'un des généraux de l'empire, surmonta ces obstacles, et rendit libre la navigation du Kiang. Deux victoires, qu'il remporta sur cette rivière et sur terre, jetèrent une telle consternation dans la province de Ou, que la plupart des commandants et des gouverneurs de places vinrent se soumettre à l'empereur. Sun-hao tenait sa cour à Kien-yé. Une nouvelle bataille, gagnée sur ses généraux à Pan-piao, détermina Wang-siun à faire le siége de cette capitale, assise sur le Kiang. En conséquence il fit partir sur ce fleuve une flotte montée par quatre-vingt mille hommes, qui, secondée par un vent favorable, parut en peu de jours devant Kien-yé. Sse-ma-tchao, de l'autre côté, n'en était pas éloigné avec un corps de troupes destiné à soutenir Wang-siun en cas de besoin. Sun-hao, se croyant alors perdu, vint à ce dernier la corde au cou et son cercueil à ses côtés. Wang-siun lui ôta ses liens, brûla son cercueil, et lui rendit tous les honneurs dus à son rang. Sun-hao lui donna le dénombrement de ses Etats, qui consistaient en quatre grandes provinces divisées en 43 départements, 523 tant villes que bourgs et villages, et 230,000 soldats. Ayant été amené la cinquième lune à la cour de Chou, l'empereur le déclara prince de Kouei-mang et ses enfants mandarins. Sun-hao s'était rendu odieux à ses peuples par divers actes de violence et par les impôts dont il les avait surchargés. Tçin-wou-ti, réunissant sous sa puissance tout l'ancien empire de la Chine, ne fut pas à l'épreuve des dangers d'une trop grande prospérité. N'ayant plus d'ennemis sur les bras, il abandonna le gouvernement à ses ministres pour se livrer aux plaisirs. Il mourut peu regretté l'an 290, laissant l'empire, suivant le désir de l'impératrice Yang-chi, à Sse-ma-tcheou, le treizième des quinze fils que les historiens lui donnent.

TÇIN-HOEI-TI (290 après J.-C.) est le nom que Sse-ma-tcheou prit en montant sur le trône. Borné dans les facultés de son âme et incapable d'application, il se déchargea du soin de l'Etat sur Wang-siun, son premier ministre. Il éleva Kia-chi, l'une de ses femmes, à la dignité impériale, quoiqu'il n'en eût point d'enfants. Mais Sieoi-kieou lui avait donné longtemps auparavant un fils, nommé Sse-ma-yeou, que Wang-siun fit déclarer héritier de l'empire. Ce choix eut des suites funestes. L'impétrice Kia-chi, princesse jalouse, ambitieuse, violente et cruelle, vint à bout de faire périr, par ses artifices, et le ministre et la mère du jeune prince. Celui-ci, plusieurs années après, succomba encore aux embûches que sa marâtre lui dressa. Sce-ma-lun, grand général des troupes, fit enfin ouvrir les yeux à l'empereur sur la méchanceté de cette mégère; et, l'ayant d'abord fait dégrader, il la fit ensuite empoisonner dans le lieu qu'on lui avait assigné pour sa retraite. Mais les intentions de Sse-ma-lun n'étaient nullement droites. En se défaisant de l'impératrice, il cherchait à supplanter l'empereur lui-même. Pour mieux voiler son ambition, il fit déclarer, à la cinquième lune de l'an 300, prince héréditaire Sse-ma-tsang, fils de Sse-ma-yeou. Mais l'année suivante il leva entièrement le masque; et, le premier jour de cette année, s'étant rendu en pompe au palais, il alla droit à la salle du trône, sur lequel s'étant assis, il déclara qu'il en prenait possession, et reçut les hommages des mandarins. Il conserva néanmoins à Tçin-hoeï-ti le titre d'empereur; mais il le fit sortir du palais, et l'envoya à Kin-yong-tching, où il le fit garder. Les princes de la maison impériale ne manquèrent pas de s'armer pour venger cet attentat. Vainqueurs en différentes batailles, dans l'espace de soixante jours, de la grande armée que l'usurpateur envoya contre eux, ils se rendirent à la cour, où ils trouvèrent l'empereur rétabli sur la nouvelle de leurs premiers succès. Sse-ma-lun avait été lui-même arrêté par les siens et mis dans une prison où les princes le firent mourir. Sse-ma-kiung, qui les avait le mieux secondés, resta auprès de l'empereur en qualité de ministre, emploi dont il s'acquitta d'abord avec sagesse; mais il devint par la suite hautain, ambitieux et insupportable même à ses proches. Comme l'empereur n'avait point de fils, il l'engagea à désigner Sse-ma-tan, son petit-fils, âgé de huit ans, prince héréditaire, et se fit en même temps nommer son gouverneur. Croyant alors n'avoir plus rien à ménager, il irrita tous les grands par ses procédés. Deux princes de ses parents, gouverneurs de provinces, s'étant rendus avec des troupes à Lo-yang, l'assiégèrent dans sa maison ; et, l'ayant forcé au bout de trois jours, ils le mirent à mort, l'an 302, avec sa famille et tous ses gens. Sse-ma-y, qui le remplaça, quoique plus modéré, n'eut pas un meilleur sort. L'empereur, ayant substitué à celui-ci Sse-ma-yng, prince de Taï, son frère, se laissa ensuite prévenir contre lui, au point qu'il le confina dans une prison, où il mourut tragiquement l'an 306. Tçin-hoeï-ti le suivit au tombeau sur la fin de la même année.

Tçin-hoai-ti (307 après J.-C.) (Sse-ma-tchi), frère de l'empereur Tçin-hoeï-ti, lui succéda par le choix des grands. Ce fut son mérite qui détermina ce choix. Mais il ne lui suffit pas pour rétablir le calme dans l'Etat. Ki-sang, ancien officier de Sse-ma-yng, sous prétexte de venger la mort de son général, leva le premier l'étendard de la révolte. S'étant joint à Ché-lé, Tartare Hioung-nou, il remporta d'abord quelques avantages, qui furent suivis d'une défaite, à la suite de laquelle il fut tué par ses gens. Ché-lé ramassa les débris de l'armée, et les amena à Lieou-yuen, Tartare comme lui, qui prenait le titre de roi de Han, s'arrogea même en 308 celui d'empereur de la Chine, et se fit reconnaître en cette qualité dans tous les lieux de sa dépendance. Ses troupes, commandées par Ché-lé, firent de rapides conquêtes, et s'avancèrent même jusqu'à Lo-yang; mais, divisées par le fleuve Hoang-ho, elles ne purent se réunir pour attaquer cette ville. Lieou-yuen étant mort en 310, son fils Lieou-tsong suivit ses desseins, et continua Ché-lé dans son emploi. Ce général, après deux batailles gagnées près de Lo-yang, força la porte principale de cette ville, d'où l'empereur n'eut que le temps de se sauver. Mais, ayant été pris dans sa fuite, il fut conduit à Ping-yang au roi de Han, qui lui assigna une maison, où il le fit servir par des officiers sur lesquels il pouvait compter. Les sujets les plus fidèles de ce malheureux prince ne manquèrent pas de faire des efforts pour le rétablir. Mais les avantages qu'ils remportèrent sur les Han ne servirent qu'à précipiter sa perte. Lieou-tsong, furieux d'une grande bataille qu'ils avaient gagnée sur ses troupes, condamna ce prince à mort dans la première lune de l'an 313, deux jours après un repas où il l'avait obligé de le servir en habits de deuil. Dès qu'on apprit à Tchang-ngan, autrefois capitale de l'empire, cet événement, les grands allèrent saluer Sse-ma-yé, qui peu de mois auparavant avait été reconnu prince héritier, et le proclamèrent empereur sous le nom de Tçin-ming-ti.

Tçin-ming-ti (313 après J.-C.) fut à peine assis sur le trône, qu'il vit arriver aux portes de Tchang-ngan un corps de cavalerie des Han, qui ne lui laissa que le temps de fuir avec précipitation. La ville, quoique réduite à cent familles, ne fut pas cependant prise. Les ennemis se contentèrent d'en brûler les faubourgs. Plusieurs des officiers qui avaient défendu la dynastie des Tçin, persuadés qu'elle allait finir, pensèrent alors à s'en détacher et à s'élever sur ses ruines. Wang-tsiun, le plus puissant d'entre eux, songeait à se former un Etat indépendant. Ché-lé, qui devina son dessein, lui fit offre de services par lettres, dans la vue de le tromper. L'ayant ainsi leurré, il se mit en marche avec ses troupes, comme pour les lui amener, et arriva sans obstacle jusqu'aux portes de Ki-cheou, dont il se saisit et où il posa des gardes. De là étant allé droit au palais, il fait prisonnier Wang-tsiun, et le fait conduire à Siang-koui, où il le fit mourir avec tous ceux de son conseil, puis envoya sa tête au roi de Han. Celui-ci, l'an 316, envoie une armée devant Tchang-ngan. La place n'étant pas en état de soutenir un siége, Tçin-ming-ti écrivit à Joui-king, petit-fils de Sse-ma-y et général des troupes de Ngan-toung, de venir promptement à son secours. Mais, avant que d'obéir, Joui-king voulut s'assurer de la fidélité des peuples de la province qu'il commandait, afin de ménager une retraite à son maître en cas de malheur. Ce délai perdit tout : la ville fut prise, et l'empereur fut emmené prisonnier à Ping-yang, où Lieou-tsong tenait sa cour. Celui-ci lui fit essuyer l'accueil le plus humiliant, et continua, dans la suite, de l'accabler d'outrages qui se terminèrent, vers la fin de l'an 317, par le faire assassiner. A la nouvelle de sa mort, les grands, assemblés à Kien-kang ou Nan-king, pressèrent et contraignirent Joui-king d'accepter l'empire qu'il avait gouverné pendant la captivité de Ming-ti (*Mémoires des hommes célèbres de la Chine*).

TÇIN-YUEN-HOANG-TI (1) (318 après J.-C.) fut le nom que prit Joui-king à son installation. Tous ceux qui étaient affectionnés à la dynastie régnante crurent son rétablissement prochain, quand ils apprirent que celui vers lequel tous les cœurs étaient tournés était enfin revêtu de la sublime dignité de *fils du ciel*. Ils eussent voulu que le nouvel empereur se mît incessamment à la tête de ses troupes et allât attaquer le roi de Han, lui enlever tout ce qu'il avait usurpé sur les Tçin, et le traiter comme il avait traité les empereurs Hoai-ti et Ming-ti;

---

(1) Il est appelé TOUNG-TSIN-YUEN-TI dans les *Portraits des célèbres Chinois*.

mais Joui-king ne voulut rien précipiter. La mort de Licou-tsong, arrivée dans la sixième lune de l'an 318, lui offrait une belle occasion pour entrer dans ses Etats, avant que Lieou-tsan, fils aîné du défunt et son héritier, eût le temps de s'affermir sur le trône. Mais il crut devoir encore temporiser, et laissa ralentir l'ardeur des siens, dont plusieurs se tournèrent contre lui. Lieou-tsan hérita de la valeur de son père, de sa passion pour les femmes et de sa cruauté. Ce nouveau roi débuta par le massacre de ses deux frères, que Ki-tchun, l'un de ses officiers, lui avait rendus suspects dans la vue de le perdre lui-même. Etant devenu son premier ministre, Ki-tchun, à la tête d'une troupe de soldats déterminés, l'assassina dans le palais puis, après une recherche exacte de ceux qui étaient de la famille des Han, il les fit tous périr sans distinction d'âge ni de sexe. Lieou-yao prit prit la place de Lieou-tsan, fit exterminer à son tour Ki-tchun avec sa famille. Ayant rejeté ensuite avec outrages les offres de services que Ché-lé lui avait faites, il s'en fit un ennemi qui lui enleva une partie de ses Etats. Ché-lé entreprit aussi sur ceux de l'empereur Tçin-yuen-hoang-ti, qui, d'ailleurs affecté de la révolte de son général Wang-tun, tomba dans un chagrin qui le conduisit au tombeau dans la onzième lune (intercalaire) de l'an 322. Sse-ma-tchao, son fils aîné, lui succéda sous le nom de Tçin-ming-ti.

Tçin-ming-ti (323 après J.-C.), en montant sur le trône, s'appliqua à gagner Wang-tun en lui permettant de disposer de tous ses gouvernements à son gré, pour lui ôter tout sujet de mécontentement. Mais cette faveur ne put faire perdre à cet ambitieux l'envie de s'élever à l'empire. Tçin-ming-ti, instruit de ses mouvements, se contenta de l'observer, craignant de se mesurer avec lui. Mais l'an 325, apprenant qu'il était malade, il marcha contre son général Wang-ban, qu'il battit si complétement, que la nouvelle de cette victoire, étant parvenue à Wang-tun, lui donna le coup de la mort. Ché-lé, dans le même temps, poussait vivement la guerre contre Lieou-yao, qu'il contraignit de regagner Tchang-ngan, où il tomba malade. L'empereur Tçin-ming-ti aurait pu tirer avantage de cette discorde; mais la mort l'enleva dans la septième lune de la même année, à l'âge de vingt-sept ans; prince dont les belles qualités semblaient promettre qu'il relèverait l'empire de l'état de faiblesse où il était tombé. Il laissa un fils, âgé de cinq ans, sous la régence de l'impératrice, sa mère. En élevant cet enfant sur le trône, on lui donna le nom de Tçin-tching-ti.

Tçin-tching-ti (326 après J. C.) commença son règne au

milieu des troubles qui s'élevèrent entre les trois ministres que son père avait nommés pour seconder l'impératrice régente. Yu-leang à la fin l'emporta, parce qu'il était soutenu par cette impératrice, qui était sa sœur. Mais l'abus qu'il fit de son autorité ne tarda pas à le rendre odieux. Le général Sou-tsiun, qu'il avait voulu faire périr, étant venu l'attaquer avec ses troupes, l'obligea de prendre la fuite, et alla prendre sa place dans le ministère. Mais l'an 328 Yu-leang, étant revenu accompagné de brave Wan-kiao, prince de Sun-yang, chez lequel il s'était réfugié, livra une bataille à Sou-tsiun, qui périt dans l'action. Ché-lé remporta, la même année, une grande victoire sur Lieou-yao. L'ayant en son pouvoir, il voulut l'obliger d'écrire à Lieou-hi, son fils et son successeur, de se soumettre à lui. Lieou-yao fit le contraire en présence de Ché-lé, qui, ne pouvant contenir sa fureur, lui fit abattre la tête sur-le-champ. Ché-hou, général de Ché-lé, poursuit Lieou-hi et Lieou-yn, qu'il prend l'an 329 dans une grande bataille, et les fait ensuite mourir. Par la mort de ces deux princes, le royaume de Han passa entre les mains de Ché-lé, qui devint alors très-puissant. Ché-lé, ayant encore fait depuis d'autres conquêtes, prit le titre d'empereur en 330, à la sollicitation des grands de sa cour. Il mourut l'an 333, laissant pour héritier Ché-hong, son fils, dont Ché-hou se déclara lui-même le premier ministre. Ce dernier, décidé à régner, obligea l'an 334 Ché-hong à lui céder l'empire, et peu de temps après il le fit mourir avec sa femme. S'étant fait bâtir ensuite un palais magnifique dans la ville de Yé, il y transporta sa cour en 336. Depuis ce temps, pour se livrer aux plaisirs, il abandonna presque entièrement le soin des affaires à Ché-soui, son fils aîné, qu'il avait institué son héritier. Mais, ayant appris quelque temps après que ce fils ingrat et dénaturé conspirait contre ses jours, il le fit mourir avec vingt-six de ses complices, et lui substitua Ché-siuen, son autre fils. Tçin-tching-ti maintenait cependant la paix dans la portion de l'empire de la Chine que son père lui avait transmise. La mort l'enleva dans la sixième lune de l'an 342, à l'âge de vingt-deux ans. Sse-ma-yo, son frère, lui succéda sous le nom de Tçin-kang-ti.

TÇIN-KANG-TI (342 après J.-C.) n'occupa le trône qu'environ deux ans, étant mort à la neuvième lune de l'an 344, au même âge que son frère.

TÇIN-MO-TI (344 ans après J.-C.) fut le nom que l'on donna à Sse-ma-tan, fils de l'empereur Tçin-kang-ti, lorsqu'on le porta sur le trône à l'âge de deux ans, après la mort de son père. L'impératrice, sa mère, reconnue régente, nomma Sse-ma-yu grand général de l'empire. Cette princesse eut la satisfaction de voir rentrer sous la domination des Tcin la principauté de Tching, que Houan-nun, gouverneur de King-tcheou, lui remit l'an 347, après en avoir fait la conquête. Les troubles, cependant, agitaient la cour de Ché-lé, empereur de Tchao. Ché-siuen, qu'il avait déclaré son héritier, fit tuer par jalousie Ché-tou, son frère ; et, craignant ensuite la vengeance de son père, il complota sa mort avec sa femme et ses gens. Ché-lé, ayant découvert cette abominable intrigue, extermina Ché-siuen avec toute sa famille. Ce fut un de ses derniers actes. Il mourut l'an 349, laissant encore deux fils, dont le second, nommé Ché-ci, lui succéda par son choix. Mais Ché-tsun, l'aîné, qu'il avait fait gouverneur de Koan-yu, étant survenu quelques jours après, le renversa du trône pour s'y placer lui-même, et le priva ensuite de la vie avec l'impératrice, sa mère. Lorsqu'il crut sa puissance affermie, il voulut se défaire du général Ché-min, auquel il devait son élévation, par la seule crainte que lui inspiraient sa valeur et son habileté. Mais Ché-min le prévint en le faisant poignarder dans son palais. Ché-kien, qu'il lui substitua, le paya de la même ingratitude. A peine fut-il inauguré, qu'il pensa à se défaire de son bienfaiteur. Ché-min, ayant mis en fuite les assassins envoyés contre lui, va droit au palais, enlève Ché-kien, et l'enferme dans une prison, où l'année suivante il le fait mourir; ensuite de quoi il exerce, l'an 350, la même vengeance sur la race de Ché-hou. Ainsi, délivré de tout ce qui lui faisait ombrage, il monta sur le trône par les suffrages des grands, et débuta par une perfidie, en faisant assassiner Li-nong, au refus duquel il devait son élévation. Ce forfait le fit généralement détester. Plusieurs districts de sa domination l'abandonnent pour se donner aux Tcin. D'autres princes voisins lui déclarèrent la guerre ; il se défendit en capitaine aussi brave qu'expérimenté. Mais enfin, l'an 352, ayant perdu une grande bataille contre les Tartares, il fut pris en fuyant et conduit à Long-tchin, où il fut mis à mort. L'empereur Tcin-mo-ti lui survécut environ neuf ans, étant mort à la cinquième lune de l'an 361, dans la dix-neuvième année de son âge. On lui donna pour successeur Sse-ma-pi, prince de Lang-yé, fils aîné de l'empereur Tcin-ching-ti, qui prit le nom de Tcin-ngaï-ti.

TCIN-NGAI-TI (361 après J.-C.) porta sur le trône de grandes vertus et une réputation sans tache. Mais les tao-sse, espèce de magiciens, s'étant emparés de son esprit, vinrent à bout de lui persuader qu'ils le rendraient immortel au moyen d'une boisson qui était de leur composition. L'effet de ce breuvage, dont il faisait un usage habituel, fut de le conduire au tombeau, l'an 365, à l'âge de vingt-cinq ans. Sse-may, son frère, lui succéda sous le nom de Tçin-y-ti.

Tçin-y-ti (365 après J.-C.) fut à peine sur le trône, qu'il se vit attaqué par Sse-ma-yun, qui voulut se rendre maître du pays de Chou; mais le brave Hoan-ouan, qui vivait encore et continuait d'exercer les fonctions de premier ministre, envoya contre lui une armée qui lui livra une bataille où il périt. L'an 369, ce ministre échoue dans la tentative qu'il fait pour se rendre maître de la principauté de Yen. Ayant voulu revenir à la charge l'année suivante, il est arrêté par le conseil impérial, qui n'approuve pas ce dessein. Pour se venger, il fait déposer, l'an 371, Tçin-y-ti, et place sur le trône Sse-ma-yu, qui est reconnu par tous les grands sous le nom de Tçin-kien-ou-ti.

Tçin-kien-ou-ti (371 après J.-C.) ne monta qu'avec répugnance et en tremblant sur le trône. La mort l'en fit descendre à la septième lune de l'année suivante, dans la cinquante-troisième année de son âge. En mourant, il laissa un fils, nommé Sse-ma-tchang, qui lui succéda sous le nom de Tçin-hiao-ou ti.

Tçin-hiao-ou-ti (372 après J.-C.) n'avait que dix ans lorsqu'il parvint à l'empire. Fou-kien, prince de Tsin, profita de sa minorité pour continuer les conquêtes que ceux de sa dynastie avaient faites sur les empereurs précédents. Il en fit effectivement de considérables; mais, l'an 384, les deux fils de Siu-ngau, premier ministre de l'empereur, remportèrent sur lui une victoire complète, qui ruina entièrement ses affaires. Les vainqueurs l'ayant assiégé, l'année suivante, dans Tchang-ngan, il fut obligé de s'évader par la fuite, après une longue et vigoureuse résistance. Pour comble de malheur, il tomba entre les mains de Yao-tchang, qui le fit étrangler. L'empereur Tçin-hiao-ou-ti se livrait cependant à la débauche, abandonnant le soin du gouvernement à son ministre. La princesse Tchang-chi, l'une de ses femmes, piquée d'une raillerie qu'il lui avait dite, l'étouffa l'an 396, comme il dormait plein de vin, dans la trente-cinquième année de son âge. Son fils, Sse-ma-té-tsong, lui succéda sous le nom de Tçin-ngan-ti.

Tçin-ngan-ti (396 après J.-C.), étant placé sur le trône, prit pour ministre Sse-ma-tao-tse, qu'il fit prince de Kouei-ki. Se croyant, par ce choix, déchargé du poids du gouvernement, il s'abandonna tellement à l'oisiveté, qu'il ne savait pas même ce qui se passait dans ses États. Il résulta de cette négligence une confusion extrême. Plusieurs gouverneurs de provinces s'érigèrent en souverains. Un pirate, nommé Sun-ngan, ravagea impunément les côtes de la Chine, et eut même la hardiesse d'envoyer des partis jusqu'aux portes de Kien-kang, où résidait la cour depuis que l'empire était réduit aux seules provinces méridionales de la Chine. Mais le général Lieou-lao-tchi, envoyé, l'an 400, contre lui, arrêta ses progrès. Cet officier ne fut pas apparemment récompensé comme il l'espérait; car peu de temps après il entra dans la révolte de Hoan-hiuen, le plus puissant des gouverneurs de l'empire. Ils marchèrent ensemble à Kien-kang, où, étant entrés sans résistance, ils se saisirent du ministre que Hoan-hiuen fit mourir après s'être mis en sa place. Mais Lieou-lao-tchi, n'étant pas satisfait des marques de la reconnaissance de Hoan-hiuen, se retira chez lui, et se pendit de désespoir. Il eut pour successeur dans le commandement des troupes Lieou-yu, qui avait été son lieutenant, et l'effaça par sa valeur et son habileté. Voyant Hoan-hiuen disposé à s'emparer du trône, Lieou-yu s'opposa ouvertement à son ambition. Après divers avantages remportés sur lui, il l'obligea, l'an 404, d'abandonner Kien-kang, et, s'étant mis à sa poursuite, il arracha de ses mains l'empereur, qu'il emmenait avec lui, et pensa le faire lui-même prisonnier dans un combat qu'il lui livra sur le fleuve qui traverse la province de Kin-tcheou; mais le rebelle, dans sa fuite, tomba entre les mains de Fong-tsin, qui lui abattit la tête d'un coup de sabre. Lieou-yu, après avoir terrassé un autre rebelle nommé Tsiao-tsong, somma le prince de Tsin de rendre à l'empereur les villes de la province de Nan-kiang dont il s'était rendu maître, et les obtint sans tirer l'épée, par la seule terreur de son nom. L'an 413, il prit Chou, dont s'était emparé Tsiao-tsong, que le désespoir porta à s'étrangler. Il entreprit ensuite, l'an 416, de dépouiller entièrement Yao-king, nouveau prince de Tsin, et l'obligea, l'année suivante, à venir se remettre à sa discrétion. On le retint à Kien-kang, et quelque temps après, ayant été mis à mort comme rebelle, sa principauté fut confisquée et réunie à l'empire. La dignité de prince de troisième ordre fut le prix que l'empereur décerna au service de Lieou-yu. Elle ne remplit point son ambition. Pour se venger, il complota la mort de Tsin-ngan-ti avec les eunuques du palais, qui, s'éant jetés sur lui comme il était seul, l'étranglèrent avec sa propre ceinture, l'an 418. Il laissa un fils, nommé Sse-ma-téouen, que Licou-yu fit reconnaître sous le nom de Tçin-kong-ti.

TÇIN-KONG-TI (418 après J.-C.) n'occupa le trône qu'environ deux ans. Craignant les embûches que Lieou-yu lui dressait, il prit le parti, l'an 420, pour mettre sa vie en sûreté, de lui résigner l'empire en grande cérémonie.

VIII° DYNASTIE : LES SONG.

KAO-TSOU-OU-TI ou **SONG-OU-TI**, premier empereur de la dynastie des Song, s'appelait auparavant Lieou-yu, et avait été lieutenant de l'un des chefs de la révolte contre la dynastie des Tçin, auquel il succéda, et qu'il effaça par sa valeur et son habileté. Il triompha, depuis l'an de Jésus-Christ 404, de plusieurs autres rebelles, arracha des mains de l'un d'eux l'empereur Tçin-ngan-ti, prisonnier, dépouilla les princes de Tçin des villes et des districts qu'ils avaient enlevés à l'empire, et fit périr en 416 le dernier d'entre eux ; mais, peu satisfait de la dignité de prince du troisième ordre que l'empereur lui avait décernée, il le fit étrangler en 418, et mit à sa place son fils Tçin-kong-ti, qu'il força d'abdiquer en 420. Ce fut alors qu'il s'empara du trône et prit le nom de Kao-tsou-ou-ti. Il distribua les principautés les plus considérables à sa famille, et les charges les plus importantes à ses plus dévoués partisans. Après avoir vainement tenté plusieurs fois d'empoisonner le dernier empereur, il le fit étouffer sous ses couvertures, et mourut lui-même en 422, dans sa soixante-septième année. Ce prince, doué de toutes les qualités politiques et guerrières, n'avait que les dehors des vertus morales.

CHAO-TI (422 après J.-C.), successeur de Kao-tsou-ou-ti, son père, ne marcha point sur ses traces. To-pa-sse, prince des Weï-Tartares, le voyant livré aux plaisirs et à la chasse, envoya une puissante armée pour recouvrer Tchang-ngan, que Kao-tsou-su-ti lui avait enlevé, et faire sur les Song d'autres conquêtes. Son général Ki-kin eut des succès d'abord assez rapides ; mais le brave Mao-te-tso, ayant pris le commandement de l'armée impériale, les ralentit, et lui fit acheter bien cher quelques places qu'il emporta. Celle que Mao-te-tso défendit avec le plus de valeur fut Hou-lao, que To-pa-sse vint assiéger en personne. Elle fut prise après deux cents jours d'assauts continuels, et Mao-te-tso, étant resté presque seul sur la brèche, tomba vif entre les mains des vainqueurs. Mais To-pa-sse mourut peu de jours après des fatigues du siége, et eut pour successeur To-pa-tao, son fils aîné. Chao-ti cependant prenait aussi peu d'intérêt à cette guerre que si elle ne l'eût point regardé. Les grands, indignés de cette indifférence, le déposèrent à la cinquième lune de l'an 424, le firent mourir ensuite, et mirent à sa place Lieou-y-tong, son frère puîné.

Wen-ti (424 après J.-C.) (Lieou-y-tong), proclamé malgré lui successeur de Chao-ti, son frère, à l'âge de dix-huit ans, après l'avoir pleuré, se mit en devoir de venger sa mort par celle de ses assassins, et y réussit. L'an 430, il déclara la guerre à To-pa-tao, prince de Weï, dans la vue de recouvrer le pays de Ho-nan, dont il se rendit maître en effet dès la première attaque, et que To-pa-tao reprit l'année suivante, après avoir conquis presque en entier la principauté de Hia. La paix se fit à la fin de l'an 432, à la demande du prince de Weï, qui garda néanmoins toutes ses conquêtes. L'an 436, Wen-ti, étant tombé dangereusement malade, fit mourir Tan-tsao-ti, le meilleur de ses généraux, sur des soupçons injustes qu'on lui inspira de sa fidélité. Ce prince et To-pa-tao employèrent le repos que leur procura la paix à faire fleurir les lettres chacun dans ses États. Mais le dernier agrandit les siens sans tirer l'épée, par la seule réputation de son mérite. En 438, seize principautés vinrent lui rendre hommage et se soumettre à sa domination. En 444, il donna un édit pour proscrire les samanes, espèce de religieux d'une superstition très-austère, et leur doctrine. Les brahmes soupçonnent que leur culte a succédé à celui de ces sectaires dans le Malabar. L'an 450, To-pa-tao, jugeant qu'une longue paix avait énervé les troupes de l'empire, y fait une irruption subite, et vient mettre le siége devant Hiuen-hou; mais il échoua dans cette entreprise par la valeur et l'habileté du commandant Tchin-hien. La guerre continua avec peu de succès pour le prince de Weï jusqu'à sa mort, arrivée à la deuxième lune de l'an 452, par la perfidie de Tson-ngaï, l'un de ses généraux, qui l'étrangla dans son palais, et se sauva. To-pa-yu, son petit-fils, que Tson-ngaï lui fit substituer, eut peu de temps après un semblable sort par la perfidie du même ministre. Il fut remplacé par To-pa-siun, son cousin, qui fit mourir Tson-ngaï avec tous ceux qui avaient trempé dans les meurtres de de To-pa-tao et de To-pa-yu. La cour de l'empereur Wen-ti était cependant livrée aux plus grandes agitations. Lieou-chao, son fils, qu'il avait déclaré prince héritier, craignant d'être dégradé pour de justes sujets de mécontentement qu'il lui avait donnés, porta la barbarie jusqu'à le faire assassiner en 453. Il ne jouit pas impunément de son crime. L'année suivante, To-

Licou-tsiun, son frère consanguin, fut élevé sur le trône après une victoire remportée sur lui et sa faction, et prit le nom de Wou-ti.

Wou-ti (454 après J.-C.) était dans son camp à la mort de Wou-ti. Les grands et le peuple s'empressant de le reconnaître pour empereur, Tsang-tchi, son ministre, se rendit à Kien-kang pour prendre possession du trône en son nom. Il y rencontra Lieou-chao qu'il amena au nouvel empereur, qui le fit mourir avec ses quatre fils et tous ceux qui avaient eu part à la mort de Wen-ti. Tsang-tchi, quelque temps après, mécontent de Wou-ti, forma le dessein de détruire son propre ouvrage en le détrônant. Il se ligue avec Lieou-y-siuen, prince de Nan-kiun, dont l'empereur venait de déshonorer la fille, et le fait proclamer empereur dans Kiang-ling. Les rebelles sont défaits dans un combat sur les bords du Kiang. Tsang-tchi est atteint en fuyant par le brave Sieï-ngan-to, qui lui coupa la tête, et l'envoya par un courrier à Kien-kang. Lieou-y-siuen n'eut pas un meilleur sort. Tchu-siou-tchi l'ayant surpris sur la route de Kiang-ling, le conduisit en cette ville, où il le fit mourir avec seize de ses fils et tous ceux de son parti qui tombèrent entre ses mains. Devenu paisible possesseur du trône, Wou-ti engage les princes de sa famille à lui remettre l'autorité souveraine qu'ils exerçaient dans les vastes pays de leurs départements. Il fit en conséquence une loi qui subordonnait également à sa pleine puissance toutes les principautés de l'empire. Cette précaution n'empêcha pas la révolte de Lieou-tan, prince du sang des Song, que l'empereur provoqua par les ombrages qu'il prit de l'estime universelle dont il jouissait. L'ayant envoyé à Kouang-ling en qualité de gouverneur pour l'éloigner de sa cour, il avait mis autour de lui des espions, qui se trahirent par leur indiscrétion. Lieou-tan les fit mourir, et l'empereur, par représailles, fit massacrer les parents et amis de ce prince jusqu'au nombre de mille. La guerre fut alors déclarée entre eux. Lieou-tan, s'étant vu abandonné de ses troupes, se renferme dans Kouang-ling, où il fut forcé, l'an 459, après deux mois d'une vigoureuse défense. Ayant pris alors la fuite, il fut atteint par un officier de l'armée impériale qui lui coupa la tête. Wou-ti, depuis ce temps, négligea le soin de l'État pour se livrer à des excès de débauches qui le conduisirent au tombeau dans la cinquième lune intercalaire de l'an 464, à l'âge de trente-cinq ans. Lieou-tse-nie, son fils, âgé de seize ans, lui succéda préférablement à dix-sept autres de ses frères, sous le **nom de Fi-ti.**

FI-TI (464 après J.-C.) fut un monstre en débauche et en cruauté. Il mettait ses délices dans les plus sales voluptés, et se faisait un jeu d'immoler à sa haine les têtes les plus précieuses de l'Etat. Son précepteur fut du nombre des victimes de sa fureur. On ne manqua pas de conspirer contre lui. Mais le secret fut trahi par l'indiscrétion des complices, dont on fit un massacre horrible. Le châtiment dû à un tyran si affreux ne fut néanmoins différé que de quelques mois. L'an 466, comme il était occupé à consulter des magiciens sur des songes funestes qu'il avait eus, un de ses eunuques lui abattit la tête d'un coup de sabre. Ce prince n'était âgé que de dix-neuf ans. Il tenait alors trois de ses oncles, frères de l'empereur Wou-ti, en prison. Lieou-yu, l'un d'entre eux, fut aussitôt proclamé empereur sous le nom de Ming-ti.

MING-TI (466 après J.-C.), reconnu pour empereur à Kien-kang, ne le fut pas également dans tout l'empire. Tang-wan, qui avait travaillé pour Lieou-tse-hiun, prétendit que, ce prince étant fils de l'empereur Wouti, l'empire lui appartenait de droit. Dix grands départements se déclarèrent pour ce dernier, qui n'avait alors que douze ans. Mais, après divers échecs, s'étant renfermé dans Kiang-tcheou avec Teng-wan, il eut le malheur de perdre son général, tandis que les troupes impériales faisaient le siège de cette place. Celui qui avait mis à mort Teng-wan ayant ensuite livré ce prince au général de l'empereur, la guerre fut terminée par là. La tête de Lieou-tse-hiun fut envoyée à Kien-kang avec celle de Teng-wan. Mais, dans la crainte de nouveaux soulèvements, Meng-ti fit périr, par une politique barbare, les treize autres fils de Wou-ti, ses neveux.

La sévérité de Ming-ti, qu'il portait jusqu'à la cruauté, lui aliéna plusieurs de ses officiers qui passèrent au service de To-pa-hong, prince de Wei, et l'engagèrent, l'an 467, à lui déclarer la guerre. Elle dura deux ans, et finit par un traité de paix, qui laissa To-pa hong en possession des provinces de Tsing-tcheou et de Ki-tcheou, qu'il avait conquises l'année précédente. Ming-ti fit périr par le poison deux de ses frères pour assurer le trône à Lieou-yu, né, l'an 462, d'un de ses favoris et d'une princesse, et qu'il avait adopté pour son fils. Ce prince, dans le même dessein, versa le sang de plusieurs grands de l'empire, et se préparait à faire d'autres actes de cruauté, lorsque la mort l'enleva dans la quatrième lune de l'an 472, après qu'il eut désigné Lieou-yu, l'un de ses fils adoptifs, âgé de dix ans, pour son successeur, et fait promettre aux grands, à qui il croyait devoir plus de confiance, d'élever ce prince à la dignité impériale; ce qu'il exécutèrent.

FI-TI II (473 après J.-C.) fut le nom que donnèrent à Lieou-yu les grands, à qui son père l'avait recommandé en mourant. Lieou-hiu-fan, frère de Ming-ti, qui l'avait épargné à cause de son peu d'ambition et de capacité, ne vit point sans envie l'élévation de cet étranger sur le trône de sa maison. Guidé par les avis de Hiu-kong-yu, chef du conseil, il leva des troupes, et s'étant approché de Kien-kang, il y jeta le terreur. Mais deux grands de la cour, étant venus se présenter à lui comme pour embrasser son parti, l'assassinèrent lâchement. L'an 475, un nouveau rival s'éleva contre l'empereur. C'était Lieou-kin-sou, le seul prince qui restât de la famille des Song. Il fut pris dans King-keou quelques jours après s'être déclaré, et paya de sa tête, ainsi que ses officiers, cette levée de boucliers. L'empereur ne méritait nullement, par sa conduite, d'avoir des défenseurs. C'était un furieux qui comptait pour rien la vie des hommes, courait les rues, massacrant tous ceux qu'il rencontrait, et faisait mille autres actions qui déshonoraient l'humanité. L'an 477, à la septième lune, il périt par les ordres de Siao-tao-tching, son ministre, qui, le lendemain, fit reconnaître empereur le troisième fils adoptif de Ming-ti, sous le nom de Chun-ti.

CHUN-TI (477 après J.-C.), dont le nom propre était Lieou-tchun, monta sur le trône à l'âge de onze ans. Mais, deux ans après, Siao-tao-tching, qui l'y avait élevé, l'obligea d'en descendre par une abdication forcée; et, s'y étant placé lui-même, il donna l'origine à une nouvelle dynastie, qui fut celle des Tsi.

IX° DYNASTIE : LES TSI.

KAO-TI (479 après J.-C.) fut le nom que prit, à son inauguration, Siao-tao-tching. Il eut un compétiteur nommé Lieou-tchang, issu de la famille des Song, qui donna de l'exercice à sa valeur à l'aide du prince de Weï, qu'il avait mis dans ses intérêts. Kao-ti, après avoir triomphé de ses efforts, s'appliquait à rétablir l'ordre dans l'empire, lorsque la mort l'enleva l'an 482, à la troisième lune, dans la cinquante-sixième année de son âge. Siao-tse, l'un des quatre fils qu'il avait eus, lui succéda sous le nom de Wou-ti.

WOU-TI (482 après J.-C.) porta sur le trône des vertus et surtout un grand amour du bien public. Pour empêcher les malversations des mandarins, il régla qu'ils n'exerceraient pas plus de trois ans la même charge, et qu'au bout de ce temps ils rendraient compte de leur conduite pour être élevés à de plus hauts grades si elle était louable, ou punis s'ils avaient malversé. Regardant la guerre comme un fléau, il l'éloigna autant qu'il lui fut possible de ses États. To-pa-hong, prince de Weï, était dans les mêmes dispositions. Un brouillon cependant trouva moyen de mettre aux prises ces deux monarques. Mais, après quelques hostilités, ils s'envoyèrent réciproquement des ambassadeurs, qui rétablirent la paix entre eux. Wou-ti, n'ayant plus rien à craindre au dehors, abandonna le soin des affaires à son fils Siao-tchong-mao, pour se livrer entièrement à sa passion pour la chasse. Ce jeune prince avait des vices qui le rendaient indigne de cet emploi. Heureusement il ne l'exerça pas longtemps, la mort l'ayant enlevé au commencement de l'an 493. Son père le regretta plus qu'il ne méritait. Le chagrin que lui causa cet événement le conduisit lui-même au tombeau, dans la septième lune d'automne de la même année, à l'âge de cinquante-quatre ans, après qu'il eut déclaré prince héritier Siao-tchao-ye, son petit-fils, qui lui succéda.

SIAO-TCHAO-YE (493 après J.-C.), fils de Siao-tchang-mao, en montant sur le trône, fut menacé d'une invasion par To-pa-hong, prince de Weï, qui avait fait ses préparatifs du vivant de Wou-ti, et s'était déjà avancé, à la tête de trois cent mille hommes, jusqu'à Lo-yang. Mais le mauvais état des chemins, que la pluie avait rendus impraticables, l'obligea de s'en retourner à Ping-tching, d'où il était parti, et d'abandonner son entreprise. Siao-tchao-ye ne tarda pas à indisposer ses sujets par sa mauvaise conduite. Siao-loun, son parent, à qui son aïeul l'avait recommandé en mourant, ne voyant en lui que des inclinations basses, conçut le dessein, après lui avoir fait d'inutiles remontrances, de le détrôner. L'empereur, instruit de son dessein, voulut le prévenir. Mais Siao-loun, étant entré dans le palais à la tête d'une troupe de soldats, le poursuivit comme il fuyait monté sur son char; et, l'ayant atteint dans le marché de l'Occident, il le fit mettre à mort. Alors il fit couronner empereur le jeune Siao-tchao-wen, et prit pour lui-même le titre et la qualité de grand général de l'empire. Mais peu de jours après, de peur d'une nouvelle révolution, il fit mourir ce nouvel empereur, et se mit à sa place sous le nom de Ming-ti.

MING-TI (494 après J.-C.) ne fut pas reconnu empereur sans contradiction; mais il eut le bonheur de dissiper les factions que les princes de la maison impériale avaient formées contre lui. To-pa-hong, prince de Weï, crut l'occasion favorable de recommencer la guerre contre l'empire. Mais des échecs continuels qu'il reçut l'obligèrent, l'an 495, à mettre bas les armes, et à donner ses soins au rétablissement de la police et des lettres dans ses États. Ming-ti, délivré de cette guerre, se livra à sa cruauté naturelle, et l'exerça contre tous ceux qui lui faisaient ombrage. Il n'excepta pas même le brave Siao-yu, qui l'avait le mieux servi contre les Weï. To-pa-hong, apprenant qu'il avait fait mourir ce général, lui déclara de nouveau la guerre. Elle dédommagea cette fois le prince de Weï des mauvais succès de la précédente. Le chagrin qu'en conçut Ming-ti lui causa une maladie qui, loin de le corriger, ne servit qu'à le rendre plus farouche. Les descendants des empereurs Kao-ti et Wou-ti subsistaient encore en assez grand nombre. Voyant que les princes de sa branche étaient faibles et peu en état de lui résister, il résolut de faire périr les premiers, et exécuta ce dessein sur dix d'entre eux, qui étaient princes du premier ordre. La maladie cependant augmentait et devint bientôt supérieure à tous les remèdes. Il mourut enfin l'an 498, dans la quarantième année de son âge, après avoir désigné pour son successeur Hoen-heou, son troisième fils, qui prit le nom de Pao-kuen.

PAO-KUEN (498 après J.-C.) monta sur le trône avec la résolution de continuer la guerre contre le prince de Weï et l'espérance de réparer les pertes que son père et lui avaient faites. Tchin-hien-ta, son général, débuta par d'heureux succès; il battit les ennemis en diverses rencontres, et se rendit maître de la ville de Ma-kiuen, après quarante jours de siège. Mais une bataille ensuite gagnée sur lui par Yuen-hia, général des Weï, qui lui tua ou fit prisonniers trente mille hommes, avec perte de son bagage, et l'obligea de fuir déguisé dans les montagnes, lui fit perdre toute la réputation qu'il avait acquise. To-pa-hong, prince de Weï, était cependant réduit à l'inaction par une maladie qui augmentait chaque jour. Voyant qu'il n'en pouvait revenir, il nomma pour son successeur Yuen-kio, son fils, et mourut à la quatrième lune de l'an 499, emportant dans le tombeau l'estime et les regrets de ses peuples. L'empereur Pao-kuen était bien différent de ce prince. Corrompu dès son adolescence, il ne mit plus de frein à ses passions dès qu'il fut monté sur le trône. Pour s'y livrer plus librement, il abandonna le timon de l'État à ses ministres, qui jouissaient tous d'une autorité presque égale. La division ne tarda pas à se mettre entre eux. Ils s'accusèrent réciproquement de mauvais desseins contre l'empereur, qui les fit tous mourir l'un après l'autre.

Plusieurs autres grands officiers, lui ayant été dénoncés, subirent le même sort. De ce nombre fut Siao-y, frère de Siao-yen, qui commandait dans la province de Yong-tcheou ; l'empereur, ne doutant point que celui-ci ne se disposât à venger la mort de son frère, voulut le prévenir, et chargea Tching-tchi de le faire périr de quelque manière que ce fût. Siao-yen fut averti de cet ordre, et sut peu de temps après, par ses espions, que l'empereur ayant conçu des soupçons contre Siao-pao-yong, son propre frère, prince de Nan-king, voulait lui retirer les troupes qu'il commandait. Alors, s'étant joint à ce dernier, il rassembla tous ses amis ; et, ayant formé une nombreuse armée, il fit éclater sa révolte. L'empereur, à cette nouvelle, fit marcher contre lui Tchang-tchong, gouverneur de Yng-ching. Wang-mao, lieutenant de Siao-yen, l'ayant battu près du Kiang, l'obligea de se retirer avec les débris de son armée dans Yng-ching, où il alla aussitôt l'investir. Cependant Siao-yen arriva à Kiang-lin avec Siao-pao-yong, et d'autres officiers s'y étant rendus en même temps, s'accordèrent à déposer Pao-kuen comme incapable de régner, et à proclamer empereur, en sa place, Siao-pao-yong, qui prit le nom de Ho-ti.

HO-TI (501 après J.-C.) ne fut point paisible possesseur du trône aussitôt qu'il y fut monté. Tchang-hin-taï, envoyé contre lui de Kian-kang par l'empereur déposé, ne servit ni celui qui l'employait ni celui auquel on l'opposait. Mais après avoir massacré ou mis en fuite les officiers que Pao-kuen lui avait adjoints, soit pour lui faire honneur, soit pour l'engager à bien faire son devoir, il s'avisa de déclarer empereur, Siao-pao-yn, autre frère de l'empereur. Cette action le perdit. Abandonné de ses soldats, il fut pris et conduit à Kian kang, où il subit le supplice dû à sa démarche téméraire et mal combinée. Pao-kuen fut servi plus fidèlement par d'autres généraux. Mais, trop faibles contre Siao-yen, ils n'essuyèrent que des revers, et lui laissèrent, en faisant retraite, la liberté de pénétrer jusqu'aux portes de Kian-kang. Tandis qu'il en formait le blocus, deux des principaux officiers de Pao-kuen, avertis que ce prince songeait à se défaire d'eux, entrèrent dans le palais, le poignardèrent, et portèrent sa tête à Siao-yen. Ce général eut encore à combattre d'autres serviteurs fidèles de Pao-kuen, ou plutôt de la famille impériale, qui s'apercevaient qu'il cherchait à la détruire. Siao-yen, en effet, encouragé par Chin-yo, l'un de ces principaux officiers, pour se frayer la route du trône, commença par se défaire, sous divers prétextes, de ceux qui pouvaient y prétendre ; après quoi il prit le titre de prince de Leang, nom de la province où il commandait. L'empereur Ho-ti, s'apercevant du terme où il voulait arriver, prit le parti, pour mettre ses jours en sûreté, de lui céder le trône, et se contenta du titre de prince du premier ordre, que Siao-yen lui accorda. Mais, peu de jours après, ce compétiteur le fit étrangler. Ainsi fut éteinte la famille des Tsi, l'an de notre ère 502.

Xe DYNASTIE : LES LEANG.

LEANG-WOU-TI (502 après J.-C.) fut le nom que prit Siao-yen à son inauguratisn. Le pas hardi qu'il venait de faire en montant sur le trône, et le meurtre de l'empereur Ho-ti ne manquèrent pas de lui faire de puissants ennemis. Le premier d'entre eux et le plus distingué fut Lieou-ki-lien, de la race des Han, gouverneur de Yu-tcheou, province éloignée de la cour, dont il avait dessein de former un royaume. L'empereur envoya contre lui Teng-yuen ki, l'un de ses généraux, qui l'assiégea dans Tching-tou, et réduisit la place à un tel accès de famine, que les hommes se mangeaient les uns les autres. Lieou-ki-lien, dans cette extrémité, consentit à se rendre, sous la promesse qu'on lui fit de la vie privée. Yuen-kio, prince de Oueï, prit occasion de ces troubles pour faire des excursions sur les terres de l'empire; mais il ne les fit pas impunément. Après des succès variés, son général Yuen-yng ayant assiégé, l'an 507, la ville de Tchong-li, sur le bord du Hoang-ho, fut attaqué par Weï-joui, général de Wou-ti, qui lui fit essuyer l'une des plus terribles défaites dont on ait jamais ouï parler. Yuen-kio mourut l'an 515, et eut pour successeur son fils Yuen-hiu, qu'il avait de son vivant déclaré prince au préjudice de son fils aîné, dont il était mécontent. La reine Hou-chi, femme d'esprit et de tête, que Yuen-hiu, son fils, éleva au rang d'impératrice, prit au commencement de son règne les rênes du gouvernement, et les mania d'abord avec assez d'habileté. Mais, au bout de cinq ans, la licence de ses mœurs donnant prise sur elle, deux favoris du prince, Lieou-ting et Yuen-y, se prévalurent de son inconduite pour la supplanter. Le dernier même, quelque temps après, se rendit maître de toute l'autorité. Les choses n'en allèrent pas mieux; elles empirèrent au contraire, et les concussions journalières que les officiers du prince exerçaient dans les provinces occasionnèrent des révoltes. La princesse Hou-chi profita de ces circonstances pour se venger du ministre, et vint à bout de lui faire perdre la tête en 525. Elle avait entamé la guerre avant sa disgrâce contre l'empereur Ou-ti ; elle la reprit après son rétablissement, et la fit avec succès. Mais des révoltes qui s'élevèrent ensuite donnèrent la facilité à l'empereur de reprendre le dessus. Le prince de Weï cependant, déjà en âge de gouverner, commençait à se lasser de la tutelle où sa mère le tenait. Des courtisans, à qui le joug de la régente ne pesait pas moins, encouragèrent leur maître à les en délivrer eux-mêmes en le secouant, et en dépouillant sa mère d'une autorité précaire dont elle abusait. Dans cette disposition, Yuen-hiu fit approcher son armée de Lo-yang. La princesse Hou-chi, s'étant aperçue de son dessein, le prévint ; et, l'ayant fait enfermer, elle mit en sa place Yuen-chao, jeune enfant de trois ans, fils de Lin-tao, frère du prince déposé, dont elle ne tarda pas à se défaire par le poison. Cette révolution est de l'an 528. Mais le général Ertchu-yong, indigné des procédés violents et dénaturés de la princesse, fit proclamer et reconnaître par son armée Yuen-tse-yu, empereur de Ouei ; et, l'ayant amené à Lo-yang, il l'introuisa sans opposition ; après quoi, s'étant mis à la poursuite de Hou-chi, qui avait pris la fuite avec l'enfant qu'elle avait substitué à son fils, il les atteignit près du fleuve Hoang-ho, où il les fit précipiter l'un et l'autre. Le massacre qu'il fit faire ensuite de deux mille hommes des plus qualifiés de l'empire, occasionna bientôt un soulèvement contre lui et le souverain qu'il avait donné à l'État. A ce dernier une faction puissante opposa Yuen-hao, prince de la maison impériale, qu'elle proclama empereur ; mais la mauvaise conduite de ce rival, après quelques succès assez heureux, détacha de lui ceux qui avaient embrassé le plus hautement son parti. Se voyant abandonné, il se sauva à Lin-yng, dont les habitants le mirent à mort l'an 525. Ertchu-yong, après avoir affermi l'autorité de l'empereur qu'il avait créé, vit son crédit décroître par les ombrages qu'on avait donnés à ce prince contre lui. Ayant osé les braver, il devint la victime de sa hardiesse, et fut mis à mort l'an 530, avec Yuen-tien-mon, son ennemi le plus redoutable. Mais il laissait des amis en grand nombre qui se chargèrent de venger sa mort. Ertchu-chi-long, son frère, s'étant mis à leur tête, fit reconnaître pour empereur, dans une de leurs assemblées, Yuen-ye, prince de Tchang-kouang. Le général Ertchu-chao s'avance en même temps avec son armée vers Lo-yang, dont la garnison ne fait qu'une très-faible résistance. On charge de chaînes le prince déposé, qui est conduit dans un château voisin, sur la route duquel Ertchu-chao le fait étrangler. Bientôt un parti se forme contre le nouvel empereur. Le général Kao-hoan, qui en était l'âme, fait proclamer, l'an 551, empereur des Ouëi, dans son camp, Yuen-lang, gouverneur de Pou-haï, et peu de jours après lui procure une victoire sur son rival, par la défaite de l'armée d'Ertchu-chao. Vainqueur encore l'année suivante dans une autre bataille, Kao-hoan, dégoûté de Yuen-lang, le force d'abdiquer, et lui substitue Yuen-siou. Deux ans après, s'étant brouillé avec ce dernier, il fait décerner par sa faction le trône de Ouëi à un enfant de onze ans, nommé Yuen-chan, dont il transporte la cour dans la ville de Ye. Les Etats de Ouëi se trouvèrent alors partagés en deux royaumes; celui de Wëi oriental, où régnait Yuen-chan, et celui de Wëi occidental, dont le prince Yuen-siou resta le maître. Les deux partis ne cessèrent de se faire la guerre jusqu'à ce qu'épuisés, l'an 539, par une grande bataille qui leur fut également funeste, ils se déterminèrent à rester en paix quelques années pour se refaire de leurs pertes.

L'empereur Wou-ti, livré aux superstitions des bonzes (1), ne profita point des troubles qui régnaient dans les Etats de Wëi pour reculer à leurs dépens les limites des siens. Son unique soin était d'écarter ce qui pouvait altérer sa tranquillité. L'an 541, la faiblesse de son gouvernement enhardit les peuples de Kiao-tchi à secouer le joug de la Chine, et à se mettre en liberté. L'empereur envoya contre eux ses généraux, qui furent occupés six ans à les réduire.

Kao-hoan avait repris les armes dans le même temps que les Kiao-tchi s'étaient révoltés, et continua la guerre l'espace d'environ six ans. Sa dernière expédition fut le siège de Ya-pi. Cette place, défendue par le gouverneur Wëi-hiao-koan, fit la plus vigoureuse défense, et obligea Kao-hoan, après cinquante jours d'attaques, à se retirer épuisé de fatigues, et malade du chagrin que ce revers lui avait causé. Il mourut peu de jours après, laissant Kao-tching, son fils, héritier de ses emplois et de son ambition.

Heou-king, gouverneur de la province de Ho-nan, passa, dans le même temps, du service des Wëi occidentaux à celui de l'empereur Wou-ti, qui le déclara prince de Ho-nan. Ce déserteur ne tarda pas à se brouiller avec son nouveau maître par ses infidélités. Ayant mis bas entièrement le masque, il lui déclara la guerre et vint l'assiéger dans sa capitale. L'empereur étant peu

---

(1) Bonze à la Chine, lama en Tartarie, et talapoin dans le royaume de Siam; ces trois noms signifient un religieux ou un prêtre.

en état d'agir, remit au Tay-tsee, ou prince héritier (1), la défense de la ville, et se dépouilla de toute son autorité entre ses mains. Le jeune prince soutint le siége avec beaucoup de valeur. Mais au bout de quatre mois les vivres commencèrent à manquer dans la place. Les assiégeants éprouvèrent la même disette dans leur camp. Heou-king, pour tromper l'empereur, lui fit proposer une suspension d'armes. Wou-ti l'accepta ; mais Heou-king n'en continua pas moins ses attaques ; et, étant parvenu à introduire ses troupes dans la ville, il alla saluer l'empereur dans la posture la plus humiliante, se battant la tête contre le pavé, et témoignant le plus vif regret de sa révolte. Mais après cette vaine cérémonie il changea la garde du prince et de son fils, et se rendit maître du gouvernement. L'empereur ne survécut pas à cet événement. Agé de quatre-vingt-six ans, il tomba malade, et mourut accablé de chagrin, à la cinquième lune de l'an 549. L'attachement de ce prince à la doctrine extravagante de Fo et aux mystiques rêveries des bonzes lui fit négliger le soin de l'Etat pour se livrer aux pratiques superstitieuses de ces visionnaires, dont il imita l'abstinence au point de se priver de vin et non-seulement de viande, mais de tout aliment qui venait d'animal vivant. Son vêtement était assorti à ce genre de vie : ce n'était que la toile la plus simple, et il n'en changeait que lorsqu'elle ne pouvait plus servir. Le P. de Mailla regrette qu'il ait abandonné la *saine doctrine* pour donner dans ces travers, faisant entendre par là que la religion ancienne des patriarches s'était conservée pure et saine dans la Chine. Leang-wou-ti, environ neuf ans avant sa mort, avait perdu un fils nommé Tchao-ming, qui, dès l'âge de cinq ans, savait tous les king par cœur : c'est à peu près comme si l'on disait chez nous qu'un enfant de cinq ans a retenu toute la Bible, et est en état de la réciter. Jusque-là sa science ne différait guère de celle d'un perroquet ; mais cinq ans après il sut rendre raison de tout, et expliquer même les endroits difficiles de l'Y-king, du Chou-king et du Che-king. Il s'appliqua ensuite à l'histoire, et y devint habile. Mais une maladie, causée par l'assiduité du travail, l'emporta à l'âge de vingt-cinq ans.

WEN-TI (549 après J.-C.) fut le nom que prit Siao-y, en succédant à l'empereur Leang-wou-ti, son père. Il était alors en fuite depuis le massacre que Heou-king avait fait de tous

(1) Tay-tsee est le titre que portent en Chine les princes héritiers présomptifs de la couronne. C'est comme autrefois en France le titre de dauphin.

les princes de la maison impériale qui étaient tombés entre ses mains. Le général Tchin-pa-sien, s'étant déclaré pour lui, se mit en route, avec ce qu'il avait de vieux soldats, pour aller le joindre ; et, ayant forcé tous les passages, il poursuivit l'ennemi jusqu'à Nan-kang, dont il se rendit maître. Ce général continua à gagner des batailles et à prendre des villes Il se couvrit d'une gloire immortelle par une grande victoire qu'il remporta sur Heou-king, et par la prise de la ville de Che-teou, qui en fut le fruit. De toute l'armée formidable que Heou-king lui avait opposée, il ne resta que quelques amis de cet usurpateur, qui cherchèrent leur salut dans la fuite ; le reste fut tué ou fait prisonnier, ou se rangea du côté de Tchin-pa-sien. Peu de jours après, Heou-king lui-même fut atteint dans une barque où il s'était jeté, et coupé en pièces. Ce fut alors que Sao-y prit les marques de la dignité impériale, et se fit reconnaître solennellement sous le nom de Siao-yuen-ti.

(552 après J.-C.) Ce nouvel empereur n'avait pas les qualités requises pour conserver l'empire dans des temps si orageux. Un de ses frères, nommé Siao-ki, s'était réfugié chez les Tartares, au pays de Chou. Ayant appris la mort de Heou-king, il entreprit de ravir le trône à son frère ; mais il fut vaincu par Fan-meng, général des troupes impériales, qui, l'ayant pris, le fit massacrer. L'empereur, après ce succès, crut n'avoir plus rien à craindre. Il envoya ses généraux, avec les meilleures troupes, à des expéditions éloignées. Mais pendant leur absence les Tartares, qui avaient donné du secours à Siao-ki, vinrent assiéger l'empereur dans Kiang-ling, où ils l'avaient obligé de se réfugier, après l'avoir battu en rase campagne. La place, après s'être défendue pendant un mois, fut emportée par l'infidélité d'un traître qui en ouvrit une des portes aux ennemis. Yu-kin, leur général, fit mourir l'empereur avec les princes de sa famille, après quoi la ville fut pillée. Ceci est de l'an 555 (de Mailla, et *Mémoires des hommes célèbres de la Chine*.)

KING-TI (555 après J.-C.), dont le nom propre était Siao-fang-tche, fut celui que les grands assemblés à Kiang-ling après la retraite des Tartares, élevèrent sur le trône impérial. Il était le seul des fils de Siao-yuen-ti qui eût échappé au massacre où périt ce prince. Le général Wang-seng-pien, trouvant qu'il était trop jeune pour être mis à la tête de l'empire, entreprit de le détrôner pour mettre à sa place Siao-yuen-ming, fils de Wen-ti et oncle du jeune empereur. Tchin-pa-sien s'opposa à ce dessein comme injuste, et vengea le bon droit de King-ti dans un combat où, vainqueur de Wang-seng-pien, il le fit mettre à mort. Mais, s'étant rendu ensuite maître du gouvernement, il obligea King-ti à se démettre de l'empire.

XIe DYNASTIE : LES TCHIN.

Wou-ti (557 après J.-C.) fut le nom que prit Tchin-pa-sien en montant sur le trône, dont il ne jouit pas tranquillement. Le général Wang-ling lui opposa Siao-tchuang, de la famille des Leang, qu'il fit reconnaître empereur à la tête de son armée. Les offres avantageuses que Tchin-pa-sien fit faire à Wang-ling pour l'attirer à son parti suspendirent quelque temps les hostilités. Mais l'an 559 Wang-ling, ayant appris que Tchin-pa-sien avait fait mourir l'empereur King-ti, reprit aussitôt les armes. Celui qu'il attaquait ne survécut guère à ce renouvellement d'hostilités, étant mort dans la sixième lune de la même année, à l'âge de cinquante-neuf ans. Dans ses derniers moments, il avait désigné pour son successeur Tchin-tsien, son neveu.

Kao-yang, prince de Tsi, mourut dans la même année que Wou-ti, après avoir souillé le trône par ses débauches et ses cruautés. Il eut pour successeur Kao-yen, son frère, par les artifices de Lieou-chi, sa mère, qui le fit élire au préjudice de son neveu, fils du prince défunt.

Wen-ti (559 après J.-C.) fut le nom que prit Tchin-tsien lorsque les grands de la Chine l'eurent contraint d'accepter le trône impérial, qu'il avait d'abord résolu de refuser. Il était pour lors âgé de trente-huit ans. Le général Wang-ling fit de nouveaux efforts en faveur de Siao-tchuang, qu'il fut obligé d'abandonner.

L'an 561, à la onzième lune, une chute de cheval que Kao-yen, prince de Tsi, fit à la chasse, le précipita dans le tombeau. Son fils, Kao-pa-nien, qu'il avait désigné pour son successeur, fut supplanté par Kao-tchin, son frère, comme lui-même avait supplanté son neveu. L'empereur Wen-ti, après avoir triomphé de Wang-ling et de sa faction, en vit d'autres successivement éclore, qui ne lui permirent pas de jouir de la tranquillité, qui était le grand objet de ses vœux. Elles n'eurent pas un meilleur succès que les premières. Mais à peine en fut-il délivré, que la mort trancha le fil de ses jours, à la quatrième lune de l'an 566, dans la septième année de son règne, et dans la quarante-cinquième de son âge.

Pé-tsong (566 après J.-C.) succéda en bas âge à l'empereur

Wen-ti, son père. Mais le prince Tchin-yu, son oncle, s'étant rendu maître du gouvernement par violence, le fit descendre du trône sur la fin de l'année suivante, et se mit à sa place. On donne au prince déposé le titre de Lin-haï-wang, c'est-à-dire prince de Lin-haï.

La mort de Kao-tchin, prince de Tsi, concourut avec cet événement, et délivra ses peuples d'un monstre en débauche et en cruauté. Son fils, dont on ne marque pas le nom, lui succéda.

KAO-TSONG-SUEN-TI (569 après J.-C.) fut reconnu solennellement empereur de la Chine. Quelques révoltes qui s'élevèrent au commencement de son règne furent aisément réprimées par ses généraux. L'an 573, se voyant tranquille possesseur de l'empire, il fit demander au prince de Tsi deux places qui étaient à sa bienséance; et, sur son refus, il lui déclara la guerre. Wou-ming-tche, son général, battit l'armée du prince de Tsi, beaucoup plus forte que la sienne; après quoi il entreprit le siége de Cheou-yang, ville importante où commandait le fameux Wang-ling, qui s'était retiré dans les Etats de Tsi. La place fut emportée malgré la brave défense de ce commandant, qui fut fait prisonnier et envoyé à Kien-kang. Wou-ming-tche, voyant tous les esprits agités à l'occasion de son malheur, craignit qu'ils ne fissent les derniers efforts pour obtenir sa délivrance. Il envoya, pour les prévenir, un courrier après lui, avec ordre de le mettre à mort, ce qui fut exécuté. D'autres conquêtes qu'il fit dans la même campagne surpassèrent les désirs de l'empereur, et l'engagèrent à terminer la guerre. Peu sensible à ses pertes, le prince de Tsi ne profita de la paix dont l'empereur le laissa jouir que pour se livrer à ses amusements, dont le principal était celui de faire travailler à des jardins de plaisance qu'il faisait recommencer sans cesse. Ses ministres, auxquels il abandonna le timon du gouvernement, abusèrent bientôt de sa confiance, et excitèrent un mécontentement universel par les différentes sortes de vexations qu'ils exercèrent. Yu-wen-yong, prince de Tcheou, profita de ces conjonctures pour faire une invasion dans les Etats de Tsi, dont il se rendit maître dans le cours d'un an. Il survécut peu à sa conquête, étant mort l'an 578, à l'âge de trente-six ans. Yu-wen-pin, son fils, qui lui succéda, fut un monstre en débauche et en cruauté. La mort l'ayant enlevé l'an 580, il laissa un fils en bas âge, que son premier ministre, Yang-kien, extermina l'année suivante avec tous les princes de la famille des Tcheou, qui n'avait occupé le trône que vingt-six ans. La dynastie des Soui, qui la remplaça dans sa personne, éteignit quelques années après celle des

Tchin, et se mit par la en possession de l'empire entier de la Chine. L'empereur Suen-ti mourut à la première lune de l'an 582, dans la cinquante-deuxième année de son âge.

HEOU-TCHU (582 après J.-C.) succéda à l'empereur Suen-ti, son père, qui l'avait déclaré prince héritier. Son goût pour le faste et les plaisirs ne tarda point à se manifester sur le trône. Il débuta par faire construire un nouveau palais, composé de trois tours qui communiquaient ensemble par des galeries, et étaient assez vastes pour le loger, lui, ses femmes et toute sa cour. Ce fut dans ce domicile, où il avait rassemblé tout ce qui peut flatter les sens, qu'il se renferma pour se livrer à la mollesse et à la débauche, laissant à ses eunuques le soin du gouvernement. Les murmures qu'excita cette conduite réveillèrent l'ambition de Yang-kien, prince des Souï, et lui persuadèrent que le temps était venu de réunir dans sa main toutes les parties de l'empire de la Chine. Il commença, l'an 587, par enlever au prince de la dynastie des Leang la ville de Kiang-ling, où il tenait sa cour, ce qui fut suivi de la perte de tous ses États. Alors, tournant toutes ses forces contre l'empereur, il envoya une armée de cinq cent dix-huit mille hommes, divisée en cinq grands corps, sous la conduite d'autant de généraux, pour entrer par cinq endroits différents sur les terres impériales. Tout plia sous des forces aussi redoutables. L'empereur, se voyant investi dans Kien-kang, alla se cacher avec l'impératrice, sa femme et son fils, âgé de quinze ans, dans un puits, d'où quatre soldats ennemis les ayant retirés, les gardèrent jusqu'à l'arrivée de Yang-kouang, généralissime des Souï. Yang-kouang traita l'empereur avec distinction, et, après avoir fait ce que l'humanité lui suggéra pour le consoler dans son malheur, il rassembla tous les grands de Kien-kang, et les fit conduire, ainsi que l'empereur, à Tchang-ngan. Ainsi finit en 589 la dynastie des Tchin.

XIIe DYNASTIE : LES SOUÏ.

« Le nouvel empereur des Souï (*Tableaux historiques de l'Asie*) avait pris le titre de Wen-ti (*empereur lettré*). La sagesse de son gouvernement le place à côté des plus grands princes qui ont régné en Chine (1). Il promulgua un nouveau code de

(1) On trouve dans le magnifique recueil impérial contenant les édits, déclarations, ordonnances, etc., déjà cité, l'ordre suivant, par lequel

lois, qui fut basé sur celui de l'antiquité. Cependant il ne se montra pas imitateur aveugle de toutes les institutions établies par les trois premières dynasties qui avaient régné en Chine. Il fit même des innovations qui auraient pu avoir des suites funestes pour lui et pour ses successeurs, si la douceur de son gouvernement et sa perspicacité n'avaient pas fait échouer toutes les tentatives des mécontents.

» Il voulait, par exemple, introduire en Chine la division du peuple en quatre castes; elles paraissent avoir été calquées sur le modèle de celles de l'Inde : car il statua que le fils d'un marchand ferait le négoce, que celui d'un artisan apprendrait un métier, et que celui d'un officier militaire ou civil suivrais l'une ou l'autre de ces carrières. Il paraît que ces distinctiont n'ont jamais été suivies bien rigoureusement, et qu'on est bientôt revenu aux anciennes formes, qui laissaient à chacun la liberté de se choisir un état. Wen-ti, surpris du grand nombre de colléges entretenus aux dépens de l'Etat, et de la prodigieuse quantité de lettrés subalternes dont l'empire fourmillait, ne conserva que le collége de la capitale. Il destina les bâtiments de ceux qu'il avait supprimés dans les autres villes à servir de greniers publics, et ordonna que leurs revenus seraient employés à acheter des grains pour être distribués au peuple dans les temps de disette. Malgré la sévérité qu'il déploya dans cette circonstance, il ne fut nullement ennemi des lettres; il voulait seulement supprimer la foule des demi-savants, qui se croyaient en droit de prétendre aux plus hautes places dans le gouvernement.

» Wen-ti n'était pas lettré, mais il estimait les livres et la littérature ancienne. Les princes de la famille des Heou-tcheou avaient recueilli jusqu'à dix mille volumes d'ouvrages qui remontaient au temps des Tcheou et des Han. Le fondateur de la

---

Wen-ti, après avoir soumis un petit royaume qui s'était révolté, refuse d'en rendre des actions de grâces à l'*Etre suprême* (Chang-ti, *Empereur suprême*), sur une montagne qui serait choisie pour cette cérémonie.

« J'ai envoyé un de mes généraux pour mettre à la raison un petit royaume rebelle. L'expédition a réussi. Qu'est-ce que cela ? Cependant chacun me flatte et m'applaudit. On me presse même, tout peu vertueux que je suis, de faire la cérémonie *fong-tchen* sur quelque montagne fameuse.

» Pour moi je n'ai jamais entendu dire que l'*Empereur suprême* (Chang-ti) puisse être touché par des discours vains et frivoles. Je défends que désormais on m'en parle » (du Halde, t. II, p. 578).

dynastie des Soui y en ajouta plus de cinq mille, fruit de ses conquêtes, ou qu'il avait fait acheter à grands frais dans tout l'empire.

» Wen-ti régna avec gloire pendant seize ans. Il eut des démêlés avec les Thou-kiu ou Turcs, et avec le roi de la Corée. Il les termina glorieusement. Il était sur le point de profiter des divisions qui régnaient parmi les premiers, lorsqu'il mourut victime de l'ambition de son second fils, qui lui succéda en 605 sous le nom de Yang-ti. Celui-ci employa les trésors amassés par son père à bâtir une nouvelle ville à Lo-yang, dans le Honan. Il y transporta sa cour, et quitta Tchang-ngan (Si-ngan-fou), l'ancienne capitale de l'empire.

» Ses armées remportèrent d'abord des victoires décisives sur les rebelles du Kiao-tchi ou Tonquin, et effectuèrent ensuite une invasion heureuse dans les Lin-y ou Siam, dont ils prirent la capitale. Ils y trouvèrent des richesses immenses, et entre autres dix-huit idoles en or massif.

» L'empereur ne se contenta pas de bâtir partout des palais superbes (1), il construisit aussi des canaux pour faciliter les

---

(1) Les historiens chinois rapportent des choses gigantesques de cet empereur : il fit construire deux greniers publics d'une grandeur prodigieuse, dont l'un avait deux lieues de tour, et un parc qui en avait quinze, au milieu duquel se trouvaient des palais, et dans lequel il se promenait à cheval, accompagné de plusieurs milliers de concubines, également à cheval, qui le suivaient avec des chants et des instruments de musique. Lorsqu'il voulut traverser le Hoang-ho, il prépara une flotte de plusieurs milliers de vaisseaux, qui occupaient une étendue de quatre lieues. Il avait fait construire une si grande quantité de barques magnifiques pour son usage, qu'elles occupaient *vingt lieues* à la file. Quand elles étaient en mouvement, les deux côtés du fleuve devaient être bordés par des cavaliers auxquels les villes voisines étaient obligées de fournir des vivres de ce que l'on pouvait trouver de meilleur. Quarante-quatre chefs et rois barbares du nord et de l'occident de la Chine se soumirent à lui. Il fit revoir et réimprimer par plus de cent littérateurs les ouvrages sur l'art militaire, la politique, la médecine et l'agriculture : sept mille volumes des différentes sectes religieuses virent le jour. Il institua le grade de docteur, qui s'est perpétué jusqu'à nos jours, tant dans l'état civil que dans l'état militaire. Il employa douze cent mille hommes, tant par mer que par terre, pour soumettre les Coréens, sans pouvoir en venir à bout. Il fit aussi réparer la grande muraille avec un million d'hommes ; il en employa deux à l'embellissement de la ville de Ho-yang et à la construction d'un palais où il n'en-

communications entre les provinces de l'empire. Il fit également élever de vastes magasins, destinés à mettre des grains en réserve, et défendit d'y toucher hors le temps de disette.

» Sous son règne, le commerce intérieur de la Chine fut très-florissant, et les peuples de l'Occident vinrent aussi en foule trafiquer à Tchang-ye, ville qui s'appelle à présent Kan-tcheou, et qui est située dans la partie la plus orientale de la province de Kan-sou. On fut obligé, pour empêcher le désordre, d'y établir des magistrats particuliers chargés de la surveillance de ces étrangers. On profita de cette occasion pour recueillir toutes les notions que l'on pouvait tirer de ces marchands sur les pays occidentaux, et on dressa une carte représentant les quarante-quatre principautés qui y existaient, réparties dans trois grandes divisions naturelles. Cette carte commençait à la montagne de Si-khing, située vers le lieu où le Hoang-ho ou fleuve Jaune entre en Chine, et s'étendait jusqu'à la mer Caspienne. Au milieu de cette carte on voyait les hautes montagnes du Tibet septentrional, appelées par les Chinois du nom collectif de *Koen lun*. Trois routes principales conduisaient de la Chine à l'Occident : la première se dirigeait par You (*Khamil*) ou par le pays des Ouigours orientaux ; la seconde par celui des Kao-tchang, qui sont les Ouigours occidentaux ; et la troisième par Chen-chen, petite principauté qui se trouvait autrefois au sud du lac Lop, et qui paraît, depuis plusieurs siècles, être ensevelie sous les sables mouvants.

» L'inspection de ces mémoires et de la carte qui les accompagnait inspira à l'empereur le désir de se voir, à l'instar de ses prédécesseurs de la famille des Han, arbitre et chef suprême des royaumes occidentaux. Il chargea un des grands officiers de sa cour de négocier leur soumission ; celui-ci réussit, mais au prix de sacrifices considérables en argent et en marchandises, qu'il fut obligé de distribuer parmi les princes de l'Asie centrale, pour les disposer à entrer dans les vues de son maître. En 609 Yang-ti entreprit en personne une expédition contre les Thou-kiu-hoen, qui avaient négligé de lui envoyer le tribut accoutumé. Il s'avança jusqu'aux frontières des Ouigours, et reçut les deux rois de cette nation et vingt-sept autres des pays occi-

---

tra que des pierres et des bois tirés des provinces éloignées. Ce fut pour en faciliter le transport bien plus que dans l'intérêt général qu'il voulut faire communiquer ensemble les deux principaux fleuves et deux grandes rivières.

dentaux qui étaient venus lui rendre hommage. La Chine reprit sous son règne cette prépondérance dans l'Asie orientale, qu'elle avait perdue par sa division en plusieurs Etats.

» L'année suivante (610) il envoya une expédition contre les îles Licou-khicou, dont le roi avait refusé de se soumettre. Les Chinois le battirent, et il resta sur le champ de bataille. Plus de cinq mille insulaires des deux sexes furent transportés en Chine. Yang ti ne fut pas également heureux dans ses guerres et ses expéditions contre la Corée, quoiqu'il commandât plusieurs fois son armée en personne. Cependant les Coréens, fatigués de la lutte, conclurent un traité avec l'empereur de la Chine, par lequel ils assurèrent leur existence indépendante comme nation. Malgré ces entreprises guerrières, Yang-ti ne perdit pas de vue la littérature et les sciences; il encouragea les lettrés de toutes les sectes. A l'exemple de son père, il augmenta considérablement la bibliothèque de la capitale; il porta le nombre des volumes à cinquante-quatre mille.

» Cependant les guerres extérieures, pour lesquelles l'empereur fut forcé de surcharger le peuple d'impôts, occasionnèrent un mécontentement général; il se manifesta par plusieurs révoltes partielles, et finit par un soulèvement universel. Les différents chefs des rebelles cherchèrent à s'emparer du pouvoir suprême, et érigèrent les provinces qu'ils occupaient en autant de principautés indépendantes.

» Dans cet état de choses, Li-youan, un des grands de l'empire, secondé par son fils, se forma une armée considérable, battit plusieurs chefs des rebelles, et s'empara de Tchang-ngan (*Si-ngan-fou* dans le *Chen-si*). Yang-ti s'était depuis longtemps retiré à Kiang-tou dans la province actuelle de Kiang-nan, où il s'abandonnait au vin et aux femmes. Li-youan le déposa, et mit à sa place un de ses petits-fils, qui éprouva bientôt le même sort. Il fut remplacé par son frère, avec lequel finit, en 617, la dynastie des Soui. Ce jeune prince tomba victime de l'ambition de son ministre, qui le fit empoisonner pour s'arroger la dignité impériale. »

On raconte que, réduit à boire une coupe empoisonnée, il se mit à genoux, et pria Bouddha, dont il professait la doctrine, de ne jamais le faire renaître empereur.

Nous voici arrivés à l'époque où finissent les *six petites dynasties* (*lou-tchao*, comme les nomment les historiens chinois) pour faire place à la grande dynastie des Tang. Pendant la durée de ces six petites dynasties, l'empire chinois fut presque toujours agité par des guerres intestines, qui lui firent perdre une grande partie de son éclat et de sa prépondérance sur les destinées de l'Asie. Le démembrement de l'empire en deux parties, l'une méridionale et l'autre septentrionale, depuis l'année 386 de notre ère jusqu'à l'avénement de la dynastie des Soui (581), détruisit cette unité imposante d'une grande nation, sans laquelle il lui est difficile d'exécuter de grandes choses. La partie méridionale fut le théâtre où se passèrent le plus grand nombre de révolutions, et où se succédèrent les six dynasties dont nous avons esquissé l'histoire. La partie septentrionale fut moins agitée; l'histoire, moins connue, n'y place pas tant de révolutions, quoique située dans le voisinage de ces Hioung-nou ou Tartares, dont la destinée semble avoir été de menacer incessamment le grand empire jusqu'au jour de la conquête, qui fut pour eux leur dernier jour comme nation barbare. Cette partie septentrionale fut gouvernée par les Weï, depuis l'an 398 jusqu'en 534; ensuite par les Pé-thsi ou les Thsi du Nord. Les Weï régnèrent en même temps sur la plus grande partie de la Tartarie. « Les princes de cette nation, dit M. Abel Rémusat (1), originaires de la Sibérie, avaient conservé des relations avec toutes les tribus qui habitaient au delà du lac Baïkal, jusqu'à l'Obi et jusqu'aux contrées voisines de la mer Glaciale. Jamais le nord de l'Asie ne fut mieux connu des Chinois. Un grand nombre de tribus sibériennes furent alors décrites avec beaucoup de soin. Celles du nord-ouest, en tirant vers l'occident, le furent aussi, quoique avec moins de détails. On eut des rapports multipliés avec les pays de Schash ou de Kouc-chan, avec les Sou-te ou Alans, avec les Persans, les A-si de Boukhara, les Ou-siun, les habitants de Balkh et de Kandahar, et plusieurs autres peuples de l'Ouest. Des officiers, envoyés par Thaï-wou-ti dans les contrées occidentales, rapportèrent qu'elles étaient partagées en trois régions, dont la première était comprise entre la partie du Gobi que l'on nomme les *Sables mouvants* (*Cha-mo*), et les monts Bleus ou la chaîne de Kaschgar; la seconde comprenait le pays de Bischbalikh, et s'étendait au midi jusque chez les Youe-chi; et la troisième, comprise entre les deux mers (la mer Noire et la mer Caspienne), n'était bornée au nord que par les vastes marais que les géographes chinois placent dans la partie septentrionale du Kaptchak.

» Sous le règne de Thaï-wou-ti, de la dynastie des Weï (de

---

(1) *Mémoire sur l'extension de l'empire chinois du côté de l'occident.*

422 à 451 de notre ère), un marchand du pays des grands Youe-tchi, ou Scythes, vint à la cour de cet empereur, et promit de fabriquer en Chine le verre de différentes couleurs, que l'on recevait auparavant des pays occidentaux, et que l'on payait extrêmement cher. D'après ses indications, on fit des recherches dans les montagnes, et on découvrit en effet les minéraux propres à cette fabrication. Le marchand parvint à faire du verre colorié de la plus grande beauté. L'empereur l'employa pour faire construire une salle spacieuse qui pouvait contenir cent personnes. Elle était si magnifique et si resplendissante, qu'on aurait pu la croire l'ouvrage d'êtres surnaturels. Depuis ce temps, le prix de la verrerie diminua considérablement en Chine » (*Tableaux historiques de l'Asie*).

XIIIe DYNASTIE : LES TANG.

Kao-tsou Ier, fondateur de la dynastie des Tang, était prince de Tang et portait le nom de Li-yuen, lorsqu'en 616 il fut au nombre des principaux rebelles qui renversèrent la courte dynastie des Soui. Le fantôme d'empereur qu'il avait mis sur le trône en 617, le lui ayant cédé en 619, il y monta;

Kao-tsou Ier, empereur chinois.

et, dès la première année de son règne, il anéantit les principautés de Leang, de Tein et de Weï; enfin, au bout de six ans, il resta maître de tout l'empire par la destruction des autres princes qui pouvaient le lui disputer. Il dut la plus grande partie de ses succès à son fils Li-chi-min, en faveur duquel il abdiqua en 626, et qui devint célèbre sous le nom de Thaï-tsoung. L'empereur démissionnaire avait alors 62 ans, et ne mourut qu'en 635. Ce fut Kao-tsou qui agrégea au conseil suprême la fameuse académie fondée par son fils, devenue la pépinière d'une foule d'hommes célèbres en tous genres, gouverneurs, magistrats, mandarins, savants, etc., et qui subsiste encore sous le nom de Han-lin-yuen. — Nous réunissons, ci-dessous, tous les détails qui concernent le fils de Kao-tsou Ier.

Thaï-tsoung fut le véritable fondateur de la dynastie des Tang; il était le second fils de Li-yuen gouverneur de la province de Tay-yen-fou, et se nommait Li-chi-min. Dès son enfance, il se distingua de ses frères par son esprit, sa prudence et sa valeur. Prévoyant que la dynastie des Soui touchait à sa fin, il osa concevoir l'espérance de faire passer la couronne à son père; mais, connaissant la faiblesse de ce prince, il lui cacha soigneusement ses projets. Li-chi-min s'attacha d'abord à gagner l'estime des grands et des lettrés par la sagesse de sa conduite. Sa bravoure et sa libéralité lui concilièrent facilement l'affection du peuple et des soldats. Dès qu'il crut le moment favorable, il leva des troupes, sous le prétexte de rétablir la tranquillité dans les provinces voisines. Tous les mécontents vinrent bientôt en foule se ranger sous ses drapeaux; et, se voyant à la tête d'une armée puissante, il força son père à se déclarer indépendant. La nouvelle de l'approche de Li-chi-min jeta l'épouvante dans la cour du dernier empereur des Soui. Ce malheureux prince fut égorgé par ses gardes; et, son héritier ayant refusé de s'asseoir sur un trône sanglant et environné de dangers, Li-yuen fut proclamé empereur sous le nom de Kao-tsou. La valeur brillante de Li-chi-min acheva bientôt de dissiper ou de soumettre les ennemis de son père; et il s'attacha par ses bienfaits tous ceux qu'il avait vaincus sur le champ de bataille. Kao-tsou, reconnaissant qu'il devait le trône à Li-chi-min, voulut le déclarer prince héritier; mais il refusa ce titre, qu'il fit donner à son frère aîné, et se contenta de celui de généralissime. Li-chi-min profita des loisirs de la paix pour se perfectionner dans les sciences. Il obtint de son père la permission de faire venir à la cour les savants les plus distingués, et il y fonda une sorte d'académie, qui subsiste encore dans le tribunal des ministres. Les frères de Li-chi-min ne purent voir sans jalousie la préférence marquée qu'il obtenait sur eux dans toutes les circonstances. Après avoir tenté vainement d'inspirer à l'empereur, leur père, des soupçons sur sa conduite, ils conçurent l'odieux projet de l'assassiner. Averti des intentions de ses frères, Li-chi-min ne sortait plus sans armes, et se faisait accompagner de quelques-uns de ses serviteurs les plus dévoués. Un jour qu'il se rendait au palais, il voit venir à lui ses deux frères portant leurs arcs; et aussitôt il entend le sifflement d'une flèche. Irrité de tant de perfidie, il fait tomber à ses pieds l'assassin; l'autre en fuyant est percé d'une flèche. Li-chi-min court embrasser les genoux de son père. L'empereur le relève, et, s'étant fait rendre compte de ce qui s'était passé, lui dit : « La méchanceté de vos frères les rendait indignes de vivre; en leur ôtant la vie, on n'a fait que ce que j'aurais dû faire il y a longtemps. » Li-chi-min fut reconnu dès le lendemain prince héritier; et, un mois après Kao-tsou s'étant démis de l'empire, il fut proclamé son successeur (4 août 626) sous le nom de Thaï-tsoung. Quoique passionné pour les femmes, son premier acte d'autorité fut de congédier du palais trois mille concubines, qu'il renvoya dans leurs familles; il fit déclarer impératrice son épouse Tsang-chun-si, princesse aussi modeste qu'éclairée, dont les conseils lui furent souvent utiles, et qui, dit-on, a laissé des ouvrages estimés. Pendant les fêtes du couronnement, les Turcs pénétrèrent dans la Chine, et s'avancèrent près de Si-ngan-fou, avec une armée de plus cent mille hommes. L'empereur, sans se troubler, fit armer ses troupes, et marcha sur-le-champ contre les Turcs. Sa contenance assurée les intimida tellement, qu'ils s'estimèrent heureux d'obtenir la paix aux conditions qu'il voulut leur imposer. Thaï-tsoung connaissait trop bien les ennemis auxquels il avait affaire pour se fier à leurs serments. Aussi profita-t-il de la paix pour exercer ses soldats, et bientôt il eut une armée aguerrie et disciplinée. Aucun prince ne comprit mieux les avantages qu'une nation peut retirer du progrès des sciences. Il bâtit à Si-ngan-fou un collége qui pouvait contenir plus de dix mille élèves, l'enrichit d'une bibliothèque de deux cent mille volumes, et y fixa, par ses largesses, les maîtres les plus habiles. Ses bienfaits allèrent chercher au loin les savants et les lettrés. Il encouragea leurs travaux, récompensa leurs découvertes, et en attira plusieurs à sa cour. C'était dans leur société qu'il passait les moments qu'il pouvait dérober aux soins du gouvernement, et il les consultait souvent dans les circonstances difficiles. Thaï-tsoung divisa l'empire en dix *tao* ou grandes

Thaï-tsoung, empereur chinois.

provinces, et en régla les bornes d'après leurs limites naturelles. Il ne voulut pas, malgré l'avis de ses conseillers, profiter de la guerre que les Turcs se faisaient entre eux pour achever de les détruire. Il se contenta de leur donner un chef ou ko-han, mais, les Turcs l'ayant prié de garder ce titre pour lui-même, il y consentit. D'après l'avis de l'impératrice, Thaï-tsoung ordonna la révision du code des lois, en prescrivant d'adoucir le châtiment et de diminuer les charges et les impôts supportés par le peuple. Attentif à tous les détails du gouvernement, il voulut un jour visiter lui-même les prisons publiques : il y trouva trois cent quatre-vingt-dix criminels condamnés à mort. Leur ayant permis de se rendre chez eux pour travailler à la récolte, ils revinrent tous au temps prescrit, et obtinrent leur grâce. Le prince héritier ayant donné, par sa conduite, des sujets de mécontentement à son père, il craignit que l'empereur ne lui substituât un autre de ses enfants, et résolut de prévenir cette mesure. La conspiration du prince héritier ayant été découverte, Thaï-tsoung se contenta de le dégrader ; mais il fit punir de mort ses complices. Depuis qu'il était monté sur le trône, Thaï-tsoung n'avait fait la guerre que par ses lieutenants ; mais il résolut d'aller en personne châtier les grands de la Corée, révoltés contre leur roi, et qui d'ailleurs gênaient les communications de la Chine avec ses voisins. Il s'empara, presque sans obstacles, de plusieurs villes de la Corée, et vint mettre le siége devant Gan-chi-tching, capitale de ce royaume. Une victoire éclatante qu'il remporta sur les Coréens lui persuada que cette ville ne tarderait pas de tomber en son pouvoir; mais le général qui la défendait montra de la vigueur; et l'empereur, après avoir perdu beaucoup de monde, fut obligé de se retirer, faute de vivres pour faire subsister son armée. En le voyant s'éloigner, le commandant de la ville lui cria du haut des murailles qu'il lui souhaitait un bon voyage. Ce revers inattendu affligea vivement l'empereur; succombant à son chagrin, et persuadé que sa fin approchait, il se hâta de recueillir, pour l'instruction de son héritier, les avis les plus propres à former un bon prince. Outre le livre intitulé *Ti-fou*, il en avait déjà composé un autre sous le titre de *Précieux miroir*; dans ces deux ouvrages, dont le P. du Halde a donné l'analyse (1), Thaï-tsoung fait voir beaucoup de discernement et de goût, et montre une connaissance approfondie de l'histoire. Ce prince mourut le 10 juillet 649, à l'âge de cinquante-trois ans; il en avait passé vingt-trois sur le trône. Peu d'empereurs ont eu plus d'heureuses qualités que Thaï-tsoung : l'histoire ne lui reproche qu'un amour excessif pour les femmes et le désir immodéré de la gloire. Curieux de connaître ce que la postérité penserait de lui, le prince, un jour, interrogea le président du tribunal de l'histoire. « Les historiens, lui répondit le président, écrivent les bonnes et les mauvaises actions de votre majesté, ses paroles louables et répréhensibles, et tout ce qui se passe de bien et de mal dans le gouvernement; mais je ne sache pas qu'aucun empereur ait jamais vu ce qu'on écrivait de lui. — Eh quoi! dit l'empereur, si je n'avais rien fait de bon, est-ce que vous l'écririez aussi ? — Je ne pourrais m'en dispenser, reprit le président, et ce que vient de dire votre majesté sera consigné dans mes mémoires.» Ce fut sous le règne de Thaï-tsoung, qu'O-lo-pen apporta l'Evangile à la Chine en 635. On dit que l'empereur, après s'être fait rendre compte de la nouvelle doctrine, désignée sous le nom de Ta-tsing, en favorisa la prédication. Il est vrai que les grandes annales de la Chine se taisent à cet égard; mais Deguignes (*Mémoires de l'académie des inscriptions*, t. XXX) et depuis M. Abel Rémusat (*Journal*

---

(1) *Description de la Chine*, t. II.

des savants, octobre 1821) ont démontré qu'on ne devait rien conclure du silence des grandes annales contre le fait, puisqu'il est prouvé de la manière la plus authentique par la fameuse inscription de Si-ngan-fou. On peut consulter, pour plus de détails sur le règne de Thaï-tsoung, l'*Histoire générale de la Chine*, par le P. de Mailla, t. v et vi, et les *Mémoires concernant les Chinois*, par les missionnaires, t. xv, 599-462.

Kao-tsoung I*er*, troisième empereur de la dynastie des Tang, avait porté le nom de Li-tchi, avant de succéder, l'an 648 de J.-C., à son père le grand Thaï-tsoung. Aussitôt après son avènement au trône, il convoqua une assemblée des grands et des gouverneurs des provinces pour s'informer exactement des besoins du peuple, et il s'occupa sans relâche des moyens de les soulager. Il vainquit le kan des Turcs orientaux, qui avaient refusé de lui rendre hommage et tué un de ses ambassadeurs, et, l'ayant fait prisonnier, il se contenta de le présenter en offrande au temple de ses dieux, et le renvoya dans le Turkestan avec des titres pompeux, mais sans autorité. Kao-tsoung régnait depuis six ans, chéri de ses sujets et respecté de ses voisins, lorsque, étant devenu épris, dans un concert, d'une des femmes de son père, il l'épousa malgré les plus sages observations sur l'indécence d'un pareil mariage, et devint l'esclave des volontés de cette femme adroite et ambitieuse, qui parvint à supplanter l'impératrice et à la faire périr. Elle se défit aussi des grands qui s'étaient opposés à son élévation, et contraignit même le prince héréditaire à se donner la mort. Odieuse par sa tyrannie, cette princesse sut contenir le mécontentement général et employer utilement l'armée, qui conquit la Corée et quelques Etats des Tartares méridionaux. Tel était son ascendant sur Kao-tsoung, devenu aveugle, que ce prince, mourant en 684, exhorta son fils Li-tche ou Tchong-tsong, qui allait lui succéder, à consulter l'impératrice dans toutes les affaires. C'est Kao-tsoung qui, ayant reconnu roi de Perse Tirouz, fils du dernier monarque sassanide, lui donna asile en 674; mais, au lieu de lui fournir des secours contre les Arabes pour l'aider à remonter sur le trône de ses pères, il le nomma capitaine de ses gardes.

Tchong-tsong (684 après J.-C.) fut le nom que prit le prince Li-tche, fils de Kao-tsoung, en montant sur le trône après la mort de son père. Dès qu'il eut été reconnu, il déclara impératrice Wouc-chi, son épouse, et voulut élever le père de cette princesse à une des premières dignités de l'Etat. On lui fit sur ce dernier article des remontrances qu'il n'écouta point.

L'impératrice Wou-heou, sa mère, prit le parti des remontrants, et, protectrice de l'empire, en vertu de sa qualité de mère et d'impératrice, elle déclara son fils déchu du trône et réduit à la qualité de prince de Liu-ling. Mais, comme il fallait au moins un fantôme d'empereur, elle lui substitua le prince Li-tan, sans permettre que l'on communiquât aucune affaire à ce dernier. A l'égard de l'empereur déposé, elle le craignait si peu, qu'au lieu de le faire mourir, comme l'intérêt de son ambition semblait le demander, elle se contenta de l'enfermer avec sa femme, et de les faire changer de temps en temps de prison. Résolue de faire passer le sceptre dans sa famille, elle écarta les princes de la maison impériale, avec les grands qui pouvaient nuire à ce dessein, et les envoya tous comme en exil, vers Yang-tcheou. Se voyant ainsi réunis, ils ne manquèrent pas de se concerter pour tirer vengeance de leur disgrâce; et bientôt ils mirent sur pied une armée de cent mille hommes. L'impératrice leur en opposa le double, et fut si bien servie et par la mésintelligence qui régnait entre eux et par la valeur de ses généraux, que dans le cours de quatre années elle dissipa leur parti. Depuis ce temps elle régna sans contradiction. Les Chinois cependant regrettaient en secret leur souverain légitime, et l'usurpatrice fit des tentatives inutiles pour les engager à recevoir un empereur de sa famille. Enfin, l'an 701, avertie par l'âge de songer à la retraite, et sollicitée par la nation de rétablir Tchong-tsong sur le trône, elle fit revenir ce prince avec sa femme, et se contenta d'abord de lui rendre son premier titre de prince héritier, sans l'associer au gouvernement. Elle le tint près de cinq ans dans cet état d'inaction, qu'il supportait sans faire aucun mouvement pour en sortir. Un homme respectable par son âge, ses vertus et son rang, Tchang-kientchi, président du tribunal des crimes, las des délais qu'elle apportait à se démettre, fit un parti pour l'y contraindre, en lui ôtant ses deux ministres qui faisaient son principal appui. C'est ce qu'il exécuta l'an 705, par l'assassinat de ces deux hommes. Alors Wou-heou, voyant, par la manière dont lui parlèrent ensuite les conjurés, qu'elle ferait de vains efforts pour se maintenir, remit Tchong-tsong sur le trône d'où elle l'avait fait descendre. Le peuple, en l'y voyant remonter, témoigna une joie extraordinaire. Mais les belles espérances qu'il avait conçues de son gouvernement ne tardèrent pas à s'évanouir. L'impératrice Weï-chi prit sur l'esprit de Tchong-tsong le même ascendant que Wou-heou avait eu sur celui de son époux. Elle en fit encore un plus mauvais usage; plus débauchée, aussi méchante et moins habile que Wou-heou, elle ne garda aucune modération dans sa conduite. L'empereur, averti des excès de sa femme et du mécontentement de la nation par différents placets, n'y répondit qu'en livrant les accusateurs à la vengeance de cette princesse. Il n'ouvrit les yeux que lorsqu'il apprit qu'elle travaillait à lui enlever le sceptre pour le faire passer à un prince de sa famille. Mais, informée par ses espions de la disgrâce qu'il lui préparait, elle le prévint, l'an 710, en l'empoisonnant dans une sorte de pain qui lui était propre. Elle voulut ensuite, à l'exemple de Wou-heou, remplir, par un vain simulacre, le trône vacant. Mais Li-tan, frère de l'empereur défunt, ayant rassemblé une troupe de soldats déterminés, les envoya, sous la conduite de Li-long-ki, son fils, au palais, où ils mirent à mort l'impératrice; après quoi Li-tan prit possession du trône, que personne ne lui contesta.

Sous le règne de Kao-tsoung et de son successeur, plusieurs ambassadeurs furent envoyés par les rois de l'Inde vers l'empereur de la Chine. Il est dit dans la *Notice sur l'Inde* que l'année 667 de notre ère les *cinq Indes* (ou les cinq divisions de l'Inde alors adoptées (envoyèrent des ambassadeurs à la cour de Kao-tsoung. Les mêmes ambassades se renouvellent en 672 et 692 de notre ère.

L'année 657, le général chinois Sou-ting-fang se rendit avec l'armée impériale dans le pays des Turcs occidentaux, qui voulaient se soustraire à l'autorité de la Chine. Le kan de ces derniers, à la tête de cent mille hommes, vint attaquer le général chinois. Celui-ci le repoussa, et remporta une victoire complète. Il y eut un grand nombre d'ennemis de tués. Mais la paix ne fut pas rétablie; et les différentes hordes turques continuaient de se faire la guerre entre elles. Ce fut là une des causes fréquentes qui amenèrent à cette époque les armées chinoises dans l'Asie occidentale, parce que le grand empire s'était constitué l'arbitre souverain de l'Asie sous le règne de ses précédents empereurs.

L'année 661 de notre ère, le gouvernement chinois divisa de nouveau les pays occidentaux de l'Asie en huit départements (*fou*) et en soixante-seize arrondissements (*tcheou*). Ces pays étaient situés entre Kaschgar et la mer Caspienne et d'autres pays voisins. La Perse y était comprise, parce que les rois de Perse avaient souvent réclamé les secours des armées chinoises, et qu'ils étaient considérés comme feudataires de l'empire chinois.

L'apparition d'une comète (18 mai 668) causa une grande

frayeur à l'empereur Kao-tsoung. Comme dans toutes les circonstances semblables d'un phénomène extraordinaire, le chef de la nation se crut coupable de grandes fautes, et il s'imposa des pénitences et des privations.

Ce fut cette même année 668 que le roi de Kao-li ou Corée se rendit aux généraux chinois qui avaient assiégé et pris sa capitale. Après cette reddition, tout le royaume se soumit. Un des généraux chinois fut nommé commandant général et gouverneur. On établit un tribunal chinois dans la capitale de la Corée ; les natifs ne furent pas exclus des charges civiles et militaires. On divisa le royaume en cinq gouvernements, dans lesquels se trouvaient 176 villes et 69,000 familles ; 9 départements, 42 arrondissements, et 100 districts ou cantons.

Les armées chinoises ne furent pas aussi heureuses contre les Tibétains que contre les Coréens. Commandées par deux généraux chinois qui n'étaient pas d'accord sur la manière d'attaquer l'ennemi, elles furent battues et détruites séparément par les troupes tibétaines (669) dans le pays de Kokonoor. Et, à cette occasion, les historiens chinois louent la prudence et l'habileté des ministres de la cour du Tibet. Cette puissance s'agrandit beaucoup par ses conquêtes des possessions chinoises de l'Asie centrale. On rapporte cependant que, malgré ces conquêtes, l'empereur envoya du Tibet en 672 un ambassadeur à l'empereur de la Chine, pour lui payer un tribut. L'empereur l'interrogea sur les mœurs et coutumes de son pays. Cet envoyé répondit avec beaucoup de sens : « Nous nous conservons en bon état, parce que la sincérité, l'union et le zèle pour le bien public règnent à la cour ; on sacrifie le bien particulier au bien général. » Toutefois le bon accord ne subsista pas longtemps entre la Chine et le Tibet ; car en 678 l'armée chinoise, forte de 180,000 hommes, fut défaite par les Tibétains, près du lac de Kokonoor.

En 674 la doctrine de Lao-tseu fut en grand honneur à la cour ; on ordonna que les enfants des grands et des princes, de même que ceux du peuple, étudieraient le *Livre de la raison et de la vertu*, de Lao-tseu, et qu'il y aurait des examens sur l'habileté des étudiants dans la doctrine qui y est enseignée. Quelques années auparavant (666), l'empereur Kao-tsoung était allé au temple érigé en l'honneur de Lao-tseu, nommé aussi Lao-kiun, le *prince respectable*, qu'il regardait comme un de ses ancêtres, et il lui avait donné le titre de *sublime et profond empereur*. Cette prédilection de presque tous les empereurs de la dynastie des Tang pour l'ancien philosophe venait de ce que ses sectateurs avaient habilement profité de l'identité de son nom de famille avec celui de la race des Tang (ce nom commun à l'un et à l'autre était *li, poirier*) pour persuader à cette dernière qu'elle avait pour ancêtre Lao-tseu, ce qui n'avait rien d'invraisemblable.

Le général chinois Peï-hing-kien ayant fait prisonniers deux ko-kan ou kans des Turcs orientaux, dans le pays des Ortous, une des conditions de leur capitulation fut qu'on ne les ferait pas mourir. Cependant le général chinois les ayant fait conduire à la cour, on leur fit trancher la tête. Ce général eut beau représenter que cette exécution était injuste, qu'elle le déshonorait, qu'elle pouvait avoir des suites fâcheuses, on n'eut point égard à ce qu'il disait. Ce brave militaire en conçut tant de peine, qu'il ne voulut plus servir. Il se retira et en mourut de chagrin, regretté de tous les hommes de guerre et de tous les honnêtes gens.

Pendant que l'impératrice Wou-heou tenait l'empereur qu'elle avait fait nommer en exil, loin de la capitale, pour régner en son nom, plusieurs révoltes, fomentées dans le but de délivrer l'empereur captif, furent réprimées ; un grand nombre de mandarins, de personnages distingués, de princes de la famille royale périrent. Cet état d'anarchie, où les meurtres, les exécutions sans jugement, se succédaient sans interruption, ne pouvait durer. L'impératrice régnante fit venir de toutes les provinces (692) ceux qu'on lui avait proposés pour être employés. Les mandarins qu'elle avait envoyés partout avaient ordre d'envoyer à la cour ceux qu'ils jugeraient capables de donner de bons conseils au gouvernement. L'impératrice les employa tous ; mais elle fit secrètement examiner leurs talents. Elle voulut reconnaitre par elle-même le vrai et le faux des accusations secrètes que les mandarins avaient faites, et qui avaient fait périr tant de princes du sang, d'illustres personnages et de mandarins innocents. Cette impératrice, que le sentiment de la justice inspira un peu tard, fit mourir plus de 850 de ces faux accusateurs, dont elle avait elle-même provoqué les infâmes délations (1).

(1) Elle avait fait faire de petits coffrets de cuivre, où, par un trou pratiqué dans le couvercle, on pouvait déposer des billets. L'impératrice voulut que chacun fût libre d'y faire entrer des accusations contre ceux qui paraîtraient mécontents du gouvernement. Elle envoya partout des gens de confiance pour récompenser en secret tous ceux qui feraient de pareilles dénonciations.

Cette mesure politique apaisa un peu les esprits, et plusieurs bons mandarins entreprirent de faire revivre la justice et l'équité, et de faire cesser la tyrannie.

Cette même année 692, le gouverneur chinois de Tourfan (Si-tcheou), secondé par le prince turc Assena-tchoung, à la tête d'un corps de Turcs occidentaux, et conduisant une armée considérable de troupes chinoises, reconquit sur les Tibétains les quatre gouvernements militaires que ces derniers avaient enlevés aux Chinois quelques années auparavant. Le gouvernement chinois des pays orientaux fut alors établi à Kouei-tseu ou Kou-tche, et les princes feudataires qui avaient quitté le parti chinois furent forcés de rentrer dans l'obéissance.

L'année 694, le bonze Hoaï-y, favori de l'impératrice, eut ordre de faire construire un temple appelé *temple de la grande lumière* (taming-tang), et un *temple du ciel* (thian-tang), au nord du premier. Dix mille hommes y travaillaient chaque jour, et la dépense fut si grande, qu'elle épuisa le trésor. Le temple du ciel était partagé en cinq étages. « Quand on était arrivé au troisième étage, dit un historien chinois, et qu'on regardait le temple de la lumière, qui n'était qu'à quelques pas, il fallait plonger ses regards comme dans un précipice ; ce qui peut faire juger de l'élévation du temple du ciel. » Ce bonze avait jusqu'à mille disciples jeunes et robustes. Un censeur crut qu'il y avait du désordre ; il accusa le bonze. Les disciples de ce dernier furent exilés, et on ne décida rien à son égard. Seulement il eut ordre de faire teindre de sang de bœuf une statue de deux cents pieds d'élévation, qui fut placée dans le temple de la lumière. Dans ce temps-là un médecin s'insinua dans les bonnes grâces de l'impératrice ; le bonze en fut jaloux, et il mit secrètement le feu au temple qu'il avait fait bâtir. Tout ce qui était déjà construit fut brûlé. Le feu se communiqua au palais et à la grande salle du trône, et tout fut consumé. L'impératrice dissimula, et se contenta de rejeter la faute sur le peu de prudence ou l'inattention des ouvriers. « Ces sortes d'incendies sont de très-mauvais présages à la cour de Chine, dit le P. Gaubil, et passent pour des signes de la colère du ciel. » Un grand mandarin voulait que l'on cherchât à apaiser la colère céleste ; mais un autre, qui appréhendait apparemment les suites des recherches, porta l'impératrice à ne pas exécuter ce qu'elle avait d'abord résolu de faire. Le bonze eut ordre de travailler à refaire le temple du ciel et la grande salle du trône. Il fit fondre du cuivre, et en fit faire de grandes tables et de grandes urnes, où l'on voyait la description de tout ce qui existait dans l'empire. Il fit faire aussi douze statues ou idoles, hautes de dix pieds chacune. Le bonze eut quelque soupçon qu'on l'examinait; il fut inquiet, et il tint des discours dont l'impératrice se trouva offensée. Sur ce rapport, cette princesse fit battre secrètement le bonze, qui mourut des coups qu'on lui donna. A l'occasion de l'incendie, l'impératrice ordonna qu'on lui offrît des placets, mais sincères et sans flatteries. Alors un grand mandarin dit qu'il fallait cesser les travaux pour le temple de Fo; un autre exposa en quatre articles les défauts du gouvernement.

L'impératrice Wou-heou aimait tendrement un de ses neveux, nommé Wou-san-sse. Ce jeune homme avait le titre, l'apanage et le cortége de prince. L'année 695, il fit faire deux colonnes, l'une de fer, l'autre de cuivre. Leur hauteur était de cent cinq pieds, leur diamètre de douze. Le piédestal était en forme de petite montagne de fer et de cuivre, haute de vingt pieds; le contour était de cent soixante-dix pieds. Il composa l'éloge de l'impératrice, sa tante, et le fit graver en beaux caractères sur ces colonnes, qui furent placées de chaque côté de l'une des portes du palais impérial. L'impératrice y fit placer une inscription qui disait : *Colonnes célestes élevées en l'honneur de la puissance et des vertus de la grande dynastie des Tcheou*,(1), *souveraine de tous les royaumes*.

L'année 696, on plaça aussi, à une des portes du palais, neuf grands vases ou *ting* de cuivre, à deux anses et en forme de trépieds, faits à l'imitation de ceux du grand Yu. On y voyait la description de l'empire partagé en neuf parties, conformément à l'ancienne division. On y avait ajouté les noms des capitales et des principales villes, le détail de ce qu'elles produisaient, et la nature des subsides particuliers qu'elles fournissaient au trésor impérial et aux magasins publics. Ces neuf parties s'appelaient aussi *tcheou*. Le vase qui représentait Yu-tcheou avait dix-huit pieds de hauteur et pesait dix-huit cents *tan* ou quintaux de cuivre. Les autres vases avaient quatorze pieds de hauteur, et pesaient chacun douze cents quintaux. On employa, pour fondre ces neuf *ting* ou vases, cinq cent soixante mille sept cents livres de cuivre.

Outre le nombre considérable de statues qu'elle avait fait

---

(1) C'est-à-dire des *Tang*. L'impératrice Wou-heou avait voulu changer le nom de cette dynastie en celui de l'ancienne des Tcheou; mais ce changement n'a pas prévalu chez les historiens chinois.

ériger dans les différents temples, qui s'étaient multipliés d'une manière prodigieuse sous son règne, l'impératrice Wou-heou en fit encore ériger un très-grand nombre pour représenter, disait-elle, ceux qui avaient bien mérité de l'empire sous son règne.

L'année 697, l'impératrice conclut un traité avec Mé-tcho, roi des Turcs, pour tâcher de l'engager à attaquer les Khitans ou Tartares. Par ce traité l'impératrice donnait au chef turc des lettres patentes de kan; elle lui rendait tous les Turcs faits prisonniers dans les guerres. On lui promettait le mariage d'un prince chinois avec sa fille; on lui accordait une certaine étendue de pays; on lui donnait une quantité de pièces de soie, de mesures de grains, beaucoup de fer, et toutes sortes d'instruments aratoires. Le traité fut conclu, malgré les représentations de quelques grands mandarins à cet égard.

Ce chef turc devint bientôt si puissant, que l'année après (698) il se trouvait à la tête de quatre cent mille soldats. Il entra en Chine, prit et saccagea la ville de Ki-tcheou, et fit de grands ravages dans le Pé-tchi-li. Mais, craignant de ne pouvoir résister à l'armée impériale, il résolut de s'en retourner en Tartarie sans l'attendre. En partant, il fit passer au fil de l'épée dix mille Chinois qu'il avait faits esclaves.

On trouve dans le magnifique *Recueil impérial*, dont il a déjà été question plus d'une fois dans cet ouvrage, une *remontrance* du sage ministre Ti-jin-kié, pour détourner l'impératrice Wou-heou de ses entreprises guerrières. En voici les principaux passages, que nous citons comme des documents curieux sur la manière dont, à cette époque, on considérait les nations étrangères à la cour de Chine.

« J'ai toujours entendu dire que le ciel avait fait naître les barbares dans des terres absolument distinguées des nôtres. L'empire de nos anciens princes, à l'est, avait pour bornes la mer; à l'ouest, *Leou-ma* ou sables mouvants; au nord, le désert de *Lio-no*; et, au sud, ce qu'on nomme les *Ou-ling* (les cinq chaînes de montagnes): voilà les bornes que le ciel avait mises entre les barbares et notre empire. A en juger par nos histoires, divers pays, où nos trois premières célèbres dynasties n'ont jamais fait passer ni leur sagesse ni leurs armes, font aujourd'hui partie de votre domaine. Votre empire est non-seulement plus vaste et plus étendu que celui des Yu et des Hia, il va même encore plus loin que celui des Han. Cela ne vous suffit-il donc pas? Pourquoi porter encore au delà vos armes, dans les pays incultes et barbares? Pourquoi épuiser vos finances et accabler vos peuples par des conquêtes inutiles? Pourquoi préférer à la gloire de gouverner en paix un empire florissant le vain honneur de faire prendre à quelques sauvages le bonnet et la ceinture?

» Chi-hoang-ti, sous les Thsin, Wou-ti, sous les Han, se conduisirent ainsi. Nos plus anciens empereurs n'ont jamais rien fait de semblable. Préférer les autres à ces derniers, c'est compter pour rien la vie des hommes et vous rendre odieuse à tous vos sujets. Chi-hoang-ti fit de grandes conquêtes, son fils perdit l'empire. Wou-ti entreprit successivement quatre guerres, mais ses finances s'épuisèrent. Il fut obligé de charger le peuple d'impôts; bientôt la misère devint générale. Les pères vendaient leurs enfants, les maris leurs femmes; il mourait un monde infini; des troupes de brigands se formaient de toutes parts. Un proverbe dit : « Un cocher craint de verser où il a » vu verser un autre. » La comparaison, quoique vulgaire, peut s'appliquer à des sujets plus élevés. »

Ensuite le ministre expose en détail les dépenses que nécessitent les longues guerres, et il conclut par exhorter l'impératrice à ne pas aller chercher ces fourmis dans leurs trous, mais à faire seulement garder les frontières.

Le règne de l'impératrice Wou-heou fait connaître les mœurs chinoises à son époque, et l'état de dégradation où l'esprit public était tombé. « Cette femme, dit le P. Amyot, entreprit et exécuta impunément les choses les plus extraordinaires et les plus opposées à l'esprit général et aux mœurs de sa nation. Elle usurpa le droit exclusif qu'ont les empereurs de sacrifier solennellement au Chang-ti ou Empereur suprême; elle eut des salles particulières pour honorer publiquement ses ancêtres; elle fit donner des grades de littérature à ceux que l'on examinait sur la doctrine du livre de Lao-tseu, comme à ceux que l'on examinait sur celle des King; elle s'arrogea des titres que personne n'avait osé prendre avant elle; elle fit tout cela, et les zélateurs des anciens rites se turent; et ce redoutable corps de lettrés, qui avaient bravé autrefois toutes les fureurs des Thsin-chi-hoang-ti par les représentations les plus fortes et souvent réitérées, plia humblement devant elle, et osa à peine se venger, par quelques plaisanteries, de toutes les insultes qu'elle lui faisait subir. Elle fit périr plus de monde à elle seule que n'en firent périr les empereurs les plus cruels; elle dévasta la maison impériale par l'exil, la prison et la mort; elle fit des plaies horribles à tous les corps de l'État; et les tristes restes de la famille impériale, ainsi que tous les corps mutilés de l'État, la servirent à l'envi avec un zèle que l'on a peine à concevoir. Les princes prirent à cœur ses intérêts; les tribunaux respectèrent ses ordres et les firent exécuter à la rigueur. Les militaires gagnèrent des batailles, et reculèrent dans quelques points les limites de l'empire; les lettrés l'encensèrent pour la plupart, et firent sortir des seules presses impériales plus de mille volumes d'ouvrages utiles, sans compter ceux qui furent composés par les sectaires qu'elle protégeait; et le peuple vécut assez tranquille pour ne pas se plaindre de son sort. »

JOUI-TSONG (710 après J.-C.) fut le nom que Li-tan prit à son inauguration. Peu de temps après, il déclara prince héritier Li-long-ki, quoiqu'il ne fût que son deuxième fils, et il le fit à la demande de l'aîné, qui céda généreusement son droit de primogéniture, par estime pour son mérite. L'empereur, l'ayant associé au gouvernement, ne tarda pas à s'apercevoir qu'il était plus capable que lui d'en manier les rênes. Loin d'en être jaloux, il les lui remit en 713, et l'obligea, malgré ses refus réitérés, de les accepter. Li-long-ki prit alors le nom de Hiuen-tsong.

HIUEN-TSONG (713 après J.-C.) commença son règne par faire déclarer impératrice la princesse Wang-chi, son épouse. Cette promotion enflamma la jalousie de la princesse Taï-pong, tante de l'empereur, à qui elle ne pouvait déjà pardonner son élévation au trône, après avoir fait tous ses efforts pour l'empêcher. Hiuen-tsong, convaincu, quelque temps après, qu'elle intriguait pour le faire périr, lui fit signifier un ordre de se faire mourir elle-même : ce qu'elle exécuta. Ce prince eut lieu, dans la suite, de se repentir de l'honneur qu'il avait fait à sa femme, dont il n'eut point d'enfants. Ayant appris, l'an 724, qu'elle pratiquait certaines superstitions pour s'en procurer, il en fut si outré, qu'il la dégrada, et la réduisit au rang de simple servante. Wang-chi ne put survivre à cet affront, qui lui causa un chagrin dont elle mourut. Hiuentsong avait jusqu'alors maintenu l'empire dans une profonde paix, et l'avait entretenue avec ses voisins. Mais l'an 727, piqué de la hauteur avec laquelle le kô-han des Tartares Kou-fan lui écrivait, il lui déclara la guerre dans le dessein de l'humilier. Elle finit, l'an 730, par des excuses que le ko-han fit à l'empereur. Mais elle recommença, l'an 738, avec moins de succès pour ce dernier. Son général, Ko-chu-han, eut cependant la gloire de reprendre, l'an 749, l'importante ville de Ché-poutching, que les Kou-fan avaient enlevée à la Chine. L'empereur avait alors pour ministre d'Etat Li-lin-fou, et pour grand général Ngan-lo-chan, qu'il éleva à la dignité de prince. Ces deux hommes, abusant de sa confiance, s'entendaient pour le tromper. L'an 755, Ngan-lo-chan, qui méditait depuis longtemps une révolte, leva le masque, et se mit en campagne avec une armée de 120,000 hommes. Après avoir battu deux fois le général Fong-tchang-tsing, qu'on lui opposa, il marcha droit à Lo-yang, dont il se rendit maître : ce qui fut suivi de la conquête de toutes les autres villes du Ho-nan, et de presque toutes les provinces orientales. Ses progrès furent tels, que l'année suivante l'empereur, ne se croyant plus en sûreté dans Tchang-ngan, sa capitale, prit le parti d'en sortir avec toute sa cour, pour se retirer dans le pays de Chou. La ville de Tchang-ngan ne tarda pas à se rendre aux rebelles après son départ. Le prince héritier, son fils, l'accompagnait dans sa fuite; mais sur les représentations qu'on lui fit dans la route, que tout abandonner c'était se mettre dans l'impossibilité de recouvrer la couronne, il quitta son père à Ma-weï, et prit lui-même à Ling-ou, dans la huitième lune, le titre d'empereur, donnant à son père le titre de Chang-hoang-tien-ti, qui veut dire *au-dessus d'empereur*, et changeant son propre nom en celui de Sou-tsong.

Sou-tsong (756 après J.-C.), en prenant la place de l'empereur Hiuen-tsong, son père, rendit le courage aux fidèles Chinois, qui accoururent de toutes parts pour se ranger sous ses drapeaux. Cette révolution ne déconcerta toutefois pas Nganlo-chan. S'étant rendu à Tchang-ngan dès qu'il eut appris que ses troupes s'en étaient emparées, il en fit transporter à Loyang ce qu'il y avait de plus rare, et surtout des chevaux, des éléphants, des rhinocéros, qu'on avait dressés à faire divers tours. Il avait d'une concubine deux fils, Ngan-king-siou et Ngan-king-nghen, dont il voulait nommer le cadet son successeur, au préjudice de l'aîné. Celui-ci, outré de dépit, se concerte, pour se venger, avec des mécontents, lesquels, étant entrés dans la tente de Ngan-lo-chan, le poignardèrent pendant la nuit au commencement de l'an 757. Ngan-king-siou prit la place de son père; mais il ne la remplit pas, étant d'un esprit fort médiocre, et d'ailleurs adonné aux femmes et au vin. Ses affaires, malgré l'habileté de ses généraux, allèrent toujours en décadence. Cette même année, les impériaux, vainqueurs en deux batailles, reprirent les villes de Tchang-ngan et de Lo-yang. L'an 759, Sse-sse-ming, grand capitaine, que Ngan-king-siou avait appelé à son secours, s'étant brouillé avec lui, le fit mettre à mort en sa présence, après lui avoir reproché son parricide. Sse-sse-ming, devenu par là chef des rebelles, éprouva le même sort deux ans après, ayant été tué, l'an 761, par Tsao, son capitaine des gardes. Sse-tchao, son fils aîné, qui avait eu part à sa mort, par la crainte qu'il ne le fît mourir lui-même, fut aussitôt déclaré empereur par Tsao, sans que personne osât s'y opposer. Sur ces entrefaites, l'empereur Hiuen-tsong, mourut dans son palais à Tching-tou, à l'âge de soixante-dix-huit ans. Le chagrin que causa cette perte à Sou-tsong, son fils, lui fit prendre le parti d'abdiquer, et de remettre l'empire entre les mains du prince héritier, qui suit. Il mourut au commencement de l'année suivante.

Taï-tsong (762 après J.-C.), fils aîné de Sou-tsong, après avoir pris possession du trône, se mit en devoir de réduire Sse-tchao, qui poursuivait les conquêtes de son père. Il envoya contre lui d'habiles généraux, qui lui enlevèrent la plupart des villes dont son père s'était emparé, et remportèrent sur lui, en deux campagnes, trois grandes victoires, dont la dernière, l'ayant mis hors de mesures, le réduisit à se pendre l'an 763. Sa mort causa la ruine de son parti, qui se dissipa. Mais la paix, qui par là fut rendue à l'empire, ne fut pas de longue durée. Comme la dernière guerre avait obligé de dégarnir les frontières de la Chine, les Tartares Tou-fan et les Tou-ko-ï rassemblèrent leurs forces, et pénétrèrent sans obstacle jusqu'à Tchang-ngan, que l'empereur, sur le bruit de leur marche, avait abandonné. Après avoir pillé cette capitale, qu'ils trouvèrent presque déserte, ils y mirent le feu et la réduisirent à l'état le plus malheureux. Le général Kono-tse-y, qui avait triomphé de la révolte de Sse-tchao, sauva encore la Chine de cette invasion. Il chassa les Tartares, et rétablit l'empereur à Tchang-ngan. Mais, l'an 764, il fut obligé de marcher contre un nouveau rebelle. C'était Pou-kou-hoain-ngen, qui, ayant mis les Tartares dans ses intérêts, eût causé peut-être une révolution funeste dans l'empire, si la mort ne l'eût enlevé l'année suivante. Ses alliés ne laissèrent pas de continuer la guerre pendant le cours de huit à neuf années, mais avec peu de succès, par l'effet de la mésintelligence qui se mit entre eux. L'an 779, l'empereur Taï-tsong mourut dans la dix-septième année de son règne, à l'âge de cinquante-trois ans.

« Les Chinois ont eu, dès le commencement de leur monarchie, des tribunaux pour l'histoire, dont le devoir est de recueillir les principales actions et les discours les plus instructifs des empereurs, des princes et des grands, pour les transmettre à la postérité... Ces historiographes, animés du seul désir de dire la vérité, remarquent avec soin et écrivent sur une feuille volante, chacun en leur particulier, et sans le communiquer à personne, toutes les choses à mesure qu'elles se passent; ils jettent ces feuilles dans un bureau par une ouverture faite exprès, et, afin que la crainte et l'espérance n'y influent en rien, ce bureau ne doit s'ouvrir que quand la famille régnante perd le trône ou s'éteint, et qu'une autre famille lui succède. Alors on prend tous ces mémoires particuliers pour en composer l'histoire authentique de l'empire » (de Mailla). Celle de l'empereur Taï-tsong, qui nous occupe, rapporte que ce prince demanda un jour à Tchou-soui-leang, président du tribunal des historiens de l'empire, s'il lui était permis de voir ce qu'il avait écrit de lui dans ses mémoires. — « Prince, lui répondit le président, les historiens écrivent les bonnes et les mauvaises actions des princes, leurs paroles louables ou répréhensibles, et tout ce qui se fait de bien et de mal dans leur administration. Nous sommes exacts et irréprochables sur ce point, et aucun de nous n'oserait y manquer. Cette sévérité impartiale doit être l'attribut essentiel de l'histoire, si l'on veut qu'elle serve de frein aux princes et aux grands, et qu'elle les empêche de commettre des fautes. Mais je ne sache point qu'aucun empereur jusqu'ici ait jamais vu ce qu'on écrivait de lui. — Eh quoi! dit l'empereur, si je ne faisais rien de bon, ou si je venais à commettre quelque mauvaise action, est-ce que vous, Tchou-soui-leang, l'écririez aussi? — Prince, j'en serais pénétré de douleur; mais, étant chargé d'un emploi aussi important qu'est celui de présider le tribunal de l'empire, est-ce que j'oserais y manquer » (de Mailla, *Préf.*)?

La première partie du VIIIe siècle de l'ère chrétienne, dont nous venons de résumer les faits généraux pour l'histoire de la Chine, présente un certain nombre de détails que nous n'avons pu faire entrer dans le récit même des événements, mais dont il importe de donner ici connaissance.

Diverses causes rendirent très-fréquentes les ambassades des autres États de l'Asie avec la Chine. On voit, dans la *Notice sur l'Inde*, déjà citée, que, pendant les années 714 et 715 de notre ère, le royaume de l'Inde occidentale envoya des ambassadeurs offrir des productions du pays. L'année 717, le royaume de l'Inde centrale envoya également une ambassade à la cour, pour offrir des productions du pays. L'année 720, le même royaume de l'Inde centrale envoya un ambassadeur à la cour; la même année, le royaume de l'Inde méridionale envoya un ambassadeur offrir des zibelines avec des perroquets de cinq couleurs. L'année 725, le roi de l'Inde centrale envoya un ambassadeur présenter ses hommages à l'empereur. L'année 729, un prêtre samanéen, instruit dans les trois mystères bouddhiques, du royaume de l'Inde septentrionale, nommé Mi-to, se rendit à la cour de l'empereur de la Chine, pour lui offrir du *tchi-han* (nom d'une certaine médecine) et d'autres médicaments de cette espèce. L'année 730, le royaume de l'Inde centrale envoya un ambassadeur à la cour offrir un tribut. L'année 731, les royaumes de l'Inde envoyèrent à la cour offrir des présents.

Voici un autre fait plus curieux, consigné dans la même *Notice* :
« Selon la *Relation des Indes*, dans la période des années *Kaï-youan* (de 713 à 742), un ambassadeur, envoyé par l'Inde centrale, vint à la cour, après avoir essayé de traverser trois fois l'Inde méridionale, offrir des oiseaux de cinq couleurs, qui pouvaient parler; il demandait des secours contre les *Ta-chi* (ou *Tadjiks*, Arabes) et les *Thou-fan* (ou Tibétains), et il se proposait pour être le général de ces troupes auxiliaires. » L'empereur chinois lui accorda sa demande. Mais les troupes chinoises furent battues par les Arabes, s'il faut en croire la version turque de l'*Histoire des califes*, par Tabari. « Cette même année, 87 de l'hégire (709 de notre ère), fut glorieusement terminée par la défaite de deux cent mille Chinois, qui étaient entrés dans le pays des musulmans, commandés par Teghaboun, neveu de l'empereur de la Chine. Les musulmans reconnurent qu'ils devaient cette importante victoire à la protection de Dieu. » La légère différence des dates rapportées par les historiens des deux nations n'autorise pas à admettre que les troupes chinoises, battues par les Arabes, et que commandait un neveu de l'empereur de la Chine, étaient précisément celles qu'avait obtenues l'ambassadeur indien; mais il résulte de ce rapprochement historique que les troupes chinoises, appelées par les Etats de l'Asie occidentale, eurent à combattre plusieurs fois la puissance déjà formidable de la nation arabe sous les califes, qui faisaient aussi trembler l'Europe. C'est à la même époque (732) que Charles Martel défit les Sarrasins près de Poitiers. Il est dit aussi, dans une *Notice chinoise* sur le royaume de Fargana (Ta-wan) : « La vingt-neuvième des années *Kaï-youan* (741 de notre ère), le roi du royaume de Che (Schasch) demanda des secours contre les Ta-chi (Arabes), secours qui ne lui furent point accordés. » Le roi de Schasch ajoutait que le calife des Arabes était le fléau de tous les Etats. Ce même roi perdit son royaume huit ans après, sous le prétexte qu'il était attaché au roi du Tibet, alors en

guerre avec la Chine ; et ce fut un général chinois qui, s'étant approché de la ville de Schasch avec un grand corps de troupes, surprit cette ville où était le roi, et le fit prisonnier. Il pilla le palais et la ville : il y avait, dit-on, dans ce palais, de beaux instruments de musique et beaucoup d'or ; le général chinois eut de quoi en charger cinq ou six chameaux ; il fit beaucoup d'esclaves, et enleva un grand nombre de chevaux. Arrivé à Si-ngan-fou, le roi de Schasch y fut mis à mort. Son fils courut les pays voisins pour avoir des secours, afin de combattre le général chinois, dont la mauvaise foi et l'avarice irritèrent tous les princes de la contrée. Ces princes implorèrent le secours du calife, et, pour se venger, ils résolurent d'attaquer les places qu'occupaient les Chinois. Le calife leur donna des troupes, et les joignit à celles du roi de Schasch et des princes alliés. Le général chinois avait une armée de 60,000 hommes, presque tous Tartares, qui fut entièrement défaite. La bataille se donna près de la ville de Tharas. Le fils du roi de Schasch se fit tributaire du calife.

L'histoire chinoise fournit un grand nombre de renseignements curieux semblables à ceux que nous venons de citer. On y trouve qu'en 715 de notre ère, le roi du Tibet ayant fait une grande irruption dans le pays de Pa-han-na, qui faisait autrefois partie du royaume des Ou-sun, le prince du pays, allié des Chinois, vint dans le Gan-si (comprenant les gouvernements militaires chinois dans l'Asie occidentale) chercher du secours. Le général chinois qui y commandait assembla ses troupes, prit en outre 10,000 hommes du pays de Kiu-tse, fit plusieurs milliers de *li* à l'ouest, soumit plus de cent villes, et envoya des lettres aux pays voisins, pour qu'ils eussent à reconnaître la souveraineté de l'empereur de la Chine. Le royaume de Ta-chi (ou des Arabes) et huit autres États reconnurent l'empereur de la Chine pour leur suzerain. Le général chinois revint glorieux, après avoir fait ériger, dans le pays occidental, une colonne où il fit graver le détail de son expédition.

L'année 717, les Turcs occidentaux, mécontents des Chinois, portèrent le calife et le roi du Tibet à les aider de leurs troupes pour s'emparer des gouvernements chinois de l'Asie occidentale. Les Tibétains, les troupes du calife et les Turcs, assiégèrent deux villes dans le pays de Kaschgar. Les Chinois, aidés de plusieurs hordes turques du voisinage de Tourfan, firent lever le siège de ces villes, et il y eut une trêve de faite avec les Turcs occidentaux et avec le Tibet.

En 718, les Turcs du Nord demandèrent la paix aux Chinois.

En 719, les rois de Sogdiane et d'autres États voisins envoyèrent des ambassadeurs à l'empereur de la Chine pour le prier de les protéger contre les vexations des califes.

Les mémoires de l'histoire des Tang sur le royaume de Ta-thsin ou Fou-lin (empire romain d'Orient) disent que l'année 719 de notre ère le roi ou empereur de cette contrée offrit un tribut à l'empereur chinois par l'entremise d'un religieux ou prêtre d'une grande vertu, et qu'il lui fit hommage d'un lion.

« L'an 713, dit le P. Gaubil, le prince ou roi de Kia-che-milo (Cachemyr) avait envoyé une ambassade à l'empereur Hiouan-tsong. Le roi de Cachemyr, de même que celui du milieu des Indes, était grand ennemi du roi du Tibet. L'an 720, l'empereur donna au prince de Cachemyr les patentes de roi. » Ce pays, dit l'histoire chinoise, est difficile à attaquer; il est environné de très-hautes montagnes, et la ville royale est près d'un grand fleuve; le pays est abondant en tout, et il y a d'excellents fruits, des raisins, de l'or, de l'argent, des éléphants. Dès le temps de l'empereur Taï-tsoung, le roi de Ou-tchang (voisin de Ki-pin, Kopène ou Samarkande) envoya à l'empereur des ambassadeurs. Depuis ce temps-là, le roi de Ou-tchang et les princes voisins furent fortement attaqués par les califes; mais ils ne voulurent jamais reconnaître leur autorité; ils rendirent toujours hommage à l'empereur. On dit aussi que les princes de Tabaristan (To-po-sse-tan), sujets du roi de Perse (Po-sse), avaient le titre de généraux des pays orientaux de Po-sse; ils résistèrent longtemps aux califes, et ils reconnaissaient pour leur souverain l'empire de la Chine.

L'année 752, le roi du Tsao occidental (pays vers le nord-ouest de Samarkande) et celui de Gan (à l'est de Samarkande) envoyèrent des ambassadeurs à l'empereur pour le prier d'envoyer une armée contre le calife à *habit noir*.

En 742, des marchands étrangers, venus en Chine par la mer du Sud, avaient apporté une quantité de choses précieuses du royaume des Lions (1) pour les offrir à l'empereur de la part de leur roi, nommé Chi-lo-chou-kia. Ces présents consistaient en perles de feu ou grosses perles, en fleurs d'or, en pierres précieuses, en dents d'éléphants et en pièces d'étoffes.

L'année 721 de notre ère, une éclipse, calculée selon la méthode en usage, s'étant trouvée fausse, l'empereur Hiouang-

---

(1) *Sse-tsou-kouë,* traduction du terme sanscrit *Sinhala* ou *Sinhalá-dvipa,* altéré en celui de *Serendib,* par les Arabes.

tsoung fit appeler à la cour un fameux bonze chinois de la secte de Fo ou Bouddha, son nom était Y-hang. « L'astronomie que professa ce bonze, dit le P. Gaubil (*Histoire abrégée de l'astronomie chinoise*), fit tant de bruit à la Chine, que l'on ne peut se dispenser de l'étudier et de la connaître un peu en détail. »

Y-hang prit en habile homme toutes les mesures dont il était capable pour s'assurer d'une bonne méthode. Il voulut connaître la situation des principaux lieux de l'empire. Pour cela il fit faire des gnomons, des sphères, des astrolabes, des quarts de cercle et autres instruments d'observation. Il envoya deux compagnies de mathématiciens, l'une au nord et l'autre au sud. Ils eurent ordre d'observer tous les jours, lorsqu'il serait possible, la hauteur méridienne du soleil par le gnomon de huit pieds, et la hauteur de l'étoile polaire. Ils eurent ordre de prendre exactement la distance de quelques lieux qui fussent situés en opposition nord et sud. On choisit pour cela la province de Ho-nan, où se trouvent de grandes et belles plaines. Le but de Y-hang fut de savoir exactement le nombre de *li* qui, sur la terre, répondent à un degré de latitude. Sachant ensuite la différence des lieux en latitude, il savait leur distance en *li*. On n'indique point quelles mesures il prit pour savoir la distance des lieux en longitude. Les observations mathématiques que cet astronome chinois fit faire étaient une triangulation aussi sûre que l'état des connaissances mathématiques et astronomiques de son époque, privée des instruments modernes, pouvait l'admettre.

Y-hang ordonna à ses savants voyageurs d'aller les uns à la capitale de la Cochinchine et du Tonquin, et les autres jusqu'au pays de Tie-le (1) vers le nord, avec l'injonction d'observer et de marquer par eux-mêmes la durée des jours et des nuits, et les différentes étoiles qui ne pouvaient être vues sur l'horizon de Si-ngan-fou. Les traités d'astronomie chinoise n'avaient parlé jusqu'à Y-hang que de celles qui sont visibles sur l'horizon de 34 à 40° de latitude nord. On commença alors à parler de l'étoile Canope et de celles qui sont à son sud. L'histoire chinoise de l'astronomie des Tang rapporte les observations qui eurent lieu ainsi par l'ordre de Y-hang; elle donne la longueur de l'ombre d'un gnomon de huit pieds, à midi du solstice

(1) Nom d'une horde de Tartares qui campait aux environs du lac Baïkal.

d'été, dans les villes capitales de la Cochinchine et du Tonquin, dans quelques villes du Hou-kouang, du Ho-nan et du Chan-si. L'histoire rapporte encore un voyage que Y-hang fit exécuter sur mer pour observer les étoiles qu'on ne voyait pas à la Chine. Elle parle aussi de l'instrument que ce bonze fit faire pour bien représenter les mouvements célestes.

Y-hang fit encore observer l'ombre du gnomon dans un pays des Indes fort éloigné de la Chine, et qui n'était pas bien désignée par l'ombre déjà observée. Ce pays devait être vers le sixième degré de latitude septentrionale. Il fit aussi observer l'ombre du gnomon au nord du désert de sable, jusqu'à une hauteur du pôle qui passait 50°. On ne peut guère douter que toutes ces observations n'aient eu pour but de connaître la mesure de la circonférence de la terre, dont les anciens Chinois avaient une notion vague, mais qui n'a pas moins de quoi surprendre. L'empereur Khang-hi, dans son petit traité de géométrie et de trigonométrie, dit que Y-hang puisa sa méthode dans les écrits des mahométans. Quelle que soit l'autorité du célèbre empereur chinois, nous devons faire observer cependant que Y-hang ne put se servir des travaux sur l'astronomie des écrivains arabes et mahométans qui vécurent et écrivirent après lui, tels que le fameux calife Almamoun (né en 786 de notre ère), qui fit traduire en arabe l'*Almageste* de Ptolémée et les autres livres alexandrins, mesurer le degré terrestre, et composer de nouvelles tables du soleil et de la lune; Albaténius, qui florissait vers l'an 880, et Ibn-Jounis, qui observait au Caire vers l'an 1000. Nous serions plutôt fondé à croire que si Y-hang emprunta sa méthode astronomique à des étrangers, ce fut aux astronomes de l'Inde qu'il put faire cet emprunt; sa qualité de prêtre de Bouddha devait lui donner un accès facile aux livres indiens, dont il est probable qu'il connaissait la langue, comme la plupart des prêtres de Fo l'ont constamment connue.

L'instrument astronomique dont nous avons parlé ci-dessus, que fit construire Y-hang, fut achevé l'année 725. « Au moyen de l'eau (dit le P. Gaubil, qui a puisé ces détails dans les écrivains chinois), les roues, par leurs divers mouvements, représentaient le mouvement commun et le mouvement particulier des astres, les lieux du soleil et de la lune, des étoiles et des planètes, et les éclipses. Outre cela, une statue, en frappant un tambour, annonçait les quarts d'heure; une autre, en frappant sur une cloche, annonçait les heures; ces statues disparaissaient ensuite. »

Ce même astronome, comparant les observations faites dans les différentes provinces avec les siennes propres, assura que l'étoile polaire était éloignée du pôle de trois degrés. Mais on ne dit pas quelle étoile de la petite Ourse il supposait être la plus voisine du pôle.

Il conclut aussi des observations qu'il avait recueillies, que 351 *li* et 80 pas correspondaient sur la terre à un degré de latitude. Quand cet astronome n'aurait pas fait autre chose, il mériterait encore une belle place dans l'histoire: « Car, dit le P. Gaubil, la situation de la horde de Tie-le étant déterminée pour le temps de Y-hang, et la position de ce pays étant marquée par rapport aux pays qu'occupaient les hordes des Tartares et des Turcs de ce temps-là, on connaît les pays de ces différentes hordes de Tartares et de Turcs qui firent tant de bruit à l'époque des dynasties des Soui et des Tang, par les grandes guerres et les alliances qu'ils firent, soit entre eux, soit entre les Chinois, les Persans, les Arabes et les peuples du Tibet, etc. » On sait à quels royaumes d'aujourd'hui répondent les noms anciens que les Chinois donnaient à l'Arabie, aux pays à l'ouest de la mer Caspienne, à la Perse, aux différentes contrées de la Transoxiane, des Indes, du Turkestan et de la Tartarie. La géographie des Tang a marqué les distances de quelques grands points de chacun de ces pays, et on sait à quoi s'en tenir sur ces distances, parce qu'elles sont exprimées en *li*, et rapportées à Si-ngan-fou, dont la situation est parfaitement connue, et, sur ces seules distances, on pourrait donner une carte passable des contrées situées entre le Chen-si, le lac Baïkal, les Indes et la mer Caspienne, où beaucoup de rivières et de montagnes sont marquées; il y a quelques rumbs de vents désignés.

« On n'a pas marqué les autres observations que firent les mathématiciens envoyés par Y-hang, dit le P. Gaubil; mais on sait qu'elles lui servirent beaucoup pour les catalogues étendus qu'il fit de la grandeur des jours, de la différence des méridiens; pour le calcul des éclipses, des déclinaisons du soleil, de la grandeur des ombres méridiennes du gnomon, des latitudes de la lune. On a traduit tous ceux qu'on a trouvés et qui peuvent être de quelque utilité; mais on n'a pu trouver ni son catalogue des longitudes terrestres, ni celui de la latitude et de la longitude d'un très-grand nombre d'étoiles dont il avait marqué la position dans des cartes célestes qu'on ne trouve plus. »

Y-hang, après avoir examiné les méthodes pour les éclipses,

s'en tint pour le fond à celle de Tchang-tse-tsin. Il fit observer dans toutes les provinces de l'empire les éclipses, et il ne manqua pas de se servir de ces observations pour voir le changement que causaient au temps et aux phases la différence des lieux du nord au sud et de l'est à l'ouest, et la différence des lieux du soleil et de la lune dans l'écliptique.

Dans son livre astronomique, intitulé *Ta-yen*, il rappelle fidèlement le sentiment des astronomes antérieurs sur le mouvement des étoiles fixes. Parmi les cinq planètes, Jupiter fut celle dont il examina le plus le mouvement, et dans cet examen il fit voir beaucoup d'érudition. Il pose pour principe indubitable que Jupiter n'emploie pas douze ans entiers à faire, par son mouvement propre, une révolution entière dans le zodiaque. Il assure que depuis le commencement de la dynastie des Chang, jusqu'à la fin de celle des Tcheou, Jupiter faisait un peu plus de douze révolutions dans cent vingt années solaires, et il ajoute que depuis le commencement de la dynastie des Han jusqu'à l'an de J.-C. 724 (année dans laquelle il écrivait) Jupiter, dans quatre-vingt-quatre ans solaires, a fait sept révolutions, et outre cela la douzième partie du zodiaque.

Y-hang travaillait avec beaucoup d'ardeur à un cours complet d'astronomie ; il en avait déjà rédigé une grande partie, lorsqu'il mourut à l'âge de quarante-cinq ans, l'année 727 de notre ère. Il fut très-regretté. Après sa mort, l'empereur nomma des mathématiciens pour mettre en ordre les écrits qu'il avait laissés. La mise en ordre ayant été achevée, l'ouvrage fut imprimé en 729. Un mathématicien astronome, nommé Koutan, qui était du Tian-tchou ou de l'Inde, ayant examiné l'ouvrage, soutint que l'auteur en avait emprunté les principes et la méthode à une astronomie d'Occident (c'est-à-dire de l'Inde), appelée *Kieou-tchi*. Cette astronomie avait été traduite par lui du sanscrit en chinois l'année 718 de notre ère. Le P. Gaubil dit avoir fait inutilement chercher cette traduction pendant son séjour en Chine. Cependant il assure qu'on en rapporte les principaux faits suivants :

« Il y a quatre points dans le ciel propres à calculer le mouvement des astres. Le premier point est *lo-heou* (nœud ascendant); le second, *ki-tou* (nœud descendant) : ils sont propres à calculer les éclipses ; le troisième, *ki*, est un cycle de vingt-huit ans solaires, qui servait pour les intercalations ; le quatrième est *po* : il sert pour les équations de la lune. » Un écrivain chinois dit à ce sujet que ces connaissances vinrent en Chine du royaume de *Yu-sse*, dont les livres sacrés sont la règle que suit la cour de Kang-kin (ou Sogdiane), et que cette règle est la loi des *po-lo-men* ou brahmanes.

« On divise le cercle en 360°, et chaque degré en 60'.

» Le mois synodique est de 29 jours 53 *ki* 5' 6''.

» Le zodiaque a douze demeures, et chaque demeure a 30°.

» Le temps, avant la pleine lune, s'appelle *blanc* (*po-tcha*). Le temps, après la pleine lune, s'appelle *noir* (*po-tcha*).

» Deux lunes font une saison, et six saisons font une année. »

Tout cela est absolument identique avec l'astronomie ancienne.

La mesure du *li*, qui nous est connue pour le temps des Tang, nous fait connaître aussi l'étendue de l'empire de cette dynastie. Cet empire avait 9,510 *li* de l'est à l'ouest (26 degrés et demi à 351 *li* par degré, ou 663 lieues de 25 au degré), et 10,918 *li* du nord au sud (31 degrés ou 775 lieues).

La plupart des empereurs des Tang possédaient en propre toute la Chine d'aujourd'hui, en y comprenant le Liao-thoung, le Tonquin et une partie de la Cochinchine; les pays à l'ouest du Chen-si jusqu'aux frontières du royaume de Kaschgar, l'une et l'autre Tartarie, la Corée, le Tourphan, etc., étaient tributaires.

Après avoir divisé l'empire en quinze provinces (administrées par 17,686 principaux mandarins et par 57,416 mandarins secondaires), l'empereur fit faire, l'année correspondante à 722 de notre ère, un dénombrement général de toutes les personnes soumises au cens. Il se trouva 7,861,236 familles, faisant entre elles 45,431,265 bouches ou individus. Trente-deux ans après (en 754), la population censitaire avait augmenté de 1,758,018 familles, et de 7,449,223 individus. Le nombre des familles était alors de 9,619,254, et celui des bouches ou des personnes de 52,884,818. Dans ce nombre ne sont point compris les princes, les grands, les mandarins, ni les personnes attachées à leur service, ni les gens de guerre, ni les lettrés, ni les bonzes, ni les esclaves.

Ce fut sous les règnes de Hiouan-tsoung et de Sou-tsoung que fleurirent les deux célèbres poëtes chinois Thou-fou et Li-taï-pe.

Le premier était natif de la province de Hou-kouang; le second naquit dans la province du Sse-tchouan. Nous n'entrerons pas ici dans des détails sur ces poëtes et leurs ouvrages. Nous dirons seulement, après M. Rémusat (*Nouveaux Mélanges asiatiques*, t. II, p. 177), que Thou-fou et Li-taï-pe, son rival et son contemporain, peuvent passer pour les véritables réformateurs

Thou-fou, poëte chinois.   Li-taï-pe, poëte chinois.

de la poésie chinoise, puisqu'ils ont contribué, plus que tout autre, à lui donner les règles qu'elle observe encore aujourd'hui. Leurs œuvres sont réunies dans une collection dont la bibliothèque royale de Paris possède un exemplaire.

Pendant que le général tartare Ngan-lou-chan s'efforçait de s'emparer de l'empire chinois (l'an 757 de l'ère chrétienne) un de ses généraux, d'origine turque, nommé Chi-sse-ming, qui lui avait déjà fait de grandes conquêtes, avait entrepris, avec une armée de 80,000 hommes, le siége de Taï-youan-fou, capitale de la province de Chan-si. Li-kouang-pi, général de l'armée des Tang, avec 10,000 hommes de bonnes troupes, était entré dans la ville, « bien résolu, dit le P. Gaubil, à périr ou à conserver cette place à l'empereur. » Il réunit beaucoup de vivres et de provisions, pratiqua des souterrains, et fit une seconde enceinte en dedans des murailles : la ville avait quatre lieues de tour. Les habitants étaient bien intentionnés et résolus à se défendre. Le général fit faire des canons ou pierriers pour lancer des pierres de douze livres : la projection était de trois cents pas.

Chi-sse-ming, de son côté, fit de grands efforts; mais Li-kouang-pi ne s'en inquiéta guère, et il laissa pendant plus de trente jours les rebelles se morfondre devant la place. Quand il sut qu'ils étaient las et fatigués d'un siége inutile, il commença à faire jouer ses canons et à se servir de ses souterrains (mines). Cela dura plusieurs jours et plusieurs nuits; les assiégeants ne savaient où se loger; ils se voyaient partout surpris, et les pierres leur tuaient un grand nombre d'hommes. Le général qui commandait le siége s'acharnait cependant à de nouvelles attaques; mais partout il était battu. Il avait perdu 60,000 hommes quand il reçut l'ordre de lever le siége.

« On ne dit pas, ajoute le P. Gaubil, quel était l'artifice des machines ou canons à lancer des pierres, ni celui des souterrains : on suppose cela bien connu. »

« Dans la première lune, dit l'histoire chinoise, de l'année 757 de notre ère, l'empereur Sou-tsoung apprit que les troupes du Ngan-si, de Pé-ting, de Pa-han-na (départements militaires chinois dans l'Asie occidentale), et celles du calife, étaient arrivées pour le secourir. »

Le P. Gaubil pense que les troupes du calife ne venaient pas de Koufah ou des environs de cette cour du calife, mais que selon toutes les apparences elles étaient, ou des garnisons arabes des frontières orientales du Khorassan et du Tokarestan, ou des troupes de ces pays-là à la solde du calife. L'histoire chinoise dit que le prince de Tou-ho-lo (Tokarestan) et du Khorassan, ainsi que neuf autres princes, envoyèrent des troupes à l'empereur Sou-tsoung pour le secourir contre les rebelles.

Les historiens chinois ajoutent que le premier calife à robe noire fut A-pou-lo-pa (Aboul-Abbas), et que son frère, A-pou-kong-fo (Abou-Giaffar), lui succéda. Ils ajoutent qu'au commencement du règne de Sou-tsoung ce calife lui envoya un ambassadeur et des troupes pour le secourir.

L'histoire attribue à l'empereur Taï-tsoung quelques actes honorables d'administration; il rétablit le collége impérial, qui avait été presque détruit dans les guerres civiles : on eut soin d'y mettre d'habiles professeurs, et d'y faire aller les enfants des grands mandarins et même ceux des princes. L'empereur s'y rendit avec sa cour, et y fit les cérémonies en l'honneur de Confucius; mais il humilia les lettrés, en mettant à la tête de ce collége un eunuque ignorant, qui n'avait d'autre titre à occuper cet emploi que d'être en grande faveur à la cour.

Te-tsong (779 après J.-C.), fils de Taï-tsong, nommé Li-kou du vivant de son père, lui succéda comme il l'avait ordonné. Les deux premières années de son règne furent paisibles; mais, l'an 781, le refus d'une grâce qu'un officier général avait demandée à l'empereur occasionna une révolte qui obligea, l'an 783, ce monarque et sa cour à abandonner Tchang-ngan, dont les rebelles se rendirent maîtres. Tchu-tse, qui les commandait, fier de ce succès, prit le titre d'empereur, et, résolu d'exterminer la famille impériale des Tang, il en fit mourir soixante-dix, qui étaient restés dans la capitale. Après cette sanglante exécution, Tchu-tse partit avec une puissante armée pour aller assiéger la ville de Fong-tien, où l'empereur s'était retiré; mais il échoua dans cette entreprise, et, après avoir essuyé d'autres échecs à la suite de celui-ci, il ne lui resta d'autre place que Tchang-ngan, dont le général Li-chin vint faire le siége en 784. La ville fut emportée après une vigoureuse défense, et Tchu-tse, dans sa fuite, ayant été tué par un de ses officiers, l'empereur fut ramené dans sa capitale par le brave Hou-kien, qui avait fait la belle défense de Fong-tien contre ce rebelle. Avant d'être étouffée, cette révolte en enfanta une autre, qui donna encore de l'exercice aux armes impériales pendant l'espace de deux ans. Les Tou-fan, à la suite de ces guerres intestines, recommencèrent leurs courses sur les frontières de l'empire. Des mécontents se joignirent à eux, et la paix ne fut rendue à l'empire, par leur entière défaite, qu'en 802. L'empereur finit ses jours à la première lune de l'an 805, dans la vingt-sixième année de son règne et la soixante-quatrième de son âge. C'était un prince naturellement doux et ami de la paix.

Comme les irruptions des Tibétains sur les provinces occidentales de la Chine étaient sans cesse renouvelées ou menaçantes, un des ministres de Te-tsoung, à l'occasion de la demande en mariage d'une princesse chinoise par un kan ou chef des Oïgours, lui représenta la nécessité de se rallier avec ces derniers contre les Tibétains; il proposa aussi à l'empereur d'engager le roi du Yun-nan, les princes ou souverains des royaumes de l'Inde, et le calife des Arabes, dans les intérêts de la Chine. Il insista surtout pour obtenir la coopération du calife, comme étant l'ennemi du Tibet et le plus puissant prince d'Occident, et disposé d'ailleurs à resserrer les liens d'amitié avec les Chinois. L'empereur suivit les conseils de son ministre; il promit une princesse au kan des Oïgours, et il envoya des ambassadeurs au roi du Yun-nan, aux princes des Indes et au calife des Arabes.

Les Oïgours furent les premiers qui attaquèrent les Tibétains. Ces derniers furent aussi battus et repoussés, en 790, dans le Sse-tchouan; mais ils défirent les Oïgours dans le district de Pé-ting ou Bisch-balickh, ce qui fit perdre aux Chinois presque toutes leurs possessions dans la petite Bouckharie. Ils devenaient de plus en plus redoutables par leurs fréquentes incursions sur le territoire des villes du Chen-si. Mais, en 791, les Oïgours les battirent, et leur général en chef fut fait prisonnier l'année suivante par le général chinois qui commandait la province du Sse-tchouan.

Dans l'année 798, le calife Ga-lun (Haroun) envoya trois ambassadeurs à l'empereur. Le P. Gaubil, qui rapporte le fait, dit qu'ils firent la cérémonie de se mettre à genoux et de frapper du front contre terre pour saluer l'empereur. C'est cette cérémonie du *ko-teou* ou prosternement, à laquelle les ambassadeurs étrangers, surtout les Anglais, ont eu une si grande peine de se soumettre. Un envoyé de cette nation préféra s'en retourner à Londres, de Pé-king, sans avoir accompli sa mission, plutôt que de faire ce prosternement. Les premiers ambassadeurs des califes qui se rendirent à la cour eurent d'abord de la peine à faire cette cérémonie. Selon les historiens chinois, ces mahométans disaient que chez eux ils ne se mettaient à genoux que pour adorer le ciel. Dans la suite, étant instruits de cette cérémonie respectueuse et de pure étiquette, ils n'eurent plus aucun scrupule de s'y conformer. C'est pour cela que l'histoire de la Chine, en rapportant l'ambassade du calife Ga-lun, remarque que la cérémonie chinoise, pour saluer l'empereur de la Chine, fut faite par les mahométans.

L'Asie était à cette époque divisée en six grands empires : à l'orient était celui de la Chine; au sud se trouvait le royaume de Yun-nan ou Nan-tchao, qui, indépendamment de la province chinoise, comprenait aussi une grande partie de l'Inde au delà du Gange ; ensuite le royaume de Magadha, le plus puissant parmi ceux du Thian-tchou ou de l'Hindoustan intérieur; à l'occident, l'empire des califes; au milieu de l'Asie, celui des Tibétains, qui s'agrandissait de jour en jour ; et, au nord, celui des Hoeï-he, qui s'étendait jusqu'à la mer Caspienne, et reconnaissait la suprematie chinoise. Les Tibétains étaient continuellement en guerre avec les Arabes ; les Chinois avaient donc intérêt de rester unis avec ces derniers, afin d'être en état de repousser les Tibétains, qui faisaient souvent des courses sur le territoire de l'empire.

L'année 803, la sécheresse fut très-grande et la misère du peuple extrême. Un mandarin flatteur dit que la récolte était bonne, et qu'il n'était pas nécessaire de soulager le peuple en le dispensant de payer le tribut de l'année. Un mandarin, zélé pour l'intérêt public, se récria contre cette dureté, et représenta la misère où le peuple était réduit. Ses remontrances déplurent à la cour; il fut soumis à une forte bastonnade, et il mourut des coups qu'il avait reçus. L'illustre Han-yin était censeur public; il représenta avec véhémence la nécessité de soulager le peuple; il fut exilé. On exigea les tributs plus rigoureusement que jamais, et, pour les payer, bien des contribuables furent forcés de vendre leurs maisons et leurs meubles les plus nécessaires. Un gouvernement si inique aux yeux des Chinois souleva des murmures contre les courtisans et les eunuques, que l'on savait dominer l'esprit de l'empereur.

TCHUN-TSONG (805 après J.-C.), fils et successeur de Te-tsong, ne fit que paraître sur le trône, y étant monté avec une très-faible santé, qui alla toujours en dépérissant. Se trouvant hors d'état de donner aux affaires l'application qu'elles demandaient, il remit le sceptre, à la huitième lune de l'an 805, entre les mains de Li-chun, son fils, qu'il avait déclaré prince héritier. Celui-ci prit alors le nom de Hien-tsong, sous lequel il régna. Son père mourut au commencement de l'année suivante.

HIEN-TSONG (805 après J.-C.) monta sur le trône après l'abdication de Tchun-tsong, son père, et s'annonça d'abord par un grand mépris du faste et des vains amusements. Le refus qu'il fit à Lieou-pi du gouvernement de Si-tchuen engagea cet officier à une révolte, qui fut étouffée l'année suivante par la prise et la mort de son auteur. A cette révolte en succédèrent d'autres, presque sans interruption, pendant le cours du règne de ce prince, qui ne manquait pas de sens et de bonne volonté. Mais il manqua de force, et donna trop de confiance aux eunuques du palais, qui desservirent souvent auprès de lui de bons officiers, et les engagèrent par là à se révolter. Une autre faiblesse de Hien-tsong fut de protéger la secte des tao-sse, qui se vantaient d'avoir un breuvage qui donnait l'immortalité. L'expérience qu'il fit de ce merveilleux secret le conduisit au tombeau à l'âge de quarante-trois ans, dans les premiers mois de l'an 820.

MOU-TSONG (820 après J.-C.), fils de Hien-tsong et son successeur, commença son règne par faire mourir le tao-sse qui avait donné le breuvage funeste à son père, et fit ensuite chasser de sa cour tous ceux de la même secte. Au bout d'une lune ou d'un mois, on fut très-scandalisé de lui voir quitter le deuil qui est de trois ans, à la Chine, pour la mort des père et mère.

Sa passion pour les richesses et les autres divertissements lui fit oublier la bienséance et mépriser les avis qu'on lui donna pour l'y ramener. Hien-tsong n'avait pas laissé un grand trésor. Mou-tsong employa ce qu'il trouva dans ses coffres en dépenses folles et en libéralités indiscrètes. Sa négligence laissant aux ministres la liberté de régler les affaires à leur gré, les séditions et les révoltes ne tardèrent pas à s'élever. Il fallut composer avec les rebelles pour avoir la paix. Les tao-sse qu'il avait bannis trouvèrent moyen de regagner sa faveur et de se faire rappeler à la cour. L'exemple de son père, que ces imposteurs avaient fait mourir avec leur breuvage d'immortalité, ne l'empêcha point d'user de la même recette. Elle abrégea également ses jours, qu'il termina dans la quatrième année de son règne, à l'âge de trente ans.

L'an 822, le premier jour de la quatrième lune (25 avril), arriva une éclipse de soleil.

Kin-tsong (824 après J.-C.), fils aîné de Mou-tsong et son successeur, désigné par lui-même, marcha sur ses traces, préférant au devoir le plaisir, et gardant encore moins de décence que son père dans ses divertissements. Les eunuques du palais, qu'il maltraitait et faisait battre souvent pour des sujets légers, l'ayant saisi dans un moment d'ivresse (d'autres disent comme il changeait d'habit au retour de la chasse), l'étranglèrent secrètement un jour de la onzième lune de l'an 826. Il n'était encore âgé que de dix-huit ans. Ses assassins ne restèrent pas impunis. Trois officiers, s'étant mis à la tête d'une troupe de soldats, se jetèrent sur ces scélérats, et les massacrèrent avec leurs complices.

Ouen-tsong (826 après J.-C.), nommé auparavant Li-han, deuxième fils de Mou-tsong, monta sur le trône après la mort de son frère, à l'âge de dix-sept ans. Bien différent de l'un et de l'autre, dès qu'il eut le pouvoir en main, il s'occupa du soin de maintenir la paix dans l'empire, d'en éloigner le luxe et la débauche, et commença par en donner lui-même l'exemple. Il renvoya plus de trois mille femmes du palais, fit mettre en liberté tous les oiseaux de proie, et supprima ses meutes et tous les gens inutiles qui étaient à son service. Il chargea de la dépense du palais les censeurs de l'empire, et se fit un devoir d'assister tous les jours impairs du mois au conseil, suivant l'ancien usage négligé par Kin-tsong. Le plus grand obstacle à ses bonnes intentions était l'autorité que les eunuques s'étaient attribuée et dans laquelle ils se maintenaient par leurs créatures, qu'ils avaient élevées aux premiers postes. L'amour de la paix et la crainte d'exciter une révolution dangereuse ne lui permirent pas d'attaquer des hommes si puissants. Il crut devoir les ménager en veillant sur leur conduite. Mais par cette politique il ne put contenir ceux qui désiraient leur perte, ni empêcher les intrigues et les cabales de renaître continuellement à la cour. Les eunuques, s'étant aperçus qu'il voulait enfin abaisser leur trop grande puissance, ne lui donnèrent pas le temps d'exécuter ses projets ; ils prirent eux-mêmes leurs mesures pour se rendre de jour en jour plus indépendants. Ils massacrèrent les ministres, toute la garde du prince et ceux des grands dont ils croyaient avoir sujet de se défier. Ouen-tsong, se voyant sans autorité et comme prisonnier dans son palais, mourut de chagrin l'an 840, après un règne de quinze ans commencés (*Portr. des célèb. Chin.*, t. V, p. 418). Peu de jours avant sa mort, il avait nommé prince héritier son fils. Mais à peine fut-il expiré, que les eunuques, jaloux de ce qu'il avait donné d'autres conseillers qu'eux-mêmes à ce prince, supposèrent un nouvel ordre de lui pour déclarer son successeur Li-tchin, son frère. La fourberie ayant pris faveur, ils engagèrent Li-tchin à faire mourir le prince héritier et son frère (de Mailla).

Wou-tsong (840 après J.-C.) (c'est le nom que prit Li-tchin à son inauguration) monta sur le trône par la fourberie des eunuques, qui fabriquèrent, comme on l'a dit, un ordre de Ouen-tsong, portant que son fils étant trop jeune pour régner, il nommait ce prince son héritier. On ne douta guère de la supposition de cet ordre ; mais le nouvel empereur le prit sur un si haut ton en commençant, que personne n'osa contester la légitimité de son droit. Il donna ses premiers soins à se procurer de bons ministres ; il travaillait avec eux, et se faisait rendre compte des finances et des autres parties du gouvernement. Il établit une loi par laquelle tous les grands officiers et les magistrats des premiers tribunaux de la capitale seraient appelés de cinq ans en cinq ans, ou de sept ans en sept ans, pour rendre compte de leur administration. Il établit encore une espèce de confession que les mandarins des différents tribunaux doivent faire au souverain lui-même. Ceux qui sont en charge doivent s'accuser dans cette confession, qui est encore en usage aujourd'hui, de toutes les fautes qu'ils ont commises relativement à l'emploi dont ils sont chargés. L'empereur donne une pénitence proportionnée à la griéveté des délits ; les uns sont cassés, les autres sont abaissés seulement de quelques degrés. Comme il ne s'agit dans cette confession que des fautes extérieures, ceux qui sont coupables n'oseraient les pallier ni les excuser, parce qu'ils ont tout lieu de croire que ce prince est déjà instruit de ce qui les concerne (*Portr. des célèb. Chin.*, t. v, p. 418). Ce sage empereur fit aussi des réformes importantes dans la religion, abolit près de quatre mille temples d'idoles, n'en laissant qu'un seul pour chaque ville, et fit un retranchement proportionné parmi les bonzes et bonzesses employés à les desservir. Il était d'ailleurs bon soldat et grand capitaine. Il vainquit, à la tête de ses troupes, les Tartares, et les chassa dans la province de Chan-si, dont ils occupaient les plus importantes places. Mais il eut le malheur de donner dans les rêveries des tao-sse, et de se laisser leurrer par la promesse qu'ils lui firent de l'immortalité, malgré l'expérience funeste que ses prédécesseurs avaient faite de la prétendue recette qu'ils donnaient pour procurer ce bonheur. Il fit donc l'essai de leur breuvage, et fut comme eux la victime de sa crédulité, cette potion lui ayant causé la mort à la troisième lune de l'an 846 dans la trente-troisième année de son âge, après six ans de règne (de Mailla).

SIUEN-TSONG (846 après J.-C.), nommé auparavant Li-y, ou Li-tchin, troisième fils de Ouen-tsong, monta sur le trône après Wou-tsong. Par son intégrité, sa vigilance, son attention à punir le crime et à récompenser les services, il maintint le bon ordre dans l'empire, et empêcha que nul de ceux qui avaient le pouvoir en main n'en abusât. Il fit des tentatives pour ôter aux eunuques l'influence qu'ils avaient dans les affaires publiques, et conçut même le dessein de les exterminer; mais les conjonctures ne lui permirent pas d'en venir à l'exécution. Il fallut qu'il se bornât à les tenir en bride et à mettre en défaut leurs intrigues. Il profita des dissensions qui s'élevèrent entre les différentes hordes des Tartares voisins de la Chine, pour étendre les limites de son empire. On est étonné qu'avec le bon sens et le discernement qu'il fit paraître dans sa manière de gouverner, il n'ait pas été en garde contre les impostures si grossières et si décriées des tao-sse. Le désir de l'immortalité lui fit prendre le breuvage mortel qui, suivant ces charlatans, devait la lui procurer; l'usage fréquent qu'il en fit lui causa des douleurs aiguës, au milieu desquelles il expira vers la fin de l'an 859, dans la cinquantième année de son âge et la quatorzième de son règne (de Mailla).

Y-TSONG (860 après J.-C.), parent, on ne dit pas à quel degré, de Siuen-tsong, commença son règne sous des auspices malheureux. Un certain Kieou-fou, qui avait une grande réputation de valeur, prit les armes dans la province de Tche-kiang, désola la campagne, et emporta la ville de Siang-chou de force, après avoir battu en plusieurs rencontres les troupes impériales. Mais, ayant été renforcées, elles se mirent à sa poursuite. Il soutint leurs efforts dans cent combats qu'elles lui livrèrent presque coup sur coup. A la fin, s'étant retranché dans Yen-tcheou, il y fut pris et envoyé à l'empereur, qui le condamna au dernier supplice. Cette révolte fut suivie, l'an 861, de la prise d'armes que fit le prince de Nan-tchao, vassal de l'empereur, mécontent du refus qu'on lui avait fait du diplôme impérial, pour le confirmer dans la souveraineté qu'il tenait de ses ancêtres. Cette guerre, dont le Ngan-nan ou le Tonquin fut le théâtre, dura six ans, avec des succès variés, et finit en 866, à l'avantage de l'empire, par la conquête du pays où elle se fit. On a dû remarquer jusqu'ici que rien n'était plus facile à un officier malintentionné que d'exciter des révoltes à la Chine et de rassembler des forces pour la soutenir. Quelques milliers de soldats, tirés des garnisons de Siu-tcheou et de Se-tcheou pour être transportés dans le Ngan-nan, n'ayant pu à la fin de la guerre obtenir la permission de retourner en leur pays, se soulevèrent, l'an 868 à l'instigation de Kiu-ki, l'un de leurs officiers, et se donnèrent pour général Pong-hiun, son ami, qui, en peu de temps, eut une armée capable de faire tête à celle de l'empire. Il eût exercé longtemps l'habileté des généraux qui furent envoyés contre lui, sans une bataille sanglante où il périt l'an 869, après y avoir combattu en héros. A cette guerre en succéda une autre qui fut déclarée par le roi de Nan-tchao. Un mandarin l'avait provoquée en faisant assassiner l'envoyé de ce prince à la cour impériale. On aurait pu la prévenir en punissant le coupable; mais l'empereur donnait si peu d'attention aux affaires de l'Etat, qu'il ne s'informa pas même de quel côté était le tort dans celle-ci. Livré entièrement à de vains amusements, il entretenait à sa cour jusqu'à cinq cents comédiens et musiciens, qu'il préférait à ses ministres. Y-tsong, quoique d'une complexion robuste, ne passa pas l'âge de trente et un ans, étant mort à la septième lune de l'an 874.

HI-TSONG (874 après J.-C.), fils aîné de Y-tsong, n'avait que douze ans lorsqu'il lui succéda. « Jamais, dit le P. de Mailla, l'empire n'avait eu plus besoin d'un prince éclairé pour le tirer du triste état dans lequel Y-tsong l'avait plongé par sa mauvaise administration; et malheureusement son fils, trop jeune pour prendre les rênes du gouvernement, les remit entre les mains des grands, des eunuques et d'autres, qui, divisés de sentiments, excitèrent des troubles qui perdirent enfin la dynastie des Tang. » Presque tout le cours de son règne fut un enchainement de révoltes, qui naissaient les unes des autres et souvent s'entre-détruisaient par la mésintelligence des chefs; ce qui sauva l'empereur, souvent prêt à voir le sceptre échapper de ses mains. Nous épargnerons à nos lecteurs le détail de ces tristes événements, où d'ailleurs les bornes fixées à notre travail ne nous permettent pas d'entrer. Hi-tsong finit ses jours dans la vingt-septième année de son âge, le premier jour de la troisième lune (15 avril) de l'an 888 de J.-C., époque mémorable par une éclipse totale de soleil. Comme il ne laissait point d'enfants mâles, il désigna pour son successeur, avant sa mort, son septième frère, à la sollicitation de l'eunuque Yang-fou-kong, contre l'avis des grands, qui avaient désiré qu'il choisit Li-pao, son frère ainé, plus capable de régner.

Tchao-tsong (888 après J.-C.), frère puîné de Hi-tsong et son successeur, prince bien fait et d'une physionomie heureuse, porta sur le trône un esprit mûr, solide et éclairé par l'étude, avec la résolution de rétablir le gouvernement, beaucoup déchu sous le dernier règne; mais l'esprit d'indépendance qui animait les gouverneurs des provinces et les inimitiés qui les divisaient ne lui permirent pas d'effectuer ses bonnes intentions. Le mal alla même en croissant, et l'empire n'avait jamais été dans un plus grand désordre sous la dynastie des Tang qu'il le fut tandis que ce prince en occupa le trône. Les gouvernements devenaient la proie du plus fort; et après qu'on s'en était emparé on en demandait pour la forme l'agrément à l'empereur, qui n'osait le refuser de peur de perdre encore cette ombre de dépendance. Il n'y eut que le pays de la cour où l'on reçut ses ordres absolus; encore en les donnant fallait-il user de beaucoup de ménagements. Les eunuques avaient eu sous le dernier règne un grand pouvoir; et, pour se maintenir, ils se donnaient des fils adoptifs auxquels ils faisaient prendre leur nom. Le plus puissant d'entre eux était Yang-fou-kong. L'empereur, pour diminuer son pouvoir, lui opposa Tchang-siun, son ennemi, qu'il nomma ministre. Mais ce choix ne fut pas heureux; et le mauvais succès d'une guerre que Tchang-siun entreprit contre le mandarin Li-ke-yong, obligea Tchao-tsong, l'an 891, à le destituer. Li-ki, fait ensuite premier ministre, ne manqua pas d'avoir des jaloux. Li-meou-tchin s'étant ligué contre lui avec deux autres gouverneurs, ils s'avancent à la tête de leurs troupes, jusqu'à la vue de Tchang-ngan. L'empereur sort de la ville pour leur demander quel est leur dessein. Li-meou-tchin lui répond d'un ton menaçant, et l'oblige de souscrire à des conditions fort dures. Li-ke-yong, prince tartare, indigné de cette insolence, offre à l'empereur ses services contre ces rebelles. Cependant les partisans de Li-meou-tchin semaient l'effroi dans la cour impériale, et assiégèrent même le palais. Tchao-tsong, ne se croyant pas en sûreté à Tchang-ngan, l'abandonne et se fait conduire à Che-men-tchin. Li-ke-yong, averti du danger que court l'empereur, lui envoie du secours. Li-meou-tchin, voyant que les affaires tournaient mal pour lui, fait sa paix avec l'empereur. Ce monarque ayant récompensé les services de Li-ke-yong par le titre de prince qu'il lui donna, Tong-chang, gouverneur de Ven-tcheou, croit l'avoir aussi mérité; mais, l'ayant demandé, il essuya un refus; ce qui l'ayant porté à se révolter, il prit, à l'instigation de ses amis, le titre d'empereur. Mais, l'an 896, il eut la tête tranchée. Les quatre années suivantes se passèrent en guerres que se faisaient les gouverneurs de provinces, en changements de ministres et en intrigues de cour. L'empereur, au milieu de ces désordres, ne montrant que de la faiblesse, on en vint au point, l'an 900, de l'arrêter et de reconnaître à sa place le prince héritier. Mais ce parti ne fut point unanime. Plusieurs mandarins se concertèrent pour rétablir l'empereur, et y réussirent. Ce succès les enhardit à demander à l'empereur l'expulsion des eunuques du palais, comme les auteurs de tous les troubles. Tchao-tsong, après en avoir délibéré avec son conseil, se contenta de restreindre leur autorité. Mais ceux-ci, voyant que leurs ennemis s'acharnaient à leur perte, ameutèrent leurs partisans, et excitèrent par là de nouveaux troubles, qui obligèrent l'empereur à transporter sa cour à Fong-siang. Il y resta sous la puissance de Li-meou-tchin jusqu'en 903, qu'il fut ramené à Tchang-ngan. Tchu-ouen, rival de Li-meou-tchin, s'étant rendu maître alors de la personne du prince, le fit passer, l'an 904, avec sa cour, à Lo-yang. Ce fut là que ce perfide ministre, voyant un parti puissant déterminé à l'arracher de ses mains, prit le parti de le faire assassiner la même année, et de mettre un de ses fils à sa place. Ainsi périt Tchao-tsong dans la trente-huitième année de son âge.

TCHAO-SIUEN-TI (904 après J.-C.), neuvième fils de Tchao-tsong, fut placé par Tchu-ouen sur le trône impérial, à l'âge de treize ans, après que tous ses frères eurent été mis à mort par ordre de ce ministre. Pour faire accroire au public qu'il était innocent de celle de Tchao-tsong, il alla pleurer devant son cercueil, et condamna au dernier supplice son fils aîné, comme s'il eût été le seul de sa famille coupable de ce parricide. Maître de la personne du nouvel empereur, il se fit donner le titre de prince de Leang, et se défit de trente des premiers d'entre les grands qu'il savait être les plus opposés à son ambition. L'empereur, tout jeune qu'il était, voyant les progrès qu'il faisait, s'aperçut bien qu'en lui résistant il en serait tôt ou tard la victime. Il prit donc le parti, l'an 907, de céder le trône de bon gré à Tchu-ouen, dans l'espérance d'en obtenir du moins par là un bon traitement. En conséquence il lui envoya l'acte de sa démission, signé de sa main, avec le sceau de l'empire et les autres marques de la puissance suprême. Tchu-ouen les reçut à Ta-leang; et ayant déclaré Tchao-siuen-ti, prince titulaire de Tsi-yn, il l'envoya demeurer à Tsa-tcheou, dans une misérable maison, où il le fit mourir au bout d'un an. Ainsi finit la dynastie des Tang.

XIVe DYNASTIE :
LES HEOU-LEANG OU LEANG POSTÉRIEURS.

TAÏ-TSOU (907 après J.-C.) fut le nom que Tchu-ouen prit en montant sur le trône. Mais il s'en fallut bien qu'il fût universellement reconnu. L'empire était alors divisé en dix parties, dont cinq avaient des princes qui les gouvernaient d'une manière absolue et indépendante. Le nouvel empereur, désespérant de se les attacher, créa d'autres nouveaux princes, qui acceptèrent cet honneur sans embrasser ses intérêts. Li-ke-yong, prince de Tçin, fut celui qui lui fut le plus opposé. Ce prince, en mourant, l'an 908, désigna pour son successeur Li-tsun-hiu, son fils, qui hérita aussi de sa valeur. Il le prouva bientôt en forçant l'empereur, après lui avoir fait dans une surprise plus de dix mille prisonniers, d'abandonner le siége de Lou-tcheou, capitale du Ho-tong, devant laquelle il était depuis un an. Ce ne fut pas le seul avantage que Li-tsun-hiu remporta sur Taï-tsou. Les autres princes ne lui donnèrent pas moins d'exercice par leurs soulèvements. Enfin, l'an 912, Taï-tsou, épuisé de fatigues, et voyant approcher sa fin, ordonna de faire venir Tchu-yeou-ouen, son fils aîné, pour lui remettre l'empire. Tchu-yeou-koue, frère de celui-ci, l'ayant appris, entra furieux, accompagné des plus déterminés de ses officiers, dans l'appartement de son père, et le fit percer d'une lance, à ses yeux, par un esclave. Après cet assassinat, le parricide envoya un de ses confidents à son frère Tchu-yeou-chin, avec un ordre supposé de l'empereur de faire mourir Tchu-yeou-ouen, qui devait succéder à l'empire, afin, portait cet ordre, de prévenir une révolte qu'il méditait depuis longtemps. Tchu-yeou-chin, par un excès de crédulité, ne doutant pas de la vérité de l'accusation, fit exécuter comme rebelle son frère aîné Tchu-yeou-ouen. Mais, ayant depuis reconnu son erreur, il assemble une troupe de soldats, qu'il envoie, sous la conduite de braves officiers à Lo-yang, où son abominable frère, par une nouvelle fourberie, s'était déjà fait reconnaître empereur. Fidèles aux ordres qu'ils avaient reçus à leur arrivée dans cette ville, ils marchent droit au palais impérial, dont ils enfoncent les portes. Tchu-yeou-koue, voyant qu'il est perdu, se sauve dans une tour, où il est poignardé avec sa femme par le misérable esclave dont il s'était servi pour assassiner son père.

Mo-ti (912 après J.-C.) fut le nom que prit Tchu-yeou-chin en montant sur le trône impérial, qui lui fut déféré par les grands affectionnés à sa dynastie. Son inauguration se fit à Pien-tcheou, parce que sa famille y avait pris naissance. Mais son élection ne fut point ratifiée par toute la nation. Le prince de Tçin, inviolablement attaché à la famille des Tang, se déclara hautement contre lui, et forma un parti très-puissant pour le supplanter. Il y réussit après une guerre de onze ans, où il donna toujours, à la tête de son armée, de grandes preuves de valeur et d'habileté. Mo-ti au contraire, enfermé dans son palais, décourageait les siens par sa faiblesse et sa pusillanimité. Ils l'abandonnèrent successivement, persuadés que la ruine de la dynastie des Leang était inévitable. Le prince de Tçin, sollicité par les grands de prendre le titre d'empereur, y consentit à une condition qu'on accepta. Comme il n'avait pris les armes que pour venger la dynastie des Tang, il déclara qu'il ne prétendait pas en établir une nouvelle. Il voulut donc que sa famille, quoique d'une nation étrangère, conservât le nom de Tang, qu'il donnait à la dynastie qu'il fondait. En conséquence, l'an 923, à la quatrième lune, ayant assemblé les grands à Oueï-tcheou, il y fut salué avec acclamation comme légitime empereur.

XVe DYNASTIE : LES HEOU-TANG OU TANG POSTÉRIEURS.

Tchuang-tsong (923 après J.-C.) fut le nom que le prince de Tçin prit à son inauguration. Avant de partir de Oueï-tcheou pour aller à Tçin-yang faire les cérémonies superstitieuses à ses ancêtres, suivant la coutume, il changea le nom de la ville où il venait de monter sur le trône en celui de Hingtang-fou, et il y établit sa cour orientale. Il redonna à la ville de Tçin-yang, dont il fit sa cour occidentale, son ancien nom de Taï-yuen-fou, et à la ville de Tchin-tcheou celui de Tchinting-fou, qu'il déclara sa cour septentrionale. Il songea ensuite, pour sa sûreté, à détruire entièrement la famille de Leang. L'empereur déposé avait un parti considérable bien déterminé à le défendre, et pour général Ouang-yen-tchang, le plus grand homme de guerre qu'il y eût alors en Chine. Mais, après avoir remporté de grands avantages sur les Tang, ce général fut supplanté par des envieux qui étaient incapables de le remplacer. Réduit au commandement d'un petit corps de troupes, il fit encore tête à l'ennemi, jusqu'à ce que, abandonné des siens dans une attaque, il fût pris, après avoir reçu une blessure et fait une chute de cheval en fuyant. Tchuang-tsong fit marcher alors son armée droit à Ta-leang, où résidait Mo-ti, qui, voyant sa perte inévitable, se fit donner la mort par un de ses officiers, qui se la donna ensuite à lui-même. « Mo-ti, dit le P. de Mailla, était un excellent prince, d'un naturel doux et affable, réglé dans sa conduite; il fuyait les plaisirs, et était ennemi de la débauche, timide, soupçonneux, trop crédule, d'un esprit borné et facile à tromper. Ces défauts causèrent sa perte et celle de sa famille. » Tchuang-tsong, pour se délivrer de toute inquiétude, fit exterminer tout ce qui restait de la famille des Leang, et tous ceux qui lui étaient attachés. Mais la sécurité le plongea dans l'oisiveté. Passionné pour la musique et la comédie, il remplit sa cour de musiciens et d'histrions, et donna même à l'un de ceux-ci, malgré les représentations de Ko-tsong-tao, son premier ministre, un des meilleurs gouvernements. Cependant les princes de Chou et de Ou refusaient de reconnaître l'autorité de Tchuang-tsong. Le premier avait même pris le titre d'empereur, et s'en faisait rendre les honneurs sans avoir les talents pour soutenir cette dignité. L'an 925, son fils, Li-ki-ki, prince d'Ouëi, accompagné de Ko-tsong-tao, fit la conquête de cette principauté, consistant en dix grands gouvernements, ce qui fut l'ouvrage de soixante-dix jours. Le prince de Chou fut amené avec ses mandarins, la corde au cou, les mains liées derrière le dos, au vainqueur, qui les fit délier et leur accorda une amnistie. Mais le long séjour que Ko-tsong-tao fit en ce pays avec le prince de Weï donna lieu aux eunuques du palais, ennemis du premier, de le rendre suspect à l'empereur, comme s'il eût eu l'ambition de s'approprier cette conquête. L'impératrice, en conséquence, manda, comme de la part de l'empereur, au prince Li-ki-ki, son fils, de faire abattre la tête à ce général; ce qu'il exécuta sur-le-champ. Il fit plus : craignant le ressentiment des fils de ce ministre, il les fit encore assassiner. Ces exécutions révoltèrent les troupes, et ce ne fut pas sans peine qu'on parvint à les apaiser. Un écrit, que l'empereur publia pour se justifier, aigrit de nouveau les esprits. Les soulèvements recommencèrent dans plusieurs villes. Celle de Ye-tou donna le plus d'inquiétude à l'empereur, parce qu'elle avait une garnison nombreuse, composée des meilleurs soldats, et commandée par des chefs habiles. Li-sse-yuen, que l'empereur envoya contre ces rebelles, se vit abandonné de ses soldats, et obligé d'entrer en conférence avec le commandant de la place. Instruit qu'elle ne voulait reconnaître que lui pour maître, dans la crainte d'être exterminée en se rendant à l'empereur, il écrivit à la cour pour lui marquer l'état des choses, et n'en reçut point de réponse. Alors, craignant pour lui-même, il rassembla les troupes de son gouvernement et celles que ses amis lui fournirent, dans la vue de se justifier en sûreté. L'empereur, apprenant qu'il est en marche pour venir à lui, quitte le séjour de Ta-leang pour se retirer à Lo-yang. Peu de jours après son arrivée, Ko-tsong-kien, l'un de ses comédiens, qu'il avait fait commandant d'un corps de troupes qui l'accompagnait, veut se rendre maître de sa famille. L'empereur, en se défendant, reçoit un coup de flèche qui le blesse dangereusement. On le porte au palais, où l'un de ses officiers tire la flèche de sa plaie. Mais, peu après l'opération, il mourut d'un breuvage que l'impératrice lui avait envoyé.

Ming-tsong (926 après J.-C.) fut le nom que prit Li-sse-yuen en acceptant le trône, qui lui fut déféré après la mort de Tchuang-tsong. Il était Tartare de nation, et, s'étant mis au service de Li-ke-yong, père de Tchuang-tsong, il avait mérité par sa conduite d'être déclaré son fils adoptif. Au commencement de son règne, il fit de grandes réformes à la cour. Les Tartares Khi-tan lui ayant déclaré la guerre pour des terres au delà du fleuve Hoang-ho, il la soutint avec avantage et la termina heureusement. Ming-tsong était un bon prince, mais il avait pour ministre Ngan-tchong-hoëi, qui, par son extrême sévérité, causa plusieurs révoltes. Comme elles renaissaient à mesure qu'on les détruisait, l'empereur se vit obligé de sacrifier son ministre aux rebelles, et lui fit abattre la tête en 931. Cette exécution ne rendit pas néanmoins la paix à l'empire.

Les Khi-tan recommencèrent leurs courses sur les terres de la Chine, et les gouverneurs, qu'on voulait déplacer, se servirent d'eux pour se maintenir dans leurs départements. L'empereur était cependant réduit à l'inaction par le mauvais état de sa santé, qui dépérissait de jour en jour. Li-tson-jong, prince de Tçin, l'un de ses fils, le voyant à l'extrémité, craignit qu'il ne lui préférât un de ses frères pour l'empire ; et, dans cette pensée, il rassembla un corps de troupes pour s'emparer du palais. L'empereur envoya contre lui ses gardes, qui dissipèrent ce parti. Li-tson-jong fut tué dans sa fuite avec son fils. L'empereur leur survécut à peine, étant mort vers la fin de l'an 933.

Min-ti (933 après J.-C.), appelé auparavant Li-tsong-heou, l'un des fils de Ming-tsong, fut reconnu pour son successeur. Ce prince était, comme son père, d'un caractère doux et facile ; il s'était toujours bien accordé avec ses frères, et surtout avec Li-tsong-kou, prince de Lou, l'un d'entre eux. Mais, lorsqu'il fut monté sur le trône, des hommes pervers mirent la division entre eux par de faux rapports, dont l'empereur, à raison de sa jeunesse, ne put discerner la méchanceté. L'inimitié de Min-ti et de Li-tsong-kou fut portée au point que celui-ci vint à bout de détrôner son frère et de se faire proclamer empereur à sa place en moins d'un an après la mort de leur père. Min-ti n'en fut pas quitte pour cette disgrâce. S'étant retiré chez le gouverneur de Weï-tcheou, il y fut mis à mort par l'ordre de celui qui l'avait supplanté.

Lou-wang (934 après J.-C.) fut le nom que prit Li-tsong-kou à son inauguration impériale. Che-king-tang, gouverneur du Ho-tong, et gendre de l'empereur Ming-tsong, était depuis longtemps son rival. Ne pouvant s'accoutumer à fléchir le genou devant un homme dont il s'estimait l'égal en services et en belles actions, il pensa à se révolter. Les incursions fréquentes des Tartares Khi-tan dans le Ho-tong obligeaient l'empereur d'entretenir de nombreuses troupes dans cette province. Le gouverneur, sous prétexte de pourvoir à leur subsistance, contraignit, l'an 935, avec une dureté extrême et sans égard pour la mauvaise récolte, ce département à fournir son contingent de blé. Il en fit venir même d'autres côtés, et en forma des magasins extraordinaires. Cette conduite donna de l'inquiétude à l'empereur. Ce prince, afin d'ôter au gouverneur les moyens de remuer, envoie Tchang-king-ta dans le Ho-tong, avec qualité de lieutenant général de la province et de commandant d'une bonne partie des troupes. Le reste de cette année se passe en effet assez paisiblement. L'année suivante, 936, Che-king-tang a plus d'une occasion de se persuader qu'on n'a pas eu intention de le soulager seulement dans l'administration pénible d'une grande province. Il demande son changement. Le prince le lui accorde. Le gouverneur, décidé à lever le masque, déclare par écrit à l'empereur qu'il ne veut plus se déplacer, ni obéir désormais au fils adoptif de Ming-tsong, qui ne règne qu'au préjudice de Li-tsong-y, prince de Hiu, fils légitime et véritable héritier du trône. Lou-wang casse aussitôt Che-king-tang de tous ses emplois, envoie ordre au lieutenant général de marcher contre lui, et fait mettre à mort, au commencement de la septième lune, les fils et les frères du gouverneur de Ho-tong, au nombre de quatre. De son côté, le rebelle rassemble en diligence tout ce qu'il peut trouver de troupes. Satisfait de la promesse que lui fait le gouverneur de se reconnaître son sujet et de lui céder la province de Lou-long avec toutes les villes qui sont au nord de Jen-men-koan, le roi des Khi-tan vient au secours, à la tête de 50,000 hommes, dans la neuvième lune, et se range en bataille près de Hou-pé-keou (la grande muraille au nord-nord-est de Pé-king). Les Tartares avaient déjà engagé l'action contre la cavalerie impériale, lorsque Che-king-tang détacha un corps de troupes pour la soutenir. Les impériaux sont battus, et perdent 10,000 hommes. Les débris de l'armée impériale se retirent à Tçin-gan. Ils y sont investis par les Tartares. L'empereur, informé de cette nouvelle, marche en personne, quoique affligé d'une maladie sur les yeux, contre les rebelles. Les nouvelles troupes, qu'il conduit au blocus, ne peuvent établir aucune communication avec les anciennes. Une partie de ces troupes déserte; une autre partie est prête à abandonner son prince au moindre mécontentement. Le peu de fidélité de la plupart des officiers rend inutiles ceux qui restent attachés à l'empereur. Te-kouang, roi des Tartares, ne doute point du succès de ses services, et offre déjà l'empire de la Chine à son protégé. Le gouverneur se fait un peu prier, et accepte enfin à la sollicitation de ses officiers. Le roi des Tartares Khi-tan fait expédier une longue patente, où il donne à Che-king-tang le trône de la Chine et le titre d'empereur, sous le nom de Tçin, en mémoire sans doute du lieu où la victoire lui avait inspiré tant de confiance en sa puissance. On procède aussitôt à l'inauguration du nouveau souverain de la Chine. Le roi se dépouille de ses propres habits et de son bonnet, et en revêt Che-king-tang. Des mottes de terre, entassées les unes sur es autres, forment une espèce de trône où l'on fait asseoir le nouvel empereur. Tous les officiers de l'armée saluent et recon-

..aissent comme tel Che-king-tang. Le protecteur ne tarda pas à demander le prix de ses bienfaits. Il n'y avait point de sûreté à refuser ou à différer. Che-king-tang, comme empereur, comme maître de la Chine, cède à Te-kouang seize villes, qui pour la plupart servaient aux Chinois de barrières contre les Tartares, et s'engage à donner, lorsqu'il sera paisible possesseur du trône, trois cent mille pièces de soie à celui qui l'y a placé. Cependant l'armée impériale, toujours investie, manquait de provisions, de fourrages, et il ne lui arrivait aucun secours. La plupart des officiers sollicitaient Tchang-king-ta, ce gouverneur et lieutenant général que l'empereur avait substitué à Che-king-tang dans le gouvernement de Ho-tong, de se soumettre aux Tartares. « Je n'ajouterai point, répond cet homme vertueux, au crime de m'être laissé battre par ma faute celui de me donner aux ennemis de mon maître. J'attends du secours. Si l'espérance d'en recevoir se perd, alors vous pourrez me tuer et vous soumettre aux Tartares. » Quelques jours après, Yang-kouang-yuen, autre lieutenant général, voyant qu'il n'y avait plus de ressource pour l'armée bloquée, coupe la tête à Tchang-king-ta, et va se donner au roi des Khi-tan. Te-kouang le reçoit; puis, se tournant vers les officiers du nouvel empereur : « Vous avez devant les yeux, leur dit-il, et dans la personne de Tchang-king-ta, un bel exemple de ce que vous devez être ; il faut que vous tâchiez d'imiter son zèle et sa fidélité. » Le monarque donna ensuite des ordres pour qu'on lui fît une sépulture honorable. Les autres corps de troupes impériales n'opposent plus qu'une résistance impuissante. Lou-wang voit tout perdu pour lui et nulle sûreté pour sa personne. Pour ne pas tomber entre les mains de ses ennemis, il retourne à sa capitale, monte dans une des tours de son palais, s'y enferme avec les deux impératrices, les princes ses fils, avec tous les attributs de la dignité impériale, et s'y brûle avec toute sa famille.

XVIᵉ DYNASTIE : LES HEOU-TÇIN.

KAO-TSOU (937 après J.-C.) est le nom que se donna Che-king-tang en montant sur le trône. Il était originaire de Cha-to, et s'était concilié l'estime et l'affection de Ming-tsong par sa bravoure et ses talents militaires. Le deuxième empereur de la dynastie des Tang postérieurs ne dédaigna même pas de lui donner en mariage la princesse Tçin-koue-tchang, sa fille. Kao-tsou, parvenu lui-même à l'empire par les moyens qu'on a vus plus haut, ne jouit pas tranquillement des honneurs et des avantages du trône. Plusieurs gouverneurs et commandants de place ne voulurent pas reconnaître le nouvel empereur, ou ne lui rendirent qu'une obéissance simulée. Fan-yen-kouang, gouverneur de Tien-hiong, fut du nombre de ces derniers. Les villes que l'empereur avait cédées au roi Te-kouang ne portaient le joug qu'avec peine. Un ambitieux pouvait trouver en elles de quoi seconder ses desseins. Ces considérations déterminèrent Kao-tsou à transporter sa cour à Tan-leang, comme la place d'où il serait le plus à portée de contenir les villes dont on soupçonnait la fidélité. Fan-yen-kouang ne tarda pas à se déclarer. A la sixième lune, aidé de Fan-yen, gouverneur de Tchen-tchcou, Fan-yen-kouang fait passer le Hoang-ho à un corps de ses troupes, livre au pillage le bourg de Tsao-chi, et le réduit en cendres. A la septième lune, l'empereur, sachant que l'armée du rebelle était à Li-yang-keou, ordonne à Tchang-tsong-pin de l'y aller chercher et de l'amener à une action générale. Cet officier principal entre lui-même dans le parti des révoltés, tue Che-tchong-sin, un des fils de l'empereur et gouverneur de Ho-yang, y entre sans coup férir, et se saisit de Che-tchong-y, son frère. Partant de là, il arrive à Tan-choui. Te-kouang l'attaque vivement, et fait courir le bruit qu'il se propose d'éteindre entièrement la famille régnante. Cependant Tou-tchong-koeï, autre général de l'empereur, marche au secours de Tan-choui. Il y trouve dix à douze mille hommes, qu'il taille en pièces. Tchang-tsong-pin se noie en passant le Hoang-ho. Ses deux principaux officiers sont envoyés à Ta-leang, où ils sont décapités. Leurs familles sont condamnées à être éteintes; mais celle de Tchang-tsiuen-y, qui avait très-bien servi l'empire par son patriotisme et ses écrits, est exceptée de cette condamnation. Fan-yen-kouang commence à désespérer du succès de ses entreprises. Il tente une réconciliation. L'empereur, qui croit n'avoir plus rien à craindre, rejette ses supplications. Néanmoins il accordait tout, or, présents les plus précieux, soumissions les plus basses, au roi des Tartares, à sa famille et à ses ministres. Cette année, Te-kouang, qui tendait à se rendre maître de toute la Chine, introduit parmi ses grands et ses officiers les coutumes chinoises, et préfère les Chinois aux Tartares dans la distribution des emplois. Comme il avait conquis tout le Leao-tong, ses Tartares abandonnent le nom de Khitan, prennent celui de Leao, et le donnent à leur dynastie. Les princes de Ou se donnent le titre d'empereurs, et se font appeler les Tang méridionaux. Fan-yen-kouang, n'espérant plus de grâce, se résout à vendre chèrement sa tête, qui est mise à prix. Assiégé dans Kouang-tcin, il se défend pendant plus d'un an avec tant d'opiniâtreté, et tue aux assiégeants tant de monde, que l'empereur lui envoie un de ses premiers eunuques lui offrir son pardon avec un des grands gouvernements de l'empire. Fan-yen-kouang perd la foi à l'horoscope qui lui avait promis le trône, se soumet à son prince, et reçoit ses faveurs. L'année suivante, 940, à la deuxième lune, Fan-yen-kouang demande et obtient de l'empereur la permission de se retirer dans sa patrie avec ce qu'il possédait. Yan-kouang-yuen, qui avait résolu sa perte, donne ordre à son fils de courir après lui à la tête d'une troupe de cuirassiers. Le fils n'obéit que trop bien à l'ordre de son père, et fait jeter Fan-yen-kouang dans le Hoang-ho. On publie que le malheureux officier s'est noyé lui-même. L'empereur, qui redoute Yan-kouang-yuen, fait semblant de croire le bruit public, mais diminue l'autorité de son ministre, lui enlève tous les officiers qui lui étaient attachés, comme pour les récompenser de leurs bons services attestés par le ministre, et l'envoie lui-même gouverner la province du Ping-lou. L'an 941, les Tartares Leao réclament auprès de l'empereur contre les émigrations des Toukou-hoen, qui habitaient au nord du Yemen, l'une des contrées que Kao-tsou avait cédées au roi Te-kouang. L'empereur envoie des troupes pour engager et pour forcer ces peuples à se soumettre au roi tartare. Ngan-tchong-jong, gouverneur de Tching-te, se met à la tête des mécontents. Mais la rencontre des troupes impériales le force de reculer et d'aller se renfermer dans Siang-tcheou. Quelque temps après, sachant que l'empereur était à Ye-tou, il en prend la route dans le dessein de l'y surprendre. Le général Tou-tchong-weï le rencontre au sud-ouest de Tsong-tching, et, après trois batailles, l'oblige, l'an 942, à se sauver avec une partie de son monde dans la ville de Tchin-tcheou. Cette place est aussitôt investie. Un officier de la garnison fait entrer secrètement les troupes impériales par une fausse porte. L'intrépide Ngan-tchong-jong s'y défend avec la plus grande valeur. A la fin il est tué, après avoir perdu 20,000 hommes. Le commandant impérial ternit la gloire de cette journée, en faisant mourir, par une cruelle et basse jalousie, l'officier qui l'avait introduit dans la place. La tête du rebelle, présentée à Te-kouang, ne le satisfait point. Il se trouve offensé de ce que Lieou-tchi-yuen avait reçu les soumissions des Toukou-hoen, qui ne voulaient point d'autres maîtres que les Chinois. Il en témoigne son ressentiment à l'empereur en termes si outrageants, que ce prince en tombe malade de chagrin, et meurt à la sixième lune de cette année, à l'âge de cinquante et un ans, et la septième année de son règne. Il avait désigné Che-tchong-joui, son fils encore en bas âge, pour son successeur. Le ministre Tong-tao et King-yen-kouan, commandant général des gardes de l'empereur, ne trouvent point convenable au bien de l'État de mettre un enfant sur le trône. Ils y appellent Che-tchong-koue, neveu et fils adoptif de Kao-tsou. Il est proclamé le même jour sans la moindre contradiction.

TSI-WANG (942 après J.-C.), reconnu sous ce nom par les grands pour légitime successeur au trône de la Chine, semblait pouvoir se promettre un règne heureux. Le rebelle Ngan-tsong-tcin, assiégé depuis près d'un an dans Siang-tcheou, voyant sa ville prise d'assaut, venait de périr avec toute sa famille au milieu des flammes allumées par sa propre main. Mais le repos de l'empire ne pouvait être solide que par une paix constante avec les Tartares. Le nouvel empereur ne voulut pas dégrader sa dignité jusqu'à se dire, comme son prédécesseur, sujet d'un roi barbare. Dans sa lettre, de l'an 943, à Te-kouang, pour lui notifier la mort de Kao-tsou et son avénement à la couronne, Tsi-wang le qualifiait seulement petit-fils du roi tartare. Le monarque, qui se croit offensé, se dispose à se mettre en campagne. L'empereur, sur le bruit qui s'en répand, retourne à la cour orientale. La famine cependant affligeait l'empire, et le défaut d'espèces augmentait la calamité. Les Tartares, profitant des malheurs des temps, investissent Peï-tcheou, l'an 944, sous les ordres de leur roi Te-kouang. Chao-ko, officier de la garnison, mécontent de ce qu'on l'avait cassé, fait mettre le feu au magasin d'armes, et introduit les ennemis dans la place par le poste même qu'il gardait. Malgré cette trahison, les Tartares ne sont maîtres de Peï-tcheou qu'après avoir tué 10,000 hommes de la garnison. Wou-loan, qui la commandait en l'absence du gouverneur, s'abandonne au désespoir et se précipite dans un puits. L'empereur, consterné de cette perte, fait des tentatives pour obtenir la paix. N'étant point écouté, il ne songe plus qu'à se défendre des nouveaux malheurs qui le menacent. A l'aide de ses généraux, il réussit à mettre en fuite les Tartares, après en avoir tué, noyé, ou fait prisonniers plusieurs milliers. Le roi des Leao devient furieux à la nouvelle de cette déroute, et fait massacrer tous les prisonniers chinois qu'il avait en son pouvoir. Le courage des impériaux n'en devient que plus ardent. Ils sont vainqueurs sous la conduite de l'empereur, après de grands efforts dans une bataille donnée le premier jour de la troisième lune au nord de la ville de Tchen-cheou. L'empereur, de retour à Ta-leang après la retraite des Tartares, chargea Li-cheou-tchin d'aller réduire le rebelle Yang-kouang-yuen, enfermé dans Tsing-cheou. La place se défendit pendant huit mois, au bout desquels elle fut rendue par le fils du rebelle à l'insu de son père. Les Tartares, étant revenus l'année suivante sur les terres de la Chine, expièrent, par une déroute que l'empereur leur fit essuyer, les dégâts qu'ils y avaient faits. Mais, rappelé par ses plaisirs dans sa capitale, ce monarque y apprit bientôt les plus funestes nouvelles de son armée, qu'il avait laissée sous le commandement de Tou-oueï. Le roi tartare, par les avantages qu'il remporta sur elle coup sur coup, réduisit le général et les principaux officiers à se soumettre à sa discrétion. L'empereur, averti de cette défection, vit presque aussitôt arriver un corps de Tartares, qui s'empara sans coup férir de sa capitale. Alors, dans son désespoir, il met le feu à son palais, et, le sabre à la main, il oblige ses femmes et ses concubines à se jeter dans les flammes. Il voulait s'y précipiter lui-même; mais l'un de ses officiers déserteurs le retint, le fit prisonnier, et mit ensuite le feu à la ville. Te-kouang n'usa pas de sa victoire avec insolence. Après avoir reçu de l'empereur son abdication, écrite dans les termes les plus humbles, il lui écrivit pour le consoler, et donna ordre qu'il fût traité avec toute sorte d'humanité. Il arriva lui-même le premier jour de l'an 947 à Ta-leang, dont il rassura les habitants, effrayés par l'incendie et le pillage de leur ville, et livra à leur vengeance l'auteur de ces désordres. L'empereur lui ayant été présenté, il le fit conduire avec toute sa suite dans un *miao* ou temple d'idoles, avec ordre de ne le laisser manquer de rien. Ayant ensuite assemblé tous les grands, il dissipa leurs craintes, et les tranquillisa par un discours affectueux, qu'il réalisa en diminuant les tributs et les corvées. Il prit même et fit prendre à ses Tartares l'habit des vaincus, déclarant qu'il voulait en tout se conformer au gouvernement chinois. Tous les gouverneurs des villes et des provinces, ayant reçu ses ordres, s'y soumirent, à l'exception d'un seul; mais tous ne le firent pas sincèrement. Licou-tchi-yuen, prince de Pé-ping et gouverneur du Ho-tong, malgré ses démonstrations d'attachement pour le roi des Leao, travaillait sourdement à venger la Chine du joug qu'il venait de lui imposer. Toutes ses dispositions étant faites, il se fit proclamer empereur par ses troupes dans le temps que Te-kouang se préparait à retourner dans le Nord, pour éviter, disait-il, les chaleurs du Midi. Celui-ci, s'étant mis en route, fut attaqué d'une maladie qui l'emporta en peu de jours. A la nouvelle de cet événement, Lieou-tchi-yuen se met en marche pour Ta-leang. Il y fut reçu sans opposition, et, à la prière des grands de la maison des Tçin, qui étaient venus au-devant de lui, il prit possession du palais et du trône impérial, déclarant qu'étant de la grande famille des Han il voulait que sa dynastie portât le même nom. Il établit sa cour à Ta-leang.

XVIIᵉ DYNASTIE : LES HEOU-HAN OU HAN POSTÉRIEURS.

KAO-TSOU (947 après J.-C.) fut le nom que prit à son inauguration Lieou-tchi-yuen. Les princes et les grands, dont plusieurs n'avaient d'abord vu dans lui qu'un usurpateur, se réunirent bientôt en sa faveur, et lui rendirent leurs hommages à l'envi. Mais il ne jouit pas longtemps de l'autorité impériale et de la satisfaction d'avoir délivré sa patrie de l'oppression des Tartares. Étant tombé malade, il sentit que sa fin approchait. Dans cet état, il recommanda son jeune fils à quatre de ses principaux mandarins, et mourut le premier jour de la deuxième lune de l'année 948.

YN-TI (948 après J.-C.), fils de Kao-tsou, placé sur le trône par les quatre mandarins à qui son père avait confié ses dernières volontés, ne sera plus connu dans l'histoire sous son premier nom de Lieou-tching-yeou. Trois frères, Sun-fang-kien, gouverneur de You, Sun-hing-yeou, gouverneur de Y-tcheou, et Sun-fang-yu, gouverneur de Tsin-tcheou, tous trois pleins de valeur, reprirent sur les Tartares toutes les places que le chef de la famille des Tçin leur avait cédées, et les chassèrent, après plusieurs combats heureux, de toute la Chine. Li-cheou-tchin, gouverneur de Hou-koue, faisait au contraire tous ses efforts pour dépouiller son souverain. Tchao-sse-ouen, s'étant déclaré ouvertement pour lui, s'empara de Tchang-ngan, et lui envoya un habit pareil à celui de l'empereur. Le gouverneur de Hou-koue prit alors le titre de prince de Tçin, et donna le commandement de ses troupes à Wang-ki-hiun, l'un des plus grands capitaines de son siècle. Les rebelles forcèrent Tong-koan, Yong-hing et Fong-siang. L'empereur ayant fait marcher des troupes dans le Ho-tchong, elles furent toujours battues. Kouo-weï, l'un de ces quatre mandarins que Kao-tsou avait jugés dignes de sa confiance, se transporta dans les provinces occidentales, avec tous les pouvoirs de l'empereur, pour pacifier ces troubles. Sa sagesse, sa prudence et ses libéralités lui gagnèrent l'estime et l'affection des troupes impériales. Elles investirent la place où le chef des rebelles s'était enfermé. Ho-tchong fut bloquée, et tellement resserrée, qu'il ne fut possible aux assiégés d'avoir aucune communication au dehors. Li-cheou-tching, après s'être vaillamment défendu pendant plusieurs mois, après avoir été vainement secouru par le prince de Chou, voyant le général Kouo-weï, qui l'assiégeait, maître des faubourgs, s'enferma dans son palais avec sa femme et ses enfants, et y périt avec eux dans les flammes qu'il avait allumées. Le vainqueur, étant entré dans la ville, fit conduire Li-tsong-yu, fils du commandant, avec quelques-uns de ses officiers, à Ta-leang, où ils furent mis en pièces au milieu des rues. Tchao-sse, le second rebelle, également poussé à bout dans Tchang-ngan, se livra à sa fureur, qu'il exerça sur les enfants des bourgeois, et, sur le refus qu'il fit du pardon qui lui fut offert par l'empereur, il fut pris et massacré publiquement avec trois cents de ses complices. Wang-king-tsong, le troisième rebelle, non moins obstiné que les deux autres, s'enterra, plutôt que de se rendre, sous les ruines de son palais, qu'il réduisit en cendres. Enflé de ces succès, Yn-ti se livra à la débauche, nomma Kouo-weï, l'an 950, généralissime de ses troupes avec les plus amples pouvoirs, et se déchargea du soin des affaires civiles sur d'autres mandarins. Mais l'intégrité de ces ministres indisposa contre eux les jeunes courtisans qui, sans cesse appliqués à flatter les passions du monarque, réussirent à lui rendre suspects ces graves censeurs de sa conduite. Yang-ping, ce mandarin qui avait joui de la confiance de Kao-tsou, fut le premier qu'ils immolèrent à leur haine. Il fut mis à mort avec Wang-tchang par une troupe de soldats, comme ils entraient l'un et l'autre dans le palais pour y faire les fonctions de leurs charges. L'empereur donna ordre ensuite à Licou-tchu d'exterminer les familles de ces deux mandarins. Le brave généralissime, menacé d'un semblable sort, cède aux instances de l'armée, qui veut l'entraîner à la cour pour dissiper les mauvaises impressions que l'empereur avait prises de lui. Le bruit de sa marche parvient à Ta-leang. L'empereur sort de la ville avec un corps de troupes considérable pour aller le combattre. Mais, au premier choc, il est abandonné de presque tous ses soldats, qui désertent ou se donnent à l'ennemi. Ayant voulu rentrer dans la ville, il en trouve les portes fermées et se retire vers l'Ouest. On le poursuit jusque dans un village éloigné,

14.

dont les habitants, s'étant mis en devoir de le défendre, sont passés au fil de l'épée. L'empereur est tué lui-même sans être connu. Ses trois ministres, qui l'avaient accompagné, se donnent la mort pour ne pas tomber vivants entre les mains du vainqueur. Celui-ci arrive le lendemain à Ta-leang, et, s'étant rendu au palais de l'impératrice, il l'invite à nommer, de concert avec les mandarins, un successeur à l'empire. Les suffrages se réunirent en faveur de Lieou-pin, neveu du défunt empereur, qui l'avait adopté. Mais bientôt le mécontentement qu'excite cette élection oblige l'impératrice à la révoquer. Elle nomme Kouo-weï régent de l'empire, en attendant qu'on en fasse une nouvelle. Mais tous les grands et les mandarins engagent celui-ci à s'asseoir dès ce moment sur le trône.

XVIIIe DYNASTIE : LES HEOU-TCHEOU.

TAÏ-TSOU (1), chef et fondateur de la dynastie des Tcheou postérieurs, monta sur le trône l'an 951 de l'ère chrétienne. Avant son élévation, il portait, comme nous l'avons vu, le nom de Kouo-weï, qu'il avait illustré dans la guerre contre les Tartares. Le premier soin de Taï-tsou, en montant sur le trône, fut de publier une amnistie générale. Descendant d'une des branches

(1) On a déjà eu occasion de faire observer que les noms par lesquels les empereurs chinois sont désignés dans les écrits des Européens, ne sont pas de véritables noms, mais des appellations honorifiques décernées à des princes après leur mort, ou des titres assignés aux années de leur règne. Les noms de Taï-tsou et de Taï-tsoung appartiennent à la première classe, ainsi que ceux de Chi-tsou et de Chi-tsoung, de Wen-ti, de Wou-ti, et plusieurs autres. Chacun de ces noms revient dans l'histoire chinoise autant de fois qu'il y a de changements de dynastie, et l'ordre dans lequel ils reparaissent est à peu près fixé par l'usage, de sorte que, pour savoir de quel prince on entend parler, il est nécessaire d'être informé du nom de la famille impériale à laquelle ce prince appartenait. Taï-tsou (*le grand aïeul*) est le nom qu'on donne d'ordinaire au fondateur d'une dynastie, Taï-tsoung (*le grand illustre prince*) à celui qui l'a consolidée ou qui en a augmenté l'éclat ou la puissance. Du reste, il y a dans les annales chinoises une douzaine de Taï-tsou et autant de Taï-tsoung. Pour s'entendre, il faut ajouter le nom de la dynastie : Soung-taï-tsoung ou Tang-taï-tsoung, le Taï-tsoung de la dynastie des Soung ou de celle des Tang ; Tcheou-taï-tsou ou Youan-taï-tsou, le Taï-tsou des Tcheou ou des Youan, etc.

de la grande famille de Tcheou, il ordonna que sa dynastie prendrait ce nom. Dès qu'il eut pacifié ses Etats, il alla visiter le tombeau de Confucius, auquel il décerna, par un édit, le titre de roi. Les courtisans qui l'accompagnaient lui ayant représenté l'inconvenance d'accorder ce titre à un homme qui pendant sa vie avait été le sujet d'un petit prince : « On ne peut, répondit-il, trop honorer celui qui a été le maître des rois et des empereurs. » Cependant le frère d'Yn-ti n'avait point renoncé à ses prétentions au trône. Allié avec quelques gouverneurs mécontents, il ne tarda pas à lever l'étendard de la révolte. Taï-tsou chargea quelques-uns de ses généraux de marcher contre les rebelles. L'affaiblissement de sa santé l'obligeait de rester dans son palais. Tous les soins ne purent le rétablir, et il mourut en 954, à l'âge de cinquante-trois ans, laissant pour successeur son neveu, qui prit le nom de Chi-tsong. D'après ses intentions, il fut inhumé en habits de bonze. C'est dans la deuxième année du règne de ce prince que fut publiée l'édition des *Neuf King*, imprimée avec des planches de bois ; « véritable édition *princeps*, dit M. Abel Rémusat, qui fixe l'époque de l'établissement de l'art typographique à la Chine » (*Journal des sav.*, 1820, p. 557).

CHI-TSONG (954 après J.-C.), auparavant nommé Kouo-pug, fut à peine sur le trône qu'il eut à se défendre contre Lieou-tsong, prince des Han et frère de l'empereur Yn-ti, qui voulait remettre l'empire dans sa famille. Aidé d'un corps de troupes que le roi des Leao lui fournit, le prince des Han livra près de Kao-ping une bataille sanglante à l'empereur sans aucun succès décidé. Les impériaux, ayant ensuite pénétré dans les terres des Han, y firent des conquêtes rapides ; mais ils échouèrent devant Tcin-yang dont Licou-tsong les obligea de lever le siége. Accablé des fatigues qu'il y avait essuyées, ce prince en tomba malade et mourut à la onzième lune de l'an 954, après avoir remis ses Etats de Han à Licou-tching-kiun, son fils. Celui-ci, naturellement pacifique, se borna au gouvernement de son patrimoine, et laissa Chi-tsong en paisible possession du trône impérial.

Les temples des idoles s'étaient prodigieusement multipliés à la Chine sous les derniers règnes. Chi-tsong, à la cinquième lune de l'an 955, en détruisit jusqu'à 30,000 qui n'avaient point de fondations authentiques, en chassa les bonzes et les bonzesses, et défendit d'en recevoir à l'avenir sans le consentement par écrit des plus proches parents. La Chine malgré cette réforme ne laissa pas de compter encore deux mille six cent quatre vingt-quatorze temples, habités par plus de soixante mille bonzes ou bonzesses.

L'empereur, voyant avec chagrin l'empire partagé en une multitude de petits États, entreprit de les réduire en provinces par la voie des armes. Dès qu'on s'aperçut de son dessein, les princes de Chou, de Tang, et les Han septentrionaux, formèrent une ligue entre eux pour leur commune défense. Chitsong les attaqua successivement, et commença par les États de Chou, dont il conquit par ses généraux les principales villes, non sans avoir éprouvé une vigoureuse résistance. Fong-tcheou, la plus importante de leurs places, ayant été emportée au bout d'un mois de siége par un des plus terribles assauts, le commandant Tchao-tsong-po, fait prisonnier avec sa garnison, ne put survivre à son malheur, et se laissa mourir de faim. Chitsong tourne ensuite ses armes contre le prince de Tang, et va continuer en personne, l'an 956, le siége de Cheou-tcheou dans le Hoai-nan, déjà entamé par son général Li-kou. Informé que les habitants étaient disposés à prendre la fuite, il les prévient en les assurant qu'ils peuvent rester tranquilles dans leurs foyers sans crainte d'aucune violence. Lieou-gui-chen défend la place avec la plus grande valeur et la constance la plus inébranlable. Quoique malade du chagrin de ne point recevoir de secours, il ne cessa point de veiller à tout et de tenir sévèrement la main au maintien de la dicipline militaire. Son fils, pour l'avoir violée par un excès de bravoure, fut puni de sa désobéissance par un châtiment qui inspira la terreur à toute la garnison. Ayant osé traverser le fleuve Hoai-ho contre les ordres de son père, pour aller surprendre l'ennemi, il fut arrêté et ramené dans la ville. Tout le monde s'intéressa pour ce jeune homme, qui donnait les plus belles espérances; mais le père et la mère furent inflexibles, et l'infortuné coupable eut la tête tranchée. Le commandant suivit de près son fils au tombeau. La défection d'un officier général des Tang, qui se donna avec des troupes à l'empereur, et une victoire signalée que ce monarque remporta sur celles qui accouraient à la délivrance de la place, mirent le comble à ses chagrins, et le réduisirent à l'extrémité. Son lieutenant, voyant qu'il n'y avait plus d'espérance d'être secouru, prend le parti de se rendre, l'an 957, après quinze mois de siége, et fait porter à Kingling le commandant moribond. L'empereur voulut voir ce brave, et lui témoigna son estime en le nommant prince du second ordre, comme il rendait le dernier soupir. La longueur du siége de Cheou tcheou, ayant réduit les habitants à une extrême disette, le généreux vainqueur leur fit distribuer des grains ; après quoi il reprit la route de Ta-leang. Sur la fin de la dixième lune 957, il se remet en marche pour reprendre la guerre contre le prince de Tang. Ses armes eurent dans cette expédition les mêmes succès que dans les précédentes. Il avait sur le Hoai-ho une grande quantité de barques qu'il désirait transporter sur le Kiang pour faire le siége de Tsing-haï par terre et par eau. Mais une grande levée, construite entre les deux fleuves, n'en permettait point la jonction. Chi-tsong surmonta cet obstacle qui paraissait invincible ; et, par un canal qu'il pratiqua, fit entrer ses barques dans le Kiang, au moyen de quoi la place fut emportée en peu de jours. Ses progrès dans le Hoai-nan furent si rapides, que le prince de Tang lui fit offrir ce qui restait à conquérir dans ce département, en demandant que le Kiang servît de limite aux deux Etats. L'offre acceptée, il quitta le titre de grand gouverneur, et se réduisit à celui de simple gouverneur sous la dépendance de la dynastie impériale des Tcheou, dont il se reconnut tributaire. Chi-tsong, ayant augmenté par là ses domaines de soixante villes du second ordre, fit ses préparatifs pour attaquer les Tartares de Leao. Han-tong, qu'il envoya devant lui, à la quatrième lune de l'an 959, avec une partie de ses troupes de terre pour lui frayer le chemin, répandit la terreur dans plusieurs villes, qui se rendirent dès que l'empereur parut sous leurs murs. Les Tartares, craignant pour Yeou-tcheou, la plus forte de leurs places, vers laquelle il s'avançait, avaient fait approcher une nombreuse cavalerie pour la défendre. Mais Chi-tsong, dans sa marche, fut atteint d'une maladie qui l'obligea de retourner à Ta-leang. Il y mourut, l'an 959, à l'âge de trente-neuf ans, après avoir désigné pour son successeur Kouo-tsong-hiun, son fils, prince de Leang, âgé de sept ans, qu'il mit sous la conduite du brave Tchao-kouang-yn. La Chine compte Chi-tsong au nombre de ses meilleurs souverains.

Kong-ti (959 après J.-C.), auparavant Kouo-tsong-hiun, fut mis en possession du trône sans opposition après la mort du défunt empereur, son père. Mais les ministres, qui devaient maintenir les rênes du gouvernement, prirent ombrage du mérite, de la réputation et des exploits de Tchao-kouang-yn. Pour l'éloigner de la cour et des affaires, ils l'envoyèrent gouverner Song-tcheou, autrement Koue-te. Le jour de son départ, l'an 960, le peuple l'accompagna hors des murs de la ville. L'armée, qui l'y attendait, se mit tout à coup à crier que Tchao-kouang-yn était digne du commandement et du trône.

Une parélie, qui parut le lendemain matin, fut interprétée par un astrologue en faveur de cette émeute. Les officiers en conséquence décidèrent que le prince assis sur le trône étant trop jeune pour savoir estimer et récompenser le mérite, il était de l'intérêt de l'Etat de proclamer empereur Tchao-kouang-yn. Forcé de céder aux vœux de la multitude, il se laisse conduire à Caï-fong-fou, où devait se faire son couronnement. Les ministres eux-mêmes, par la crainte d'être mis en pièces, donnent les mains à cette élection, et déterminent Kong-ti à descendre volontairement du trône, pour se réduire à l'état de prince de Tching, qui lui fut accordé. On conserva aussi le titre d'impératrice à sa mère. Tchao-kouang-yn prit le nom de Taï-tsou.

XIXᵉ DYNASTIE : LES SOUNG.

Les empereurs de cette dynastie tinrent leur cour les uns à Tchang-ngan, ou Si-ngan-fou, les autres à Pian-liang (aujourd'hui Caï-fong-fou), dans le Ho-nan. Neuf de ces empereurs, durant cent soixante-sept ans, choisirent la cour occidentale, et les neuf autres fixèrent leur séjour, pendant cent cinquante-deux ans, dans la province orientale du Ho-nan. Ce ne fut que sous cette dynastie, que l'empire chinois commença à respirer, après tant de troubles, de guerres civiles et de calamités dont il avait été agité depuis les derniers empereurs de la dynastie des Tang : période de désolation pour la Chine, pendant laquelle le règne des lois fut suspendu, pour faire place à celui de la force et de l'oppression, au milieu de l'anarchie la plus désastreuse qui eût désolé ce grand empire.

Le premier empereur de la dynastie des Soung, TAI-TSOU (960 après J.-C.), possédait toutes les qualités que les écrivains chinois demandent d'un bon souverain. Il était plein de fermeté et de clémence, sage, frugal, et très-appliqué aux affaires du gouvernement. Pour se rendre accessible à tous ses sujets, il ordonna, dit-on, que les quatre portes de son palais, qui faisaient face aux quatre points cardinaux, fussent toujours ouvertes, « voulant, disait-il, que sa maison fût semblable à son cœur, qui était ouvert à tous ses sujets. » Aussi était-il accessible à toute heure, et toujours prêt à recevoir les suppliques de ceux qui voulaient lui en présenter. Il bannit le luxe de sa cour. Sa douceur termina de longues guerres entre plusieurs souverains qui se soumirent à lui. Sorti des rangs du peuple, il conserva toujours une grande commisération pour ses souf-

Taï-tsou, empereur chinois, fondateur de la dynastie des Soung.

frances. Pendant un hiver très-rigoureux, il avait une armée qui se battait contre les Tartares de Liao-soung ; il apprit que les soldats souffraient beaucoup du froid, et il en fut désolé. Dans un mouvement de sensibilité, il se dépouilla de ses vêtements fourrés, et les envoya au général qui commandait cette armée, en lui faisant dire qu'il regrettait de ne pas en avoir cent mille pareils, pour en envoyer à chaque soldat.

Dans une autre occasion, il montra encore plus de sensibilité et de compassion pour le peuple. Un de ses premiers généraux assiégeait la ville de Nan-king, qui était réduite à la dernière extrémité. Voyant que les habitants, qui résistaient toujours, allaient être passés au fil de l'épée, il rassembla les généraux et les principaux officiers qui assistaient au siège de cette place, et il leur fit promettre, par serment, qu'ils ne laisseraient mettre à mort aucun habitant de la ville. Cependant, au milieu du tumulte, il y eut quelques personnes de tuées. L'empereur, l'apprenant, s'écria en versant des larmes : « Quelle triste nécessité que celle de la guerre, qui ne peut se faire sans qu'il en coûte la vie à des innocents ! » Et pour réparer autant qu'il était en son pouvoir les maux causés par un long siège, il fit distribuer cent mille mesures de riz aux assiégés.

C'est ce même empereur qui établit, pour les militaires, des examens semblables à ceux qui existaient déjà pour les lettrés dans la carrière civile. Les uns et les autres subsistent encore. Ceux qui aspirent aux grades militaires doivent passer par ces examens, et ne sont élevés à des grades supérieurs qu'après avoir donné des preuves de leur capacité, par des compositions qu'ils font sur l'art militaire, et par leur habileté à manier un cheval et à tirer de l'arc.

Taï-tsou, quoique militaire, n'avait pas négligé de s'instruire dans les sciences et les lettres; ces études graves lui avaient fait apprécier la haute valeur politique et morale des écrits de l'ancien philosophe Confucius. Aussi, dès qu'il fut au pouvoir, s'empressa-t-il de remettre celui-ci en honneur. Il alla visiter le lieu de sa naissance et composa son panégyrique; il revêtit aussi l'un de ses descendants d'un titre d'honneur qui lui donnait un rang très-élevé dans l'empire.

Taï-tsou faisait un si grand cas des lettres, qu'il portait le respect pour elles jusqu'à la vénération. Jamais il ne refusa d'accorder sa protection à ceux qui les cultivaient, et de les admettre en sa présence, quand ils avaient quelques grâces à lui demander. Il s'entretenait familièrement avec eux ; il leur faisait des questions sur les *King*, ou livres canoniques, sur les *livres classiques*, sur l'histoire, sur l'antiquité et sur les sages qui s'étaient le plus distingués dans les commencements de l'empire, et sous le règne des trois premières dynasties. Un jour qu'il avait fait venir près de lui un des plus célèbres lettrés de son temps, pour lui expliquer les *livres classiques* sur le gouvernement, il lui demanda d'abord d'où dépendait le bon gouvernement. Le lettré répondit que, pour bien gouverner, il fallait aimer le peuple et réprimer ses passions. L'empereur Taï-tsou trouva ces deux maximes si belles, qu'il les fit écrire sur une tablette qu'il avait toujours sous les yeux.

Ce même empereur ne se borna pas à donner aux lettrés des marques stériles de bonté ou des distinctions purement honorifiques; il créa en leur faveur des charges et des dignités auxquelles il attacha des revenus. Il rétablit tous les anciens colléges et en fonda de nouveaux. Il voulut que, dans chacun de ces colléges, il y eût une salle particulière pour y placer les portraits des savants et des littérateurs d'un certain ordre. Il les partagea par classes, à la tête desquelles il mit Confucius, comme le premier de tous; et aux deux côtés de ce grand philosophe, dans le fond de la salle, il fit placer tous les anciens dont il voulut que l'on composât les éloges particuliers; il ordonna même qu'on les mît sous son propre nom, afin, dit-il, d'apprendre à la postérité la haute vénération qu'il avait pour tous ces grands hommes.

Après que ces colléges eurent été ouverts, il s'y transporta en personne, pour voir si tout avait été exécuté comme il l'avait ordonné; et il assista plusieurs fois aux leçons qui s'y donnèrent. En sortant de ces leçons, il recommandait toujours aux personnes de sa suite de faire faire de bonnes études à leurs enfants : « Car, disait-il, les lettres sont le fondement de tout; elles apprennent à chacun à bien vivre selon son état; aux souverains à bien gouverner; aux magistrats à observer les lois; aux citoyens à être dociles envers ceux qui sont préposés pour les commander et les instruire; aux militaires à bien combattre. Aussi je veux que ceux qui désormais embrasseront la profession des armes aient au moins étudié quelque temps; et je vous déclare que, même dans les emplois purement militaires, je donnerai toujours la préférence à celui qui aura de l'instruction sur un concurrent qui n'en aura pas » (Amyot, *Portraits des Chinois célèbres*).

C'est aux encouragements multipliés que cet empereur éclairé donna aux lettres que les historiens chinois attribuent leur prospérité et le grand éclat dont elles ont brillé sous la dynastie des Soung, comme des progrès qu'elles ont faits depuis. En effet, ajoutent-ils, si jamais la littérature a joui du double avantage des honneurs et des richesses, c'est surtout sous le règne de ce fondateur d'une des plus célèbres dynasties qui aient occupé le trône de la Chine. Il plaça les habiles lettrés dans le ministère, dans les tribunaux, dans tous les postes qui ont un rapport immédiat avec le gouvernement; il écouta toujours avec bonté leurs avis et leurs remontrances.

Le P. Amyot, dans le portrait qu'il a fait de Taï-tsou, dit que, pour résumer à la manière chinoise les qualités de cet empereur, il posséda dans un degré éminent les cinq vertus capitales : *jin, y, li, tchi, sin;* c'est-à-dire l'*humanité*, la *justice*, l'*amour de l'ordre, des cérémonies et des usages de la nation*, la *droiture* et la *bonne foi*. Nous avons déjà donné des exemples de son humanité; il fit constamment usage de cette grande vertu dans les guerres qu'il eut à soutenir pour vaincre les gouverneurs de provinces qui n'avaient pas voulu reconnaître volontairement son autorité. « La vie de l'homme, disait-il souvent, est ce qu'il y a de plus précieux sous le ciel ; on ne peut apporter trop de soin pour empêcher qu'on ne l'ôte à qui que ce soit, sans y être contraint par les lois et par la nécessité. »

Ce fut parce qu'il était pénétré de ce grand principe qu'il porta (ou plutôt qu'il renouvela) le fameux édit par lequel il était défendu aux gouverneurs de provinces et aux magistrats particuliers, dans toute l'étendue de l'empire, de faire exécuter de leur chef des sentences de mort. Il voulut que ces sentences fussent envoyées au tribunal des crimes dans la capitale, lequel, après avoir revu et discuté toutes les pièces du procès, annulait le jugement ou le confirmait ; et, si ce tribunal suprême jugeait que le criminel méritait la condamnation portée contre lui, il devait en faire son rapport à l'empereur, qui seul, en cette occasion, jugeait en dernier ressort, en signant ou ne signant pas la condamnation.

Taï-tsou (960 après J.-C.) fut, comme nous l'avons dit, le nom que prit Tchao-kouang-yn à son inauguration. Ayant été auparavant gouverneur de Koue-te-tcheou, qu'on appelait aussi Song-tcheou, il donna par cette raison le nom de Song à sa dynastie. Quoique peu habile dans les lettres, ce prince aima les sciences, protégea ceux qui s'y appliquaient, rétablit les colléges, et les pourvut de tout ce qui pouvait y entretenir le bon ordre et exciter l'émulation. A la deuxième lune, Tou-chi, sa mère, fut déclarée impératrice. Elle était vraiment digne de l'être par la haute idée qu'elle avait des devoirs des souverains. Ce fut Taï-tsou qui, le premier, adopta le rouge pour la couleur impériale. Malgré tous les suffrages que recevait journellement son élection, Li-yun, gouverneur de Lou-tcheou, ne put être déterminé ni par caresses, ni par honneurs, à reconnaître le nouveau maître de l'empire. Il leva des troupes, publia un manifeste, dans lequel il accusait l'empereur de plusieurs crimes, envoya des gens affidés à Tce-tcheou, qui s'emparèrent de la place et en tuèrent le gouverneur. Licou-kiun, prince des Han du Nord, se déclara son protecteur, et marcha à son secours. Sur la fin de la cinquième lune, l'empereur se mit lui-même à la tête d'une nombreuse armée, dont une division commandée par Che-cheou-sin, rencontra le rebelle au sud de Tce-tcheou, le battit complétement, et le poursuivit vivement jusqu'à Tce-tcheou. Li-yun, investi et vigoureusement attaqué, met de désespoir le feu à son hôtel, et périt dans les flammes. Li-tchong-sin, gouverneur du Hoaï-nan, qui, ayant été le collègue de Tchao-kouang-yn, ne pouvait le reconnaître pour son souverain, se précipita de même dans les flammes avec toute sa famille, au milieu de Kouang-ling, où l'empereur était venu l'assiéger. Tout fléchit sous la puissance de Taï-tsou, et les Tartares Nu-tchin, sauvages jusqu'alors indomptables, vinrent eux-mêmes lui apporter leur tribut, qui consistait en chevaux. L'empereur, pour prévenir les révoltes, diminua considérablement l'autorité des gouverneurs de provinces, et réunit plusieurs principautés à son domaine. L'an 963, à la quatrième lune, Ouang-tchu-no, assesseur du président des mathématiques, composa un calendrier réformé, qui fut admis sous le nom de Yng-tien-bay, et substitué à celui nommé Kin-tien-ly. Mong-tchang, prince de Chou, ligué avec les Han du Nord, ayant osé provoquer Taï-tsou l'an 965, attira sur lui les armes de ce monarque, qui, dans l'espace de soixante-six jours lui enleva quarante-cinq tcheou ou départements, composés de cent quatre-vingt-dix-huit hien ou villes du troisième ordre, et de cinq millions trois mille quatre cent quatre-vingt-dix-neuf familles payant tribut. Mong-tchang, abattu par cette conquête, vient se présenter lui-même à Pien-tcheou, avec sa famille et ses principaux officiers, dans l'état le plus humble, devant l'empereur, qui l'accueille avec bonté et le congédie avec honneur, en le déclarant prince du troisième ordre. Mais Mong-tchang ne survécut guère à sa dégradation ; et sa mère, désespérée de ce qu'il était mort sans gloire, se laissa elle-même mourir de faim. Taï-tsou subjugua avec le même succès d'autres princes tartares. La réunion qu'il fit, en 971, du royaume de Nan-han, au domaine impérial, l'augmenta de soixante tcheou et de deux cent quarante hien, où l'on comptait dix-sept mille deux cent soixante-trois familles sujettes au tribut. L'une de ses dernières expéditions fut la conquête de Kiang-nan, qu'il acheva l'an 975. Elle augmenta encore son domaine de dix-neuf tcheou et de cent quatre-vingts hien. Mais le souvenir du sang répandu et des maux causés par la guerre troublaient la satisfaction qu'il avait de voir tout l'empire ne composer plus qu'une seule famille. Les Tartares de Leao, voyant la puissance de Taï-tsou prendre de tels accroissements, se hâtèrent de faire la paix avec l'empire. Taï-tsou, apprenant que les Han commençaient à remuer, se disposait à marcher contre eux, lorsqu'une maladie l'arrêta et suspendit les hostilités. Elle l'emporta dans la dixième lune de l'an 977, à l'âge de cinquante ans. Ce prince, bon, affable envers tout le monde, actif, ennemi du faste, de la tromperie et de la fraude, n'était content de lui-même que lorsqu'il s'était bien acquitté des devoirs de sa place. Il regardait ses sujets comme ses enfants, ne punissait de mort que dans les cas les plus graves, et ne fut sévère qu'à l'égard des mandarins qui foulaient son peuple.

Taï-tsong (977 après J.-C.), frère de l'empereur défunt, en montant sur le trône de la Chine, comptait deux cent quatre-vingt-dix-sept tcheou ou grands départements, et mille quatre-vingt-six hien ou villes du troisième ordre, habités par trois millions quatre-vingt-dix mille cinq cent quatre familles payant tribut, au lieu de cent onze tcheou, six cent trente-huit hien, et neuf cent soixante-sept mille trois cent cinquante-trois tributaires que son prédécesseur avait trouvés sous sa domination au commencement de son règne. Jusqu'à celui de Chi-tsong, tous ceux qui appartenaient à la famille de Confucius étaient exempts des impôts et des corvées. Taï-tsong renouvela ce privilége à la septième lune de l'an 979, et s'acquit par là l'estime des Chinois. Le prince de Han, comme on l'a dit, faisait ses apprêts pour une révolte sur la fin du dernier règne. L'empereur envoie contre lui et contre ses alliés les Tartares de Leao, ses généraux, qui parviennent jusque sous les murs de Taï-yen, après avoir passé sur le ventre de tous les ennemis qu'ils rencontrèrent. L'empereur arrive, à la quatrième lune de l'an 980, et dans l'espace de quinze jours il réduit la place aux abois. Le prince de Han prend alors le parti de la soumission. La guerre fut plus longue contre les Tartares de Leao. Elle eut des succès alternatifs, et la victoire pencha tantôt du côté des Chinois, tantôt du côté des Leao, qui changèrent de nom durant le cours de cette guerre, et reprirent celui de Khi-tan. Taï-tsong, pour les repousser au delà de la grande muraille, joignit ses armes, l'an 985, à celles des Coréens, et fit entrer, l'année suivante, quatre corps d'armées dans leur pays. Après avoir essuyé différentes pertes, les Tartares deviennent tout à coup maîtres de la campagne, et reprennent ce qui leur avait été pris en deçà de la muraille. Ils font même de nouvelles conquêtes sur l'empire. Mais, l'an 990, ils essuyèrent un échec terrible, qui les obligea de reculer au loin, et leur fit perdre l'envie de revenir si avant dans l'intérieur de la Chine. Les Nutchin, qu'ils attaquèrent l'année suivante, se donnèrent à eux sur le refus que leur fit l'empereur des secours qu'ils demandaient. Taï-tsong perdit encore, l'an 992, un de ses alliés dans la personne du prince de Corée, qui se donna aux Khi-tan. Des révoltes qui s'élevèrent ensuite en différentes parties de l'empire donnèrent de l'exercice aux armes de Taï-tsong pendant le reste de son règne, qu'il termina avec le cours de sa vie, dans la troisième lune de l'an 997, à l'âge de cinquante-neuf ans. Les Chinois font l'éloge de son discernement, de son équité, et de la sagesse avec laquelle il distribuait les récompenses et les châtiments. Peu de temps avant sa mort, il avait fait une nouvelle division de l'empire en quinze provinces.

FIN DU PREMIER VOLUME.

TABLE DES MATIÈRES

Etendue et limites de l'empire entier de la Chine.	5	*Deuxième dynastie :* les Chang.	103
Chine propre.—Origine de ce nom.	6	Tching-tang.	*ib.*
		Taï-kia.	104
Division topographique.	7	Vo-ting.	105
Division géographique.	28	Taï-keng.	*ib.*
Principes de la chronologie chinoise.	43	Siao-kia.	*ib.*
		Yong-ki.	*ib.*
Temps anté-historiques.	74	Taï-vou.	*ib.*
Temps semi-historiques.	77	Tchong-ting.	106
Fou-hi, premier empereur de la Chine.	*ib.*	Waï-gin.	*ib.*
		Ho-tan-kia.	*ib.*
Chin-nong.	81	Tsou-y.	*ib.*
Hoang-ti.	82	Tsou-sin.	*ib.*
Chao-hao.	85	Vo-kia.	*ib.*
Tchuen-hio.	*ib.*	Tsou-ting.	*ib.*
Ti-ko.	86	Nan-keng.	*ib.*
Ti-chi.	*ib.*	Yang-kia.	*ib.*
Temps historiques.	*ib.*	Poang-keng.	*ib.*
Yao.	*ib.*	Siao-sin.	107
Chun.	88	Siao-y.	*ib.*
Yu.	91	Wou-ting ou Cao-tsong.	*ib.*
Première dynastie : les Hia.	94	Tsou-keng.	108
Ti-ki.	*ib.*	Tsou-kia.	*ib.*
Taï-kang.	*ib.*	Lin-sin.	109
Tchong-kang.	96	Keng-ting.	*ib.*
Ti-siang.	97	Wou-y.	*ib.*
Chao-kang.	*ib.*	Taï-ting.	110
Ti-chou.	102	Ti-y.	*ib.*
Ti-hoaï.	*ib.*	Cheou-sin.	*ib.*
Ti-mang.	*ib.*	*Troisième dynastie :* les Tcheou.	114
Ti-sié.	*ib.*		
Pou-kiang.	*ib.*	Wou-wang.—Ki-tseu, philosophe.	*ib.*
Ti-kiung.	103		
Ti-kin.	*ib.*	Tching-wang. — Tcheou-koung, savant chinois.	124
Kong-kia.	*ib.*		
Ti-kao.	*ib.*	Kang-wang.	129
Ti-fa.	*ib*	Tchao-wang.	135
Li-koué.	*ib*	Mou-wang.	*ib.*

Kong-wang.	137	Hiao-wen-ti.	194
Y-wang.	ib.	Hiao-king-ti.	196
Hiao-wang.	ib.	Han-wou-ti.— Sse-ma-thsian,	
Ye-wang.	ib.	historien.	ib.
Li-wang.	138	Han-tchao-ti.	212
Siuen-wang.	ib.	Lieou-ho.	ib.
Yeou-wang.	139	Han-siuen-ti.	ib.
Ping-wang.	140	Han-yuen-ti.	213
Huan-wang.	ib.	Han-tching-ti.	ib.
Tchuang-wang.	ib.	Han-ngaï-ti.	214
Hi-wang.	141	Han-ping-ti.	215
Hoeï-wang.	ib.	Yu-tse-yng.	ib.
Siang-wang.	142	Wang-mang.	216
King-wang.	ib.	Lieou-hiuen.	217
Kouang-wang.	143	Kouang-wou-ti.	ib.
Ting-wang. —Lao-tsee, phi-		Han-ming-ti.	218
losophe.	ib.	Han-tchang-ti.	ib.
Kien-wang.	145	Han-ho-ti. — Pan-hoëi-pan,	
Ling-wang.— Koung-tsee ou		lettrée chinoise.	219
Confucius, philosophe.	ib.	Han-tchang-ti.	232
King-wang Ier.	157	Han-ngan-ti.	ib.
King-wang II.	158	Han-chun-ti.	ib.
Yuen-wang.	ib.	Han-tchong-ti.	233
Tching-ting-wang.	159	Han-tche-ti.	ib.
Kao-wang.	ib.	Han-houon-ti.	ib.
Weï-lie-wang.	ib.	Han-ling-ti.	234
Ngan-wang.	ib.	Lieou-hieï.	236
Lie-wang.	ib.	*Sixième dynastie :* les Heou-	
Hien-wang.	ib.	han ou Han postérieurs.	238
Chin-tsing-wang.	160	Tchao-lie-ti.	ib.
Nan-wang.	ib.	Han-heou-tchu.	239
Tcheou-kiun.	161	*Septième dynastie :* les Tçin.	241
Ming-tseu, philosophe.	164	Tçin-wou-ti.	ib.
Considérations sur l'état de la		Tçin-hoëi-ti.	243
civilisation, des sciences et		Tçin-hoaï-ti.	244
des arts en Chine, sous les		Tçin-ming-ti.	ib.
trois premières dynasties.	170	Tçin-yuen-hoang-ti.	245
Quatrième dynastie : les		Tçin-ming-ti.	246
Thsin.	0	Tçin-tching-ti.	ib.
Thsin-chi-houang-ti.	ib.	Tçin-kang-ti.	247
Eulh-chi-hoang-ti.	188	Tçin-mo-ti.	ib.
Cinquième dynastie : les		Tçin-ngaï-ti.	248
Han.	190	Tçin-y-ti.	249
Kao-hoang-ti.	ib.	Tçin-kien-ou-ti.	ib.
Hiao-hoëi-ti.	193	Tçin-hiao-ou-ti.	ib.
Liu-heou et Y-ti, mineurs.	194	Tçin-ngan-ti.	ib.

Tçin-kong-ti.	251	Té-tsong.	299
Huitième dynastie : les Song.	ib.	Tchun-tsong.	302
Kao-tsou-ou-ti.	ib.	Hien-tsong.	ib.
Chao-ti.	ib.	Mou-tsong.	ib.
Wen-ti.	252	Kin-tsong.	303
Wou-ti.	253	Ouen-tsong.	ib.
Fi-ti Ier.	254	Wou-tsong.	304
Ming-ti.	ib.	Siuen-tsong.	305
Fi-ti II.	255	Y-tsong.	ib.
Chun-ti.	ib.	Hi-tsong.	306
Neuvième dynastie : les Tsi.	ib.	Tchao-tsong.	307
Kao-ti.	ib.	Tchao-siuen-ti.	308
Wou-ti.	ib.	*Quatorzième dynastie :* les Heou-leang ou Leang postérieurs.	309
Siao-tchao-ye.	256		
Ming-ti.	ib.		
Pao-kuen.	257	Taï-tsou.	ib.
Ho-ti.	258	Mo-ti.	310
Dixième dynastie : les Leang.	259	*Quinzième dynastie :* les Heou-tang ou Tang postérieurs.	ib.
Leang-wou-ti.	ib.		
Wen-ti.	262		
Siao-yuen-ti.	263	Tchuang-tsong.	ib.
King-ti.	ib.	Ming-tsong.	312
Onzième dynastie : les Tchin.	264	Min-ti.	313
		Lou-wang.	ib.
Wou-ti.	ib.	*Seizième dynastie :* les Heou-tçin.	315
Wen-ti.	ib.		
Pé-tsong.	ib.	Kao-tsou.	ib.
Kao-tsong-suen-ti.	265	Tsi-wang.	318
Heou-tchu.	266	*Dix-septième dynastie :* les Heou-han ou Han postérieurs.	320
Douzième dynastie : les Soui.	ib.		
Wen-ti.	ib.		
Yang-ti.	268	Kao-tsou.	ib.
Treizième dynastie : les Tang.	272	Yn-ti.	ib.
		Dix-huitième dynastie : les Heou-tcheou.	322
Hao-tsou.	ib.		
Thaï-tsoung.	273	Taï-tsou.	ib.
Kao-tsoung.	277	Chi-tsong.	323
Tchong-tsong.	ib.	Kong-ti.	325
Joui-tsong.	286	*Dix-neuvième dynastie :* les Soung.	326
Hiuen-tsong.	ib.		
Sou-tsong. — Thou-fou et Li-taï-pe, poëtes.	287	Taï-tsou.	ib.
		Taï-tsong.	332
Taï-tsong.	288		

FIN DE LA TABLE DES MATIÈRES.

www.ingramcontent.com/pod-product-compliance
Lightning Source LLC
Chambersburg PA
CBHW070617160426
43194CB00009B/1299